壹卷
YE BOOK

让思想流动起来

论世衡史
- 丛书 -

无墙之城

美国历史上的城市与自然

侯深 著

四川人民出版社

献给我的父亲

侯尚智先生

目 录

绪论 膨胀的城市，萎缩的大陆 / 001

第一部分 城市书写

第一章 在自然中重写城市的历史 / 031
  一、城市与自然：无法断裂的联系 / 032
  二、演化的城市生态系统 / 037
  三、城市史研究的环境转向 / 046
  四、自然的大都市 / 053
  五、后克罗农时代 / 061
  六、不羁的戈瑟姆 / 069

第二部分 增长的城市

第二章 拥挤、罹毒与美丽 / 077
  楔子："掀开盖子的地狱" / 077
  一、焦炭城的救赎 / 084

二、以自由为名对抗以健康为名 / 091

三、作为公共空间的城市 / 099

四、怎样的城市？ / 109

五、购买自然 / 117

第三章　山巅之城：波士顿 / 126

　　楔子："新英格兰愿景" / 126

　　一、"美洲的横财！" / 132

　　二、平山填海 / 137

　　三、一花一世界 / 146

　　四、结合城市与自然 / 155

第三部分　扩张的城市

第四章　没有边界的城市 / 171

　　楔子：万岁，拉斯维加斯！ / 171

　　一、移民纷纷而至 / 178

　　二、不断膨胀的气泡 / 187

　　三、国家的在场 / 199

　　四、荒凉山岛的价值 / 205

　　五、超越城市 / 209

第五章　草海之城：堪萨斯城 / 222

　　楔子：一个大平原孩子的堪萨斯城见闻 / 222

　　一、"西港" / 226

　　二、瞭望充满希望的西部 / 235

　　三、当东部的资本（capital）遭遇西部的牲口（cattle） / 243

　　四、威士忌、爵士乐、干旱与洪水 / 256

　　五、自然的力量 / 267

第四部分　城市的思想景观

第六章　城市、荒野与中间景观 / 275

　　楔子：城市思想的诞生 / 275

　　一、攀登浪漫主义的山峦 / 281

　　二、"我渴望了解一个完整的上苍和一个完整的地球" / 288

　　三、约束的道德 / 295

　　四、巨型城市中的反思 / 302

第七章　海湾之城：旧金山 / 314

　　楔子："我把心儿留在了旧金山" / 314

　　一、穿越金门 / 320

　　二、建造"金山" / 328

　　三、无形之墙 / 335

　　四、生命的栖息地 / 346

尾声：脆弱的平衡 / 355

参考文献 / 360

   原始文献 / 360

   研究文献 / 365

后　记 / 385

绪论
膨胀的城市，萎缩的大陆

当一个人告别光可鉴人、繁华喧嚣的北京机场，穿越苍茫空寂的西伯利亚荒野、冰雪覆盖的白令海峡、广袤黑暗的加拿大地盾，最终抵达美国某个大城市的机场时，在逼仄机舱中的漫长旅行挫磨着即将遭遇一个新国度的兴奋。而当他走下飞机，驱车前往市中心时，当他的车在CBD的车流中缓慢移动时，这一程中的风景究竟有什么能够重启他的热情与好奇，令他觉得是独特的、"美国的"？可能，很少。

全世界的机场大都相仿，是高科技与高消费时代的共同杰作，金属质地的建筑，鳞次栉比的免税店和快餐店，播放着类似的音乐，贩售着类似的商品。连接机场与市中心的高速路更为相似，六车道到八车道的道路宽广而平整，两旁排列着笔直的行道树，与高压电线杆一道迅速成为车窗外一闪而过的阴影。行道树后的风景往往空旷，然而迥异于曾经飞越的亘古荒凉，机场高速沿线的景观单调但是整饬，凸显着高度驯化的人工基调。CBD的摩天大楼可能在某个知名建筑师的手中呈现某种或壮观或怪诞的个性，但是当那些大厦簇拥在一起，当霓虹灯照亮城市的夜空时，再一次的，北京、东京、洛杉矶，或者纽约表达着全球化的商业气质。如此同质的城市面貌并不令人惊讶，毕竟，它们均是采用一致手段，追寻着共同目标的现代工业产物，在它们中寻找彰显国家独特性的行为本身将是一个错误。如果勉力为之，那么只有广告牌、商铺的招牌，或者机场饭店菜单的语言能够传递某种具有国家内涵的信息。或者一个这样的寻找者更应当走下飞机，走出汽车，离开现代、高速的交通工具，离开富庶、闪亮的商业区、金融区，用自己的双脚去丈量一个城市。漫步在那些年代更为久远的偏僻街道、社区、杂货铺；用双眼、鼻子和嘴，去看，去嗅，去咀嚼普通人的生活气息和滋味，可能如此，能够体验到某种独特的美国味道。

公正地说，每个城市都是独特的，无论是美国的、中国的或者任何一个其他国家的城市。它们拥有自身的历史遗产、文化特性，保存在建筑、街区、景观之上，也蕴含在习俗、仪式、传统之中。同样，它们所处之地的自然也定义着每个城市独有的风韵，它们是沿河而生，或者傍山而建；它们有阳光沙滩，还是一马平川；它们四季盛放姹紫嫣红，抑或半年长处冰天雪地。气候、地貌、植被、物产，即使在全球化的今日，也仍然执着地浸润着本地人的日常饮食、衣着、建筑与生活的风格、运动与休闲的方式。与乡村和小镇相比，城市如此庞大，如此拥挤，如此变化多端，因此，很难为它们贴上单一的标签。虽然世界上所有的城市分享着一些共性，如高密度的人口，复杂的人际互动，尺寸与密集程度非常明显的建筑物、交通与商业网络，以及它们对其所在环境产生的巨大压力，但是它们拒绝一般性的归纳。一个大城市就如同一个浩瀚的生物群系

（biome），如亚马孙雨林或者密西西比河流域，与之相比，一个村庄或者一个小镇则可能类似于显微镜下的单细胞生物。^①然而，当城市的特性在其自然环境、历史传统与建筑景观如此持久地伫留，甚至蓬勃地绽放时，区域或地方的特性压倒、消解了城市的国家特性。

在文明更加古老的半球上，人们可以在昨日的建筑中窥察它们所承载的国家记忆；但是如何在美国这个在20世纪以其帝国性的扩张方式改变并且同化了全球城市景观的国家中，破解城市所隐匿的国家密码？如何以一张国家标签聚集那些如此不同的城市如波士顿、堪萨斯城、旧金山？它们的环境不同、起源各异，面积、人口、财富几乎不具可比性，然而它们都是"美国的城市"。与那些其他国家的城市相比，它们的美国性究竟何在？波士顿是一个港口城市，同样，法国的马赛、中国的上海也傍港口而生，与它们相比，是什么让波士顿成为美国的，而非法国或者中国的？如欲回答这些问题，可能我们仍然需要回到历史当中，不仅回到城市的建筑历史当中，也回到城市的文化与自然之间不停歇作用的历史当中。

在转身跨入历史之域的时刻，一个鲜明的形象伴随历史之城浮现出来——城墙。在今日的城市世界中，曾经隔绝着敌人与危险，也守护着权力与权威的高墙已成断壁残垣，即使在那些依旧保留完整的地方，城墙也只是可供凭吊的遗迹，淹没在层叠的历史景观当

---

① 在城市生态学中，一直存在一种争论，即城市本身是否可以被视为一个生物群系。城市中同样生活着不同的物种，彼此之间存在错综复杂的关系，但是与亚马孙雨林或者天然的河流流域不同，虽然人类在后者同样打上了自己的印记，却非绝对的统御性物种。在一个城市中，人类却是唯一的、绝对的统御性物种，就此而言，很多城市生态学者反对将城市称为一个生物群系，但其仍然构成多个生态系统。

中,或者仅仅成为历史的记忆。然而,就在不远处的历史当中,城墙仍然鲜活地参与着城市的运转,是界定大部分旧大陆城市的基本形式,框定它们的边界,也框定它们与外部世界之间的关系。白日敞开的城门令城市与外界进行人员、能量与思想的交换,但是一旦关闭,城墙明确地宣告既往城市的第一要务是安全,生命的安全,财产的安全,也是思想权威与等级秩序的安全。城墙所阻挡的敌人形形色色,危险的、混乱的,觊觎着人类繁衍、文明昌盛的自然世界首当其冲;茹毛饮血、纹面左衽的"异族",披坚执锐、人马喧腾的叛军,流离失所、易子而食的流民无时不在;五花八门、奇技淫巧的域外之物,赤头跣足、热诚执拗的异端之徒也需时刻提防。在确定城墙安全之责牢不可破的同时,被高墙环绕的城市同样是封闭的、局促的、等级森严的,即使在市井文化最为繁华的城市,平等、自由、开放与增长从来不是它们的主题。

正是城墙的有无,标志着现代与传统城市的边界。美国的城市没有拆除过城墙,因为它们从来没有修筑过城墙,或者说从来没有修筑过有形的城墙。"无墙之城"是美国城市所具的核心意象,标志着它们坚定不移向外扩张的使命,也代表着某种不同于古老城市的开放、包容气质。

从波士顿到旧金山,从芝加哥到休斯敦,从殖民时代到21世纪的今天,美国的城市铺陈、曝露在它们所处的腹地当中。的确,当荷兰人来到曼哈顿时,他们建筑了执今日金融牛耳者的华尔街(Wall Street),然而在17世纪新阿姆斯特丹的土地上,那堵低矮的木墙唯一能阻拦的只是放养的猪和羊。与之相比,哈德逊河与东河可能更具墙的功能,然而河流(river),同围绕古老城池的护城河(moat)不同,它们在隔绝的同时也连接了城市与外部的世界。彼时,殖民者便在期待成为修建现代桥梁、渡运乃至运河的世界领袖,最终,在1825年,当新阿姆斯特丹早已更名为新约克(纽约),当这片大陆上出现了一个年轻的合众国,一条全长584公里的运河将这座大西洋沿岸勃兴的城市与中西部广阔的森林与草原连接成一体。伊利运河令五大湖与纽约相贯通,令中西部的辽阔土地成为纽约的新腹地,也令纽约超越波士顿和费城走上美国城市的巅峰。与历史上每每耗时千载的运河工程相比,伊利运河从开工到竣工不过八年时间。而曼哈顿,也不过在短短一个半世纪中成为进入一片广袤而未定的大陆的闸口。在这里,城市以一往无前的决心与史无前例的速度增长、扩张。如同艾米丽·狄金森(Emily Dickson)的诗篇:"太阳出来了/它改变了世界的面貌——车辆来去匆匆,像报信的使者/昨天已经古老。"①

"昨天已经古老",对美国城市而言,这正是根本的信条。无论这些城市如何千姿百态,人们却几乎能够以一种直觉察知某些植根于其浅层纪年当中的共性。没有任何一个现存的美国城市在编年上早于1500年,而即使在白人殖民者踏上北美大陆之前,城市也极为罕见。在11—14世纪,近密西西比河与密苏里河交汇处的沃地上,曾经出现过卡霍基亚(Cahokia),在其鼎盛时期,这里生活着14,000—18,000人。在1492年之前,这是墨西哥以北、美洲最大的定居点。②卡霍基亚人建起了祭祀的高台,形成了森严的秩序,

---

① 狄金森著,江枫译:《狄金森诗选》,北京:外语教学与研究出版社,2012年,第vi页。
② 关于卡霍基亚的历史,参见Timothy R. Pauketat, *Cahokia: Ancient America's Great City on the Mississippi*. New York, N. Y. : Viking, 2009.

实践刀耕火种的农业,进行贸易交换。在13世纪,这个一度辉煌的城市神秘般衰落,直至消失,仅留下土砌的祭坛矗立在荒凉的西风之中。在白人登上北美大陆时,这里不存在城市文明的遗产。从殖民地时代到美利坚立国,新建的城市是进行着一连串现代革命的世界的产物,一波波的移民从大洋彼岸涌来,伴随他们而来的是一波波更新的现代制度与精神。正是这片全新的大陆,赋予后者一种旧世界无法供给的新鲜生命力,令之得以繁衍、兴盛,令其城市从建立伊始,便昂扬着如此的现代气质:资本主义、民族主义、个人主义、自由主义,它们彰显着民族国家的权力,也在勉力为民主的体制而抗争,而最终,它们诞生于对无极限的自然丰裕的梦想当中。①新大陆的城市不可避免地成为现代世界的发明,无墙之城,即现代之城。

正因如此,美国城市所分享的景观共性是新,不断地更新,让古老的一切留在昨日。千年名都的思古幽情徒劳心力,于事无补,唯有持续的创新方是进步的不歇源泉,更是走入未来的基点。在这里,没有可供畅想悠远历史的建筑物或者纪念碑。波士顿保留了保罗·里维尔大约建筑于1680年的故居,但是比之旧大陆古城中那些经历了数千年风雨的神庙、殿宇、教堂,这又何足挂齿?更何况,即使在波士顿这个历史最为悠久的美国城市之一,这也是罕见的古建筑,遑论在芝加哥、洛杉矶、拉斯维加斯这些在19世纪,甚至20世纪才出现在地图上的城市。

---

① 唐纳德·沃斯特认为,正是新大陆的物质丰裕刺激、引爆了一连串现代革命,它们包括科学革命、资本主义革命、世界权力的重组、欧美内部的社会与政治革命和工业革命。Donald Worster, *Shrinking the Earth: The Rise & Decline of American Abundance*. New York: Oxford University Press, 2016, chapter 2.

对"新"的追求令美国城市的外观总是处于一种未完成的、变化的状态,它们所经历的是经济学家约瑟夫·熊彼得所言的"破坏性创造"。在其1942年出版的名著——《资本主义、社会主义与民主》一书中,熊彼得写道:"国内国外新市场的开辟,从手工作坊到工场到像美国钢铁公司这样企业的组织发展,说明了产业突变(mutation)的同样过程——如果我可以使用这个生物学术语的话——它不断地从内部使这个经济结构革命化,不断地破坏旧结构,不断地创造新结构。这个创造性破坏的过程,就是资本主义的本质性的事实。"①在熊彼得看来,资本主义之所以不会停留在僵化、固着的状态,是由于其社会与自然环境在不断地变动,资本主义必须对之进行适应,但是适应的手段不是简单的渐进性的调整,而是如他所言的"突变",或者革命化其结构。可堪注意的是,熊彼得在此处强调需要适应的环境并非仅是社会的,也是变动的自然环境。美国城市,作为贸易、投资、盈利的中心,无论从外观还是结构上,都秉承"创造性破坏"的精髓。永恒与神圣鲜少能定义美国的城市。无论是土地还是祖先,或者是人们为了某种宗教、主义或者信仰树立的纪念碑式建筑,一切都可以,也在不断地被破坏、摧毁,墓地为高速公路的修建而让路,著名的历史建筑随时可以被拆毁、取代(如纽约的宾夕法尼亚火车站)而不会遭到太多的公共舆论抗议。当然,有很多反例可以证明美国的城市也在以立法或者公民慈善的方式勉力保留其历史遗迹,但是与欧洲城市和社会相比,美国的城市如同其社会一般,在形式与内涵上都处于高度的游

---

① 约瑟夫·熊彼得著,吴良健译:《资本主义、社会主义与民主》,北京:商务印书馆,1999年,第146—147页。

移状态。它们不停歇地重造自身,总是上演着"城市更新"(urban renewal)的戏码,换言之,它们以不安顿的热情改造这里,破坏那里,重新想象与规划整个城市,对之而言,现代化是一个始终处于进行时的过程。也许,这便是美国城市最普遍的可为肉眼所见的特性:它们总在追寻"新",即使新可能拥有多重内涵。

每一种归纳都会带来例外、反例,甚至混乱,但是美国城市历史的演化又足以令观察者意识到其与别处城市历史的不同。它们往往是新的或者较新的,总是处于不定型的、开放的状态,它们是挥霍的,是暂态的。它们呈现着财富、洁净与时尚的多元性,又在平等主义的文化中始终折射着不平等。虽然它们在求新的道路上狂飙突进,在其景观之中,认真的观察者仍然能检索到曲折往返、停顿凝滞,检索到其演化的错综历史。它们往往经历一段爆炸式的增长期,以迅疾的速度攫取新的领土,增加新的构造,而后,建筑大军和他们的机器减少、消失,城市景观开始趋于稳定;在一段平衡期过后,起重机再次轰鸣,城市再次开始重建。凡此过程,都以某种方式留在城市的天际线上,映现着城市的波动,测量着城市的脉搏,诉说着某栋建筑的今昔,某个社区的变迁,移民的往来,种族的转换。

创造城市复杂历史的主体之一正是这些不断加入美国城市生活的移民,他们在人种、地域、文化、信仰、习俗上的多元性为现代之城奠定了多元文化主义的基调。从来没有任何一个前现代城市可以像纽约、圣路易斯、洛杉矶这些美国城市那般彻底地为多元文化所定义。古代的罗马或者长安,可能云集旧大陆的四方人士,但是那些远方来客更多扮演的是城市生活的点缀,而非主角。从某种意义上讲，北美的城市自殖民时代便是国际的，不同的文化群体，无论自愿还是被迫，均参与了城市的构建，土著美洲人、非洲人、欧洲人、亚洲人，他们说着不同的语言，有着不同的观点，对城市的应有之貌怀着不同的构想，如此情形并非只发生在沿海城市，也同样塑造着内陆城市。坐落于昔日的卡霍基亚附近的圣路易斯，最初由法国人所建，后来归入西班牙人治下，而在其此后的成长中，它成为黑人奴隶、西班牙与法裔加拿大的皮毛贸易商、德意志的啤酒酿造者的家园，直至21世纪，在那座城市中，仍然激荡着不断上涨的国际多元文化浪潮。① 由此，文化的多元性与差异性成为美国城市的特征，在它们之中，没有某种单一的"文化"，而是几十种文化的杂烩，彼此碰撞、不断转化。无疑，并非所有的文化都占据平等的地位，如同任何一种人类社会，等级、秩序、差异同样是美国城市社会中的坚固存在。不同的文化群体有不同的利益诉求、意识，每一种都渴求在城市的形成中有所表达并得以实现。如同不断更新的城市外观，城市文化也在流动、变幻，曾经是边缘的挺进中心，曾经是强势的难逃衰败。无论现实如何，这里的城市对初来乍到者做出承诺，令他们相信这是一个开放的、自由的、机会均等的、允许一切冒险的空间。

将这些文化如此不同的群体结合在一起的是一种共同的事业——资本主义。很多人被这种事业裹挟，如黑奴、土著；很多人则是这一事业狂热的发起者、追随者，然而最终无论其个人的意

---

① 关于圣路易斯的环境史研究，最好的著作是Andrew Hurley所编辑的论文集。Andrew Hurley ed., *Common Fields: An Environmental History of St. Louis*. St. Louis: Missouri Historical Society Press, 1997.

愿如何，他们都被带入共同的市场，即使他们在其中的地位各不相同，绝不平等。有些人走上权力的顶端，更多人则成为多元文化构成的劳动大军中的一员，处于资本经济金字塔的底层。在旧大陆的创城历史中，从没有任何一处像美国城市一般，自初便由资本主义占据了如此的统御地位。

与美国城市相比，欧洲城市中深植根深蒂固的贵族传统。如慕尼黑，这个站在今日工业科技前沿的现代城市，在100年前，仍然为其精英的统治阶级所定义，后者修建奢侈而精致的宫殿、花园，铸造各种炫耀其丰功伟绩的塑像与纪念碑。贵族们并不仅仅认为自己是权力与财富的拥有者与消费者，更将自己化身为艺术的守护者、赞助者。甚至在他们的政治与经济权力衰退之后很久，欧洲城市的贵族色调仍未完全褪色。在那里，城市人群保持着一种传统的共识，城市应当具有怎样的形态，应当符合怎样的审美与趣味，应当由何人来决定、规范城市的品位。在美国，情形大不相同。资本主义占据着统御地位，资产阶级却是一个流动的、变化的群体，在东海岸的城市中，形成了某些世家，但是新贵年年涌现，不懈地更替着金字塔顶端的颜色，也超越前者，接掌构建城市的权力。他们的需求至关重要，因此，美国城市将其财富与建筑的天分和热情投入银行、商城、广厦耸立的大道的修建。那些哀叹其城市千城一面、毫无品位的美国人从欧洲复制城市的艺术，然而他们仰仗的赞助者往往是不具持续性的新钱。

在美国的城市当中，并非没有与私人资本相抗衡的力量，特别在19世纪后期，美国进入进步主义时代后，各层政府开始强调其管理社会的角色，承担城市公共事务的责任。中产市民阶层的壮大与为他们代言的公共舆论同样集合成制约私人资本肆意妄为的声音。但是，无论是政府抑或中产阶级，他们从来未能彻底地取代私人资本，掌控城市的发展；更何况，在很多时候，他们与资本是合谋的同盟，而非对抗的仇敌。安全曾是旧大陆城市的基调，城墙的存在是对安全的物质与心理保障；而无墙的美国现代之城在其建立之初，思考与规划的核心都在于增长，而这正是美国城市的资本、政府与中产阶级所达成的真正共识，体积的增长、人口的增长、财富的增长、权力的增长。当城市一览无余地铺陈在其所坐落的土地之上，它们所响应的始终是奉无极限增长为圭臬的资本主义的号召。

对无极限增长的信心与追逐定义了现代文明，自然世界的一切被资本化、商品化，以求得利益的最大化，而资本文化则要求包括国家与政府在内的一应制度与机构支持这种追求，并且将之道德化、合法化。但是要实现如此追求，仅仅仰赖人类的智慧与技术殊为不足，它需要真实的物质基础，环境史学家唐纳德·沃斯特（Donald Worster）将之称为"第二地球"的发现。在《萎缩的地球》一书中，沃斯特写道："在西方海洋之外，有着一片巨大横财，饱蕴未经开发的自然资源。……伴随物质现实的革命与人类生态和经济革命而来的，是观念、价值、制度与行为方式的深刻变革。第二地球的发现带来的是一个前所未有的物质丰饶时代，最终它将以新的自然资源，以及这些资源使其成为可能的自由，淹没较为古老的文明。这一时代至今已延续了500年。"[①] 1500年前后之所以成为现代世界的开端，在于人类文明终于开始破解既往数千年旧大陆生

---

① Donald Worster, *Shrinking the Earth*: p. 13.

态匮乏的魔咒,也开始解除在匮乏之下衍生出的经济、政治与文化的束缚。由巨大的大陆与海洋构成的西半球允诺的是相当于第二个地球的物质丰饶,土壤、水、矿石、贵金属、能源、动植物,这一切令新的世界、新的价值、新的文化、新的城市皆成可能。美国的无墙之城所构筑的根基正是第二地球的丰饶自然。

征服第二地球,无极限地开发这里的丰裕以满足城市永无止境的增长需求是美国城市的统御信念。在城市如阿米巴虫一般的扩张过程中,农夫、种植园主、捕鲸者、金矿主、野牛猎人、农具销售商、煤矿与油田工人、铁路与电报的修建者,各色人等从城市出发,共同投身开发自然的事业,用一条长长的供给链将所有产品带回城市。在广袤的北美大陆,土著部落败落、消失,而城市周边,没有如欧洲那样世袭的贵族、绅士数百年居住在一片土地上,保护当地的文化,存续那里的景观,制约城市的蔓延。在大多情况下,对乡村与荒野而言,城市似乎成为一股所向披靡、毫不留情的破坏性力量。不过短短百年,美国从一撮局促于大西洋沿岸的英国殖民地扩张成一个大陆帝国,试图掌控两个大洋,北至北极圈,南抵墨西哥湾。到19世纪末,它成为世界上最强大的国家之一,其环境触角也伸向整个地球。城市作为资本权力的中心,既是如此环境扩张的起点,也是它的终点。没有任何一个其他国家如美国那样,如此迅速且如此专注地任由城市聚敛自然的财富。

在自然丰饶滋养下的城市变得异常强大,以至于人们出现一种错觉,认为城市纯然是人类与其文化的创造,认为只是在城市初建之时,城市方同其周围的自然世界发生作用,第二地球之于美国城市的意义仅止于提供资源令其能够自由地、无节制地增长。而当我们走入城市历史的更深处,则会发现城市从来无法孤立于自然世界而存在,美国城市的历史也创造出独特的生态悖论,恰恰是如此悖论反过来重新定义了美国城市的文化、政治、经济、景观与生态。

在美国城市历史中发现的第一重生态悖论存在于自由与自然之间,无墙之城象征着对追寻自由的承诺。无论是第一批踏上北美大陆的清教徒对于宗教的信仰,还是皮毛猎人深入北美腹地的山林对于财富的追逐,或是千万人骑马乘车徒步走入西部对于土地的渴望,抑或无数人在轮船缓缓驶入纽约港,遥望自由女神时五彩斑斓的梦想,其背后最深沉的驱动力都是对于思想、经济、政治、文化的自由。追求自由成为某种具有合法化的事业,它却遮蔽了对土著有组织的屠戮,对黑人制度性的奴役,对在工厂规训下谋求微薄生计的妇女童工的剥削,对金矿、铁路中日夜劳作以求温饱的华工的歧视,对果园与牧场中游移不定的拉美短工的压榨。以追求自由为名,剥夺其他种族、群体、个人的自由,在过去500年的现代世界中比比皆是,城市人自觉或者不自觉地成为这些奴役劳动的主要消费者,虽然他们自身同样陷入现代社会无处不在的罗网之中。

当代历史学最成功的文化遗产正在于揭示出自由凯歌下种种被奴役者的呻吟,进而反思自由价值背后的荒诞与虚伪,检讨其文化悖论。然而,迄今为止,大部分历史学者仍然无视或者规避与之相关,但是更为普遍而深刻的生态悖论,亦即追求自由与奴役自然之间的悖论。一座座新的城市不断出现、崛起,以不建城墙的坦荡方式赋予所有人掠夺与征服自然的自由,告诉人们自由就在其中,予取予求。每个人都加入了这场对荒蛮危险的自然进行的战争,每个人在奴役自然的努力中都不无辜。当自然屈服,文明欢庆之际,文化与自然之间最为吊诡的悲喜剧也因而上演——对自然的奴役必然意味着一群人对另一群人、对大多数人的奴役。值19、20世纪之交，当美国城市化进行得如火如荼之际，人们感到窒息，寻求新的自由，于是开始保留荒野，重返山林，或者自然化他们的城市，以求得城市许诺而无法兑现的自由，寻得审美与情感的救赎。

对于现代城市而言，这个自然化的过程弥足珍贵，它标志着一种新的现代性的诞生，更为复杂的重审与自然关系的现代性，然而，它并没有阻止第二种生态悖论的发生，多元的文化与简化的生态之间的悖论。文化多元主义是美国城市文明最杰出、最迷人之所在，虽然种族、阶级、性别的权力倾轧从未完全消失，但是文化多元主义在一次次的创造性破坏中被强化、凸显，渗透于美国城市文化的血脉，为之不断注入新的生命力。与之相对照的，却是城市生态的不断简化，生物多样性的消失。人类面临着一场物种灭绝的危机，同既往的五次大灭绝相比，第六次大灭绝是地球历史上第一次由一个生物物种的行为造成的其他物种的灭绝，这不仅是一个关系地球生态圈的安全与健康的生态问题；也是一个伦理问题，质疑人类作为一个物种是否有权利为其私利谋杀其他物种的问题。这个问题远远超乎美国城市历史的范畴，但它所带来的城市文明的生态悖论是美国城市所不能回避的思考。造成物种灭绝的原因繁多，不同的研究者针对不同的物种与历史时期可能会强调不同的原因，但有一个共识是，最重要的原因在于物种栖息地的消失与破坏，而城市以及为了支撑其运转和消费的工业化农业吹响了沼泽、森林、湖泊、草原挽歌的号角。

城市化带来的生物多样性的消失绝非仅仅发生在城市所坐落

的土地之上,在全球化的今日,城市的生态腹地扩张至整个星球。文化多元主义的高涨与生物多样性消失的悖论在全球生态腹地的重构中有了新的意涵。前者对异质文化的兴趣与好奇带来的不只是宽容、活力,也带来了全球消费的热情,异域的食物、服饰、器物,包括那些地方本身,都在多元文化的刺激下成为大众消费的新时尚。约翰·麦克尼尔(John McNeill)在与其父威廉合作的世界史《人类之网》的结论中写道:"人类历史是一个由简单同质性向多样性,而后又朝着复杂同质性的演进过程。"①新的同质性过程恰与城市化同步。反讽的是,多元文化主义带来的既是地球生态圈为了迎合全球消费而出现的简化与同质化,也可能带来全球文化本身的同质化与简化,情形一如在本章伊始所看到的高度一致的全球城市景观。

  由此,也必然引发第三个也是最根本的生态悖论,不断膨胀的城市与持续萎缩的星球之间的悖论。美国现代城市的物质根基在于第二地球的丰饶,基于此,发生了一应现代意义的革命、创新与破坏。伴随全球经济、政治与生态的重构,第二地球彻底与第一地球融合,换言之,第二地球的丰饶所激发的想象、激情与自信已经疲倦、退却,那个在鲜活而丰盈的自然中创造的现代世界已然走向终结。人类文明现在面对的仅有一个地球,一个不断萎缩的地球。而美国城市仍然在扩张,或许不尽然是地理与人口的扩张,但是城市的生活方式、消费方式,对增长的野心与对创新的期冀以思想之流的方式在整个星球蔓延,城市变得更加拥挤、饥饿、罹毒。在现

---

① 约翰·R. 麦克尼尔、威廉·H. 麦克尼尔著,王晋新、宋保军等译:《人类之网:鸟瞰世界历史》,北京:北京大学出版社,2007年,第312页。

代世界诞生之后,城市不再需要围墙去抵挡有形的敌人与异端的思想,但是,不论在其历史还是现实之中,城市是否当真如我们所假想的那般安全、坚固?自然是否已经被城市所驯化,剔除所有的危险,如病毒与"害虫"、洪水与地震,满足所有的需求,如能源与食物、健康与美丽?抑或无论在城市的诞生之初,还是在城市演化至今,我们始终在小心翼翼地维持着与自然——这一不为人类文化所创造的力量之间脆弱而必需的平衡?

本书所讲述的是美国城市与它们的自然世界在其所创造的生态悖论中协同演化的历史,是一部美国城市的环境史。环境史学者往往讲述关于一个"地方"(place)的故事,作为一个国家,美国太大,很难激发著名的美国西部作家华莱士·斯泰格纳(Wallace Stegner)所言的"地方感"(the sense of place),一种层积而成的感知。它的获取需要通过自我的劳动去感受那里的土地、天气、灾难、丰饶,通过日复一日的生活了解那个地方四季的温度、天空的颜色、空气的味道、水流的声音,通过世代的记忆去触摸没有形成文字的过往,也通过本地的诗人去观察最为细微的变化。① 很多环境史学者在撰写一个地方的历史时,都在寻找这样的一种地方感。但是,就此而言,或许只有祖祖辈辈居住在一个村庄或者小镇的人才能够拥有这样的地方感,而对在现代社会中不断穿行、漂泊的人来说,这将是他们无从获取的感知。即使对于生于斯、长于斯的城

---

① Wallace Stegner, "The Sense of Place," http://www.pugetsound.edu/files/resources/7040_Stegner,%20Wallace%20%20Sense%20of%20Place.pdf, reprinted with permission from Random House, Inc. 2020年8月1日登陆。

市人来说,同样的地方感也是一种奢侈,因为美国的城市,如同大部分的现代城市,在一代人的生命轨迹中可能已经发生太多的改变。如果斯泰格纳的地方感在无根的现代世界已变得古老而陌生,可能现在需要一种新的地方感帮助环境史学者去思考一个地方的生态经历。

美国,同样是一个地方,当它凭借政治权力界定其地理边界后,它便不仅是一个政治单元,也是一个文化单元、地理单元、生态单元。虽然自然本身的演化往往超越人为的边界,但是人工的边界在文化与自然的相互作用间仍然扮演着特殊的角色。对现代世界而言,民族国家划分着人工世界中最重要的边界,而人工创造的世界同样栖息于自身的生态系统当中,甚至成为形塑这个生态系统的重要力量。美国的城市在这样的边界之内,同自身创造的腹地发生着千丝万缕的联系,同其他城市分享着某些共性,正是这样的联系与共性使之成为一个地方,拥有文化、生态与历史内核的独特地方感,为撰写它的共同历史奠定了基础。

在很长的一段时间,城市史如同历史学的其他学科一般,仅仅被作为一种人类事务进行叙述。这种情况在城市环境史产生之后发生了巨大的改变,以乔·塔尔(Joel Tarr)和马丁·麦乐西(Martin Melosi)为代表的历史学者开始关注城市内部的环境演化,尝试通过垃圾处理、下水、卫生等基础设施与环境之间的关系理解城市的运行机制;至1991年,威廉·克罗农(William Cronon)之《自然的大都市:芝加哥与大西部》横空出世,彻底改变了城市环境史研究的范式,也给整个环境史学界带来了一次头脑风暴。正是在此书中,克罗农打破了城市的边界,将之放入一个远为辽阔的生态与历史维

度中进行讨论,从而开创了环境史研究的新天地。他在此书中言道:

> 城市与乡村、人类与自然的二元对立遮蔽了我们的眼睛,使我们看不到两种人为割裂的观念中还存在着深层次的统一。如果我们仅聚焦于城市,在它身上看到的只有"人类"征服"自然"的终极象征,往往会忽视城市居民将会继续依赖非人类世界,就像他们自己彼此依靠一样。对于世人来讲,他们的许多生活与关系——无论在城市还是在乡村,在工厂还是在野外,在车间还是在账房——都不能够用单数的人类征服单数的自然这一简单的看法来概括体现。我们看不到这些具体鲜活的人。我们在遗忘他们、将他们的历史抛诸脑后的同时,也用围墙圈住了自身,将自己与广阔的生态系统(其中也包括我们自己居住的城市家园)隔绝开来。①

这段写于近三十年前的文字,直至今日,仍然能够启迪环境史家的新思。《自然的大都市》也切实地将芝加哥的成长放入大西部之中,在乡村与城市的生态与经济互动中塑造了环境史研究的新高峰,至今尚无人能够超越。然而,遗憾的是,限于个人的兴趣与书籍的篇幅,克罗农并没有真正将生活在城市的不同人群同城市腹地不断变迁的生态结合在一起,他们因何而来,何以谋生,为何贫困,如何成功,他们对城市的规划——广义上的规划——多大程度上是长远的考量、审慎的评估,又在多大程度上是对自然被迫的适

---

① 威廉·克罗农著,黄焰结等译:《自然的大都市:芝加哥与大西部》,南京:江苏人民出版社,2020年,第22页。

应? 同样在克罗农的《自然的大都市》中缺失的是,那些普通人的环境经历,他们遭遇着怎样的不公,有着何样的渴望,是否对自然的期待仅仅是如克罗农所言的西方文化的教育遗产,抑或它是一种广泛的人类共有的本能?①

进而言之,虽然克罗农一再告诫他的后继者,不要将城市的崛起简化为征服自然的叙事,而要看到"城市居民将会继续依赖非人类世界",但是,《自然的大都市》最终仍然成为城市文明对广袤的大平原和其上包括人类在内的土著物种的征服,是一个"第二自然"如何压倒,甚至取代"第一自然"的故事。克罗农认为,在"第一自然"的构成中,除了气候因素,其生态在根本上更具地域性,是本地的地貌、水文、物种。而"第二自然"强调的是一种资本的逻辑,"居于中心的城市对其周边的地区施加着长远的市场影响",远离市场的腹地的景观变迁与物种兴衰不再由其所在栖息地的环境所决定。无疑,这是极具挑战性的洞见。然而,如果自然所指的是非人类所创造的那种力量——人类从属于自然的部分,是自

---

① 已有数本著作从环境正义的角度探讨芝加哥的种族问题与城市污染、城市规划、垃圾处理的关系,其中最具代表性的是Sylvia Washington所著《把他们包起来》一书,从福柯的权力/知识关系探讨芝加哥环境种族主义的起源与发展。(Sylvia Washington, *Packing Them In: An Archaeology of Environmental Racism in Chicago, 1865–1954*. Lanham, Maryland: Lexington Books, 2005.) Brian McCammack 在《希望的风景》一书中则从一个全新的角度审视黑人同自然之间的关系,既往探讨黑人环境史必以邻避运动、草根环保组织对污染与健康的关怀为主题,而McCammack另辟蹊径,探讨了芝加哥黑人移民在环境记忆的影响下,在芝加哥寻求、争取、建造和享受自然的与景观化的空间的过程,从一个新的角度重审所谓环境正义的内涵。此书获得2018年的数项图书奖,包括美国历史学家组织的特纳奖(首部著作奖),美国环境史学会的马什奖(最佳图书奖)。(Brian McCammack, *Landscapes of Hope: Nature and the Great Migration in Chicago*. Cambridge: Harvard University Press, 2017)

然的创造——那么,所谓"第二自然"不过是某种非人类力量与资本力量之间互动的关系,而非后者对前者压倒性的胜利。克罗农并非没有意识到此,他写道,"第二自然"同样是一个抽象的概念,"它仅表现为众多实体和彼此之间更加多样化的关系";只是,紧接这一分析,克罗农又不忍将"第二自然"彻底非实体化,指出"抽象的概念也有某种实体",而城市如芝加哥和它的广阔腹地都是实体化的"第二自然",资本成为终极的统御性力量。①至此,"第二自然"丧失了同人工环境之间的差异——既然所有的人工环境仍然需要依赖来自非人类世界的材料与能源进行建筑,那么"第二自然"概念的存在又有何意义?

虽然资本的逻辑在过去的两个世纪中四处蔓延,但是自然的力量始终在与之相抗衡。芝加哥的生态故事并未结束于"白城",自然也没有就此为资本的逻辑所统御,简化为克罗农所言的"第二自然";恰恰相反,作为一种独立的、自发的力量,它执着地存在于城市、乡村和更遥远的腹地,不断地形塑着城市的生态、经济与个体的生活。②城市从来不仅仅是生活在城市之内的人群的伟大创造,无数在远离城市的地方栖息的农民、牧人、矿工共同参与城市的构建,在研究城市的历史时,他们的经历、劳动、迁徙、苦难或者成功理当引起史家的关注。同样,城市的历史也从来不能化约为人类物种或者

---

① 威廉·克罗农著:《自然的大都市》,第379页、381—382页。
② "白城",white city,指的是1893年芝加哥世博会的建筑群,其总设计师为丹尼尔·伯纳姆(Daniel Burnham),景观设计师为弗里德里克·劳·奥姆斯泰德。克罗农以《白城朝圣之旅》为其芝加哥故事的终点。在克罗农看来,"白城"标志着芝加哥成为一个世界性大都市的华丽崛起,也标志着城市与乡村的彻底一体化。

由他们所启动的资本力量的故事，一种广阔的、非人类所掌控的力量和它所诞育的各种形态的生命与非生物存在，在城市历史的演化过程中从未缺席，与其起伏兴衰、文化思想息息相关，彼此作用，它们共同构成了美国城市演化的生态悖论。这正是本书的核心论点。

从塔尔、麦乐西、克罗农开始，经过三十余年的发展，美国城市环境史研究自此蔚为壮观，几乎每个重要的美国城市都拥有一部以上的环境史传记，如纽约、波士顿、芝加哥、洛杉矶等城市则有5—6本，甚至更多。但是就整体而言，城市环境史学者回避了将美国作为一个地方，思考城市在其中同自然之间的关系。[①]无疑，美国城市环境史是一个可以包容万象的主题，人们可以在其生态悖论中重新解读美国历史从微观到宏观，从文化思想到政治经济的各种事件与个体，因此，本书必然在论述中做出取舍。例如交通与能源是开启美国城市时代的关键性因素，它们既是连接城市与腹地，维系城市运转的基本动力，也是城市得以获取主宰地位，改变包括大气在内的自然生态系统的根本仰赖。但是由于我的学养无力对此两个主题提出具有某种创新性的见解，所以只是将对之的分析嵌入行文当中，而非单辟章节加以讨论。就个人的研究旨趣而言，全书最大的舍在于对城市面对灾难时的脆弱与恐惧的论述。在原本的构

[①] 目前从整体上考察美国城市环境史的著作为《自由之梦想、自然之极限》。此书以时间为经，以北美五个大城市包括费城、纽约、芝加哥、洛杉矶与多伦多为纬，探讨自然同北美城市发展过程中的经济、政治、社会、居住与工作环境等的互动作用。但该书集中探讨的是城市内部的政治、经济、社会生活，对城市发展进程中其与乡村、荒野之间的关系基本未曾涉及；对城市发展与自然关系的思想考察，也局限于经济思想，对城市规划、城市公园以及反城市发展等思想脉络缺乏梳理。(James Lemon, *Liberal Dreams and Nature's Limits: Great Cities of North America since 1600*, New York: Oxford University Press, 1996)

想中,此问题占据两章的篇幅,然而在读到乔安娜·戴伊尔出版于2019年的新书——《地震城市》之后,我被迫就此问题搁笔,因为无论是她对自然及其力量本身的定义,还是对自然灾难同建立在技术自信之上的城市之间吊诡关系的分析,抑或对不同种族、阶层面对自然灾难时的行为、恐惧、解释与想象,同我对此问题的思考完全一致,而且更为深刻。①

在舍弃灾难章节后,除绪论之外,本书分为四个部分,共七章。第一部分《城市书写》是对美国城市环境史学发展脉络的梳理,在此基础上,思考城市环境史的既有范式,遭遇的困境,以及未来可能的研究方向。在美国城市的生态悖论上书写美国城市环境史,要求打破城市的边界,将城市的历史与广阔的生态演化的历史之间建立联系。首先,在时间维度上发现城市历史与更为古老而持久的自然历史之间的联系。其次,在空间维度,或者是能量交换的维度上,将城市生态系统与受其消耗、改变的腹地生态系统相结合,从而探讨其中的经济与生态互动。第三,在思想维度上探寻城市时代不同人群对文化与自然之间关系的思考,这其中既有对消费社会中资源匮缺的焦虑与警惕,也有当乡村与自然变为城市人群的心灵异乡后,如何重建城市的美学想象,反思城市的文明取向,考量自然在城市时代存在的可能与形式。②

---

① Joanna L. Dyl, *Seismic City: An Environmental History of San Francisco's 1906 Earthquake*. Seattle: University of Washington Press, 2019. 关于此书的内容以及与旧金山相关的其他环境史著作在本书旧金山一章中会有进一步的讨论,因此此处不再赘言。
② 此部分的内容以"没有边界的城市:从美国城市史到城市环境史"和"错综的轨迹:在自然中重写城市史"为题分别发表,在成书的过程中,内容做了全面修改与调整。

在此思考之上，第二部分《增长的城市》、第三部分《扩张的城市》与第四部分《城市的思想景观》则分别从城市的内部、外部、思想层面考察美国城市环境史的演化。应予注意的是，将此三个层面分开论述，是叙事中不得已而为之的还原论做法，事实上，因为人口、能量与思想的流动，它们彼此之间处于不间歇的互动状态，构成密不可分的整体。每个部分都包含一章总论，一章城市田野，意图以具有代表性的城市令综合的分析呈现具有个性的色彩，沾染地方感的味道。

第二部分《增长的城市》聚焦于城市内部，该部分的第一章《拥挤、罹毒与美丽》讲述在那里来自不同文化的人群，不同的物种如何与他们所处的物质世界相互动，新的能源与技术如何进入城市，城市如何在环境困局与解决之道的回路中往复，如何在拥挤、罹毒的城市中寻找健康与美丽。当下，同其他美国史的研究领域一样，关于种族、阶级、性别的讨论同样占据美国城市内部环境史研究的主流，这些主题也不可避免地进入此书的思考范畴，但是即使在城市，这个由人占据主导地位的生态系统中，讲述人与人之间的关系不也应取代对于人与自然的其余部分之间关系的反思。环境正义指向的也不应仅是不同群体的环境经历的差异，同样应当负有对其他物种的环境伦理。正是基于这样的思考，此章力图从不同于麦乐西《环卫城市》的角度，探讨美国城市内部的环境历史，重审自由、健康与道德在此历史中的张力与变化。

与此章相联系的城市田野是"山巅之城"波士顿。该城位处美国东海岸，是北美殖民地最早建成的城市之一，是早期的商贸与工业中心，更是美国的文化中心，是先验主义、实用主义，一应同美国城市思想最为相关的重要思潮的发源地。从殖民时代到当代，波士顿的历史沿革同美国革命、工业化、进步主义等关键节点息息相关，它的历史处处遭遇对文化与城市关系的深沉思考。在简述波士顿的环境史后，本章的重点在于探讨波士顿在城市中为不同形式的自然寻找其存在的位置，以期重新定义文明在城市时代的内涵。

第三部分《扩张的城市》将关注城市与城市之外的世界之间的关系，看到无墙之城如何改变了城市之外的自然世界，又如何始终受到自然的约束与影响。此部分的第一章将始于城市的人口流动，讲述关于生态的遥联现象（teleconnection），探讨美国城市人口的迁移原因与其所来之地的生态之间的联系。人们需要水、食物、能源维系城市的运转和他们自身的生存，还需要更多附加的东西满足他们城市时代的消费欲望。城市化启动的人口流动带来的远不止是数字、符号或者家庭与个人命运的改变，也是同城市密不可分的生态系统的变迁。城市扩张的过程也是其腹地的建构过程，我将这个过程称为"制造气泡"（making bubbles）。在传统社会的城市与腹地关系中，城市的规模在很大程度上由其周边腹地的生态承载力而决定。在"制造气泡"的过程中，城市和腹地之间的生产与消费链条上加入资本的环节，通过现代交通技术，城市的腹地不再仅是与之在地理上紧密相连的地区，而扩张至整个大洲，甚至整个星球。在城市腹地的四处延展中，城市自身的生态独立性也日趋丧失，愈发仰赖其他遥远地方的生态系统支撑自身的运转。然而，"气泡"是脆弱的，腹地也并非稳定不变的，自然以其极限、萎缩、剧变，不断挑战着城市与腹地的结构，迫使城市文化变革以适应新的环境。与此同时，城市不断膨胀造成的异化，刺激了对自然世界的情感渴望，我将之称为"情感断裂"（emotional rift），又再一次促使城市人对远离城市的地方进行保护。

这一部分的城市田野将在"草海之城"堪萨斯城进行。这个城市位于美国中部，在美国的地图上，无论南北、东西，都处于地理位置的中心，却在美国人的认识中处于边缘。我曾在距离这个城市30分钟车程的大学城——劳伦斯的美国堪萨斯大学生活、学习六年，因此，于我而言，这个城市有了特殊的乡土意义。但更为重要的是，这座城市具有不同于芝加哥那样的超级都市的普遍性，它的起落及其同自然的关系代表着在农业腹地中兴起的中西部城市所共具的特征，映现着这个国家在丰饶的西部自然中扩张的野心、自信、成功与挫败。因此，在此章中，我希望以堪萨斯城同其农业腹地的关系延续，进而反思克罗农在《自然的大都市》中所建立的范式，审视城市建立、壮大之后与自然之间的关系。

关于城市的思想景观是第四部分的主题。这部分所聚焦的是对于城市与自然关系的讨论，而非一切关于城市的宽泛思想。自美国建国一代的知识分子与政治精英如托马斯·杰弗逊开始，美国便存在或鼓励或压制城市的发展的争论。反城市主义思想在美国的思想谱系中从来不乏承继者，在城市发展至不同阶段的时候，其主旨也发生着变化。然而自弗里德里克·劳·奥姆斯泰德（Frederic Law olmsted）始，城市主义成为一股新的不可阻挡的思想潮流，城市也被赋予新的意义和价值。既然城市与城市生活已经无从回避，如何令城市更美好，成为城市主义者思考的核心。事实上，城市主义与反城市主义之间并非泾渭分明，它们的出现与演化的背后始终是城市与自然之间的生态悖论，而悖论也必然意味着辩证与相互形塑。

反城市主义的思考总以微妙的方式迫使城市的青睐者对美好城市的构想做出调整，而城市改革者的声音与行动也反过来激发人们对于荒野与乡村的想象。

这一部分的城市田野将继续向西，直抵太平洋沿岸的旧金山。如果说波士顿所面对、思考的始终是大西洋的自然财富和彼岸的欧洲文明，堪萨斯城是在辽阔的西部天空下，在北美的内陆上构想美国城市的蓝图，旧金山则呼吸着太平洋潮湿的空气，眺望这片地球上最辽阔的水域和对岸陌生的亚洲文明。这座城市的环境史囊括了所有可以想象的元素，从来自东西南北各方人口的涌入，到淘金热带来的矿业开发与羁縻帝国之河形成的灌溉农业，到地震、山火等各类自然灾难与技术支撑的现代城市之间的对抗，到城市绿色政治的蓬勃发展、城市公园与国家公园的建造与保护，每一个角度都可以激发城市环境史撰写的雄心与想象。作为思想一部分的田野，我的旧金山叙事则徘徊在它壮伟的海湾、嶙峋的海岸、延绵的山峦、温柔的晨雾、高低起伏的城市地貌中翻腾的诗意想象之中。如此想象是对吸引人们来此的自然风貌的回应，对僵硬的、主流的东部城市文明的继承与反叛，也是对异域亚洲文化中对自然与生命的独特体味的沉思。

美国的城市可能仍将在这个萎缩的星球上延续很多世纪，它们可能会变得更加"绿色""生态"，也可能不会，但是它们总有一部分在脉动、成长或者死亡，究其根本，它们是各种生命所构成的一个个共同体，如同森林与河口，吞吐能量，新陈代谢。美国文化热衷于畅想明日，明日的城市也一再成为每一个转折期规划者的主题。惠特曼最忠实的继承者，美国城市热情的讴歌者卡尔·桑德伯格（Carl Sandburg）在1918年，美国在全球历史中第一个高光时刻来临之际写道：

> 我谈论新的城市，新的人民／我告诉你过去是一桶灰／我告诉你昨天是已停息的风／是落下西天的夕阳／我告诉你世上没有别的东西／只有一个充满明天的海洋／一个充满明天的天空。[1]

没有人确切地知道那将会是怎样的光景，但是，历史并未过去，在明日的海洋与天空中重新呼吸的城市必须直面它所创造的生态悖论。

---

[1] Carl Sandburg, "Prairie," . 译文选自赵毅衡编译：《美国现代诗选（上）》，北京：外语教学与研究出版社，2019年，第175页。

第一部分

城市书写

第一章
在自然中重写城市的历史

从1833年到1836年,美国哈德逊河画派鼻祖托马斯·科尔(Thomas Cole)专注于完成大型组画——《帝国之进程》。第一幅,天空荫翳、林密山险,科尔名之为《野蛮》(Savage State);第二幅,《阿卡狄亚》或《牧歌》(the Arcadian or Pastoral State),春日初升,碧草茵茵;在第三幅中,夏阳绚烂,广厦辉煌,被称为《帝国之巅》(the Consummation of Empire);移至第四幅,秋意肃杀,硝烟四起,以《毁灭》(Destruction)为名;最后一幅,冬月凄风,断壁残垣,是为《荒凉》(Desolation)。从英国移民美国,科尔同大部分早期移民一般,向往着新大陆的盎然生机,希冀摆脱旧大陆城市的烟尘、疾病与衰败的道德。他定居纽约州,却并非当时已然渐趋膨胀的纽约市,而是上州的卡茨基尔;直至近两个世纪后的今天,彼间依然极似他在组画《阿卡狄亚》所绘,芳草落英,良田美池,一派田园风光。在他看来,这样的中间状态是文明最为烂漫、新鲜,也是同自然最为和谐亲密的时期;而在《帝国之巅》的城市中,土地为砖瓦所覆盖,山峦为高楼所荫蔽,繁华之下涌动的是腐败、焦虑与暴力,文明走向衰落。

一、城市与自然:无法断裂的联系

城市,在今天看来似乎无处不在,极为普通,然而在人类历史的很长一段时间中,它却并非大多数人的栖止之地。那时,人类的家园是农田一侧的黄土高坡上掘出的间间窑洞,或者是游牧民族在他们采集狩猎的土地上开辟的条条小径。有时,它是筚路蓝缕后开垦出的一块随同季节变换的庄稼地,有时它是一个小小的村庄,几户砖房,同彼岸的另一片村庄长期隔绝,互闻鸡犬之声,却鲜少往来。城市是存在的,但是它存在于距离绝大部分人的日常生活太过遥远的地方。

19世纪是人类历史上第一个属于城市的时代。突然之间,汹涌的人潮从乡村涌入城市,在那里寻求新的生存空间与生活方式。当20世纪到来之际,大部分发达国家的城市人口已远远超出乡村人口,而城市人口的绝大部分则居住在大都市当中。在21世纪的今天,现代工业的种种发明将更多的人从躬耕田亩中解放出来,在这个地球的每个大洲,无论是在发达抑或发展中国家,大量人口继续向城市迁移,这已经成为不可逆转的潮流。与此同时,食物、水以及其他资源从乡村源源不断地运入城市,以支撑城市的运行。然而,城市人群却基本上没有参与生产这些他们所赖以生存的资料,他们消耗着地球,却是以一种层层中介的间接方式。一个普通的城市人同他们所生活的地球,或者与那些延续他们生命的自然力量与资源之间,几乎没有任何直接的接触。

在科尔组画绘成后不到一个世纪的时光中,世界文明经历了帝国的兴衰,城市的崛起,最终是第一次世界大战的爆发。处身战争中心的德国人奥斯瓦尔德·斯宾格勒(Oswald Spengler),在战后他眼中文明的冬日里,出版了《西方的没落》一书。带有明显神秘主义倾向的斯宾格勒旗帜鲜明地反对进化论,因而其历史观亦与此时兴起并逐渐占据主流地位的进步史观迥异。这种差异不仅存在于他对西方中心论的挑战,同样在于他将文明比拟为一种超级有机物(superorganism),历经出生、成长与死亡的过程,在春夏秋冬的节序中完成历史的循环。斯宾格勒对文明历程的描述呼应了科尔百年前的组画,几乎可成为它的文字注解。对他而言,农业促生一种新的情感,"敌对的自然变成了朋友,土地变成了大地母亲";而"文化本身就是依次从大地景观中生长起来的,它不断地更新并强化着人与土地的亲密关系……只有在拥有大城市的文明中,我们才再次对这些根源表示蔑视,要让自己挣脱它们"。斯宾格勒认为,在每个文明的青春期产生的城市,并非真正的城市,而是乡村的衍生物,因为二者在精神上是一致的,都根植于土地之中;只有文明晚期的城市,方培育出城市独立的智性与心灵,令乡村成为自身的附属,并对之不断进行剥削,最终导致后者的彻底破产。自然与乡村都成为城市的异域:"世界城市的出现标志着有机成长时代的结束和无机的、漫无节制的无限堆积过程的开始。另外,如今还出现了那种人工的、数学的、完全与土地隔离的产物,即城市建筑师设计出来的城市,它们纯粹只是一种心智的满足。"[①]最终,一种文明在城

---

① 奥斯瓦尔德·斯宾格勒著,吴琼译:《西方的没落》第二卷《世界历史的透视》,上海:上海三联书店2006年,第78—79、88页。

市智识的狂欢中终结。

在斯宾格勒的论证中,"文明晚期的城市"之所以脱离了土地,在于城市与自然的亲密关系在心灵层面崩塌,由此,城市的建筑不复从土地中生长而出,而仅仅矗立于土地之上。据此来看,斯宾格勒虽然将文明拟生物化,其史论的基础却是全然唯心的,罔顾历史的物质性。然而,比之其历史循环论,这样的历史解读更为后来史家所接受。自这部极富争议的著作问世以来,其文明史观之影响固然深远,其历史循环论所受之诟病亦喧嚣不止。但是,无论其追随者抑或批评者,或聚焦于其文明循环论之合理性,或着力于其个体文明讨论之利弊,却鲜少对其论点中的两个核心概念"城市"与"自然"之间的关系进行探讨。对大部分历史研究者而言,这一对关系并未进入他们的研究视野;而在大部分城市史学者看来,城市全然是文明的产物,自然位处城市之外。虽然这种割裂是否将导致城市乃至文明的最终崩溃,是一个有待探讨的问题,但是割裂本身似乎成为城市史与城市批评不言自明的前提。它反映了城市时代的普遍认知。

事实上,无论是弥漫于大众情怀的"乡愁"感喟,还是穿透于学者纸背的"城乡隔阂"的洞见,只是城市人对所谓自然"异域"的心理建构。它们在某种程度上叙述了城、乡与自然在精神层面和浅层景观层面的变化,却无法完整反映在深层次的生态与历史层面之上,城市、乡村与自然之间千丝万缕、无法割裂的联系。新的城市环境史研究要求将城市放回其广阔的生态系统延展的历史当中,在物质流动、资源竞争、生态变迁的基础上重审城市本身的权力变化、经济兴衰、思想起伏,也同时考察城市与其乡村腹地之间的互动历史。唯其如此,方能更加清晰地认识到一个关于城市的基本事实:城市从来就不仅仅是人类文明的产物,而是文明与自然力交互作用的结果。

在探讨城市与乡村历史关系的问题上,马克思提出了一个更富物质性的命题,亦即为后来生态马克思主义者所总结的"新陈代谢断裂"(metabolic rift)。[1]马克思认为在以化学农业为基础的第二次农业革命发生后,城乡之间的新陈代谢发生了"不可修复的断裂"。他在《资本论》第一卷讨论工业与工业化农业之间的关系时论述道:"资本主义生产使它汇集在各大中心的城市人口越来越占优势,这样一来,它一方面聚集着社会的历史动力,另一方面又破坏着人和土地之间的物质交换,也就是使人以衣食形式消费掉的土地的组成部分不能回到土地,从而破坏土地持久肥力的永恒的自然条件。"[2]此处,暂且不讨论生态马克思主义者对马克思思想"绿化"努力之合理性的问题,因为无论马克思对自然在资本主义扩张过程所做的牺牲是否持有同情态度,他毕竟清晰地认识到,城乡关系的变化并非仅仅依赖人的身份认同变化,甚至于生产力与阶级构成变化便可以解释。在这对关系变化的背后潜藏着生态关系的重大转变,城乡之间的物质交换由从前有机的新陈代谢,变为城市对乡村的单方面能量剥削。城市中由于消费食物生产的"废物",通过原

---

[1] John Bellamy Foster, "Marx's Theory of Metabolic Rift: Classical Foundation for Ecological Sociology," *The American Journal of Sociology*, 1999(2): pp. 366–405; 参见 Foster, *Marx's Ecology: Materialism and Nature*. New York: Monthly Review, 2000。
[2] 马克思著,中共中央马恩列斯著作编译局译:《资本论》第一卷《资本的生产过程》,《马克思恩格斯全集》第二十三卷,北京:人民出版社,1972年,第552页。

有的新陈代谢过程,以肥料的形式反馈到土地,为土地所吸收并转化为食物;伴随化学农业中化肥对有机肥的取代,潜在的肥料变成了真正的废物,城市和乡村之间物质交换的链条被割裂。

"新陈代谢断裂"对于城乡生态关系演化问题的认识,其启发意味是不言而喻的。值得注意的是,虽然马克思致力探讨的问题在于城乡之间的二元关系,强调在此过程中发生的土地和劳动力所遭受的双重压迫;然而,新陈代谢断裂的思考同样有益于对城市本身环境历史的研究。例如,在细菌科学兴起之后,现代城市由有机城市(organic city)向卫生城市(sanitary city)的转变,城市基础服务如供水、下水、垃圾处理,由运输、转移这一物理过程向消毒、杀菌这一化学过程的转变,在新陈代谢断裂的命题中都可以得到理论的借鉴。①

但是,虽然就物质性而言,"新陈代谢断裂"与斯宾格勒之"有机成长时代的结束"说之间大相径庭,马克思仍然落脚于断裂之上。当他指出资本主义祛魅自然之时,他既无意恢复自然的神性,也对以一种整体观、有机观重审自然无甚兴趣。在马克思对城市与自然的分析中,自然被还原为土地和土地上的资源,二者的关系也被简化成为如何使用与被如何使用的关系。因此,马克思所言的新陈代谢断裂,切断的仅仅是农业层面乡村与城市之间的有机互换,却无法反映城市与乡村以及它们共同生存的生态系统之间的联系。城市人的双脚虽然自沾满浸透城市粪肥的泥土中拔出,但是他们的身体仍然与其呼吸的空气、摄入的饮食、消耗的能源、共存的

---

① Martin Melosi, *The Sanitary City: Urban Infrastructure in America from Colonial Times to the Present*. Baltimore: Johns Hopkins University Press, 1999.

生物息息相关。城市化社会的权力流动与等级秩序在很大程度上建立于资源配置的基础之上,而资源的匮缺与富足则在定义人类关系中起到举足轻重的作用。甚至城市时代的思考,无论是对文明的反思,还是对权力的检视,都或多或少、有意无意地受制于、并影响着周遭环境的变迁。

二、演化的城市生态系统

在马克思集中精力思考人类社会关系之时,另外一个知识团体对生物及其环境之间的关系产生了浓厚的兴趣。就在马克思出版《资本论》第一卷的前一年,1866年,一个新名词出现于人类的知识版图之上——生态学。在此后数十年间,它发展成为一个成熟的学科。也同所有其他学科一样,在其跻攀寸步,树立其科学界合法性的过程中,它不断细化、异化,出现了各种分支与解释,创造出各种新的概念。

生态学的一个重要贡献便是在自然中看到了进化,从而令自然历史化。[1] 古地质学家、古生物学家都在自然当中探查地球的历史,从太古代到中生代到新生代,从单细胞到恐龙到智人。但是这样的自然历史变迁似乎停留在杳渺的远古,亦即历史学家常言的"史前时代";而在历史学者所研究的时间,也就是农业出现后的一万年间——或者对于更多的历史学者而言,文字出现以来的数千年间——自然的演化终止了,历史变成人类文明的禁脔,自然的时

---

[1] 唐纳德·沃斯特著,侯文蕙译:《自然的经济体系:生态思想史》,北京:商务印书馆,1999年,第485—486页。

间与文明的时间成为互不相干的两个维度,环境则变成文明背后静止的结构性存在。[①]生态学的出现打破了对自然时间的认知僵局,而环境史的出现则将自然的时间与文明的时间重新整合在一起,使得前者在很大程度上重新定义了我们对于后者的认识。例如,中国传统的时间序列遵循王朝的兴亡,而在自然时间介入思考的范畴之后,以王朝为基本时间单位的历史叙述不复理所当然,大则气候的变化,小则病菌的繁衍,与人事相关者如黄河的改道、美洲物种的驯化与传播、土壤流失、水旱失调,都往往令历史的演化脱离王朝文明制度一厢情愿的控制,在自然与文化相纠缠的时间乱流中左突右闯,充满不确定性。

城市的演化历史同样需要在这个新的时间维度上进行考察。城市崛起之先,任何一片土地都已拥有漫长的演化历史,其所处的地理位置、地质构造、土壤、水文、岩石、植物、动物、微生物,在智人物种尚未出现的远古世界中已逐渐形成,经过漫长的演化,当人类开始定居生活,建造城市之时,它们在很大程度上决定了城市能否出现,以什么样的形式出现——是商业的枢纽还是军事的要塞,是矿业的基地还是农产品的集散地,是政治的中心还是文化的重镇;它成长的规模,需要调动的财力、物力与人力;其人口的积聚方式,是移民为主,还是本地人口的自然增长。

一个区域的整体生态历史同城市的历史在城市的奠基之时便已不可或缺,但是这并不意味着它仅仅是城市发生的幕布。虽然伴随技术的发展,自然的节律在城市的运转中似乎已不再分明:火车

[①] Fernand Braudel & Immanuel Wallerstein, "History and the Social Sciences: The Longue Durée," *Review*, 2009(2): pp. 171–203. 法文原文于1958年发表于年鉴杂志。

与飞机的发明冲破了时令的冷暖与河水的枯丰对交通的限制,各种有效的发电方式模糊了昼夜之际的区别;但是自然的历史仍然持续而强悍地存在着,或者被迫转变方向,或者积极地参与到城市的历史进程之中。在城市的鲸吞蚕食中,无数原有的生态栖息地消失,无数土著物种为外来物种如人类及其驯化物所取代,自然原有的进程被打乱,但是其演化并未因此而终止,病菌和那些堪称小强的昆虫与动物同城市的环境共同演化,令城市人群无法稍有松懈。虽然化石能源的使用让人类免于冬日的寒冷,但是伦敦曾经的烟雾,印象派画布上的渲晕,北京冬日阴晦的天空,却提醒着城市人群节令的转换。还有如革命般引发社会大动荡的巨灾大难:2005年之所以成为美国新奥尔良市最为重要的历史节点之一,不是在于某位市长的当选,也不是由于种族冲突或意识形态的对抗,而是人力不可抗拒的卡特里娜飓风,从城市规划到救援重建,它彻底挑战了美国这个世界上最强大国家之都市的制度、经济与信仰。对自然而言,这场飓风是其演化过程中发生的自然现象;对城市以及城市中生活的人群而言,它成为一场灾难。不同的种族、阶层在这场灾难中有着不同的遭遇,但是它的原动力来自自然,而后在城市中变成一场自然与文明的清晰碰撞,重新定义了新奥尔良市的历史与记忆。[①]而2020年爆发的新冠肺炎疫情,被历史学者夏明方称为"一场生物大起义","终将成为未来时代抹不掉的象征和标志"。[②]

在很长一段时间,作为自然科学的生态学与作为人文学科的历

[①] Ted Steinberg, *Acts of God: The Unnatural History of Natural Disaster of America*. New York: Oxford University Press, 2006, the 2nd edition.
[②] 夏明方:《文明的"双相":灾害与历史的缠绕》,桂林:广西师范大学出版社,2020年,第4、18页。

史学没有发生直接的联系。虽然作为生态学的基础理论，进化论被社会达尔文主义者搓扁捏圆，成为打破历史循环论，奠定立足于西方中心论的进步史观之利器，并因之而背负骂名；虽然生态学的诸多概念，如生态位、顶级群落、竞争、平衡，进入人文生态学和部分历史学者的研究之中，被用以解释人类社会秩序的建立与颠覆，但是这些研究并没有真正将人类历史放入其生存的生态系统的演化之中，考察文化与自然所分享的历史。真正将生态学理论有意识地运用于历史学的研究当中，以之为重要理论基础探讨自然与文化的交互作用之历史的尝试，开始于20世纪70年代兴起的环境史。在此学科的研究中，生态系统、进化与适应、动态平衡、混沌等概念不再是人类社会相似现象的名词套用，而是对自然-文化交互历史的物质性解释。城市，作为人类与非人类的自然力量共同形塑的物质性存在，对其进行历史的解读需要生态学思想的启发和帮助。

唐纳德·沃斯特将环境史定义为对历史中人类社会与文化同自然世界之间的关系的研究。或者如他在《地球的转变》一文中所写："环境史研究的是自然在人类生活中的角色与位置。它所研究的是非人类世界，一个究其根本不由人类所创造的世界与过去所有的社会之间的相互作用。"在此处，他所指的"自然"是作为人类生存与发展的基础的一切生物的、地理的以及物理的根本元素。自然是一切非科学或技术的各种力量的集合；至少在历史上的大部分时期，这些力量包括气候与天气的周而复始，各个大陆的地质状况，太阳的能量，动植物的进化与分布，生态系统的形态与运行。所有的这些力量构成了一个我们人类必须要学会与之共存并且适应的世界，即使我们也一直试图逃离这些力量。在最近的几个世纪中，人类对自然世界施加的影响在不断增长,甚至在今天地球的气候都在为人类的活动而改变。但是人类只是改变自然,他并没有创造自然。自然从来都不是一种固定不变的秩序,与之相反,它一直处于不断的变化当中。这种变化的状态早在人类诞生之前便已存在。而毫无疑问,自然也将在我们所强加的改变中存活下来,在人类作为一个物种灭绝之后的很长时间,它仍将以某种形式存在。①

那么城市在环境史,这个雄心勃勃试图革命性地改变人们对过去的理解的学科中,究竟占有什么样的位置?换言之,自然,作为非人类所创造的力量与存在的组合,又在城市——这一文化的产物中扮演什么角色?这样的一个问题可能会引出很多不同的答案与观点。无疑,城市是人类生活的环境,然而早先的城市史却很少将城市视为一个人与自然相互作用的环境。在很长的一段时间中,美国城市史学家对城市的历史进行研究时,往往对人类更为宽广、古老的经历,采集、游牧、农耕时代的经历,及其同城市的历史之间的关系,对城市赖以生存的自然资源,心存漠然甚或全然忽略。城市被视为人类独有的创造,同自然毫无接触,关于它的故事总是人与人之间的关系,而非人与非人世界的关系。城市被看作是一系列建筑、街道、政治集会、工厂及其内部的劳资冲突,不同族群的人们

---

① Donald Worster, "Transformations of the Earth," *The Wealth of Nature: Environmental History and the Ecological Imagination.* New York: Oxford University Press: pp. 46–48. 沃斯特经常被城市环境史学者批判,认为他将城市摒绝于环境史研究之外。然而沃斯特并非否定城市在环境史所占有的位置,他所批评的是止步于城市人工建筑之内的城市环境史研究。沃斯特一直强调人与自然世界的相互作用,他同样认为城市环境史应当强调城市与非人工的环境与力量之间的交流与作用。另一个更为显而易见的事实是,在沃斯特指导的博士论文中,有数篇是关于城市环境史的研究。

相接触、碰撞的区域。在20世纪二三十年代芝加哥学派在研究城市问题时引入的人文生态学,虽然冠以生态之名,不过是将自然界的生态系统作为一种模型,套用于人类社会之上。借用生态学中生态系统、群落(community)、生态位、小生境、竞争、平衡等概念解释城市社区(community)中各个群体、阶层的变迁、对抗与合作。人文生态学对积极运用社会学理论、方法的城市史学者产生了深刻的影响,然而他们中间,鲜少有人将城市看作一个地方,一个河水流淌、植物生长、微生物蔓延、能源消耗、物质资料相交换的地方,一个生态系统的健康与人类自身的健康相互纠结的地方。虽然,这种旧有的将城市与自然人为地隔离的倾向,亦即原有的城市史研究依然步履蹒跚地前行,环境史学者正在将城市带回到自然当中,或者将自然带入城市当中,将城市视为一个人文的生态系统与自然的生态系统相互交织、作用、共同演化的有机体,从而赋予城市史研究一个全新的方向。①

在20世纪初,哈佛大学生物学教授劳伦斯·亨德尔森(Lawrence Henderson)在达尔文的物种进化论基础上,提出了"环境适应论"(the fitness of the environment)。根据他的观点,适者生存的理论既适用于生物,也适用于环境,在有机物调适自身以适应环境的同时,环境也同样在改变自己,以期成为最适合生物生存的栖息地。他写道:"自达尔文始,生物学家在研究适应性上形成习惯,只考虑生物对环境的适应性。对他们而言,环境在过去、现在和未来都一直是独立的变量,任何现代研究都一直没有思考过,物质性宇宙是

---

① 关于人文生态学在美国城市史学中的运用,参见姜芃:《美国城市史学中的人文生态学理论》,《史学理论研究》2001年第2期,第105—117页。

否也具有服膺于那些对有机进化而言至关重要的规律。然而,适应性必然不但存在于有机物种,也存在于环境当中。"在他看来,进化过程必然包含环境进化与生物进化这一对双向关系,进化意味着它们之间的彼此适应和相互改变。作为一位生物化学家,亨德尔森重点考察能量在环境中的增减。他指出,维系生命的"复杂性"与"持续性",需要稳定的环境,而保持这样的稳定性,则需要环境不断进行自动的调节。同时,"一个生物体必须是活动的,因此,它需要物质与能量的滋养,因此就必须同环境有着相应的能量与物质的交换"。①

迄今为止,尚没有学者从环境适应的角度来审视城市发展的历史。然而,如果将此理论引入历史学的研究当中,可以看到城市既形成了自身独具的环境,也是一个在进化的大系统中发生改变的个体,在这一大系统进化的过程中,包括城市、乡村、荒野在内的各个个体彼此依存,也相互竞争。②运用生态学的观点考察城市的历史,意味着研究在一个客观进化的物质环境之中,其个体之间以及它们与更大系统之间存在的生态联系;看到在它们共同进化的过程中,一个城市如何通过相应的能量与物质的交换,维护自身及其赖

---

① Lawrence J. Henderson, "The Fitness of the Environment, An Inquiry into the Biological Significance of the Properties of Matter," *The American Naturalist*. Vol. 47 (554), 1913: pp. 105-6.
② 生态系统(eco-system)概念直至1935年方正式出现,其初衷同亨德尔森将环境视为一个超级有机体的理论基础完全相悖。其创始人A. G. 坦斯利的目的在于切断早期生态学同浪漫主义的有机论之间的关联,去除其中不易量化和分析的内容,将有机体之间的所有联系描绘为单纯的物质交换,将之作为一个物理系统而非有机群落来进行研究。(唐纳德·沃斯特:《自然的经济体系:生态思想史》)然而,生态系统的运用在此后的发展中,特别是在非主流的生态学者的发展中,仍然超越了坦斯利的原有意图,同生物哲学与环境保护紧密地结合在了一起。

以生存的有机体的复杂性、持续性以及活力。

具体而言,在环境进化的基础之上书写城市环境史,需要从三个层面来展开:首先,城市环境史的研究必须被置于对城市产生影响,也同时受其影响的广阔的整体生态系统的进化之中。其次,研究城市环境史,必须看到城市生态系统的多元性、层叠性与交替性,换言之,城市生态系统既非单一的,也非静止的;在城市之中,不但共存着若干不同的生态系统,不同的时间中也有着不同生态系统的更迭。最后,研究城市环境史,需要看到城市文化系统的复杂性和脆弱性与城市生态系统的复杂性和脆弱性息息相关,正是它们彼此之间的影响在很大程度上制约,甚至决定了城市的稳定与失序。

在《城市文化》这部出版于凛冬将至的1938年的名著中,刘易斯·芒福德(Lewis Mumford)检视了地域同城市之间建立在生态基础之上的密切关系。在他看来,罔顾客观的地理、经济与社会而划定的行政边界,是武断而不具可持续性的。它试图用一种粗暴的、排他的一致性割裂一个区域内在的有机联系,将一个有着蓬勃生机的生命网络变成某种带有垄断色彩的单调而粗劣的政治符号。但是,这种绝对意义的边界必然因包括人类在内的有机体自身的成长而模糊、失效。虽然经过人类的活动,地域超越了其原生的地理状态,它却始终受到自然的制约与影响。芒福德写道:

地域是一个地区单元(unit-area),是由地理结构、土壤、地表的起伏、水系、气候、植被和动物生命等所形成的原生状态。人类的定居点,新物种的驯化和对环境气候的适应,村镇和城市社群的几种,以及由科技状况决定的对土地、能源、气候和运动的控制等,改造并在一定程度上重新定义这种原生状态。

……简要之,人类的地域是一种包含了地理、经济和文化元素的综合体。既不能被认为是一种自然成品,也不仅是人类意志和空想的创造,地域,如同它所对应的人造物城市一样,是一种集体艺术作品。

然则城市应当在这个有机形成的区域中扮演何样的角色?芒福德认为,由于城市是一个区域人员、能源、物资的集散地,它自然而然地形成具有吸引力但是又富于开放性的中心。它改变了这个区域,但是也表达了这个区域的"个性",在城市中自始存在着人与自然的合作关系,"人们接受并推进了自然,即使人类将自然转化到城市的结构语言中"。在城市文明勾连的网络当中:"即使粗糙的地理条件的丝线不引人注目,但它们的数量、质量和密集度也会影响最终织出的布料。城市中多样化的自然的影响,以及组合后的复杂性和个性,实际上是抵消人类过度简化的倾向的一种永恒的保证……"[1]

芒福德是一位具有深刻历史思考的城市学者,在他将城市嵌入其区域的生态系统时,他也将城市的历史织入其区域地理和生命网络的进化。在城市化与机器文明迅疾发展的1930年到1970年中,他认为城市已然进入一个无序发展的"巨型城市"阶段,变成一只

---

[1] 刘易斯·芒福德著,宋俊岭等译:《城市文化》,北京:中国建筑工业出版社,2009年,第404、354、357、360页。

缺乏个性、四处伸展伪足的阿米巴虫,一种在大机器的助力下劫掠"大地家园"的垄断性力量。一方面,他敏锐地看到城市对于资源的攫取与消费进一步加剧,这意味着城市的生态腹地愈趋广阔,它对地域整体生态系统的物质性依赖愈发多元而复杂。他以对水源需求与污染的扩大为例,说明他所谓的"走了形的巨大"。[①]另一方面,他则警示道,城市的掌控者与栖居者在权力与技术的膨胀中,丧失了认识这种相互依赖的洞察力,而其后果便是城市在强制性的统一中被泯灭了个性,城市人群的心灵变得荒芜,而城市赖以存在的生态腹地变得满目疮痍。重建城市的区域主义,不是向农业时代的城乡关系的倒退,而是让城市摆脱大机器的控制,成为机器真正意义的主人,同时运用生物技术,建立一种未来的生态区域主义。

三、城市史研究的环境转向

美国当代历史学诞生于一个城市化的时代。大部分当代美国历史学者成长、生活在城镇、郊区,因此,在他们而言,渴望理解城市的历史是极为自然的反应。同时,我们也必须承认,现代历史是城市的时代,如果希望对现代历史做出透彻的诠释,历史学者就必须关怀城市的历史以及它在推动现代历史发展中所起的作用。与较为平静、单一的乡村历史相比,汇聚了不同的族群、文化的城市历史似乎更加丰富多彩、高潮迭起,而以此为主题的史学研究相对而言也更为多元、广泛。

---

① 芒福德:《城市文化》,第271—279页。

美国历史学者在城市开始迅速蔓延于美国景观上之际,便已开始书写城市的历史。但是,"城市史"作为历史学的一个重要领域,却是在20世纪60年代中期才真正出现。这一新生领域开始研究城市的历史特点和城市化进程的历史作用。这些卓然自成一家的新"城市史学者"倾向于将城市视为一个"进程",而非一个具体的"地方",通过借用社会学"定量研究"的方法(quantitative research),他们开始对城市中间那些泯灭自己声音的人群予以关注,以对抗传统史学的精英研究。新城市史学的主题主要包括社会与政治的变迁,阶级关系的起源,以及种族、民族与性别冲突。而这个新领域也呈现出跨学科的特色,在其研究中大量引入社会史、建筑史,以及城市社会学等等学科的理论与方法。

美国新城市史学的拓荒之作为斯蒂芬·塞思托姆(Stephan Thernstrom)的经典:《贫穷与进步:一个19世纪城市的社会流动》,出版于1964年。该书采用了大量人口普查的数据来研究马萨诸塞州的纽伯里波特在1850年至1880年间的社会变迁。它对以后10年甚至20年间美国城市史的叙述都产生极大的影响。新的城市史家运用相关数据,进一步发展"自下而上"的叙述角度,通过社会底层人群的见闻、经历进行研究,同时对不同族群向上流动的社会模式加以比较。①

其他一些在这一领域颇具影响力的著作包括卡特勒恩·康岑(Kathleen Conzen)的《移民的密尔沃基,1836—1860》(1976);艾伦·道利(Alan Dawley)的《阶级与社区:林恩的工业革命》

---

① Stephan Thernstrom, *Poverty and Progress: Social Mobility in a Nineteenth Century City*. Cambridge: Harvard University Press, 1964.

(1976);迈克尔·卡茨(Michael B. Katz)的《汉密尔顿的人,加拿大西部》(1975);埃里克·门克宁(Eric H. Monkkonen)的《危险的阶级:俄亥俄州哥伦布的罪恶与贫穷,1860—1865》(1975);迈克尔·韦伯(Michael P. Weber)的《一个工业城镇的社会变迁:宾夕法尼亚州沃伦的进步模式,从内战到一战》(1976)。①

与前一种新城市史学相比,基本上在同一时期出现的城市"传记"的史学叙述方式则较少受到社会学的影响。然而对于公众而言,它可能是最为普遍的研究城市历史的方式。城市"传记"试图对一个特定的城市进行历史叙事。同个人传记史家相似,城市"传记"史家力图将城市中间各种复杂的侧面串联起来,如这一城市的源起、领袖、经济基础、交通、市政、地理扩张、人口特点、学校以及各类其他文化设施等等,叙述一个城市的经历。每一个特定的城市赢得了某种特殊的综合个性,而不再只是作为一种社会现象而存在。因此,城市再次变为一个具体的特殊的"地方",拥有丰富的细节和叙事的趣味,这其中最具代表性的著作为埃德温·伯罗与麦克·华莱士在1999年出版的《戈瑟姆:1898年前的纽约城市史》。②

---

① Kathleen Conzen, *Immigrant Milwaukee, 1836-1860: Accommodation and Community in a Frontier City*. Cambridge: Harvard University Press, 1976; Alan Dawley, *Class and Community: The Industrial Revolution in Lynn*. Cambridge: Harvard University Press, 1976; Michael Katz, *The People of Hamilton, Canada West: Family and Class in a Mid-nineteenth-century City*. Cambridge: Harvard University Press, 1975; Eric Monkkonen, *The Dangerous Class: Crime and Poverty in Columbus, Ohio, 1860-1885*. Cambridge: Harvard University Press, 1975; Michael P. Weber, *Social Change in an Industrial Town: Patterns of Progress in Warren, Pennsylvania, from Civil War to World War I*. University Park: Pennsylvania State University Press, 1976.
② Edwin G. Burrows and Mike Wallace, *Gotham: A history of New York City to 1898*. New York: Oxford University Press, 1999.

因此，在大约30年前，城市史，不论是在大众层面还是在学术圈中，都成为一个重要的历史学分支学科，但是它此后的发展，却颇有几分虎头蛇尾的味道。无论它曾有多辉煌，这个学科似乎已见式微。一个最为显著的标志便是，美国的很多大学停止开设这一领域的课程。堪萨斯大学是美国典型的州立大学，以它为例应具一定的代表性。在它的历史系，共有近40位教师，100余个研究生，近500个本科生，但是该系却几乎没有开设城市史方面的本科或者研究生课程。而在美国每年的工作市场上，为城市史或者以城市史为主的新设职位几近于无。为何会出现如此状况？为何一个曾经如此充满希望的学科开始丧失它的吸引力？城市仍然在一天天地扩张，但是为何城市史的研究却在早先的成功之后进入一个停滞的阶段？

这个问题的答案非常复杂，在很大程度上，我们可以将之视为美国历史学科发展的必然。当一个学科发展到一定程度之后，它将不再满足于该学科初生时所设立的学科规范，而渴望与更多其他的学科与思想产生碰撞，交融，再进而分化。美国城市日趋扩张，其问题亦日益复杂、细化。从某个特定的角度来研究城市，或者对具体某个城市进行个案研究，无论从精准性、可行性，还是历史叙事的吸引力而言，都比从前将城市化视为一个统一而缺乏个性的过程更具魅力。因此，一方面，为个体城市立传成为众多新生代城市史家的选择。而另一方面，城市史自身开始逐渐分裂或者融入其他的领域，如社会史、经济史或者种族、阶级、性别研究，或者环境史。

21世纪以来，城市史学者一直在讨论其领域的未来。克莱·麦克沙恩（Clay Mcshane）在他的探讨中提出了一个对这个领域颇为"悲观的结论"。在麦克沙恩对城市史的教学大纲以及获奖情况做了一番详尽的研究之后，他指出这个领域非但不再是史学的宠儿，而且还落伍于史学的整体发展。在他看来，城市史缺乏清晰的界定与核心，对风云变幻的社会现象讨论匮缺，与此同时，这个领域也失却了方法论上的精确。他进而指出："【斯图尔特】·布鲁民早已指出，在城市史著作中，缺乏理论或者方法，缺乏这一学科的特点，这是一个迄今仍然准确的观点。当然也有例外……但是他们都并非主流。……这种对理论与方法的兴趣的缺失将很有可能使我们为同行，特别是社会科学家所轻视。"

然而城市史中存在的问题似乎要比缺乏方法论上的精确更为深刻。麦克沙恩同时承认这个领域最具影响力的作品都已陈旧，换言之，在今天，没有多少新书的出现来推动这个领域的前行使之更具影响力。在他列举比较了当前被引用最频繁的书籍后，他指出，事实上，所有这些作品的被接受程度都未能使它们成为共同认可的经典著作，而那些引用率最高的四部作品甚至不是学术著作。最终，麦克沙恩总结道："看来城市史与历史学科内其他领域存在极为显著的断裂……然则城市史究竟是否仍是一门学科，如果它没有产生一部经典之作，即使是一部有争议的经典之作？"[①]对城市史领域的这一悲观评价至少说明，在美国，城市史作为一门独立的学科，已经难以保持其一贯性或者继续其对历史学者的持久影响。它没有吸引新生代中具有创造性思维的学者的力量，也未能撰写出促使这个学科继续发展的著作。在城市不断成长的过程中，城市史学者却脚步拖沓，意志不坚。

[①] Clay Mcshane, "The State of the Art in North American Urban History," *Journal of Urban History*. 32 (2006): pp. 594–5.

然而我们以一种更为乐观的角度来审视这个领域,或许城市史并非衰败了,只不过是发生了改变,它渐渐地脱离了同社会学领域之间的密切联系,却以一种城市史学者未曾预知的方式,在一些出乎意料的地方开始重新振兴。城市史并没有渐渐死亡,它只是改变了它的重点、角度和方法。例如,它的重生发生在城市史与环境史相遇的时刻,从彼刻起,城市史发现了一个新的定义。至少在美国,环境史已经为城市史的研究注入了新的思想和活力,而这种交融业已创造出令人叹为观止的书籍与文章。

城市-郊区景观在20世纪80年代开始在环境史领域中崭露头角,到90年代立稳阵脚,现在则是该领域研究中最受欢迎的新边疆。历史学者意识到城市不仅仅对距离它最为遥远的荒野地区的使用或者保护有极为深刻的影响,城市自身也是自然多少保留着自己的力量并且留下一些不可磨灭的印记的地方。自然不只是远方的草原或者森林;它同样包括我们居所周围流动的空气与水,那些令城市机器忙碌不堪的能源,还有所有在城市中间寻找到它们的生态位的植物、动物与微生物。凯特勒恩·布罗斯南(Kathleen Brosnan)、安德鲁·赫尔利(Andrew Hurley)、马丁·麦乐西、亚当·罗姆(Adam Rome)、乔·塔尔等学者极大地拓宽了我们对人与自然之间的交界面的思考,并且证明人类的居住区,同人的生理系统一样,是一系列存在物的集合,需要补给与排泄;而城市的新陈代谢系统的运作,就像农场或者工厂,也同样证实城市根植于自然当中,即使在很大的程度上,它是人工的创造与自然力的共同结果。①

在一篇关于城市环境史的综述中，美国城市环境史的开创者之一乔·塔尔将现有的美国城市环境史的发展概括为五个方面：一，研究人为环境与人的活动对自然环境的影响；二，研究针对缓解环境问题所做的社会反应的努力与作用；三，探讨自然环境对城市生活的影响；四，分析城市与他们不断扩大的腹地之间的关系；五，研究城市中间种族、阶级、性别与环境问题的关系。②在这五个方面，环境史学者在最近的30年间不断有新作问世。而从早期麦乐西等人对城市环境进行的综合研究，到今天诸多学者关注一个具体的城市，关注这个城市中人类的活动与思考，城市与它的周边自然的相互作用，至此，城市环境史也越来越扎根在土地中间。这些新一代的城市环境史学者，同他们的环境史同行一样，关注城市景观中细节的变化，寻求每一个具体城市在环境史意义上的特性，重新书

---

① Kathleen Brosnan, *Uniting Mountain & Plain: Cities, Law, and Environmental Change along the Front Range*. Albuquerque: University of New Mexico Press, 2002; Andrew Hurley, *Environmental Inequalities: Class, Race, and Industrial Pollution in Gary, Indiana, 1945-1980*. Chapel Hill: University of North Carolina Press, 1995; Martin Melosi, *Garbage in the Cities, Refuse, Reform, and the Environment, 1880-1980*. College Station, TX: Texas A & M University Press, 1981; Adam Rome, *The Bulldozer in the Countryside: Suburban Sprawl and the Rise of American Environmentalism*. New York: Cambridge University Press, 2001; Joel Tarr, *The Search for the Ultimate Sink: Urban Pollution in Historical Perspective*. Akron: University of Akron Press, 1996。

② Joel Tarr, "Urban History and Environmental History in the United States: Complementary and Overlapping Fields," http://www.h-net.org/~environ/historiography/usurban.htm，2010年8月25日登陆，该文收录于Christoph Bernhardt ed., *Environmental Problems in European Cities of the 19th and 20th Century*. New York/Muenchen/Berlin: Waxmann, Muenster, 2001: pp. 25-39.

写一个城市的"传记"。①

四、自然的大都市

如果说早期城市环境史家同其城市史同行一样,关注点尚在城市内部,考察人类活动、政策实施与技术使用,如垃圾与下水处理,能源利用与工业污染等对城市环境与人群健康产生的影响;新的研究模式在时间与空间维度上均打破了城市的人为边界,通过时间上将城市的演化史与人类社会发展过程所经历的更为漫长而持久的农牧业历史的结合,从而在空间上对城市环境史的疆域做出了根本性的拓展,对城市与其腹地的环境进行整体的有机考察。这一研究始于威廉·克罗农所著的《自然的大都市:芝加哥与大西部》一书。②

该书出版于1991年,它不仅为城市传记史的书写开创了一个新范例,也为城市环境史的开疆拓土打开了新的局面。芝加哥,这个

---

① 关于美国城市环境史学理论的国外重要研究包括:Martin Melosi, "The Place of the City in Environmental History," *Environmental History Review*, 17(1), (Spring, 1993); Christine Rosen and Joel Tarr, "The Importance of an Urban Perspective in Environmental History," *Journal of Urban History*, 20 (May 1994); Harold Platt, "The Emergence of Urban Environmental History," *Urban History*, 26(1), (May 1999); Andrew Isenberg, "Introduction: New Directions in Urban Environmental History," in *The Nature in Cities: Culture, Landscape and Urban Space*, ed. by Isenberg. New York: University of Rochester Press, 2006. 国内重要相关研究有:包茂红:《马丁·麦乐西与美国城市环境史研究》,《中国历史地理论丛》2004年第4期,第114—126页;高国荣:《城市环境史在美国的缘起及其发展动向》,《史学理论研究》2010年第3期,第47—57页。高文将城市环境史的发展置于美国环保运动的发展背景下考察,颇具见地。

② 英文版第一版出版信息:William Cronon, *Nature's Metropolis: Chicago and the Great West*, New York: W. W. Norton & Company, 1991.

在美国西部版图异军突起的大城市，长期以来是美国城市史中的研究焦点。这一现象的产生不仅在于这一城市孕育了城市史学的重要理论——人文生态学，更在于它本身崛起和发展的历史异彩纷呈、波澜壮阔。其景观千姿百态，政治诡谲多变，种族、阶级、性别之间的矛盾与妥协尖锐、鲜明，无论是传统的政治史家抑或新生的社会史家均在那里找到舒展史才的天地。然而克罗农的著作将史家研究芝加哥的天地扩展到了整个西部的苍穹之下，在这片广袤的土地上，思考这个自然的大都市如何形成的原因。

在《自然的大都市》出版之时，克罗农早已凭借出版于1983年的《土地的变迁：印第安人、殖民者与新英格兰的生态》一书奠定其环境史新生代领军人物的地位。《土地的变迁》出版之际，克罗农尚未至而立之年，而一本正文不足200页的小书，却从根本上挑战了长期横亘在美国历史学的思想主线——深受辉格史学影响的进步主义史观，代之以一种对印第安文化与新英格兰的生态系统怀有深刻的尊重与同情的衰败论基调。此书出版后，即获次年的美国历史大奖帕克曼奖，令一位初出茅庐的史学新秀声名鹊起。《土地的变迁》也与沃斯特的《尘暴：1930年代美国南部大平原》一起为初生的环境史学科奠定了其学科的风纪以及在学界的位置。① 近十年之后，克罗农再鸣惊人，出版了长达540页的《自然的大都市》，赢得次年的班克罗夫特奖。

在《自然的大都市》为城市环境史开疆拓土之前的十年，塔尔与麦乐西两人已在环境史的版图中为这一新领域树立了地标，然

---

① William Cronon, *Changes in the Land: Indians, Colonists, and the Ecology of New England*. New York: Hill and Wang, 1983.

而《自然的大都市》的出版具有两层重要意义。[①]首先,在20世纪80年代博得盛名的环境史家如沃斯特、克罗农、罗德里克·纳什(Roderick Nash)等人皆以农业与荒野环境史著称,在环境史本身尚属新兴学科之际,城市环境史更是边缘之边缘。而作为环境史风纪创立者之一的克罗农投身这一领域,则令城市环境史进入美国环境史研究的中心地带,极大地推动了这一学科的发展。其次,也是更为重要的一点在于,克罗农通过"商品流动"(commodity flow)对都市及其腹地(hinterland)进行二重研究,在自然的生态系统与城市的经济系统的交叠层面上,追索城市与自然之间的互动关系,从而建立起一种新的城市环境史研究模式。

克氏的新模式建立在对冯·杜能(Johann Heinrich von Thünen)创立的"杜能圈"所做的生态史解读之上。1826年,冯·杜能出版《孤立国》(The Isolated State)一书,在该书中,杜能对中心城市与其腹地的经济与地理关系设计了一个简化的模式。一个中心城市譬如一个独立国,其腹地所从事的生产活动与城市市场直接发生联系。通过计算地租与交通耗费,农民理性地追求利润的最大化,据此而决定城市腹地农业生产的环状分布。距离城市最近的生产圈主要从事蔬果与乳业活动;第二圈则为林业圈;第三圈是粗放型粮食生产圈;最外一圈进行畜牧业生产。克罗农承认,虽然相较于城市及其腹地复杂多变的实际关系,这一假设过于简单抽象,然而它仍能够行之有效地解释芝加哥在19世纪的迅速崛起。不同点在于"杜

[①] 关于塔尔和麦乐西对于城市环境史的贡献,国内学者已有详论。除包茂红与高国荣文外,参见王栎:《美国环境史学家乔尔·塔尔的城市环境史研究》,《北方民族大学学报》2009年第1期,第132—136页;毛达:《城市环境史研究发展过程中的重要学术现象探析》,《世界历史》2011年第3期,第37—45页。

能圈"的林业圈处于城市外围的第二环,遵循普鲁士自17世纪以降发展的"有效利用"的科学林业,而美洲大陆在芝加哥兴起之际尚且处于资源不竭的神话当中,因此毫无节制的森林砍伐位于畜牧业的外环;而最外围则是美国西部地区19世纪的荒野与土著人的采集狩猎与皮毛贸易。当然,克氏对于"杜能圈"的运用也绝非止步于局部上的修正,更为重要的是,他对一个经济与地理学的理论做出生态学与历史学的发展,使凝固的理论融入一个动态的演化过程。[①]

从生态学的角度看,克罗农指出"杜能圈"对于城市在其腹地的辐射不仅仅是一个经济体系扩张的过程,同时也是一个生态系统演替的故事。资本远近披靡的力量改变的不仅是芝加哥这个昔日"野蒜地"的景观,令林立高楼取代遍布河畔的丛生野蒜;同时,也刺激了整个大平原地区经济体系与生态系统的变更。正是在这里,克罗农走出了割裂城市与自然的人为边界,在城市资本运行的井然秩序中发现了城市与城市之外麦穗秕糠、牛嘶羊叫、断木碎屑之间的联系。"杜能圈"的每一环新的拓展都是一个新旧生态系统交替的过程,整饬的麦田取代本土的草原,饲养的牛羊占据了野牛群的生态位,而五大湖地区的森林则在肆意无忌的砍伐中迅速消失。克罗农强调,这一过程是第二自然对第一自然取而代之的过程,是一个由经济、技术、政治力量塑造的生态系统对自然力量形成的生态系统取而代之的过程。

"第二自然"的概念绝非克罗农的首创,然而将之引入环境史的研究却是自克氏始。早在其《土地的变迁》一书中,克罗农便

[①] 约翰·冯·杜能著,吴衡康译:《孤立国同农业和国民经济的关系》,商务印书馆,1986年首版,2010年重印。

已通过土著人对新英格兰土地的使用模糊地提出了这一概念,而在《自然的大都市》中,克罗农开始坚定不移地推动对此概念的思考。第二自然的概念是对城市环境史家长期讨论的自然与人工环境关系的调和,其初衷在于强调人工创造的环境与自然的生态系统之间,城市与乡村之间不可割裂的联系,而环境史恰恰发生在这种联系之上。然而,在克罗农的引导之下,对"第二自然"的讨论因不再停留在城市环境史的领域,而吸引了大量的后现代史家,令他们开始兴致勃勃地对"自然"进行文化解构。①

本初,在部分环境史家看来,"人造环境"一词太过冰冷,而"第二自然"则更为友好,更具温情。此后,在后现代主义的浪潮冲击之下,部分环境史研究也积极投身于"语言学转向"的洪流当中。"自然",在后现代的解构之下,被视为一种纯粹的文化建构,而非客观的物质存在。而同此浪潮互为声势的则是以种族、阶级、性别为主线的后现代"文化分析"。对于任何一位新锐史学研究者而言,后现代首先意味着挑战权威,个中过程极为冒险,然而又充满趣味智性。沃斯特、克罗农等人当年在历史学界的异军突起便是对兰克以降西方史学范式的挑战,而在环境史进一步发展的过程中,当日的叛逆已成今朝的权威,新的叛逆者应运而生。这一波新的挑战便来自深受社会史研究浸淫的中青代环境史学人。

他们认为,老一辈的环境史学者将自然与人关系中的"人"作为"类",因而罔顾在此交互作用中,科、属、目、种等等各色

---

① 《自然的大都市》出版后三年,在克罗农于1995年编辑的论文集《各持己见:对再造自然的思考》中,克罗农及其他作者均对自然、荒野等概念进行解构,推进对"第二自然"的思考。William Cronon ed., *Uncommon Ground: Toward Reinventing Nature*. New York: W. W. Norton & Co., 1995.

族群、阶级、性别的人同自然关系的不同。这里预设的前提是自然是人类思想和行为的产物,莽莽苍穹下已无未经人类干涉的生态系统。如此,形成了后现代环境史家的逻辑:既然自然是一种文化建构,人工与自然环境之间则不存在差别,那么,环境史对自然的强调便成为无的放矢,一切研究便又回到关于人工环境或曰文化力量的讨论之中。

沃斯特在20世纪80年代中后期便已敏感地意识到这一转换的到来,因此强调自然作为一种独立力量的存在,从而对抗历史研究乃至人类思想中对待自然的那种根深蒂固的傲慢和忽视。在其经常为城市环境史家所诟病的段落中,沃斯特写道:

> 按照通常的概念,我们认为"自然"是一个非人类的世界,这个世界从根本上说并非是我们所创造的。"社会环境",那种人类之间在缺少自然的情况下相互影响的状态,是不包括在内的。建造的或说人工的环境也一样,那是人们制造出来的一簇簇东西,它们如此普遍,以至于在其周围组成了一种"第二自然"。逐渐地,随着人类的一直将在森林里、在基因库中、在极地冰冠上打上它的印记,在"自然"和"人工"之间似乎就可能不存在实际的区别了。然而,差别是值得保存的,因为它提醒我们,在世界上有着不同的力量在运转,它们并非完全来自人类,有些力量一直都是自生自灭的。建造起来的环境全然是极富表现力的文化,对它的研究已经在有关建筑、技术和城市的历史中得到了很好的发展。但是在森林以及水循环之类的现象中,我们便遭遇了那种不是由我们所驱动的自发的

力量。这些力量冲击着人类的生活,激发起某种反应、某种抵抗、某种雄心。因此,当我们跨越人类自我关照的世界,并与非人类的区域相遇时,环境史便发现了他的主题。①

事实上,环境史自发展伊始,便未曾忽略对社会边缘或者弱势群体的关注。从沃斯特在《尘暴》中对背井离乡的生态难民充满同情的描述,到卡洛琳·麦茜特在《自然之死》对女性与自然特殊联系的强调,到克罗斯比在《哥伦布大交换》中对白种文明优越论的质疑,到克罗农在《土地的变迁》中对印第安人与自然相处状态的向往,早年的环境史家早在环境史开创之际,便挣脱了精英史、政治史的羁绊,发现了历史构成中的不同力量与关系。② 只不过,与其同时代社会史创立人不同的是,他们的视野更加广阔,深邃,使史学的关照穿透形形色色的人类事物,到达一个同我们息息相关、然而又不尽相同的世界中。自然,成为史学研究的重要主题正是环境史对历史学最大的贡献,而就此学科目前的发展来看,环境史学创立四十年后,在这场转换的冲击下,很有可能转回到"人类事物"是史学唯一主题的老路之上。

克罗农虽然勉力推动对"第二自然"的思考,但是这样的发

---

① 唐纳德·沃斯特著,侯文蕙译:《环境史研究的三个层面》,《世界历史》2011年第4期,第98—99页。该文原为沃斯特为其所编辑的论文集《地球的极点:现代环境史的观念》(Donald Worster, ed., *The Ends of Earth: Perspectives of Modern Environmental History*, New York: Oxford University Press, 1988)所写的长跋。
② Donald Worster, *Dust Bowl: The Southern Plains in the 1930s*. New York: Oxford University Press, 1979; Carolyn Merchant, *The Death of Nature: Women, Ecology and the Scientific Revolution*. San Francisco: Harper & Row, 1980; Alfred Crosby, *Ecological Imperialism: The Biological Expansion of Europe, 900–1900*. New York: Cambridge University Press, 1986。

展势头恐非他的本意。无论是在《土地的变迁》中他所流露的对印第安人和谐土地关系的青睐,还是在《自然的大都市》中对动物权利、道德经济的坚持,克氏始终怀有对自然(或如他所言的第一自然)的存在的尊敬与同情。在城市环境史的研究中,他着力处在于第一自然与第二自然之间的联系,而非二者的泯然一同。就此点而言,克罗农与沃斯特对环境史发展的期许是共同的。正是在"跨越人类自我关照的世界,并与非人类的区域相遇"中,这两位环境史大家得以声气相投,握手言欢。

回到城市环境史的研究,环境史"文化转换"的浪潮在这一人工与自然系统之间差异极其微妙的领域中自是风起云涌。《自然的大都市》出版之后,一片美誉之中自有批评的不谐之音。其中最具分量的批评恰恰着眼于克罗农在一本城市史著作中对城市不同人群对自然的认识与需要的刻意回避。克罗农所讲述的芝加哥故事是资本力量驱动下自然能量在城市与乡村之间的流转,而非城市中文化、经历大相径庭的人群与环境之间的互动。无疑,这与方兴未艾的文化分析手法多有龃龉,因此,虽然由于克罗农的加入,城市环境史得以大行其道,但是真正追随克罗农所建构的城市环境史模式的中青代史家却并不多见。[1]

在城市的资本影响力愈行愈远,不仅超越自身的行政边界,甚而跨越国界、洲界的今天,城市人群与他们视线无法抵达的自然

---

[1] 继克罗农之后,力图打破城市边界,研究城市及其腹地生态与经济关系的最著名研究人物有 Mike Davis, *Ecology of Fear: Los Angeles and the Imagination of Disaster*. New York: Metropolitan Books, 1998;凯特勒恩·布罗斯南:《结合山川与平原:边疆中的城市、法律与环境变迁》;Stéphane Castonguay, *Metropolitan Nature: Environmental Histories of Montreal*. Pittsburgh: University of Pittsburgh Press, 2011.

之间的纽带也越来越复杂。克罗农书中的芝加哥消耗的只是大平原的草原与五大湖的森林,彼时的芝加哥人只是从美国的西部获取食物与能源;而今天任何一个自然的大都市食用的可能是加利福尼亚的水果,山东寿光的青菜,巴西的黄豆,澳洲的牛肉。支持城市运转的能源可能来自遥远的非洲、动荡的中亚、荒寂的西伯利亚。而城市排泄的垃圾污染着广袤的海疆,各种工业、生活废气则直抵太空。正因为如此,环境史学者需要对克罗农所建立的研究模式进行更深刻的思考。

五、后克罗农时代

在《自然的大都市》出版两年之后,罗伯特·戈特利布(Robert Gottlieb)的新书《推动春天:美国环保运动的变迁》问世。①该书付梓以来,毁誉参半,然而无人能否认它对以往美国环保运动叙述的挑战。自塞缪尔·海斯的经典之作《资源保护与效率的福音》问世,美国19世纪后期的环境运动或者改革往往被描述为城市之外进行的活动,无论是以科学林业开其绪的资源保护改革,还是以国家公园肇其端的自然保护运动,在美国环境早期环境史家的叙述中似乎总是在田间野外大展宏图。②这种叙述无疑大幅度地窄化了一场远为复杂、综合的环境改革运动,也使得20世纪80年代以来在美国内城进行得如火如荼的环境正义运动变成无本之木。

---

① Robert Gottlieb, *Forcing the Spring: The Transformation of the American Environmental Movement*. Washington, D. C.: Island Press, 1993.
② Samuel Hays, *Conservation and the Gospel of Efficiency: The Progressive Conservation Movement, 1890–1920*. Cambridge: Harvard University Press, 1959.

戈特利布则指出，美国环保运动究其根本，乃是对19世纪后期工业化、城市化带来的种种环境问题的修正，而其出现的中心正位于在此时期兴起的各大都市，集中体现为进步主义时期的各类城市卫生、医疗改革。种族、阶级与性别在《推动春天》的推动下，进入了早期美国环保运动史的疆域，而城市也在其中赫然崛起。

戈氏之书很难被视为真正的城市环境史著作，但是其对城市环境史的贡献却是显而易见的。长期以来，环保运动与政策都是美国环境史研究的重要主题，而城市却在占据环保运动史半壁江山的进步主义时期环境改革运动研究中始终身份暧昧，对此问题的存在，戈特利布的著作无疑有廓清迷雾之功。同时，对于他的城市环境史同行来说，戈氏著作中对环保运动边缘群体的关注，以及对人类健康与环境健康的密切联系的关注，更对他们进一步拓展城市环境与不同社会族群之间关系的研究深具启发作用。然而，值得注意的是，戈氏对于美国环保运动起源的研究，并非试图恢复一场被史家窄化的运动的全景，而是从另一个角度将之再度窄化。作为一位环境正义运动的行动主义者，他自有其政治与社会诉求。当他将早期环保运动的阵地由乡村、荒野转移至城市，他使工业城市社区的公共卫生改革成为环保运动发展的核心脉络；而依据他的著述，那场在很多方面超越人类狭隘的自我关照，追求包括人类在内的生态系统的平衡、美丽与健康的运动，似乎成为人类，尤其是某个人类特定群体对自身健康的考量。自然在其叙述中再次被边缘化了，如果不是被全然隐没。而这一倾向在新一代运用文化分析手法的环境史学人那里则有愈演愈烈之势。

继《推动春天》的出版，社会史学者安德鲁·赫尔利之书《环境的不平等：印第安纳州加里的阶级、种族与工业污染，1945—1980》付梓。此书堪称城市环境史与社会史研究结合的典范。赫尔利所选择的城市并非如芝加哥、纽约、匹兹堡等大都市，而是位于印第安纳州一个鲜为人知而饱受污染之害的小型工业城市——加里。赫尔利的研究揭示，在加里，环境污染的受害者主要是居住于内城的黑人贫民与白人劳动阶级。社会中的弱势群体恰恰是环境污染中的弱势群体，而环境的不平等正是社会的非正义的体现。同大多数社会史学者一样，赫尔利在他的研究中表达出对社会边缘群体的深刻同情以及对环境不平等的严厉批判。然而，同大多数社会史学者不同的是，赫尔利的研究关注到人类文化、政治、经济、社会形态之外的空气、水与能源。

赫尔利的著作在环境史学人中间大获成功，很快跻身大多数环境史研究课程的必读书目，而赫尔利的个人定位却饶富兴味。无论公开的访谈，还是私下的对话，赫尔利都将自己视为一位社会史学者，否认环境史学者的标签。一年一度的美国环境史学会也鲜少看到赫尔利的身影。在中国环境史学者高国荣博士为赫尔利所做的访谈中，一段对话颇引人深思。当被问及其目前所做的研究为何时，赫尔利回答说他目前没有从事环境史研究，而是在做历史遗迹保护的问题。他接着谈到他的朋友，环境史学者大卫·斯特拉德林（David Stradling）认为这仍然是环境史研究，并且强调但凡涉及地面景观的问题，无论是人工还是自然的，都是环境史研究的一部分。赫尔利对此颇不以为然，反驳道，在他看来"非人类的自然只有成为研究的重要组成部分时，才能被算作环境史方面的成果。对我而言，环境史有这样一个门槛。自然应该是环境史研究的中心"。①赫尔利的否定想来不免令先锋的后现代环境史学人有一厢情愿之嫌,多了几分尴尬。但是值得我们进一步深思的问题则是,从研究客体来看,一部自然隐退的城市史著作应当如何寻求环境史特具的视角,它如何能够超越前代的城市史研究;而从研究方法来看,一旦城市环境史研究为简约的"文化主义"所主导,它是否仍然具有独立存在的意义?

幸而,并非所有的中生代与新生代环境史学人都愿意踟蹰于人类事物与文化分析的旧邦,即使在城市环境史的内部也永远不乏具有生态学意识与关怀的学人。在2000年,亚当·罗姆出版《乡村里的推土机:郊区蔓延与美国环保主义的兴起》,为城市环境史研究再放异彩,其贡献表现在多个层面。②首先,该书的开疆拓土之功不容忽视。20世纪50年代后美国城市发展的基本模式是以批量住宅为标志的郊区蔓延,城市与乡村交界的郊区成为美国城市人群的基本栖止之地。在城市史的研究中,不乏关于郊区研究的佳作,譬如至今为人乐道的《马唐草边疆:美国的郊区化》,从政治、经济、城市发展与社会人口流动模式的角度考察郊区化的进程及其对美国社会产生的影响。③但是在城市环境史研究的领域中,罗姆则首开郊区研究之风气。然而,该书对城市环境史更为重要的贡献在于,与此前的著作相比,它第一次使城市环境史的研究切实地立足于由

---

① 高国荣:《关注环境与城市的公共史学家:安德鲁·赫尔利教授访谈录》,《北大史学》,北京:北京大学出版社,2012年,第362—387页。
② 亚当·罗姆著,高国荣等译:《乡村里的推土机:郊区蔓延与美国环保主义的兴起》,北京:中国社会科学出版社,2011年。英文原著出版信息见注33。
③ 肯尼思·杰克森著,王旭译:《马唐草边疆:美国的郊区化》,北京:商务印书馆,2017年。

土壤、水源、动植物、空气以及人类所构成的土地共同体之上，考察在郊区蔓延的过程中，人工环境与自然环境之间的各种矛盾，人们在生理层面、物质层面、审美层面、道德层面、科学层面和生态层面对这些矛盾的认识以及反思其对社会的影响。

与此同样重要的是，当文化分析的号角响彻云霄之际，罗姆能够坚守环境史始建时的初衷，与自然科学保持严肃的对话。由此，《乡村里的推土机》既保留了历史学者所熟悉、擅长的文本分析与历史叙事，同时，又技巧地采用大量缜密的科学数据与理论，使其对这个土地共同体的理解摆脱了文化政治学的羁绊。而这种跨学科的交流，更使得人文学者认识到，自然不是狭义的仅供解构的词汇，亦非仅仅透过人类审美想象方始存在的景观，更是客观存在的独立力量与物质现实。在冷静、客观地分析历史事实的同时，罗姆并未试图隐藏那种深沉的生态关怀。正是这种生态关怀使他对历史的审视超越了逼仄的人类事物，从而更为深邃与广阔。

罗姆的著作出版于2000年，该年在某种程度上成为环境史研究的新的分水岭。在此后的20年间，城市环境史研究蔚然大观，新作不断。从由麦乐西与塔尔主持的匹兹堡大学出版社城市环境史研究的书目中，我们可以一窥该领域20年间在深度与广度上的孜孜探求。① 在这些著作中，既有从不同主题或者侧面切入，考察美国城市环境议题的著作，也产生出更多关于个体城市的环境传记。在第一类著作中，尤为值得关注的是城市环境史开创者麦乐西百科全书式的《环卫城市：殖民时代至今的美国城市基建》。哈罗德·普拉

---

① 关于匹兹堡大学出版社城市环境史系列，请参见其网站信息：https://upittpress.org/series/history-of-the-urban-environment/，2020年11月29日登陆。

特（Harold L.Platt）则从比较的视角探讨不同地区中有机城市与现代性之间的关系：《建造城市环境：美国、欧洲、拉丁美洲的有机城市观》。唐·比勒尔（Dawn Biehler）与扎卡里·福尔克（Zachary Falck）二人分别看到了城市中不受欢迎的生物——害虫与野草，审视这些城市人尽心竭力以求消灭的生物如何顽强地占据城市系统中的生态位，如何以它们的存在影响城市内部不同阶级与种族群体的关系。而梅拉尼·基谢乐（Melanie Kiechle）的《味道侦探》别具一格，让味道渗透19世纪美国城市的历史，进而考察城市环境与卫生观念的转化。[①]

在个体城市的传记中，21世纪的环境史家展示了更蓬勃的创造力，他们的议题更加多元，思考更为深入。一方面，他们敏感地意识到由于种族、阶级、性别的差异而形成的权力结构，对之的讨论渗透在他们对城市与自然关系的考察中；另一方面，越来越多的城市环境史学者意识到自然——这一并非由人类所创造的力量，贯穿于城市的演化之中，而这一力量往往以灾难的形式宣告其存在。这两个方面并非在城市环境史研究中作为两条平行的线索出现，恰恰相反，二者始终缠绕在一起，敦促环境史学者看到自然灾难的非自然性藏匿于社会的不公正当中。作为一座自然灾难频仍、空气污染

[①] Martin Melosi, *The Sanitary City*; Harold L. Platt, *Building the Urban Environment: Visions of the Organic City in the United States, Europe, and Latin America*. Philadelphia: Temple University Press, 2015; Dawn Day Biehler, *Pests in the City: Flies, Bedbugs, Cockroaches, and Rats*. Seattle: University of Washington Press, 2015; Zachary J. S. Falck, *Weeds: An Environmental History of Metropolitan America*. Pittsburgh: University of Pittsburgh Press, 2016; Melanie Kiechle, *Smell Detective: An Olfactory History of Nineteenth-Century Urban America*. Seattle: University of Washington Press, 2019.

严重，但是文化上又异彩纷呈的城市，洛杉矶格外引人注目。从20世纪90年代开始，迈克·戴维斯以两部洛杉矶环境传记开启了这个城市的环境叙事。虽然灾难的身影在环境史学科初建之际便徘徊不去，但是真正开始成为城市环境史的重要主题，是戴维斯对围绕洛杉矶的脆弱生态而产生的恐惧与想象所展开的。① 在城市和灾难之间难解难分关系的撰写中，乔安娜·戴伊尔（Joanna Dyl）对1906年旧金山大地震的杰出研究——《地震城市》尤为发人深省。② 而新奥尔良则因为其独特而迷人的南部经历和卡特里娜飓风的末日性冲击备受城市环境史家的青睐：安迪·霍洛维茨（Andy Horowitz）的新书《卡特里娜：一部历史，1915—2015》将这场震惊世界的灾难放入一个世纪的时段中考察，反思这个城市所代表的美国城市中灾难、基础建设与社会结构性不公之间的关系。更早的关于西雅图的环境史著作则侧重新奥尔良人对技术征服自然的自信和他们对于灾难伤痛的善忘。③

当然，过去20年的城市环境史研究并非仅是灾难的现场，垃

---

① 参见 Mike Davis, *City of Quartz: Excavating the Future in Los Angeles*. London: Verso, 1990, and *Ecology of Fear: Los Angeles and the Imagination of Disaster*. New York: Vintage, 1998. 从更宏观的角度看，灾难自始都是环境史的母题之一，环境史研究的奠基之作——唐纳德·沃斯特之《尘暴》——讲述的是美国历史上最大的生态灾难之一。此后，西奥多·斯坦伯格撰写了《上帝之作》，对灾难环境史研究产生了巨大的影响。Theodore Steinberg, *Acts of God: The Unnatural History of Natural Disasters*. New York: Oxford University Press, 1st ed. 2000 and 2nd edition 2006 with a new chapter on Katrina.

② Joanna L. Dyl, *Seismic City: An Environmental History of San Francisco's 1906 Earthquake*.

③ Andy Horowitz, *Katrina: A History, 1915–2015*. Cambridge, Mass.: Harvard University Press, 2020; Ari Kelman, *A River and Its City: The Nature of Landscape in New Orleans*. Berkeley Cal.: University of California Press, 2003 1st edition and 2006 2nd edition with a new chapter on Katrina.

圾、上下水、污染等城市环境史的传统题目在此20年中长盛不衰，不过在这些主题之外，更多的角色登上了城市环境历史的舞台。以不同城市为例，如纽约，既有麦乐西在2020年出版的关于美国最大的填埋场——弗莱士河（Fresh Kills）——前世今生的新著《弗莱士河：纽约的消费与丢弃历史》；又有对该城历史进行根本性解构与重塑的整体研究，这其中最具挑战性的著作当属西奥多·斯坦伯格（Theodore Steinberg）的大作《不羁的戈瑟姆》，后文对此书有更具体的讨论；与之同年出版的另一部纽约城的环境传记《驯服曼哈顿》则在种族、阶级、性别的框架中反思纽约人与自然的关系；此外，马修·甘迪（Matthew Gandy）与大卫·斯特拉德林均将目光投向纽约，进一步破解城市与自然的二元对立。[1]西雅图的环境史书写也是如此，弗里德里克·布朗（Frederick Brown）和马修·克林格（Matthew Klingle）从截然不同的角度切入研究，前者关注西雅图人同动物关系的转变，后者则讲述了这个城市的绿色故事。[2]对西部沙漠城市的研究同样呈现出主题上的更新，例如在20世纪下半叶异军突起的凤凰城（Phoenix）。在迈克尔·洛根（Michael Logan）关于凤凰城与图森（Tucson）的比较研究中，他关注水资源的可获

---

[1] Martin Melosi, *Fresh Kills: A History of Consuming and Discarding in New York City*. New York: Columbia University Press, 2020; Ted Steinberg, *Gotham Unbound: The Ecological History of Greater New York*, New York: Simon and Schuster, 2014; Catherine McNeur, *Taming Manhattan: Environmental Battles in the Antebellum City*. Cambridge, Mass.: Harvard University Press, 2014; Matthew Gandy, *Concrete and Clay: Remaking Nature in New York City*. Cambridge: MIT Press, 2002; and David Stradling, *Making Mountains: New York City and the Catskills*. Seattle: University of Washington Press, 2007.

[2] Frederick Brown, *The City Is More Than Human: An Animal History of Seattle*. Seattle: University of Washington Press, 2019; Matthew Klingle, *Emerald City: An Environmental History of Seattle*. New Haven: Yale University Press, 2007.

取性与文化差异造成的两座城市的异同。而获得2016年美国环境史学会图书奖的《输电线》一书则在煤矿开采、火力发电、能源消费与社会正义之间的博弈中重写了凤凰城崛起的历史。①

然而，遗憾的是，上述大多数著作并未能对克罗农所创立的城市环境史模式进行更深层次的拓展。在芝加哥崛起的历史中，克罗农看到城市的人为边界不仅局限了历史学者的想象，更是对城市本身演进过程的片面解读。因此，他呼吁打破城市的边界来研究城市的环境史。但是，迄今为止，虽然城市环境史学者在短短40年间业已创造出令人叹为观止的成就，除了少数城市传记外，大多著作仍然驻足于城市的边界之内。他们讨论城市有机体内部的新陈代谢，城市人群与环境健康之间的紧密联系，不同群体对待城市景观的不同认知，环境正义与社会公正之间的逻辑关系。毫无疑问，这样的研究是城市环境史的重要组成部分，不仅必要，而且仍将保有旺盛的生命力。

六、不羁的戈瑟姆

而在另一方面，除去城市灾难的书写范式之外，自然等同于受害者成为城市环境史书写的定式，这显然同环境史之初衷——探讨文化与自然相互关系（而非单向关系）的历史——相悖，也同城市的生态经历不符。幸而在2014年，西奥多·斯坦伯格出版的新著《不羁的戈瑟姆：大纽约的生态史》将自然之力重新带回城市

---

① Michael F. Logan, *Desert Cities: The Environmental History of Phoenix and Tucson*. Pittsburgh: University of Pittsburgh Press, 2006; and Andrew Needham, *Power Lines: Phoenix and the Making of the Modern Southwest*. Princeton University Press, 2015.

生态史的叙事当中。此书无疑深受《自然的大都市》之影响，但是它超越了前者，成为今日城市环境史研究的重要范式性著作。在此书中，自然从未在纽约的成长史中缺席，而它对于城市的深刻影响并非仅仅发生于灾难爆发的一刻。纽约首先是一个河湾口城市（estuary city），它的地理特质界定了它的生态系统、景观，以及它和自然之间不停歇的合作、妥协与对抗。在它一步步改变其所处的生态系统之时，其他物种和它们身处的系统不断挣扎求存，虽然它们最终看似成为失败者，却一直窥伺在这个城市的某个生态位中，待机而动，一旦松懈，便生变数。同时，无论这个城市是世界的商业中心、时尚坐标，拥有多少民族，使用多少语言，怎样的活色生香、光怪陆离，它的存在需要水、需要空气、需要食物、需要各种能源的支撑，需要同各种病菌进行较量，需要为其生产的垃圾寻找最终的出路。正如斯坦伯格所言，当我们研究我们所身处的自然环境时，它也将我们指向了解我们的过去。纽约人一直尝试以文化的秩序羁縻戈瑟姆河湾口涌动的自然力量，但是后者不羁的力量始终挑战着人类的努力。

因此，城市环境史的研究要求史家在广阔的进化与生态系统中重新解读城市演化的历史，它将赋予城市史研究更多物质性，然而这并不意味着城市环境史的研究不再关注城市思想变化的律动。就物质性而言，斯坦伯格之书鞭辟入里地分析了城市与自然共存的生态系统变迁，然而，他没有真正让思想者的声音回荡在哈德逊河流淌的水流当中。事实上，如何真正将城市环境史与思想史相结合，对于环境史家与思想史家都是一个巨大的挑战。但是，正是这样的结合，才能使城市环境史不再仅是物质环境的铺陈，而变成不同个体与群体用不同的方式所表达的思想，同其肉体生存之生态系统之间相激荡、相对话的舞台。

对于历史学者而言，研究城市人群对自然和城市关系的所思所想并不是一个陌生的话题。伟大头脑如马克思、斯宾格勒、芒福德都曾就这对关系进行了深入的剖析，给后世史家留下了无尽的研究话题；艺术家、文学家更对这对关系的联系与断裂做出各种形式的表达与书写，也吸引了众多历史学者的注意；[1]生活在城市里的芸芸众生同样也有他们对自然与城市的渴求与期待，而这也早已进入历史学者的研究视野。[2]这些研究无疑是重要而必需的，推动了我们对于城市思想的理解，然而，现在已是时机让思想沾上泥土，令思想史同环境史真正水乳交融。

这样的结合意味着环境思想史学者不能在思想的维度上停步不前，即使这一维度已是如此丰富多彩，令人目眩神驰。当史家进入历史思想的幽深隧道之时，也需要走出来，看到思想发生的世界中生态系统的变化。正是施满化肥的土地启发了马克思对新陈代谢断裂的思考，正是铺满沥青、盖满高楼、砌满水泥的景观促生了斯宾格勒对城市文明的忧虑，也正是城市四面霾伏的空气，渗透农药的食物，看不见风景的房间发酵着城市人群对乡村与荒野的渴望。地震、海啸、飓风、瘟疫等生态灾难切实发生时，对城市人群心理产生的深刻影响，甚至数个时代都不能抹杀。而当城市位于并不宜居的生态地带之时，对灾难将至的恐惧也往往建构了他们的心理与观

---

[1] 雷蒙·威廉斯著，韩子满等译：《乡村与城市》，北京：商务印书馆，2013年。
[2] Peter Schmitt, *Back to Nature: The Arcadian Myth in Urban America*, New York: Oxford University Press, 1969.

念。城市环境史学者需要切实地了解他们所研究的城市生态系统发生的改变,从而追寻生活在彼处的人群的心理与思想演化的轨迹。

不仅如此,环境思想史所研究的,将不仅仅是人的思想如何为其身处的自然变迁所形塑,同样需要思考他们关于城市与自然的思考又是如何改变了城市与其生态腹地。人们对城市增长的渴望如何引发了一场场生态变迁;他们对城市景观的不满与对城市人群异化的恐惧如何推动城市公园的建立,促生新的多元生态系统的出现;他们对城市社会对资源与能源的消费的忧虑如何转变为资源保护的思潮与运动;他们身处城市却对荒野的美与野性心心以求,如何成为一个个国家公园建立的思想动力;他们在城市实验室中对动物多样性的研究,又是如何奠定了自然保护区的理论基础。一应上述问题在环境史学者那里都有所探讨,但是我们需要更多的双向的,甚至多向度的研究来丰富城市环境史研究的景观。

打破城市的边界,并非意味着城市在环境史中的消失,相反,城市依然是城市环境史研究的中心;更不意味着城市与乡村以及荒野之间的混同,正如沃斯特所言,差别是存在的,也是值得尊重的。但是城市环境史学者需要关注在差别当中存在的联系。这种联系首先建立在时间维度之上;换言之,城市环境史的书写不应当同更为古老而持久的自然史与农、牧历史之间发生硬性的割裂。城市环境史学者应当将城市的发展放入这个地区整体演化的历程当中进行思考。其次,史家可以在空间维度上发现这样的联系,亦即将城市物质环境的演进同其所消耗、剥削的遥远而广阔的腹地进行结合,发掘其中的经济与生态互动,进而考察由于这些互动而引发的环境与社会变迁。第三,这样的联系还存在于城市人群的想象层面,也就是说在要将对城市与自然关系的理解与想象同野性而自由的景观相结合,这其中包含着消费社会对于自然资源匮缺的忧虑,城市人审美想象的延展,对待生物多样性的解读,以及最终,如何在一个日趋城市化的星球上维系生态系统的健康、美丽与永恒的追求。①

半个多世纪以前,奥尔多·利奥波德(Aldo Leopold)在位于大学城麦迪逊不远的荒弃农场中写道:"人们在不拥有一个农场的情况下,会有两种可能的错觉,一个是以为早饭来自杂货铺,另一个则认为热量来自火炉。"②当代历史学者鲜少拥有一个农场,我们如同大多数城市人,在错觉中消耗着自然。然而作为历史学者,我们却不应放任自己在惰性的错觉与盲目中书写我们的过往。我们需要去追寻出现在我们早餐餐桌上那枚鸡蛋的生态足迹,重走温暖我们冬日寒冷身体的融融暖气的生态路径,它们不仅是我们生存的城市运转的基本元素,也是构成一个巨大生命网络的基本单位。反思它们的轨迹,告诉我们的将不仅是一个城市与支持其存在的生态腹地在某一时刻发生的变化,也将是最终促成这一刻变化背后一系列社会的、思想的、经济的、生态的演化过程。明白于此,历史学者将重新审视我们对于城市及其历史的定义。

---

① 拙著《城市自然化:〈园与森林〉杂志与美国环保主义的兴起》(Hou Shen, *The City Natural: Garden and Forest Magazine and the Rise of American Environmentalism*. Pittsburgh: University of Pittsburgh Press, 2013)通过研究19世纪后期出版于纽约与波士顿的环境杂志《园与森林》及其对城市与自然关系的思考,扩展城市环境史研究在思想层面的领域。此书认为城市自然化是19世纪后期城市绿色改革者对于城市与自然的构想,其中的一个重要表现便在于城市人群有义务关怀城市之外乡村与自然世界的改变与保存。基于此,本书重新建构了美国早期环境保护主义的图景,展示出一个较之从前城市与荒野、美与功用两级对立的描述更为全面与复杂的景观。

② 奥尔多·利奥波德著,侯文蕙译:《沙乡年鉴》,北京:商务印书馆,2016年,第6页。

第二部分

增长的城市

第二章
拥挤、罹毒与美丽

楔子:"掀开盖子的地狱"

1866年,美国内战结束后的第二年,南部的城市与乡村仍然在千疮百孔的土地上寻找新的秩序,战争的阴云却已在北方的天空消散。俄亥俄河上的汽船穿梭往来,东北部的城市间每日奔驰着数以百计的列车。在这一年,詹姆斯·帕顿(James Parton)乘坐火车造访匹兹堡——美国工业景观中最活跃的城市,该城在内战中因其发达的军工业而聚敛了大量的财富。此时的帕顿44岁,是他的时代中最著名的传记作家。他的传主包括富兰克林、杰弗逊、杰克逊这样的政治人物,也不乏伏尔泰、格里利这样的文化精英;与他同时代的大部分男性作家不同的是,帕顿对女性,特别是具有强大智性魅力的女性给予特别的关注,撰写了《时代的杰出女性》一书。在帕顿而言,这并不令人意外,毕竟他的妻子是当时美国最杰出的女性专栏作家范妮·弗恩(Fanny Fern),一位比他年长十岁,虽不貌美如花,却才智绝伦的女权主义者。帕顿的匹兹堡之行令他如此印象深刻,以至于他从与那些多姿多彩的历史人物的周旋中暂时抽身,为这个城市写下了一篇充满画面感的传记,名之《匹兹堡》,于1868年1月发表于《大西洋月刊》(*The Atlantic*)。[1] 正是在这篇城市传记中,他写下了这句著名的短语形容匹兹堡:"掀开盖子的地狱"(hell with the lid taken off),其出名程度虽不能与其妻的名言"抓住一个男人的心要通过他的胃"(the way to a man's heart is through his stomach)相媲美,但仍然广为后来形容空气污染的作家、学者所引用。

  在这篇文章中,帕顿描绘的画面传递着既怀忧虑和叹惋,又具乐观和自豪的信息。作为一位以记录西方文明中的卓越人士著称的东海岸报人,而非像梭罗那样着意于思考、书写自然的边缘人,帕顿的信息可能更能反映其时代对待城市与工业文明的矛盾心理。在文章的开篇,他毫不掩饰地赞美道:"在而今环绕着汽船、覆盖着满是灰尘的房屋,在十一月的烟雾中几乎肉眼难见的大地低处,现代历史开始了。"对帕顿和他同时代的许多人而言,现代历史意味着工业与城市文明,正是在匹兹堡,这个位于阿勒格尼、莫农加希拉和俄亥俄三条河流交汇处的城市,开启了美国文明的新篇章。因为这里,不仅仅是伟大河流的交汇处,汽笛轰鸣,贸易如织;也不仅仅是刘易斯-克拉克探险的起点,通向丰饶西部腹地的门户——每一个中西部城市都以此自称;最重要的是在它的山脉中,蕴藏着点燃现代文明之光的燃料,数百万年前的生物残骸化成的黑金——煤。如此之多,如此之好,可以满足现代人的所有工业野心。"所

---

[1] James Parton, "Pittsburgh," *The Atlantic*. Vol. 12(Jan. 1868). *The Atlantic* Online Archive, https://www.theatlantic.com/magazine/archive/1868/01/pittsburg/536130/,最后登录时间2020年9月22日。下文中未作特殊说明的引用均来自此文,不再加注。

有俯视匹兹堡的群山,所有那些在匹兹堡身后的河流处隆起的山峦,都有着四到十二英寸厚的煤层……它就是一块巨型的煤糕……均匀的、紧实的,就好像这个地区曾经是一个液体的煤湖,大山被抛掷其上,将它压成了固体。"帕顿写道:"匹兹堡的'伟大事实'便是煤!"钢铁制造业可以被带往产煤地,但是将煤带往钢铁产业则得不偿失。从19世纪下半叶开始,当工业化的汽笛鸣响后,对煤的需求急速增加,煤产量飞速上升,匹兹堡周围的四个县,在1850年时,产煤量不过50万吨,到1870年,变为550万吨,1881年1160万吨,1911年则高达6600万吨。①

当然,更妙的是,匹兹堡拥有的并不只是煤,在帕顿看来,这里还混合着工业文明所需要的各种自然财富,面对它们,帕顿完全释放出他对征服自然的热情和满足:

> 勇敢而坚韧的人们利用一直对我们的控制做出最强烈抗拒的物质进行着高贵的战争,这些物质一旦被征服,便能够最好地服务于我们;在【匹兹堡】周围的山峦与峡谷中,自然以不均匀的挥霍形式储藏着这些物质。除了在蜿蜒的半山腰放置厚厚的一层绝佳的烟煤,在山体中积蓄无穷的铁储量,在它们的脚下潜藏着深不可测的油井与盐水,自然在它们的基石周围环绕着可航行的河流——阿勒格尼与莫农加希拉——在匹兹堡,它们交汇形成俄亥俄河,赋予这个城市去往世界上每一个

---

① Edward K. Muller & Joel Tarr, "The Interaction of Natural and Built Environments in the Pittsburgh Landscape," in *Devastation and Renewal: An Environmental History of Pittsburgh and Its Region*, ed. by Joel Tarr. Pittsburgh: University of Pittsburgh Press, 2005: pp. 11–41.

港口的出口。主要是在匹兹堡,宾夕法尼亚山峦中的物产被转化为财富,在这个世界上进行分配。现在的疑问不是为何匹兹堡成为拥有23万定居者的数个城镇的集合体,而是,坐落于如此制高点,它为何不是美国最繁华,人口最多的城市。

如此欢欣鼓舞,充满着物质性的基调贯穿着19世纪美国的演化历程。彼时的美国人赞美民主,赞美自由,赞美野心,同时他们赞美自然的物质性。在美国社会从农业向工业与城市转型的阶段,他们远比后来的城市美国人更清晰地看到"第二地球"的物质丰裕对这个年轻的国家和它所着意建立的一个个新兴的城市意味着什么。正确的精神、制度和资本必须仰赖自然的物质方能创造更多的财富,而自然也必须在这些"勇敢而坚韧的人们"手中变得高效而有序。

正是由于如此完美的结合,让帕顿在层层浓烟中看到城市工业主义的胜利和令人心生敬畏的美感。"那些在夜晚来到匹兹堡的人们首先看到的是矗立在他们面前的黑色山峦,在其侧,有六团燃烧的火焰,排列成行,如同六只热烈的眼睛。"但是如果人们因之而想象在山后将是"炉火照天地,红星乱紫烟"的红热劳动景象,他们将大错特错,人力的时代已在退隐,那是焦炉在昼夜不懈地行使它们的职责,将"浪费的煤尘"转化为可用的焦炭。当他来到煤矿时,眼前的景象令他无法抗拒地坐上索道车,进入山体,探寻矿道的幽深,感受文明的伟力。他对工业景观的赞美,充满着拟自然化的类比,一如惠特曼在《草叶集》中对自然、工业和城市一视同仁地高歌。帕顿的描写染上了惠特曼的笔意,毕竟他的妻子对惠特曼的诗篇深怀粉丝般的热忱。在他即将结束在匹兹堡一日的漫游之际,他被带往一处山崖,向"深渊"(有趣的是,他使用了abyss一词)张望时,他看到"最令人瞩目的奇观"。深渊中黑烟滚滚,蒸汽锤声阵阵,他写道:"找寻奇景无利可图;但是如果一个人能够欣赏如尼亚瓜拉瀑布那样的壮观景色的话,他只需要沿着匹兹堡的克里夫路(Cliff Street)上山,向下看去——掀开盖子的地狱。"在他的认知中,最伟大的自然奇观与最伟大的工业壮景可以等量齐观。

如果这里是地狱,那么在其中被惩罚、涂炭的又是什么?显然不是这座伟大的、勃兴的城市,或者那些巨大的、冰冷的机器,也不是在浓烟中志得意满地生活的匹兹堡人——虽然他们中间,只有最时髦的年轻姑娘会偶尔穿上花枝招展的衣裙,其他实用而勤俭的男男女女则衣着素朴、深沉,因为任何衣物在走过半个街口之后便会蒙上一层黑黄色的煤灰。对必须每日进入"深渊"工作的矿工,帕顿表达了有节制的同情,这些人除了大批在马铃薯危机后前往新大陆寻找新生活的爱尔兰人,还有数以千计的德国人与威尔士人。但是,帕顿并没有像19世纪晚期的那些进步主义者那样如此关切这些工人的工作空间,认为工作环境的改善是提高工人待遇的关键部分之一。在1904年,左翼小说家辛克莱出版《屠场》(The Jungle)时,芝加哥的城市烟尘与屠场恶劣的气味、污水、嘈杂已成为重点的批判对象。后者的认识源于现代医学对于环境和呼吸道健康之间关系的研究,在帕顿的时代,虽然他对浓烟有着审慎的疑虑和本能的排斥,但这仅是某种感性的认知。当他在暗无天日、烟雾滚滚的城市中进行一日之游的时候,他一再写道:"烟雾、烟雾、烟雾——到处都是烟雾。"一天的光景中,仅有下午的半个小时他们可以在自然光下看书,其余任何时候,这个城市都点亮所有的煤气灯。当帕顿志忑地询问本地人是否会憎恶这样的浓烟，他们告诉他，当然会有些不便，但是那些外地人是被自己长期所受教育的偏见所左右，一旦他们超越自己的偏见，便会发现这些浓烟不仅可以杀死疟疾，还有益于视力。"本地的哲学家"意味深长地说道："真正有害的空气……不会告诉人们它们包含有毒的物质，是以当我们吸入死神时，我们仍然在享受着每一口空气；而此处烟雾的邪恶仅存于想象当中，事实上，它能够破坏空气中所有对生命有敌意的东西。"帕顿对此宏论将信将疑，却无言以抗辩，虽然他不无讽刺地说，一个更为明显的事实是，越来越多的匹兹堡人搬去距离烟雾数英里地的上风处。最终，帕顿预言道："在未来数年中，可能匹兹堡的深渊将仅为工厂与'工作'所占据，几乎所有人都将拒绝在烟雾中生活的特权。"

或者，对帕顿而言，烈火、烘炉、浓烟、深渊，仅仅唤醒了他对但丁《神曲》的视觉想象，而并未深思在这个"掀开盖子的地狱"中究竟是什么在受到煎熬。他的视线为人工照明的城市光亮所虏获，因此，他虽然揭开了地狱的盖子，却无意探究地狱中的生命与事物。对于在热火朝天的工业伟绩中遗失的自然之美他并非没有惋惜，当他从辛辛那提乘坐火车穿越长长短短的隧道，前往匹兹堡时，从莫农加希拉河南岸北望，他哀叹道："在这个世界上还有比这更阴郁的远景吗？这些山峦，曾经那样浑圆美丽，与景致如此和谐，已被砍倒、片割、刺穿、倾斜、弯曲，在其上建筑，在其下修建，直至它们从前轮廓的每一丝痕迹都被抹杀，却未从人手处得回分毫补偿的美丽。"当他远望烟幕下黑色的匹兹堡时，抚今追昔，慨叹此处在百余年前尚且白人罕至，而今"我们为它找到了更好的功用。但是，那些更好的功用对此景观的夺目之美带来了怎样的浩劫"。然而，很快，他的叹惋被匹兹堡的浓烟所遮蔽，最终消失在对工业胜利的欢庆之中。一个城市时代到来了。

美国的自然景观、社会景观与思想景观在这个新时代中都将为城市所主导。如果从生态角度来定义城市时代，它具备以下特点：首先，在全国性市场与交通网络形成的同时，城市成为各类自然资源与农产品的集散地，生产地与消费地；与此同时，即使最为遥远偏僻的乡村与荒原都变为城市某种程度的腹地，自然的经济体系与人类的经济体系发生着千丝万缕的联系，在自然被资本化的同时，越来越多地区的生态系统随之解体。其次，专业化，这一城市时代的特殊产物，成为人类管理自然的最为重要的手段。在此之前，人类在自然界的活动往往仰仗个人经验与本地知识，但是，在19世纪后期，大量专门化的职业开始出现，建立自身的规范，界定其内涵与外沿，整个时代洋溢着专业化的精神与对专业知识的尊崇。在运用专业知识整饬社会的同时，很多当时的专业人士，如各种类型的工程师、景观设计师、城市规划师、园艺师、林业管理者、农学家等等，开始将之用于对自然的规划与改造上。第三，政府开始以法案、设置专门机构等方式介入对自然的管理，在力求改变放任自流，个人主义的经济模式的同时，也强调政府对运用自然资源与保留自然美景的责任。第四，也是城市时代最为显著的特征，便是在这个时期，大量人口脱离土地上的劳作，进入工厂与城市，因而切断了他们和其所摄取、消耗的生活资料之间的直接联系。这一变化的出现并不仅仅标志着社会生产方式的变革，同时也意味着传统的人与土地关系的颠覆。

城市时代的出现对美国社会与自然环境产生了天翻地覆的影响，这其中包括在人与自然关系发生改变后，带来的巨大的道德冲击。这并非是美国独具的现象，而是任何一个由农业向工业社会转型的国家都会经历的变革。大西洋两岸的欧美国家纷纷于此时步入城市时代，人们离开农村与农耕活动来到城市谋取生存机会，动摇了原有的农业社会道德规范，从而令时人产生对城市时代的道德忧虑。然而，这一变化在美国所引发的社会反响或者造成的社会震撼尤为强烈。毕竟，百余年间的农业共和国情结尚且萦绕在社会各阶层许多人的梦想当中，而工业的烟尘与城市的嘈杂却已在三百年前仍是荒野的土地上嚣张弥漫。美国农业共和国理念的核心建筑在自耕农的道德准则之上，这一准则包含的不仅是带有普世性的农业社会道德规范，如克勤克俭，纯朴诚实，它还带有相当鲜明的美国特质，强调对土地的拥有以及在土地上的劳动所保障的自由与民主精神。因此，当这一道德准则所赖以存在的基础受到威胁，人与土地之间的纽带被割裂之后，人们开始担忧这个在工业与城市化进程中昂首奋进的社会，可能存在道德沦丧的危险，从而动摇美国对自由与民主的笃守。人们开始赋予自由与道德以城市时代的新定义，一个外延与内涵都在不断发生变化的定义。

一、焦炭城的救赎

如环境史学者大卫·斯特拉德林所言："整个19世纪，美国人都把烟与煤带来的所有积极变化联系在一起：生产、繁荣和进步。对于许多依赖肮脏的软煤的城市居民来说，烟流就像文明的旗帜一样,从工厂烟囱、机车和蒸汽船上升起。"[1]通俗小说会用热情的笔调形容它,百老汇戏剧会让它的演员大声地歌咏它,明信片、宣传画、小册子的封面上绘制高耸的烟囱,扶摇而上的黑烟展现城市的魅力与活力。帕顿不过是参与这场工业文明嘉年华的大众中的一员。虽然作为东海岸知识精英,他所受的教育令他对自然之美有种超验的激赏,但是相比之下,他更青睐文明的进步和美国的利益——在文中,他不止一次地表达了对国家的忠诚和自豪,煤及其所带来的工业增长为他以及和他一样的千万美国人,带来超越日薄西山的英帝国,成为世界第一强国的希望。毕竟,煤所点燃的工业革命造就了大英帝国的辉煌,而现在,那里的煤储量可能仅能维持80年;而在这里,帕顿的脚下,这片厚实的、宽广的宾夕法尼亚煤层,可敷数千年之用——至少人们是这样告诉帕顿的。

美国的确是煤的波斯湾,而匹兹堡的确变成了一座繁荣的工业城市,由煤带动的钢铁业和与之相关的其他重工业均在这里找到了最佳的生产与集散地。在帕顿造访匹兹堡时,这个城市的人口尚不到10万,却在1920年美国用煤量达到巅峰之际,它的人口已经飙升至近60万,其中包括大量东南欧移民和大迁徙中来到北方城市的黑人。但是此时,这里已不再是那个未定的、开放的、遍布"自由"土地的"第二地球"了。来到新世界的人们,面对的是同他们离开的世界类似的所在,同样拥挤的城市,同样鲜明的等级,在西部的某个偏远的地角,或许仍然有一片待开垦的土地,然而,大多数新移民则注定要在蓬勃发展的工业城市中寻找他们的生存空间。匹兹堡成

---

[1] 大卫·斯特拉斯林著,裴广强译:《烟囱与进步人士:美国的环境保护主义、工程师和空气污染,1881—1951》,北京:社会科学文献出版社,2019年,第19页。

为最受青睐的城市之一,因为那里有煤、有钢、有安德鲁·卡内基。钢铁大王卡内基与钢铁之城匹兹堡彼此成就,创造了美国工业文明的第一个伟大奇迹,也创造了又一个从穷光蛋到大亨的美国神话。这是匹兹堡乃至美国城市始终编织的神话,每个人都可能成为下一个卡内基,虽然大部分人终其一生仍是鲍勃、汤姆和乔,在煤烟熏黑的狭窄公寓中吃一顿咸肉煎蛋早餐;穿过弥漫着烟雾的拥挤街道去往矿场、车间,或者是同样被煤烟熏黑的狭小办公室;傍晚,在昏暗晕黄的灯光下喝一杯劣质的波本威士忌,家中的女人则昼夜不歇地刷洗着永远洗不去的煤灰。或许有抱怨、厌倦、疾病、贫困,或许没有如帕顿那些知识精英对文明愿景的宏阔想象,但是如他们所言,当看到工厂的黑烟升起的时候,他们便有了今日的面包。

这些人和那些煤方是卡内基亿万资产的真正源头。不过,卡内基也并没有留在匹兹堡同他的雇员和崇拜者一道继续享受匹兹堡空气的独特风味。相反,他逆向而行,回到他的故乡,苏格兰,在那里置下一座巨大的城堡——斯基博(Skibo)。城堡之前绿草茵茵,城堡周遭林地环绕,城堡之外有着虽然野性但是柔和的高地风光。他用钢铁坚固这座城堡,用电报、电话,还有铁路、汽车将自己与他留在匹兹堡的财富生产之地联系起来,但是他选择了去呼吸苏格兰乡间清晨被露水浸润的空气。

然而,匹兹堡天真的满足时光并没有持久地留驻,或者至少没有如帕顿所预见的方式那般延续。事实证明,不仅宾夕法尼亚煤层丰厚,从宾夕法尼亚向西,西弗吉尼亚、俄亥俄、肯塔基、伊利诺伊、密苏里、堪萨斯、科罗拉多、怀俄明、蒙大拿,全部蕴含着丰富的煤矿,等待勇敢而坚韧的人们的到来。全世界的煤储量为8609

亿吨，美国便占有2372亿吨。虽然没有数千年的开发不竭可期，但至少按照现有的使用量，可以确保200年无虞。然而，问题不在于是否有煤可用，而在于是否应当继续使用煤。

在美国建国之初，托马斯·杰弗逊坚持将肮脏的城市留在欧洲，让大洋彼岸煤烟笼罩的世界成为美国这片洁净、清新的农业之土的工厂时，对煤烟及个中蕴含的道德腐败之意的强烈排斥便已十分鲜明。而此疑虑正是对同时代英国的反城市思潮的回应。早在13世纪的伦敦，当木炭短缺，人们被迫转向海煤时，便已有批评"腐败的空气"的声音。[1]从伊丽莎白一世统治时期开始，贯穿整个现代早期，伦敦肮脏的空气一直为人们所诟病，也成为英国乡绅的乡土情结的重要原因。很多历史学者怀疑此时对于空气污染的批评究竟在多大程度上与健康相关，又在多大程度上反映着时人对道德与权力的诠释。的确，当时的批评者多视肮脏的空气于君王的威严有碍，但正如同《雾都伦敦》的作者威廉·卡弗特的中肯之言，"现代早期科学和医学都能够支持烟雾有害健康这一说法，只是没有明确地表明烟雾危害的程度与性质。……人们普遍发现烟雾具有医学上的危险，但似乎不是从确切论证和适用于所有人的角度来认识"。17、18世纪，众多学者加入对空气污染的讨论，但是，声音芜杂，反而令人们的认识更加含混不清。卡弗特写道："与妨害相关的习惯法和自然科学的新发展为现代早期的英国人提供了具有影响力的、可用来谴责城市烟雾的语言，但也受到两者的制约。无论是法律还是科学都没有给烟雾即危害这一观点提供明确的支持，这种矛盾使

---

[1] William H. Te Brake, "Air Pollution and Fuel Crises in Pre-Industrial London, 1250-1650," *Technology and Culture*, Vol. 16(July 1975): pp. 337-359.

得反烟雾大军难以击败煤在人们心目中越来越重要这种主张。"①

直至19世纪，对普通人而言，污浊难闻的空气于健康无益仍是通过直接的生理感受而得出的常识性认知，并没有建立在严谨研究基础上的医学为之背书。狄更斯可以在《艰难时世》中描绘一座焦炭之城渲染时事的艰难，但是伦敦一如既往地让烟囱冒出黑烟。当常识遭遇经验——匹兹堡人的本地知识的挑战时，帕顿不知如何应对。更为重要的是，同英国以及大西洋彼岸其他工业国家一样，煤的意义已然超越了单纯的燃料，而肩负了更多的内涵。如果说此前它制造的污浊被认为是对王权的玷污的话，那么工业革命之后它带来的滚滚财富则令它拥有了道德上的合理性。对资本家而言，它意味着增长；对爱国者而言，它代表着力量；对普通人而言，它提供了温暖和生计。甚至在20世纪上半叶，当煤烟之于健康的广泛危害已不再是一个具有争议的问题之后，两次世界大战带来的阴影远比煤烟更令人战栗，再一次，匹兹堡的煤和它所燃动的钢铁业获得坚实的存在基础，毕竟，为了取得胜利，什么都可被暂时牺牲，更何况，二战结束之际，这个城市无论在经济地位还是人口数量上都达到了巅峰。但是，它的污染也达到巅峰，令"掀开盖子的地狱"成为人尽皆知的比喻。无论普通公众还是政府，此时都感到有吹开黑烟一探地狱究竟的必要。

在国家的普查表中，在城市的GDP上，经过巅峰的匹兹堡开始衰落。从20世纪60年代开始，人口不断迁出，1980年代，钢铁企业纷纷关闭，昔日闪闪发亮的钢铁城成为锈带（rust belt）上一枚失

---

① 威廉·卡弗特著，王庆奖等译：《雾都伦敦：现代早期城市的能源与环境》，北京：社会科学文献出版社，2019年，第126、149页。

去光泽的铆钉。为数众多的学者都在思考这个时期包括匹兹堡在内的老牌工业城市衰败的原因,或从国内区域经济结构调整的角度,或从国际经济格局转变的角度,创造出可观的成果。[①]但是,如果从城市的内部去考察这一转变,或者这不是一种衰落,而是一种如他们自己所言的"复兴"(Renaissance)。匹兹堡人开始重新定义这个城市的身份,选择它的发展路径。在很大程度上,匹兹堡的转型是自我改革的结果。[②]与1866年帕顿所希望看到的文明和城市相比,在过去的一个半世纪中,美国人对之的理解发生了根本性的改变。现代医学的发展让本地人无法再用他们所期冀的本地知识继续解读煤烟与健康之间的关系,他们自身对生活和环境的诉求也出现了微妙的变化,换言之,越来越多的人不再希望以健康换生计,更无法接受以增长为名牺牲健康。成千上万希望住在上风处的匹兹堡人都渴望卡内基所隐遁的地方,或者是那样一个所在的低配版。在这条环境改革的道路上,匹兹堡无疑是成功的,教育与高科技成为它新的经济支柱,其中环境设计是其经济的亮点。虽然空气污染仍

---

① 国内学者对锈带和美国工业城市的衰落也有大量研究,在历史学的研究中,参见王旭:《美国城市发展模式:从城市化到大都市区化》,北京:清华大学出版社,2006年,第八章;以及美国史学者韩宇的若干篇关于东北部工业城市衰落的文章。

② 关于匹兹堡的环境改革,参见Joel Tarr ed., *Devastation and Renewal* 中的多篇文章;此外,参见Joel Tarr and Karen Clay, "Pittsburgh as an Energy Capital: Perspectives on Coal and Natural Gas Transitions and the Environment," in Joseph A. Pratt, Martin V. Melosi, and Kathleen A. Brosnan eds., *Energy Capitals: Local Impacts, Global Influence*. Pittsburgh: University of Pittsburgh Press, 2014: pp. 5–29; 以及Joel Tarr, Tim Collins, and Edward K. Muller, "Pittsburgh Rivers: From Urban Industrial Infrastructure to Environmental Infrastructure," in Christof Mauch and Tom Zeller eds., *Rivers in History: Perspectives on Waterways in Europe and America*. Pittsburgh: University of Pittsburgh Press, 2008: pp. 41–62.

然困扰着这个城市,但是从昔日帕顿发现"掀开盖子的地狱"的山崖望去,人们清晰地看到一个绿色而蓬勃的城市。①

匹兹堡的救赎讲述的似乎是一个关于胜利的故事,这个城市没有真正地没落,而是变得更健康、更宜居,甚至更富裕了。然而,得出这样一个胜利的结论建立在两个前提之上。前提之一,不去回望曾经在"掀开盖子的地狱"中被煎熬、牺牲的个人、群体、其他物种的生命,还有为帕顿所叹惋的野性之美。前提之二,不去展望匹兹堡的未来,不去思考当下维持这座城市生机的能源和食物从何处来。历史学者喜欢讲故事,故事必然有头有尾,有高潮,然而真实的世界仍然运行,不会因为历史学者为之选择的终点而停顿。匹兹堡和数百个在锈带上的美国城市一样,解决空气污染的根本,不在于新技术的发明,而在于燃料从煤向石油的转换,在于重污染企业向海外的转移。曾经作为旧世界腹地的北美在20世纪50年代后回到东半球,去往南半球,在那里开拓自己的腹地。当这些腹地无法继续支撑美国城市如匹兹堡的运转时,未来又将如何?

关于腹地与城市的问题是下一个部分的讨论主题,在这一章中,我们将暂时停留在城市之内,审视城市内部环境的变迁和改革。

---

① 正由于匹兹堡的城市环境历程如此富有代表性,这个城市对于环境的关注也超越了很多其他的城市,不仅表现在环境设计在此处的繁荣,也表现在其市政预算、城市理念等诸多方面。也正是在匹兹堡大学,出版了美国城市环境史研究最重要的书系;城市环境史的元老Joel Tarr则一直任教卡内基·梅隆大学,他个人的学术兴趣转变正受到其所在城市环境历史的启发,令他从一位研究城市"大佬"政治的政治史学者变成城市环境史的开创者之一。

二、以自由为名对抗以健康为名

城市从来不是一个封闭的空间，作为一个庞大的、开放的、持续变化的生态系统，它是多孔质的、可渗透的，就某种程度而言，类似一个有机体。[1]煤烟污染仅仅是城市的运行向大气渗透，通过空气的流动，返回生物体，包括人体自身多孔质身体的一种表现。无论在匹兹堡，还是纽约、波士顿、底特律、洛杉矶，大大小小的现代城市还罹受各种不同形式、性质的渗透，它们通过气体排放、工业生产、人体排泄，以及各种其他形式的废弃物，以水、土壤、空气为媒介，最终回到在城市生活的有机物的身体内部。城市人与自然之间最可被感知的联系便是通过他们的身体，正是身体的存在、机制、健康、病患，不断提醒着用各种文明材料将自己包裹、武装起来的人，超越自然只是现代人狂妄的幻想。

造毒与罹毒是现代城市的共性，也是同传统城市之间最大的环境区别。所有的城市，无论传统与非传统的，都拥有生产食物与能源的腹地，不过腹地的大小，承受的压力，提供的物质有所区别。所有的城市也都是一种简化的、高度驯服的生态系统，对多样

---

[1] 关于将城市作为一个生态系统的讨论，参见 Thomas R. Detwyler and Melvin G. Marcus, eds., *Urbanization and Environment: The Physical Geography of the City*. Belmont, California: Dexbury Press, 1972; Spenser W. Havlick, *The Urban Organism: The City Resources from an Environmental Perspective*. New York: Macmillain, 1974; 以及 Richard T. T. Forman and Michel Gordon, *Landscape Ecology*. New York: John Wiley and Sons, 1986。关于多孔质的、可渗透的城市的思考则主要源于蕾切尔·卡森在《寂静的春天》中的讨论，以及布雷特·雷·沃克在《毒岛：日本工业病史》中对疼痛的思考，特别是威廉·克罗农为该书所做的精彩序言。布雷特·雷·沃克著，徐军译：《毒岛：日本工业病史》，北京：中国环境科学出版社，2012年。（英文原版出版于2010年）

性生物的栖息地造成影响，只不过影响的途径和程度多有不同。所有的城市也始终处于自然的危险和限制之中，洪水、地震、飓风、山火、病菌，现代城市在很大程度上通过技术增强了自身抵御自然风险的能力和救助功能，从另一个角度也加剧、甚至制造了更多的自然灾难。[①]但是，与现代工业城市相比，传统城市不具备造毒的能力，因而也不需承受毒素的侵害。这并不是说传统城市比之现代城市更加安全，毕竟世界上大多数城市远离战争的威胁不过是最近不到100年间的事情；何况，城墙虽然多少能够阻挡入侵者的军事进攻，但是在巨大的自然灾难之下往往不堪一击。瘟疫更是如影随形，是人类历史中的常态，在极端的时候，其破坏力无异于屠城。此外，欧洲与亚洲的古老城市都在不同程度上受到污水与排泄物的困扰，不过，在一个城市能够良好运转的时候，这些生物体所制造的污秽之物会被乡村回收，实现城乡之间在能量层面的新陈代谢。

这一切旧有的城市运行方式，一种生物性与物理性的能量交换关系，在新的工业化城市到来之际被瓦解而后重构。旧有的生物与物理性交换并没有消失，但是它们所建立的生态秩序在新的化学变量的渗透中被彻底重组。化石燃料的使用、加工，化学工业的

---

① 最晚近也是最鲜明的例子即2020年的新冠肺炎，一方面，同传统时代的瘟疫相比，建立于大数据基础之上的现代防疫措施和20世纪以降不断发展的细菌学，令人口死亡率大幅度降低；在另一方面，它是整条现代瘟疫链条上的一环，产生的原因与传播的方式和速度均与全球人口高度密集和迅速流动的生存方式有密切的关系。参见唐纳德·沃斯特著，侯深译：《另一个寂静的春天》，《中华读书报》2020年4月29日，第13版；及美国《环境史》杂志在2020年第四期出版的新冠时代的环境史笔谈。这组笔谈共收录来自全球各大洲20位环境史学者的文章，其中约翰·麦克尼尔之文对现代人蝙蝠性——密集居住与全球飞行交通——的形成和新冠发生与传播的关系做了新颖的讨论。John McNeill, "Bats, Battiness, and the COVID-19 Pandemic," *Environmental History*. Vol. 25(Nov. 2020): pp. 635-9.

成熟、壮大与批量生产带来的是自然无法降解，或者需要漫长的时间方能降解的毒素，它们悬浮在空气中，浸透在土壤里，流动在水中，沉淀在食物中，储存在野生与驯养的动植物中，最终返回人体。这是强大的新技术赋予城市的新能力，最为吊诡的是，每种新技术的出现都是为了解决城市所面对的问题，但是每种解决方式都制造了新的更大的问题，直至现代城市完全浸泡在各种各样人工合成的毒素之中，而城市人以及其他生物都在不可见的毒汤中潜泳。

这些问题的出现是每个自愿或者被迫进入工业革命，用现代技术改造城市环境与生活的地方都会遭遇的问题，时间或有先后，程度或有轻重，但是在城市环境的反应上有着高度的共通性。但是不同的国家和地区形成这些城市问题的原因并非全然相同，解决之道更有很大差异。19世纪的美国是一个自由资本主义高度发达的国家，人们可以自由地买卖土地，自由地挖掘矿产，自由地砍伐森林，自由地燃烧煤，自由地排放污染，任何一种对这些自由的管制都会招致强烈的反抗。如果说在其他国家对抗环境管制最强有力的武器是对经济增长的需求，在美国则是自由与增长的共谋。在这个国家，自由是一张无往不利的通行证，而最终，不同层面的环境改革都将同这张悠久的美国通行证相对抗，重新界定自由的边界与内涵。在城市中，健康成为阻挡这张万能通行证的终极关隘。不过，正如马丁·麦乐西在他百科全书式的巨著《环卫城市》中指出的，健康同样是一个变化的概念。在直接针对身体所言的健康之外，同样变化的是人体健康与公共健康和环境健康之间的关系。[1]

---

[1] Martin Melosi, *The Sanitary City*.

麦乐西在这部书中主要围绕环卫城市的三个方面展开讨论：净水的供给、下水的处理和垃圾的管理。他将美国的环卫服务（sanitary service）划分为三个阶段，第一个阶段从殖民时代到1880年，他将之称为"瘴气时代"（the age of miasma）。在这个时代中，人们的健康危害知识，特别对于传染病的认识，来源于传统的瘴气理论，认为是肮脏的、臭气四溢的味道造成了对健康的威胁，而这些味道的来源或者是水，或者是垃圾。①如何提供洁净的饮用水和处理污水，成为这个时期讨论的核心问题。这个时期美国的供水与污水系统是英国公共卫生与工程学专业知识在美国的移植与改造，也正是在此期间，在美国一些相对成熟的城市中，出现了被麦乐西称作"原始系统"（protosystem）的上下水系统，成为后来现代系统的基础。

第二阶段从1880—1945年，在此阶段中，细菌理论从根本上改变了人们对疾病来源的认识。既往的瘴气理论逐渐为细菌理论所取代，在公众健康的层面上，可以看到对固体垃圾、废水和清洁水源的供给都有了更广泛的讨论。不过正由于细菌理论的出现，让专业知识对于健康的讨论和目标都向医疗手段倾斜。在另一方面，麦乐西写道："虽然关于疾病的细菌论与污秽论之间的冲突早已解决，但是从环境的角度看，污染的生物形式持续占据上风，压倒了人们对

---

① 梅拉尼·基谢乐在《味道侦探》一书中用嗅觉感知19世纪美国城市和它的环境改革。普通人仍然坚持瘴气理论对于难闻的气味造成疾病的推断，以此促进城市健康委员会推动一场场改革，解决垃圾和水源造成的气味污染给他们带来的健康问题。在此期间，遭遇了新的医学理论——细菌论，科学专业知识对污染的解读在很大程度上同原有的常识性感知之间形成矛盾，虽然双方面都在期望城市环境的改革。Melanie Kiechle, *Smell Detective: An Olfactory History of Nineteenth-Century Urban America*.

化学源头，特别是工业污染中的化学源头更好的理解"。①

第三阶段从二战结束到2000年，麦乐西称之为"新生态学"阶段。②不过麦乐西的思考重点并非生态学的总体发展与城市生态学的启动对这个时期环卫城市转变的影响。他更感兴趣的问题在于两个方面，一方面是郊区蔓延造成新的环境压力和环卫设施服务的需求；另一方面是原有环卫设施的陈旧、退化造成的新污染同城市预算的紧张之间的关系。两个方面的合力，让城市在环卫管理上越来越倾向于接受联邦政府和州政府的资助，交换的条件自然是接受它们更深入、更广泛的干涉。他写道："到20世纪70年代，几乎在每个城市的市政预算中，联邦和州政府的资金都是基本的组成部分。"不过，麦乐西并没有忽视此期间兴起的环保运动对新环卫城市的形成产生的影响。从资金和管制的方面，联邦政府越来越多地介入城市的环卫事务；但是环保运动，特别是草根环保运动对"环境正义"和"平等"的诉求则成为城市政府必须直接面对的议题。③而从环境知识与环卫城市的演化而言，麦乐西指出新生态学带来了对"环境风险"（environmental risks）的认知，也就此带来了人们的关注点从"污染的纯粹生物形式向化学/工业污染物和来自市政下水系统污染"的转移。④

---

① Melosi, *The Sanitary City*, p. 13.
② 一个有意思的问题是，如果麦乐西在2020年再版此书的话，会否出现第四个阶段？如果是第四阶段，究竟是新冠肺炎还是全球变暖会成为他的核心关注对象？
③ Melosi, *The Sanitary City*, pp. 358, 366–9. 罗伯特·戈特利布在《推动一个春天》中对环境运动向环境正义运动的发展，以及环境运动的主场由荒野向城市的转换有更细节的讨论。不过，关于环境平等与工业污染之间关系的最优秀著作仍然是安德鲁·赫利对印第安纳工业小城加里的讨论（《环境的不平等》）。见本书第一部分。
④ Melosi, *The Sanitary City*, p. 14.

在环卫城市政策与基础设施的演化层面上，麦乐西的观察无疑是全面而透彻的；但是如果转移一下关注的焦点，不是集中于健康理论同环卫社会之间的关系，而是思考在美国城市中尤为突出的健康与自然的对抗之上，则有了另一种划分方式。以1945年为分水岭，第一阶段集中于对人体健康与公共健康之间的考量；第二阶段则开始重视人体健康与环境健康之间的联系。这两个阶段并非截然相分，它们之间有着大面积的重合，也掺杂着大量关于其他社会与环境问题的思考。第一阶段后期所形成的环境知识和积累的环境与社会问题，成为促发向第二阶段转变的关键原因。

在第一个阶段中，公共健康的问题不只是健康的问题，更重要的是道德的问题，因此，维系个体的健康与否虽然是一个人的自由，但是，他/她没有自由妨害公共健康，因为后者几乎与道德相等同。在瘴气理论盛行的时候，肮脏的味道与腐败的道德之间密不可分，瘟疫的到来也经常被解释为上帝的惩戒。这也是为什么在旧大陆的病毒来到新大陆，杀死的土著远高于白人时，白人深感上帝站在他们一边。像著名的清教神父科顿·马瑟（Cotton Mather）在目睹土著人纷纷死于天花时，真诚地相信：" 上帝为了更好生物的成长而清除了有着危险生物的树林。"宗教信仰与对健康的道德解释夹杂于他们对英国习惯法中反公害（nuisance law）的继承当中，形成了殖民地和早期美国应对垃圾、上下水、空气污染的策略的思想底色。正因为公共道德占据如此之高的地位，最秉承清教行为准则的城市——波士顿建立了最早的健康委员会，以之约束人们制造公害的自由。[1]这样的思

---

[1] Melosi, *TheSanitary City*, p. 20.

维方式并没有因为细菌革命的出现而中断,整个进步主义改革之中,细菌理论在中产阶级的改革者那里被再次微妙地转化为关乎道德与公共健康的问题,不过此时的道德问题不仅是白人与有色人种、中产阶级与劳动阶级之间的冲突,更表现在新移民与旧移民对城市需要何样的自然环境方能保证公共健康的博弈之上。新移民基本来自欧洲和美国的乡村,因此双方之间的矛盾也是城市与乡村对健康、自然和自由的理解之上的矛盾。① 从一战到二战,正是国家利益、公共精神在这个国家中拥有最庞大的拥趸者的时期。虽然在20世纪上半叶,科学家们已经明确地知道美国城市,甚至整个美国所面临的环境问题已不再仅是农业时代如何明智、有效地保护、利用资源的物理性质和经济领域的问题,健康问题也不仅是细菌带来的生物性问题,而是工业和城市所制造出的化学问题。例如医生、化学家和健康改革者艾莉丝·汉密尔顿(Alice Hamilton)在1925年出版《美国的工业毒素》,1931年出版《工业毒理学》。但是,战争和大萧条带来的首先是经济的考量,是爱国主义的道德准则驱使下个人所必须做出的牺牲。②

正是这个时期大量关于健康与环境之间关系的知识开始从根本上切断了疾病和道德之间带有神秘主义色彩的联系:肮脏的环境并不导致道德败坏,堕落之人也极有可能有着一副健康美好的躯体。但是,疾病并不因此而成为一项纯然私人的事务,恰与之相反,新

---

① 亚当·罗姆在《自然之战、文化之战》一文中最早探讨了这个层面的矛盾与冲突,展示了进步主义时期这一问题的复杂性。Adam Rome, "Nature Wars, Culture Wars: Immigration and Environmental Reform in the Progressive Era," *Environmental History*. Vol. 13(July 2008): 432-53.

② Alice Hamilton, *Industrial Poisons in the United States*. New York: McMillian, 1925; *Industrial Toxicology*. 2nd ed. New York: Scribner, 1934.

一代的专业人士发现,现代工业污染导致的疾病和此前由细菌所传染的瘟疫一样,同环境健康之间密不可分。如果说此前的改革强调的是城市在提供公共设施,管理公共空间的义务;当空气污染的化学源头被发现之后,人们清晰地认识到仅仅清理一个城市的垃圾,修建哪怕万年不朽的上下水管道,也无法阻碍大气的运动和其中看不到的危险毒素的蔓延。空气同水一样,都成为一种国家事务。事实上,城市接受国家干预其环卫建设,关键原因有两点。其一,大气污染不受城市边界的制约,其组成部分也太过复杂,需要更广阔的权力和更全面的专业知识来应对;其二,对跨州甚至跨国企业的污染行为不是任何一个城市政府,甚至州政府可以制约的,它需要国家的监管力量。以健康为名在此时制约的不再仅是个人的自由,或者某个单一企业的自由,也不仅是一个城市任意转嫁其环境压力的自由,整个资本主义经济文化的自由;最关键的,人类为了享受自身的健康、安全、舒适而无节制地破坏我们这个星球的自由。公共健康的关注焦点仍然在于人,虽然它由个体的人转向群体的人;在新的阶段中,环境健康成为整个城市改革的关键性环节,这意味着人的健康同其所处的环境的健康之间的联系被现代科学重新发现、解释,进而强化。由此,促生一种新的道德,超越人类中心的伦理。传统的清教道德并没有完全消失,但是它被转化、改造、溶于新的城市时代中建立的环境道德。进行阶段性的划分只是为了叙事的需要,但是意图真正理解美国城市如何走入这种新道德当中,我们仍然需要回到城市时代开启的一刻——进步主义时期,探寻在美国城市化的关键时刻,进步主义者将城市转化为公共空间的努力。

三、作为公共空间的城市

19世纪后期到20世纪初的美国处于由农业社会向工业城市社会转型的时期。18世纪80年代,在它建国之际,美国总人口大约为400万,其中95%的人口是农业人口,包括大量的种植园奴隶。即使在工业革命开始之初的19世纪上半叶,这个国家基本尚处农业阶段。甚至到了19世纪50年代,在美国已将进入所谓的现代经济发展的关口之际,它的总人口为2300万,其中农业人口仍占90%。然而,50年后,在1900年,美国的总人口飙升至7600万,而它的农业人口所占比例则下降至60%。在1920年的人口普查中,在美国历史上第一次,超过一半的美国人成为城镇居民,此时的美国人口为1.06亿。[①]

如果说在广大的西部尚且保留着大片公有的、基本处于自然状态的土地,美国的东海岸在19世纪后期则已完全进入城市社会。在1800年,美国最大的城市是纽约,6万人口;其次是费城,4.1万;再次是巴尔的摩,2.6万;波士顿第四,仅有2.5万。到1850年,纽约与巴尔的摩分别以51.6万和16.9万居于第一、第二,波士顿成为美国第三大城市,总人口为13.7万。到19世纪末,波士顿下降至第五位,然而其人口已达56.1万,而纽约则是340万,费城130万;此外有两个新兴城市崛起在美国版图之上,芝加哥170万,圣路易

[①] 数据来源为the online U. S. Census summaries, http://www.census.gov/population/www/censusdata/files/table-4.pdf.,2010年8月20日登陆。美国对镇的定义为2500人以上即为镇。

斯57.5万。①在短短的100年间,这些城市人口增长的速度均达数十倍,整个城市的版图、风貌与气质发生了根本性的变化。

虽然技术的发展,物质的富足,知识的勃兴,均为人们对文明的进步带来前所未有的信心,和对人类自身能力的崇拜;但是在如此自信的另一面,这个新的社会却涌动着焦虑不安的声音。这样的声音并非是潜隐的暗潮,而是以各种形式积极地呼吁社会的变革,以期建立新的城市与工业规范,或者对于一部分人而言恢复原有的自耕农时代的秩序。后者代表的是依然坚守在土地上的农民,特别是中部与南部大量沦为佃农的农民。他们曾经是土地的拥有者,也坚信自己是美国民主的脊柱,美国自由与财产的象征,是杰弗逊所称的"最为道德的人"。因此,当其土地与财产被城市与资本侵吞之际,他们力图逆转在他们眼中即将倾覆这个国家所应具的美德的狂澜,维系农业社会,特别是美国特有的自耕农社会的原有价值体系,如放任自流的政治与经济理念,新教教义为基础的道德标准,以及予取予求的人地关系,从而掀起了一场"平民主义"运动。然而,虽然这场运动初始轰轰烈烈,它内在的矛盾以及对时代发展的悖离令其注定惨淡收场。②

---

① 参见U. S. Census Bureau, "Population of the largest 100 cities and other urban places in the U. S., 1790 to 1900," http://www. census. gov/population/www/documentation/twps0027/twps0027.html., 2010年8月20日登陆。

② 关于平民主义的抗议和失败,参见Michael Kazin, *The Populist Persuasion: An American History*, Ithaca and London: Cornell Univ. Press, 1998;以及Catherine M. Stock, *Rural Radicals: Righteous Rage in the American Grain*, Ithaca and London: Cornell Univ. Press, 1996。对重建结束之后,美国各个地区走出所谓的"孤岛"文明,为联邦政府与垄断企业连接成为一个整体,建立起一种新的社会秩序的经典论述,参见Robert Wiebe, *The Search for Order, 1877-1920*, New York: Will and Wang, 1967。在该书中, Wiebe指出,平民主义、原教旨主义,以及其他形式的

与时代节律更为契合的是一场后来被称作"进步主义"的改革运动。在19世纪80年代，纽约、波士顿、芝加哥等大城市中的部分中产阶级开始对城市化进程中出现的种种问题作出回应，期望以革新的方式为这个转型中的社会寻求新的秩序。与同时期的平民主义运动相比较，它们之间从社会基础、追求目标与基本内涵，都有极大的不同。进步主义运动强调政府对社会与自然事物的管理，调整劳资关系，提高工人福利，倡导妇女权益，推行普及教育，改良城市环境，保护自然及其资源等等。它与平民主义运动一样，带有强烈的道德诉求。然而，后者着眼于彰显个人主义精神，进步主义运动的道德标尺却更多地设立在社会群体之间的依赖与共存之上。之所以会有如此不同，一方面由于城市生活与工作必然要求人与人之间存在较之乡村更加紧密的协作，而另一方面，则在于城市物理空间的有限要求个人对自我行为的约束。因此，进步主义改革者的道德倾向存在着双重性。在自由与民主的基本前提之下，他们强调个体对群体意志，特别是对公共利益的妥协。

当时的进步主义改革者普遍将城市的道德问题归咎于城市嘈杂、肮脏的物理环境与冷漠、枯燥的社会环境，因此，他们认为，如欲建立城市时代的道德秩序，必须改良城市环境，并且教导城市新移民学会如何适应这个与乡村迥异的环境。他们所关注的焦点首先投射到城市道德问题最为集中的所在——城市贫民窟，其中多数为新移民的生活与工作之处。在当时推行的贫民窟与工厂区环

农业激进主义都是对此新秩序的抗拒，而其失败的根本原因在于，这些反抗者试图以他们所熟识的小环境来理解一个已经被纳入广阔体系中的大世界，试图以他们在熟人社会中运用的经验与习俗来掌控一个非私人的世界。

境的改革中,最为显著的是一场主要由妇女领导的"市政管理运动"(municipal housekeeping movement)。她们中间的代表人物很多来自东部与中部的大城市,最著名者是生活在芝加哥的简·亚当斯(Jane Addams)。[1] 在这些改革女性看来,贫民窟的犯罪与道德问题并非如当时的很多社会达尔文主义者所言,是种族问题,应当以优生学的方式,对社会族群优胜劣汰。与之相反,"市政管理运动"将之更多地视为环境问题,因此,她们要求改变贫民窟的环境,特别是卫生与教育水平,为被迫生活在那里的人们,尤其是青少年,建立一个更加有利身心健康的成长场所,从而提升他们的道德修养,最终实现整个社会的进步主义改革。

这些女性改革者并非仅是受到良好的传统才艺与人文教育的家庭妇女,虽然她们在改革的路径上找到市政与家政的结合(municipal housekeeping),以期令她们的号召更具亲和力,更容易为普通女性所理解,但是她们所怀的并非只是一腔让女性加入社会改革的热情,所呼吁的更不是简单的妇女家庭角色在公共生活的延展,她们对现代城市及其环境和健康的理解超越了传统的道德话语。事实上,她们中的一部分人是当时最前沿的自然科学的积极阅读者,甚至直接身处其研究当中。

其中的代表人物是麻省理工学院的首位女性毕业生,也是该校的首位女性教员——埃伦·理查兹(Ellen Swallow Richards)。与其后继者艾莉丝·汉密尔顿相比,理查兹的生涯在城市环境史学者的

---

[1] 关于简·亚当斯的研究汗牛充栋,最具有研究价值的还是其自传: Jane Addams, *Twenty Years at Hull House*, with Autobiographic Notes. New York: The Macmillan company, 1937.

著述中远未受到其所应得的重视,然而,正是这位女性化学家开始以专业知识重新诠释人们,特别是女性习以为常的生活日用。① 她所倡导的家政学(home economics)建立在其本人关于卫生化学的研究之上,将个人和家庭的食物、饮水、营养放入环境当中。在公共健康仍然停留在细菌理论的阶段,她开始探讨水和空气的化学污染为人体带来的危害,从某种意义上讲,开启了环境健康的早期讨论。在其1900年首版的《空气、水、食物:从卫生的观点》一书的开篇,她即写道:"空气、水、食物是健康人类生活的三大要素。卫生化学研究这三种商品同日常生存需要的关系:首先,研究它们的正常构成;其次,研究它们由正常构成发生的自然变化;第三,研究它们的人工变化——它们或是由人类的善意目的所直接制造,或者由人类的草率或贪婪所致。"② 在分析人类为空气、水,还有食物所带来的变化的基础上,理查兹形成了对她所称的"环境改善学"(euthenics)的探讨。在1910年,她出版了《环境改善学:可控环境的科学》一书,真正将作为身体和家庭的私人空间同作为城市的公共空间,在现代科学的话语中有机地结合为一整个相互渗透、不可分割的环境。③

值得注意的是,进步主义是为历史学家丹尼尔·罗杰斯(Daniel

---

① 例如在《环卫城市》一书中,理查兹从未现身。在戈特利布的《推动一个春天》中,汉密尔顿扮演着美国自进步主义以降环境改革的核心角色,而理查兹只占据了两页的篇幅。

② Ellen Richards and Alpheus Woodman, *Air, Water, and Food: From a Sanitary Standpoint*. 1st edition, New York: John Wiley and Sons, 1900, p. 1.

③ Ellen Richards, *Euthenics, the Science of Controllable Environment; A Plea for Better Living Condition As the First Step toward Higher Human Efficiency*. Boston: Whitcomb and Barrow, 1910.

Rodgers)所称的"跨越大西洋"(Atlantic Crossings)的社会与政治运动,而非一场充满美国例外色彩的孤立事件。① 在资本主义所向披靡的力量推动下,19世纪与20世纪之交的美国被深刻地卷入北大西洋世界的重构当中,城市成为两岸世界政治与社会改革的实验场。罗杰斯的学术兴趣集中于政治理念与思想的转型之上,在他看来,城市具有奇妙的两面,显性的一面是极端个人主义的放纵,而隐匿于城市内部的一面是相互依存的网络。这张网络被罗杰斯称为"城市无形的资本集体主义",它"迫使集体考虑进入了人们的政治意识"。他敏锐地注意到,在两岸世界的城市中,改革的最紧迫问题在于"健康":"社会政治形成的大部分历史,实际上可以作为围绕公共健康概念而斗争的故事来写——健康不仅根源于个人纪律和卫生,而且也在于劳动与住房的社会环境"。正是这一主题形塑了对这些大城市在此时所分享的"共同元素"的改革。它们"是都市生活中平凡的物质设施:自来水、街道、有轨电车、公共澡堂、煤气、住房等",但是它们指涉的根本性问题在于是否继续容忍自由放任原则的横行无忌,特别是资本主义企业罔顾公共利益(public good)的榨取与扩张。因此,"【进步人士】试图把城市隐含的集体主义在自觉的、公共的界限上加以实现"。② 市政服务在此时成为政府的责任,是一种公共服务,而不应再是私人企业营利的渠道。无疑,这是一个漫长的改革过程,但是,正如罗杰斯所言:"市营化运动是大西洋范围第一个重要的进步工程。在借来的经验和跨越国界

---

① 丹尼尔·罗杰斯著,吴万伟译:《大西洋的跨越:进步时代的社会政治》,南京:译林出版社,2011。
② 罗杰斯:《大西洋的跨越》,第114—117页。

的先例中,在共同的语言如细菌、污水处理……中,北大西洋经济体的市营化改革者开始创造适度的、替代性的社会经济来改造彻底商业化的城市。"①

今天,当我们阅读19世纪与20世纪之交的北大西洋两岸的历史时,会诧异于这个前航空(遑论网络)时代在知识和思维上交流的频繁与密切程度。当时的政治家、改革者、知识精英在各国间往来穿梭,书籍、知识以大西洋为媒介迅速传播。美国的旅行者去往欧陆、英伦,或者心仪奥斯曼治下巴黎的恢宏、典雅,或者慨叹统一后的德国城市的整饬、效率,或者在英国实践霍华德理想的花园城市中找到自己的精神家园。②当他们回到大洋彼岸的家乡,很多人为自己城市的粗糙、肮脏、缺乏统一性、完成性的气质感到羞愧,更多人则满怀抱负,从令人目眩神迷的欧洲城市风格中找到自身所爱,提出一个又一个改造城市公共空间的蓝图。

但是,美国并非只是欧洲城市审美与社会理念的平庸的接受者,在罗杰斯看来,"北大西洋经济体中没有哪个规划师比美国人在19世纪90年代和第一次世界大战前夕制定的城市蓝图更大胆,也没有哪个地方在城市规划方面像美国人这么热情真挚地推动"。③更为重要的是,他们开始创造表达自身特质的城市——现代性的

---

① 罗杰斯:《大西洋的跨越》:第162页。
② 埃比尼泽·霍华德的名著《明日的田园城市》是城市设计史上的经典之作。霍华德期望通过新的田园城市能够结合城市的机会和便利与乡村的健康和美景,从而抑制大都市无序的蔓延。此书在1898年初版,名为《明日:通向真正改革的和平路径》(*Tomorrow: A Peaceful Path to Real Reform*),1902年再版时,改名为《明日的田园城市》。此书在北大西洋两岸拥有大量的拥趸者,在英国本土、德国、奥地利、美国都有以霍华德模式为蓝图设计的城市或者社区。Ebenezer Howard, *Garden Cities of Tomorrow*. London: S. Sonnenschein & Co., Ltd. 1902.
③ 罗杰斯:《大西洋的跨越》:第168页。

都市。当芝加哥的天际线在19世纪90年代开始为钢筋水泥铸成的摩天大厦所勾勒,当曼哈顿岛用高耸入云的建筑崛起于大西洋彼岸时,美国的城市也开始为欧洲,乃至世界提供了新的审美方向,无论喜爱与否,它们重新定义了世界的城市景观。与之同样重要,也许更具持久性的美国进步主义贡献在于,它为城市文明提供了、保留了一个对立面——荒野。从1872年建立世界上第一个黄石公园开始,在美国进步主义改革者看来,最能够凸显美国之为美国的改革正在于,他们启用国家的职能建立起了一整套保护荒野的法律、机构与制度。在未来的一个半世纪中,人们对荒野的认识伴随生态学思想和美国社会的演化而演化,原有的民族主义色彩逐渐淡化,既定的单一审美法则逐渐松弛,荒野的意涵变得远为复杂、多元,自然自身的存在权利最终将定义荒野的价值。但是,在荒野与城市的关系中,在弥合城市人群与自然的"情感断裂"中,从进步主义时期衍生出的诠释直至今日,仍然没有发生本质性的变化。这样的诠释同样也将翻山越岭、漂洋过海,遍布世界的每一个角落。[1]

回到城市内部,正是在这样的交流中,北大西洋两岸的大城市在进步主义时代开始趋向现代城市社会的基本特征——高度的同质性。如果说传统社会的世界城市形态如同它们所处的自然系统,在本地的生态与文化中被定义、被形塑,则进入现代工业社会的城市开始被统合于全球同质的生态与社会秩序当中。巴黎、柏林、伦敦、纽约,均在工业化的迷雾中寻找现代城市的方向。它们都面对着从农村涌入的大量移民,骤增的人口令城市的体积迅速膨胀,原

---

[1] 对荒野和城市关系的具体讨论参见第四章、第六章。

有的基础设施、市政服务、能源供应左支右绌，应对不暇。它们都面临着农业社会向工业、城市社会转型过程中必然的失序、混乱，劳资之间的激烈冲突，同样还面临着垄断资本主义的扩张同政府职能、权利与义务之间的冲突。更为重要的是，在大西洋两岸因为新的技术手段而达成的更为频繁的交流中，它们分享着一整套共同的政治话语与科学话语，在需要新技术与秩序维持的城市时代，这套话语成功地进入其政治生活当中，形成了以专业知识管理社会与自然的"技术统御"（technocracy）。

与此同时，它们也都面临着许多共有的阻碍：企业的对抗和政府内部的不同声音是意料之内的；此外，一种相对弱势但是绵长而坚韧的抗拒来自普通人对私人生活边界的捍卫，他们世代相袭的习俗、道德、本地知识，他们处理自己身体与财产的方式，都在此时被进一步纳入公共健康与道德的规训与调整当中。在进步主义改革者的眼中，所有的阻碍都是保守、落后或者贪婪对"进步"的顽抗，但是在每一组抵抗者自身的诠释中，其抵抗有着别样的内涵。对受到管制的企业，特别是美国的企业及支持自由资本主义的理论家而言，进步主义改革干涉的不只是利益，同时也是在资本主义自诞生以来所坚守的自由原则。对此，进步主义改革者的回应清晰而强硬：毫无疑问，自由构成资本主义文化基本的道德内涵，但是，其前提是不危害他人的自由。在城市中，罔顾甚至破坏公共健康的逐利行为追求的是利润，而非自由，因为它们的行为侵蚀了自由的前提。[①]然而，

---

① 在《大西洋的跨越》中有大量的相关讨论，还可参见克里斯托夫·德费耶著，唐俊译：《君主与承包商：伦敦、纽约、巴黎的供水变迁史》，北京：社科文献出版社，2019年（法文原版出版于2017年）；以及Melosi, *The Sanitary City*.

在包括身体在内的私人空间对抗公共规范的层面上，浮现出更多的复杂性。它可能表现在城市与乡村在习俗和心态的差异之上，也可能存在于彼此对抗的阶层之间在知识与经验的不同之中，还有可能，这种复杂性缠绕在不同性别、不同宗教——特别是英语国家中的天主教与新教——对于健康和道德的理解与认知的错位之间。在大西洋两岸最具代表性的进步主义国家，如英国、法国、德国，和彼岸的美国，如此复杂性贯穿进步主义改革的始终。①

最为吊诡的是，在这种复杂性当中，存在张力的群体分享某些共同的道德诉求，他们都在寻求社会公正，寻求对极端利己的自由资本主义企业进行约束，寻求有效、廉洁、民主的政府，他们都以自身的诉求框定正义的标尺。在公共健康的问题上，各阶层的关键性不同在于知识的不同。如同帕顿所见的匹兹堡人，从乡村初来的新移民，原有的城市贫民、劳工阶层，都有着自身的一套行为方式及对健康的解释，其背后的生活逻辑源于他们固有的知识和经验。当一种新的带有普适性的知识以强势的话语侵入他们的生活，他们感到困惑，深受威胁。但是，这并不意味着其他阶层在这个过程无所表达、束手无语，与之相反，进步主义时代的北大西洋两岸城市弱势群体都通过某个平台或者代言人，找到了发声的渠道。他们

---

① 从福柯开始，学者不断地解构进步主义时期形成的对个人身体进行规训的合法性，例如2016年David Barns关于巴黎在公共健康问题的讨论：David Barns, *The Great Stink of Paris and the Nineteenth-Century Struggle against Filth and Germs*. Baltimore: Johns Hopkins University Press, 2006. 中国学者钟孜在其2020年完成的博士论文中也对此问题专辟章节加以讨论，参见：钟孜：《法国城市水环境治理的历史变迁——以里昂为中心的考察》，北京大学2020年博士论文。后殖民主义的论著关注类似的话语与改革意图进入被殖民社会之后，引发的争论，例如医疗史学者对中国城市向现代转型的研究，参见罗芙芸著，向磊译：《卫生的现代性：中国通商口岸卫生与疾病的含义》，南京：江苏人民出版社，2007年。

对城市环境改革,特别是其关乎公共健康的改革的接受,并非被迫的、无可奈何的失败,而是其自身对现代技术所创造的舒适与健康的选择。为了这种选择,他们中的大部分人同时接受了城市作为一个公共空间所要求的道德规范和所给予的自由范围。

四、怎样的城市?

不过,虽然北大西洋两岸的进步主义改革者对城市应当成为一个被规划的公共空间,应当将公共健康的维护作为政府的责任与职能,应当以此建立良好的公共道德的问题上达成基本的共识,这并不意味着他们对于究竟何为健康的、良好的城市这个问题形成一致的认识。"市政管理运动"的重点在于通过净化、改善肮脏环境提升公共健康与道德。当时的"游乐场运动"(playground movement)呼吁在城市中保留、建立大小不一的游乐场所,从而为城市人群提供足够的空间,让他们以一种有益的方式打发闲暇时光。该运动的倡导者认为,在游乐场所中进行的种种活动,既可以令人们得到交流、学会合作,又可以使他们逃避工业社会的严格规范,解放身体与精神。1906年,他们在纽约市成立了美国国家游乐场协会(the National Playground Association of America)。第二年,来自全美30多个城市的200余名"玩友"聚集在芝加哥南部公园,举行他们的第一次会议。在这场玩乐的盛会中,许多当时著名的进步主义改革者都走入游乐场的中心,发表了数篇关于游乐精神以及它的社会功能的讲演。这其中包括卢瑟·久利克(Luther Gulick)的《游乐与民主》,乔瑟夫·李(Joseph Lee)的《游乐——公民的学校》,

简·亚当斯的《公共娱乐的社会道德》。在这些讲演中间，包含了城市时代进步主义改革者耳熟能详的词汇，如城市化、工业化、城市、公共空间、民主、公利、道德、罪恶等等。在一篇题为《健康、道德与游乐场》的文章中，埃尔默·布朗（Elmer Brown），一位美国教育协会的委员声称："现代公园中最吸引他【孩童】的部分，也应当最吸引他的部分，是可以让他玩的部分。对于一个真正热爱人性——男孩与女孩的天性的人来说，我们今天的公园中间最美丽的事情莫过于看到很多的孩童在足够的空间中尽情地玩耍，没有人关心那里的小草是否能够生长。"①

但是，另外一部分进步主义者却在草长莺飞中看到城市文明的生机。对他们而言，城市化过程中间出现的种种问题并非仅是城市环境，特别是人工环境的改善，如下水与垃圾系统的健全，居民住房的改善，图书馆、博物馆、游乐场的兴建等所能解决的，它甚至不是一个单纯的经济问题或者政治问题。当来自城市的资本令自然的经济体系处于分崩离析的边缘的时刻，人口浪潮向城市方向的涌动也使得人与自然之间的关系开始愈趋疏离，人们也在这种疏离中逐步丧失了在亲近土地中孕育成长的价值观念。健全的人工环境、完善的教育体系、富裕的物质生活、协调的劳资关系并不能抵消文明对自然的依赖与渴望。一旦对自然的依赖被剥夺，对自然的渴望无法得到满足时，文明自身就会出现问题。这些问题不仅仅存乎文明发展所仰仗的自然资源的日趋匮乏，同样在于文明前行道路上的精神与道德的逐渐萎缩。这便是美国景观设计之父，也是美国城市

---

① Elmer E. Brown, "Health Morality and the Playground," *Proceedings of the Playground Association of America*. Issue I (Aug. 1907): p. 30.

最重要的改革者与规划者弗里德里克·劳·奥姆斯泰德终其一生所希望传递的信息。①

美国东海岸的大城市中,聚集着一批受到他的思想的深刻影响的景观设计师与其他绿色改革者。他们中间最为重要的人物包括波士顿大都市公园体系的设计者查尔斯·艾略特(Charles Eliot),波士顿的著名报人、大都市公园体系委员会秘书西尔维斯特·巴克斯特(Sylvester Baxter),哈佛大学阿诺德植物园园长、《园与森林》杂志(Garden and Forest)的创始人、著名植物学家与资源保护主义者查尔斯·萨金特(Charles Sargent),纽约《世纪》杂志的编辑罗伯特·U.约翰逊(Robert U. Johnson),《纽约论坛报》特约撰稿人、《园与森林》杂志主编威廉·斯泰尔斯(William Stiles)。在这一部分进步主义改革者眼中,19世纪后期美国在城市化过程中所面临的正是一个由于自然缺失而造成道德衰败的困境。平民主义运动中"回归土地",以土地上的劳作为主要生存方式的要求显然已经丧失了其经济与社会基础,这个新的城市社会应当建立一种新的人与自然关系,如果所谓"和谐"早已遗失在人类与自然之间长久的对抗之中,那么至少应当寻找到某种程度的平衡,某种别样形式的共存。因此,他们以城市为起点,在全国范围内推动了另一个层面上的城市改革,我将之称为"城市自然化"运动,以期重新定义城市时代人与自然之间的关系。②

这场城市自然化改革是整个进步主义时代自然改革的重要组成部分,但是与其他主要组成部分,如资源保护运动相比较,它对城

---

① 自20世纪始,关于奥姆斯泰德的研究络绎不绝,其中最权威的著作仍然是Laura Roper在1973年出版的奥姆斯泰德传记。Laura Wood Roper, FLO: A Biography of Frederick Law Olmsted. Baltimore: The Johns Hopkins University Press, 1973.
② 关于奥姆斯泰德同城市进步主义改革者的关系,参见拙著The City Natural。

市与自然关系的定义超越了生存与利益的一面,而饱含美学层面的热情与道德层面的需求;而与如约翰·缪尔这样高抬荒野本身价值的自然中心论者相比,城市自然化改革运动的倡导者立足于城市,他们最终目光的投射点也在城市人群之上,他们对自然的呼唤是城市时代特有的向往。对于那些已经不复直接在土地上谋求基本生存资料的城市大众,他们不再需要与自然进行亲密无间的协作与坚持不懈的抗争。对他们而言,食物成为市场中买卖的商品,土地则被人工的建筑所覆盖,而自然作为资源的一面只是政策制定者的责任,与他们的生活并无直接关联。虽然作为消费者,他们无时不与自然发生密切的联系,但是,在他们的认识中,自然之于他们,在很大程度上是一种虚构的存在、精神的寄托。这些城市自然化改革者对于城市时代人与自然之间的关系的转变有着清醒的认识,因此他们力图为城市人群找到可以切实感知、经验自然的途径,令其以不同的方式重建与自然的情感联系。

对美国而言,这场自然化运动始于曼哈顿岛上的一块"城市废地"(urban waste land)。中央公园于1857年开始建造,1873年正式竣工,占地共843英亩,坐落于纽约曼哈顿岛的中心地带。它是美国第一个真正的城市公园,同时也是美国自然风格的城市公园的蓝本。在是否应该建造中央公园的讨论中,人们始终将公园的前身——塞内卡村(Seneca Village)称为"废地"。它并非尚未被开发、保留原有生态系统的城市边缘,在19世纪上半叶,上千人迁入此间,其中大部分人是自由黑人、爱尔兰和德国新移民。他们建立了城市中的数个小村庄,放养牲畜,种植蔬菜,是具体而微的19世纪中叶美国城市生态系统。个人种植的蔬菜供给补充日常生活所需，猪在垃圾堆中觅食，它们以及其他牲口，特别是马的排泄物被收集起来，凌晨时运出城市，成为周边地区农业生产的肥料，粮食再由城外运入城内，猪到肥壮时被宰杀食用。这样的生态逻辑在大多时候运转自如，但是与中产阶级的卫生与美学观念相悖，而且更为重要的是，它还有传染疾病之虞。如霍乱，分别于1832年、1849年、1866年在纽约大爆发，困扰整个19世纪的纽约人，其重灾区正是这些工人阶级和城市贫民的聚集区。①

中央公园的修建终结了这样的生态逻辑，原有的居民点如塞尼卡村（Senaca Village）被推倒，约有1600余人被驱逐，菜园变为草坪，垃圾堆变为树林，牲畜家禽的放养场变为200余种野生动物，特别是鸟类的栖息地。由于当地的土壤不够肥沃，物种也不够丰富，因此，1.4万立方米左右的表层土从新泽西州运来，400万棵树木植物从各地移植于此，统共有超过1000万车的各种材料用于修建纽约中央公园，工程浩大，花费空前。作为中央公园的总设计师，奥姆斯泰德将在这843英亩的土地上绘制一幅巨大的风景画卷。

从中央公园的修建被列入纽约市政议程开始之日起，它的存在的合理性就受到来自各方的挑战。在19世纪，最频繁也是最猛烈的挑战是来自经济发展的考虑。在纽约这样一个寸土寸金的城市当中，是否应当让如此大片的土地"闲置"，不予开发？19世纪的最后20年间，将中央公园的部分土地改作其他用途的提议不断，中央公园的捍卫者写道："现在存在一种'发展'空旷土地的热情，但

---

① 历史学家Ted Steinberg将之称为"有机城市的死亡"，参见Ted Steinberg, *Down to Earth: Nature's Role in American History*. New York: Oxford University Press, 2002: Chapter 10。

是人们唯一知道的发展方式就是以一些建筑物将之覆盖。城市人群尚未意识到，空地对于健康与舒适的重要性与坚固楼群一般无二，而且他们绝不愿意看到他们的财富（即空地）就这样被摧毁。"面对当时颇为流行的观点——"公园应当以功用为目的，而非以观赏为目的"，他们的回答则是："美就是公园最高的功用。破坏这样的美，不是在使用它，而是在滥用它。"[1]

但是这种出于经济利益和实用目的的挑战仅仅是城市自然化倡议者需要回答的一部分问题，更令他们难以应对的挑战来自代表草根阶层的社会公正和生态逻辑的批判声音。那些因为中央公园的修建被迫流离失所的人们，正是城市社会的弱势群体，中央公园所实现的如画景致对他们而言绝非伊甸园的福音。在很大程度上，他们成为中产阶级审美趣味的牺牲品——当然，纯然从生存的角度讲，很多中央公园的批判者忽视了它在建造过程中间为新移民创造的大量就业机会。

中央公园在修建之前的历史被淹没了上百年，直到20世纪六七十年代，关怀边缘化族群的社会史研究兴起之后，才被真正发掘出来。[2]但是在社会讨论中，早在19世纪80年代后期，便已出现对中央公园在建造之后以保留自然为主旨的审美倾向的诟病，"游乐场"派正是其中的代表。同城市公园的倡导者一样，游乐园的主张者同样认为城市中间应当保留供居民休闲娱乐的空地，在19世

---

[1] Editorial, "The Confiscation of City Parks," *Garden and Forest*, Issue 64(1889): p. 229; Editorial, "Keep off the Grass," *Garden and Forest*, Issue 335(1895): p. 291.
[2] 从社会史的角度对中央公园的反思始于 Roy Rosenzweig and Elizabeth Blackmar, *The Park and the People: A History of Central Park*. Ithaca: Cornell University Press, 1992.

纪80年代早期，二者结成同盟，对抗房地产商对城市土地的无休止"开发"。但是，当城市空地面积日趋缩小之时，他们之间的分歧随之出现。游乐场派认为城市居民，特别是工人阶级需要的是更适于宣泄情绪，激烈动态的娱乐活动，特别是各式运动，而这些运动如橄榄球、棒球都需要大型的场地。他们认为大片的城市绿地不应当只是观看与沉思的对象，而应当作为运动场地被使用。他们批评说，城市公园倡导者力图在城市当中保留的自然之美，是城市中产阶级的审美理念，罔顾城市下层群体的意愿。城市公园的呼吁者则辩护道，对自然的需求，不仅是精神的，也是生理的；对美的欣赏能力，也并不局限在受过高等教育、有一定经济基础的人群中，城市的下层群体有同样的能力与需要。二者之间的争论的焦点正在城市是否需要自然，所谓的普罗大众是否需要自然之美的问题之上。

　　他们与其他进步主义改革者之间的最大区别在于他们对自然的呼唤。在后者社会改革的方案中，人类是他们的唯一关怀，也是他们眼中决定文明发展的唯一力量，自然即使不是被完全地泯灭，至少也被排挤到最为边缘的地带。但是对于这些绿色改革者而言，一个真正文明的城市社会必须建立在人与自然的和谐之上。如果自然缺失，那么人类社会的外在环境将无比贫瘠，而人类的精神世界也将一片荒芜。他们对文明的这一层理解建筑在他们对自然之美的心仪，对自然力量的尊重，同时，也建立他们确信在城市化的进程中存在着一种对自然的普遍而本能的需求的基础之上。他们试图让人们认识到在城市中间保留自然之美不仅仅出于某种中产阶级的审美情怀，同时也建立在"一个最本质、最实际的真理的基础之上"——自然之美与晴空净水、绿树香花、新鲜空气都是人们生理健康的基本需要。在《园与森林》杂志中，萨金特写道："这是一个已经被一再证明的事实，它并不仅仅是诗人或者哲人所表述的那些人性中间最深奥的真理，自然风景的医效也为现代医学所认可。我们所有人都能够感受到自然之美的舒缓而宁静的影响，它通过我们感官中的最高功能微妙地作用着，帮助我们在健全的体魄中建立健全的心灵。"他们坚定认为城市与自然的融合将使每一个人呼吸同样的空气，看到同样的景观，从而模糊不同社会阶层之间的边界，毕竟，自然将对每一个人产生同样的生理影响。①

因此，城市自然化的改革者不止一次地哀叹道那些"为缩减工作时间而抗争的人们"没有发现自己才是城市公园的最大受益者和当仁不让的保护者。正如奥姆斯泰德的私淑弟子，波士顿大都市公园体系的设计者查尔斯·艾略特指出，富人可以在一定的季节一定的时间逃离城市，享受自然的美景与静谧，但是那些在城市中间日夜奔波的贫民，那些对自然风光有着相同需要的人们，没有这样的财力与时间，因此对他们而言，城市公园是唯一能够满足如此需求的地方。②正是在城市公园中间，这些具有城市自然化的改革者力图实现他们的民主理念与公共利益。其根本在于他们坚信每个人都有对自然的需求和欣赏自然的能力，对自然的体验与同美的交流，不应当为任何一个阶层所垄断。他们所追求的社会与环境公正不仅仅要缩短劳动时间，提高工人福利，改善居住环境，普及教育设施，同时要承认并且帮助实现每个人享受自然的能力与权利。

---

① Editorial, "Natural Beauty in Urban Parks," *Garden and Forest*, issue 488(1897): p. 251.
② Charles Eliot, "Parks and Squares of United States Cities," *Garden and Forest*, issue 35 (1888): pp. 412-3.

五、购买自然

城市究竟应当是怎样的,是一个无休止的话题,永远激发不同利益群体和知识群体的争论。不过,至少应当承认,进步主义时代城市自然化倡导者对所有人都有享受自然之美的需要和能力的断言并非无中生有的想象,或者中产阶级精英为自身审美旨趣的实现所寻找的借口。二战结束之后,美国社会的整体繁荣带来的一个重大变化便是,普通人开始询问:如何令自己的生活更美好。亲近自然成为这个问题的答案的重要内容。这样的问答构成了城市时代关于自然的新悖论,类似"爱你爱到杀死你"的悖论。突然之间,二战后工业的腾飞和汽车工业的爆发性发展,为人们带来各种亲近自然的选项。他们可以任意来一场说走就走的旅行,自驾车去往国家公园,在挡风玻璃的保护下一睹壮丽山河。① 他们可以在房前屋后种满绿意盈盈的草坪,化石能源驱动的除草机会令它们始终保持平整,现代杀虫剂会确保没有他们不希望看到的野草(weed)和害虫(pest)的滋生,而现代水利工程则让在拉斯维加斯这座沙漠城市中生活的人们随时嗅到青草的芳香。② 甚至批量生产的商品也用高科技的形式展示以它为媒介感受的自然,以缩短都市人与自然之间的距离。最现代化的大型购物中心往往是都市人接触他们期冀的自然

---

① 关于汽车同荒野保护之间的关系的讨论,参见 Paul Sutter, *Driven Wild: How the Fight against Automobiles Launched the Modern Wilderness Movement*. Seattle: University of Washington Press, 2005.

② 关于草坪与美国社会和环境之间的关系的讨论,参见 Theodore Steinberg, *American Green: The Obsessive Quest for the Perfect Lawn*. New York: W. W. Norton, 2007。

的最佳场所。①"纯棉生活,打造呼吸空间的生活","阳光少女葡萄干,加州阳光的味道","蓝带啤酒,用最清冽的水制成"。汽车广告中的帅哥、美女一定奔驰在明媚热烈的海滨、风景如画的深山、荒凉静穆的沙漠;苹果手机销售时带你看到的总是纤毫毕现、色彩艳丽的昆虫与鲜花,广阔壮美、绚烂夺目的朝霞与落日。②

如果说上述事物都只是生活的附加品,二战结束之后的郊区蔓延和批量化住宅修建则是美式生活的核心。城市史家肯尼思·杰克逊在其经典之作《马唐草边疆》中敏锐地指出,对独栋住宅的执着热爱是美国——以及同样地广人稀,很大程度上承续英格兰反城市文化的澳大利亚、新西兰和加拿大——所区别于旧大陆国家住房文化的重要特征。杰克逊对形成这一特征的分析集中于经济上财富的累积与文化上对家庭生活、私密性和私有财产的重视,同时他也提及在19世纪末边疆关闭后人们对待自然的态度由功利向审美的转变。③但是杰克逊没有分析的是,独栋住宅的背后在很大程度上是千百万移民在他们对"第二地球"丰饶土地的梦想幻灭后,妥协下的骨感现实。换言之,在20世纪中叶环绕着美国城市,出现了大大小小的微缩版的斯基博——大亨卡内基在苏格兰的城堡。购置一处全现代化的独栋住房,完美而健康的上下水供应,一年四季恒温的

---

① 参见 Jennifer Price, "Looking for Nature at the Mall," *Flight Maps: Adventures with Nature in Modern America*. New York: Basic Books, 1999.
② 关于食物和饮品批量生产中贩售自然的讨论,参加以下书籍: John Soluri, *Banana Cultures: Agriculture, Consumption, and Environmental Change in Honduras and the United States*. Austin: University of Texas Press, 2005; Kendra Smith-Howard, *Pure and Modern Milk: An Environmental History Since 1900*. New York: Oxford University Press, 2013; 以及 Erica Hannickel, *Empire of Vines, Wine Culture in America*. Philadelphia: University of Pennsylvania Press, 2013.
③ 肯尼思·杰克逊:《马唐草边疆》,第13页及第三章。

室温，冰箱、洗衣机、电脑、烤箱、扫地机器人不知疲倦地日夜运转，双车库中停着加满汽油随时可以出发的福特牌轿车，再让它的周遭环绕草坪，不远处有着可以休闲的树林，他们购置的不是一栋住宅，或者不单单是一栋住宅，而是中产阶级已经获得，劳动阶级在努力争取的美式生活，在购买这种生活的同时，他们也购买了自然。

然而，正是在这一代表美式生活的郊区，环境史学者亚当·罗姆告诉人们，这个国家"经历着美国历史上最为深刻的环境变化之一。每年被推土机夷平用于城市开发的土地都大致相当于罗得岛的面积。森林、湿地、溪流、山丘、农田和果园全都遭到毁坏，以便建造住宅小区。……附近的开放空间一次又一次地遭到破坏，一次又一次地夺走了孩子们所钟爱的游戏场所——家园周边的环境损失更为生死攸关，远远超过回声谷公园那样遥远的地方所面临的威胁"。①

二战之后方兴未艾的郊区开发一度是实现美国梦想的福音；推土机，同历史上频频现身的各色机器一般，是发展与兴旺的标志。遭受战争困窘的人群要求实现他们所捍卫的自由与富庶，一片土地与一栋房子是这个要求最直接、最实际同时也是最稳固可靠的反应。与此同时，战后的经济复苏要求来自消费者的鼎力支持，购置新房则是消费社会购买力的最大体现。生产方与消费方的需求一拍即合，20世纪四五十年代的美国政府对郊区开发的巨额投入则被视为对其社会承诺的履行。因此，政府、各类经济集团与公众之间的三方协作使得推土机的早期开拓畅通无阻，皆大欢喜。

---

① 亚当·罗姆:《乡村里的推土机》，第8页。

但是好景不长。如果说，战后郊区住宅的能源消耗问题，由于距离郊区居民的生活太过遥远，以至于无法在大多数人中间敲响保护能源的警钟；那么，漫溢在郊区住宅后院的化粪池污水，自来水管中流出的"洗涤剂鸡尾酒"，社区附近孩童嬉戏、成人漫步的山林的迅速消失，洪涝灾害、山体滑坡等"自然"灾害为在"生态敏感区域"居住的人们带来的财产损失，则使得推土机制造的环境灾难直接进入了中产阶级的生活。广大公众与各类专业人士对这些显而易见的问题忧心忡忡，进而发起运动，予以抵制。推土机的进步形象也开始遭到质疑，在20世纪60年代，它已被视为"一种狂妄自负的工具，是这个国家对大自然无所顾忌和摧毁一切的象征"。而曾经在美国社会被奉为金科玉律，依赖枉顾自然极限的各类开发而获取的所谓"进步"，在这一时期，也被标上了引号，环保主义者往往将其与"蹂躏""掠夺""谋杀"等野蛮愚蠢的行为相联系。[①]

吊诡之处正在于此。对越来越多的普通人而言，逃离城市，前往郊区，也是逃离污染的终极方式。在美国社会，对用化学工业与化石能源打造而成的城市的批评之声愈演愈烈。在各类清洁剂、杀虫剂消毒下的现代生活曾经许诺着健康的生活，但是蕾切尔·卡森出版于1962年的振聋发聩的大作打破了现代春天祥和的假象。人们开始意识到公共健康并非仅是关乎人体的健康，在环境健康无法得以保证的前提下，他们自身的健康也处于危险之中。正如天才的歌手与数学家汤姆·莱勒（Tom Lehrer）在他的黑色幽默歌曲《污染》中的绝妙讽刺：

[①] 对20世纪六七十年代美国社会对进步的质疑的描述与分析主要集中在该书的第四章：《开放空间：抵制景观破坏的早期活动》。

如果你来到美国城市

你会发现它十分美丽

只有两桩事儿千万牢记

既别喝水,也别吸气……

看那鲽鱼还有鲟鱼,消灭它们的是清洁剂

鱼儿要游,鸟儿要飞

只是时日无多,但凡它们尝试

污染,污染

最潮的牙膏你随便使

然后漱口的还有工业废水

只要你出门呼吸空气

你就需要医保救济

城市街道好多惊喜

不被车撞,也会一氧化碳呛死……

各种饮料君请随意

只是别喝厨房自来水

你往湾区扔下的早餐垃圾

圣何塞的人们午餐饮用佐食

所以快去城市

看看疯狂的人类

好像待宰的羊羔,喝水、吸(咳嗽)气[①]

[①] Tom Lehrer, "Pollution," 1965. Tom Lehrer 毕业于哈佛大学数学系,在东西海岸各个名校教授数学,与此同时,创作大量上榜歌曲。《污染》一曲所在专辑录制于1965年旧金山。Lehrer在20世纪70年代退出娱乐圈后,在加州大学圣克鲁兹校区同时教授数学与音乐剧史。

美国主流消费者——中产阶级，在消费成为基本生活方式的时代，为了追求更健康、更美好、更永恒的生活质量，来到郊区却发现他们对现代生活的舒适的追求，让他们再次陷入他们希望逃离的污染怪圈，因此，他们组成新的抗议群体。

历史学家塞缪尔·海斯在《美丽、健康和永恒》一书中认为在二战结束之后，美国社会由生产社会转入消费社会，由此，美国的环保运动也由早期以效率为福音的资源保护转为以生活质量为旨归的环境保护运动。他认为生产社会对环境成本的耗费与消费社会对环境质量的要求之间的矛盾，是促进20世纪六七十年代环保运动发展的重要力量。① 海斯对于美国环境政治的研究始终发人深省，但是他的划分无疑过于武断。他既忽略了在二战之前，从进步主义时代开始的以奥姆斯泰德为领袖的城市自然化改革对美与健康的追求，也对消费者自身的局限缺乏认识。无论是对自来水中白色泡沫的恐惧，还是对鲸吞社区公共空间的抗议；无论是对洪水摧毁家园的愤怒，还是对窗外啼鸟消逝的惋惜，消费者对环境质量的追求有其底线——环境质量不能与其切身的经济利益相抵触。按罗姆的话说："消费者的目光是短浅的：房产主只关心环境的某些部分。"②

作为个人，消费者的环境要求受到自身经济能力与知识结构的限制，他们或者无力承担更加高昂的环境成本，或者无法理解更为宏阔的环境问题。由于短期的利益之所在，消费者往往无法顾及更为长远的利益。在他们以低廉的价格购买建于洪泛区的住宅，或者

---

① Samuel Hays, *Beauty, Health, and Permanence: Environmental Politics in the United States, 1955–1985*. New York: Cambridge University Press, 1987.
② 亚当·罗姆：《乡村里的推土机》，第13页。

使用拥有化粪池的房屋的时候，他们往往忽视当前廉价的选择很有可能在将来令他们付出数倍甚而数十倍的财富，甚而赔入他们的健康与他们所追求的生活质量。但是这个矛盾的产生在很大程度上并非出于消费者自身的抉择，而在于市场与经济集团的导向。开发商为了实现最低成本、最大利益的目标，总是令消费者为他们所耗费的环境成本，特别是潜在的环境成本买单。

以郊区住宅对化粪池的使用为例，购置一片未使用都市下水管道系统的土地所用成本，要远远低于已购置被纳入下水系统的土地；因此，对开发商而言，化粪池成为解决位于这类土地的新型住宅基本问题的最为简单有效的方式。① 它的成本同铺就下水管道相比微乎其微，不仅无须艰深技术，而且很容易将其耗费的成本分摊入户。更为重要的是，当数年或者十数年化粪池问题开始出现之后，开发商并不需要承担修复的责任。因此，化粪池成为郊区的标志，而化粪池污水四溢的情况在郊区也成为司空见惯之事。

郊区居民对化粪池问题的忧虑是毋庸置疑的。他们一方面担心投资的失败导致经济上的损失，一方面担忧曝露在空气中的污物产生的卫生问题。在20世纪60年代，技术开始遭受社会质疑的时候，化粪池对地下水的污染问题也吸引了业主们的注意力，毕竟，

---

① 在《乡村里的推土机》一书之前，尚无史家对化粪池、郊区环境与环保运动之间的联系加以分析。罗姆在书中指出郊区化粪池问题作为一个公众环境议题经历了三个阶段的变化。从20世纪40年代末到50年代，对化粪池损害问题的批评主要集中在公共卫生与社区景观方面；到60年代，人们开始关注水污染的问题，在70年代初，就该问题的讨论已不仅仅局限于人类健康，同时也涉及其他生命的生存与灭绝。罗姆认为有关化粪池问题的讨论与环保主义的在六七十年代的开展直接相关，它不仅仅体现了消费者对生活质量的追求，也凸显专业人士与政府机构对更为宏大、长远的环境问题的重视与参与，对环保运动产生了积极的推动作用。

没有人认为从自来水管中流出翻腾的洗涤剂泡沫是令人愉快的景象。但是,对房主而言,污水处理系统的性能基本上是一个消费问题,"即使在最糟糕的情况下,典型的房主也不会担心使用化粪池而导致的长期的环境代价。结果,国家立法人员可以设法缓解房主最关切的某些问题,而不去解决化粪池所引发的所有环境问题。这就是多年来的事实真相"。原因非常简单,如果化粪池运转良好,其经济上的优越性是极为显著的。业主们对化粪池同生态系统之间的复杂关系并不知晓,而且大部分人也没有兴趣知晓。在威胁家人健康的眼前环境问题得到解决后,非人类生命体在同一片土地上的共存对于他们来说,即使不是无足轻重的,至少也是无法与投资能力与收益相抗衡的。因此,即使政府机构与专业人士对化粪池造成的环境问题有更为深刻的理解与更为长远的目标,"他们在邻居们前面"也"不能走得太远"。①

更为重要的是,作为一个群体,主流消费者的梦想正是美国梦想之所系。独栋住房背后的信息是对私有财产神圣地位的捍卫和对美国式民主与自由的渴求与实现,位于美国郊区千篇一律的牧场式平房在审美上的单调风景,并不能否定其丰富的社会与文化内涵。当政府为了解决环境问题出台种种限令与法案时,经济集团必然将提高的成本转嫁到消费者身上,其结果是,很多囊中羞涩的家庭将无力实现他们的美国梦想,政府也将无法落实关于美国民主的承诺。当政府力图对土地的使用加以限制时,很多的法令将对业主在其私人领地上的行为进行管制,而这一点遭到了业主与舆论最为激

---

① 亚当·罗姆:《乡村里的推土机》,第116—117页

烈的抗拒，因为在他们看来，这是对美国立国根本的背叛与侵犯。当环保运动推进到这一步的时候，环保的呐喊便不再是无害柔软的"苹果派和母爱"式的流行口号，它显露出一种战斗的姿态，而其战斗的对象在很大程度上正是根深蒂固的美国价值观。这一价值观在美国主流消费群体坚定不移地支持下，成为各类经济集团通过对环境的吞噬来牟取利益的理论依据。一旦政府的环保政策真正触及消费者与经济集团的根本利益时，这两个经常处于矛盾的群体往往结成同盟，共同抵制试图从根本上改变美国人对待自然态度的制度与法令。因此，环保的理念在这场战斗中便总显得左支右绌、举步维艰。

不过，应当看到的是，从都市人亲近自然的悖论中发酵的新一代环境保护运动的确与19世纪的城市自然化改革有所不同。这种不同并非仅止于由生物性污染向化学性污染的认识，由中产阶级作为改革主体扩大为草根环境组织为了自身的"环境正义"而作的斗争，就其思想的根本而言，它在城市中重新界定了"自由"与"健康"的内涵。19世纪对自由的约束源自一个人的自由不应建立在对他人、对社会共同体利益的妨害之上，而在20世纪的环保运动中，我们可以听到一种愈趋强大的声音：人类的自由不应建立在剥夺其他生命生存的权利和妨害土地共同体的利益之上。对于健康，《寂静的春天》带来的生态学警示，用最优美，然而也最残酷的语言告诉在现代医疗突飞猛进的乐观时代中生活的我们，我们多孔质、可渗透的躯体始终同我们生活的环境共享着一种健康、一种脆弱。

第三章
山巅之城：波士顿

楔子："新英格兰愿景"

1630年的夏天，来自英格兰的清教徒领袖约翰·温思洛普伫立在缓缓驶入马萨诸塞湾的Albella航船之上，遥瞰眼下一片陌生的大陆，发表了他的著名布道——《基督博爱的典范》（*A Model of Christian Charity*），亦即为后人所熟知的《山巅之城》（*A City upon a Hill*）。在这篇布道中，温思洛普乐观地期待着实现一个互助、自律，与上帝有着特殊盟约的清教徒社会。借用《马太福音·登山宝训》中的比喻，他将这块新土地及其将在其间定居的殖民者比作将为世界瞩目的"山巅之城"。在他看来，这片与故土远隔重洋的大陆是上帝的恩赐，而英格兰的清教徒，是上帝的真正选民，在这里，他们将实践与上帝的盟约，建立一个新英格兰，一个较之大洋彼端的英格兰更为富足、快乐，并且在道德上更加完善的世界。

数百年来，虔诚的宗教徒、热情的爱国者、理性的历史学者俱试图诠释温思洛普的布道。尽管上述人等对"山巅之城"的比喻所持的态度大相径庭，或有赞誉者，或有批判者，或有反思者，他们却普遍从该比喻与美国例外论的产生之间的关系来考察这一重要的历史文件，鲜少有人讨论甚或意识到这块新大陆的景观对温思洛普布道的启发，以及这篇布道所产生的生态后果。设若Albella即将驶入的港湾之外延伸的那片大陆荒凉满目，寸草不生，来自青翠葱郁的英格兰的温思洛普是否能有如此的自信宣称自己是上帝的选民，而他们漂洋过海抵达的大陆是上帝惠赐的福地？又或者他举目望去的土地平原千里，迁延不断，他是否会生出此处便是理想中的"山巅之城"的遐思？

然而，自然为温思洛普展现的那片土地，能够恰如其分地触发建立"山巅之城"的灵感。这是一个几乎完全为马萨诸塞湾与后湾（Back Bay）之水环绕的半岛，面积大约是789英亩（小于后来的纽约中央公园）。查尔斯河（the Charles River）在其西端入海，连接该岛与大陆的纽带是一道细长的地峡，西面是湿地，岛上矗立着三座山丘：西北面的"三山"（Trimountain），北端的Copp's Hill，和南端的Fort Hill。该岛时称Shawmut，一个迄今含义不明的印第安词汇。或有人将之解释为"海水围绕的半岛"，从而引申出"独木舟停泊地"等意；或有争论道，Shawmut应当作"甘泉之地"讲，而该处丰富的淡水资源也正是促使温思洛普等人自当年春天初抵北美时的Charlestown移居此地的诱因。

在1634年出版的一本宣传册——《新英格兰愿景》中，威廉·伍德（William Wood）留下了欧洲人对这个陌生岛屿的早期描述：

波士顿在罗克斯伯里（Roxbury）东北方两英里处：它的位置非常宜人，是一个半岛……他们最大的需要是树木和草地，二者都无法在此处寻见；……它是一个颈状地带，没有树林，【因此】，人们不用忍受狼、蛇与蚊子这三大厌物的烦扰。①……这里面积太小，无法容纳过多的人口，然而却是大陆同英国等进行贸易往来的绝佳所在，是航运与商业的主要地区。……这块狭长的土地面积不超过四平方英里，形状几乎是长方形。在其南端一角，有一座宽广的山丘，其上修建着一处堡垒，在那里可以掌控任何驶入这个寂静海湾的所有港口的船只。在北面，则是一座同样大小的山丘，那里伫立着一架风车。在西北面，是一座高山，其上耸立着三座山峰，因此它被称为三山。在这座山巅，人们可以眺望这个海湾中的诸岛，同时监视海岸线上船只。……这个地方有着极好的土地，可以支持富庶的玉米田地和丰硕的果园，还有着甘甜美妙的泉水。这里的居民将他们的农舍扩展到距离市镇两英里的马迪河（Muddy River）一带，那里有着好地、巨木，以及大量的沼泽地和湿地。②夏天，他们在那里放牧猪群、牛群，而在波士顿种植玉米，冬季再将牲口赶回市镇。③

---

① 在清教徒到来之后，Shawmut半岛更名为波士顿，以纪念他们中间包括温思洛普在内的许多人在英国的故乡——Boston, Lincolnshire。因此，在伍德此书出版时，该处已被称为波士顿。
② 马迪河实际上是数十个由查尔斯河支脉构成的小湖、池塘和溪流，在今波士顿城区的西面，波士顿城区与波士顿城郊——布鲁克莱恩（Brookline）的分界上。
③ William Wood, *New England Prospect: A True, Lively, and Experimental Description of That Part of America Commonly Called New England*…. London: Printed by Tho. Cotes for John Bellamie and are to be sold at his shop…, 1634: Chapter 10.

伍德的叙述是对白人初到时的波士顿景观最为详尽的记录，个中或有夸张之处，但是基本而言是客观可信的。由此可见，在白人真正定居之前的数千年间，印第安人以刀耕火种的方式极大地改变了半岛上的生态，虽然温思洛普向西遥望的大陆仍然密布原始森林，但是这个半岛的山间已是印第安人营造的阔敞空地。半岛本身的森林资源不甚充裕，不过对这些雄心勃勃的开拓者而言，驱车或者乘船到二三英里之外树木蔽日的大陆以及其他小岛并非难事。因此，当以温思洛普为首的清教徒来到这里时，他们既可以免于筚路蓝缕之苦，又无资源匮乏之虞。而在这些见多识广，大都来自富裕的英国中产阶级商人家庭的清教徒眼中，波士顿得天独厚的海港位置以及与内陆连接的水陆交通，在使他们在远离母国腐朽的社会与宗教的同时，又可以藉地理之便开展贸易往来，扩张他们的财富。在他的布道中间，温思洛普非常明确地指出，积累财富并非道德沦丧的标志，而是保障一位基督徒慈爱的重要凭证，更是上帝赋予他的信徒的基本使命之一。①

然而财富应当从何处来？温思洛普清晰地意识到，财富的源泉正是他们即将踏上而且"拥有"的这片土地。在结束他的布道时，温思洛普激昂地宣称如果他们敬爱主，遵从他的意志，履行与他的契约，那么他们将生存、繁衍："在我们到来拥有的土地上，主会保佑我们。但是如果我们心灵远离了主，不再服从，受到诱惑，尊崇其他的神祇，……我们则将在这一片我们远渡重洋前来拥有的美

---

① 关于这一问题的思考，中国学者殊不陌生。在马克斯·韦伯的《新教伦理与资本主义精神》一书中有极为精辟的论述，因此此处不多赘述。

好土地上腐烂、消亡。"① 在这里，温思洛普对他们与土地之间的关系两度使用"拥有"（possess）一词。"拥有"直接联系着财富，它将是一个漫长的过程，一个从获取到使用，也有可能最终失去的过程。更为重要的是，它不仅仅反映了一种社会关系，同时具有深刻的环境内涵，它标识着在这些来自旧世界的清教徒步入新大陆后，这片土地上的自然，有机与无机的一切存在，都将被这个过程彻底地改变。

因此，这个半岛的自然环境为温思洛普以及他的追随者的"山巅之城"的理想提供了真实可依的基础。在这里，"山巅之城"将不仅是一种象征，也是一处人与自然之间交相作用的地方。在这个甫被命名为波士顿的半岛上，将出现一座城市，一座清教徒试图提升其道德信仰的城市，一座连接新旧大陆物质、精神交换的城市，一座酝酿独立革命的城市，一座即将成为美国文化中心的城市，然而也是一座在劫掠、侵吞自然中不断扩张的城市，一座最终令山丘消失的城市。在这个过程中间，社会经济体系的沿革导致自然经济体系（nature's economy）的颠覆与重整，换言之，在人类经济体系的原则下，一个原本天行有常、生机勃勃的土地共同体变为仅供前者运行的资源，各种分门别类的商品；但是，这并非意味着自然的经济体系不复存在、运转、抗拒，在其被改变的同时，它也将对这个"山巅之城"的社会、经济以及生存在它中间的各色人等产生复杂而深刻的影响。

推动这一进程的根本力量是一种独特的社会体系、价值观念和

---

① John Winthrop, *A Model of Christian Charity*, Collections of the Massachusetts Historical Society. Boston: 1838, 3rd series 7: 47–8.

经济秩序,一词以冠之,即资本主义。美国环境史家唐纳德·沃斯特以三点概括自然与资本主义的关系:首先,自然必须被视为一种资本;其次,人类有权力,甚至有义务,为了自我财富的积累而使用这种资本;第三,资本主义所建立的社会秩序必须允许并且鼓励这种对个人财富不懈的追求。① 在这一特定的人与自然的关系下,一个方圆不过四平方英里的半岛的嬗变,成为北美大陆,乃至整个世界所发生的变迁的组成部分。在坚定持久的追求财富的过程中,波士顿积极地融入了世界市场,同时,它也将距离它数十里、数百里、甚或数千里的土地纳入这个"山巅之城"的营建进程,为那里的土壤、水流以及包括人类在内的各种生命带来根本性的变化。②

---

① 唐纳德·沃斯特著,侯文蕙译:《尘暴:20 世纪 30 年代美国南部大平原》,南京:江苏人民出版,2020 年,"前言"。
② 对于任何一位史家,重写波士顿这一美国最早的城市与文化重镇,都无疑是巨大的挑战。自 19 世纪美国历史学发端,此城即成研究焦点,此后一个多世纪的发展,相关研究不胜枚举,其中不乏精品力作。它们包括 Lawrence Kennedy, *Planning the City upon a Hill: Boston since 1630*. Amherst: University of Massachusetts Press, 1992; Mona Domosh, *Invented Cities: The Creation of Landscape in nineteenth Century New York & Boston*. New Haven: Yale University Press, 1997; Karl Haglund, *Inventing the Charles River*. Cambridge: Harvard University Press, 2003; William Newman & Wilfred Holton, *Boston's Back Bay: The Story of America's Greatest Nineteenth-Century Landfill Project*. Boston: Northeastern University Press, 2006; Anthony N. Penna and Conrad Edick Wright, *Remaking Boston: An Environmental History of the City and Its Surroundings*. Pittsburgh: University of Pittsburgh Press, 2009. 在迭出的波士顿环境史著作中,尤为值得一提的是迈克尔·罗森所著的《查尔斯河上的伊甸园:创造波士顿》(Michael Rawson, *Eden on the Charles: The Making of Boston*. Cambridge: Harvard University Press, 2010) 此书杀出重围,获得包括次年普利策奖最终提名等五种图书奖项荣誉。作为克罗农的高足,罗森在撰写他的城市史著作时,无疑对其师的大作深加琢磨。在表面上,他选择的主题是城市环境史所熟悉的公园构建,然而在他所讲述的波士顿导湖引水、填埋扩城、疏浚海湾、创建公园、发展郊区的故事中,可以清晰地看到《自然的大都市》中所强化的城市同其腹地环境的内在联系。更进一步,《查尔斯河上的伊甸园》将波士顿各类族群对待自然的期许与态度,以及因此导发的冲突与妥协引入讨论,对自然进行了文化的解构,加强了克罗农所思考然而并未展开分析的"第

一、"美洲的横财!"

究竟什么是近现代世界历史上最具深远影响的事件？对于这样的一个问题，没有任何一位历史学者会期盼得到一个为所有人认可的答案。但是至少其中一部分人会如此回答：15世纪末的世界地理大发现是近现代历史上最为重要的事件。它不仅令人类对地球，这个他们生存的世界进行根本意义上的重新认识，使他们开始重新划分世界人种，绘制世界地图，书写世界地名辞典，编纂世界动植物百科，展开一场科学革命；更使已渐趋步入马尔萨斯关头（Malthusian crunch）的欧洲冲出瓶颈，为资本主义，这一当时尚在雏形的革命性力量提供了将来席卷世界每个角落的物质基础，彻底地改变了人类与自然的经济体系，以及它们之间的关系。

American windfall，欧洲人如是称呼这一人类历史上最大的发现。这一笔从天而降的横财是完全出乎意外的，然而又是那样的丰厚，似乎取用不竭。基督徒将之视为上帝的福音，伊甸园在人间的重现。然而对他们而言，这个凭空出现的大陆激发的并非仅仅是宗教意义上的想象和虔诚，或者审美层面的震撼，他们敏锐的商人眼

二自然"观念。幸而，罗森的解构是谨慎而颇有节制的，虽然在一方面，他注意到不同文化、宗教、种族、阶级背景的人群对待自然的理解有所不同，是以他们所向往的城市景观也存在差异；但是在另一方面，罗森并未将自然完全视为一种文化建构，甚或思想状态，从而彻底否定自然与人文景观之间的区别。正如波士顿景观的实际城市规划者，罗森这位波士顿城市历史的撰写者同样看到了自然对于波士顿人所设的种种限制，因此，他的著作描写的不仅仅是人与人之间的分歧与争议，也是人作为一个共同的群体同自然之间的对抗、协调与依存。也正因为如此，较之以往的相关著作，罗森的新作对波士顿这座旧城故事的叙述更为全面深刻。

睛同时看到了这片在很大程度上依然处于荒野状态的土地中潜藏的利益，而如何发掘、利用这片土地，使其利益不断升值正是基督赋予他们的使命。

在《马太福音》的第25章中有这样的一个寓言：某个财主要去外国，他将家业交给了自己的仆人，按照他们的才干，给了第一个仆人五个塔兰特（古希腊和古罗马人使用的货币单位），第二个仆人两个，第三个仆人一个。第一个仆人运用这五个塔兰特另外赚到了五个塔兰特；第二个仆人赚到了两个；第三个仆人则将他的主人的一个塔兰特深深地藏在地下，唯恐遗失。过了很久，主人回家了，三个仆人一起来参见。第一个仆人交还了五个塔兰特，另外附加了五个他所赚到的。主人赞美他为忠心而善良的仆人，准备将更多的事情予以他管理，并让他分享他的快乐。第二个仆人交还了两个，附加他所赚到的两个，得到了主人同样的赞誉。第三个仆人呈上了他藏在地下的塔兰特，说道："主阿，我知道你是忍心的人，没有种的地方要收割，没有散的地方要聚敛。我就害怕，去把你的一千银子（此处所引用的中文圣经翻译以一千银子代替塔兰特）埋藏在地里。请看，你的原银子在这里。"主人大怒，呵斥道："你这又恶又懒的仆人，你既知道我没有种的地方要收割，没有散的地方要聚敛。就当把我的银子放给兑换银钱的人，到我来的时候，可以连本带利收回。夺过他这一千来，给那有一万的。因为凡有的，还要加给他，叫他有余。没有的，连他所有的，也要夺过来。把这无用的仆人，丢在外面黑暗里。在那里必要哀哭切齿了。"①

---

① 《圣经·新约·马太福音·第二十五章：14–30》，译文采用《和合本圣经》。

在社会学家那里，这则寓言被演绎成为著名的"马太效应"，但是，如果从环境史的角度对之进行考察，它则传递着新鲜的信息。长久以来，基督徒将土地视为主交与他们管理的财产，他们所需做的不是将它潜藏，从而维持其原状，而是将其投入使用，并使之不断升值，以等候基督二次降临时的审查；否则，他们将变为那个懒惰而邪恶的奴仆，被放逐到黑暗之地哀哀哭泣。由此，这则寓言为自然的资本化提供了神圣而合理的依据。当15世纪末的地理大发现发生之际，正是资本主义萌发之时，在很大程度上，是资本主义对资源与市场的需求激励了人们对遥远国度的探索。《圣经》中的古老寓言与这一新生力量可谓一拍即合，与航海者行囊中的《圣经》一道漂洋过海的，正是资本主义对财富毫无遮掩、积极持久的追求。

当他们终于抵达新大陆时，这则寓言同样成为新教徒攫取北美伴随洲土著居民的土地的堂皇理由。在他们眼中，与欧洲大陆已被高度驯化的土地相比，新大陆在很大程度上仍处于创世之初的状态。虽然包括波士顿在内的一部分地区留有印第安人刀耕火种的痕迹，但是在白人看来，只有永久性的居住与耕作，方能真正使一片土地摆脱蛮荒状态，也只有如此，生活在这片土地上的人群方能宣称对其的所有权。

早在18世纪洛克对劳动与财产的关系进行分析之前，温思洛普已经用稍显模糊，更加宗教化的形式表达了类似观点。《圣经》再次成为这些清教徒财产观的基础。在《创世纪》第一章第28节，上帝对人说："要生养众多、遍满地面、治理【征服】这地，也要管理

【统治】海里的鱼、空中的鸟,和地上各样行动的活物。"①因此,上帝赋予了人类征服土地,统治土地上一切生灵的使命,他要求他们在其上生养众多,而非让土地闲置。在温思洛普看来,一片未经耕种发展的土地,不属于任何一人。只有通过篱笆、耕作、施肥、收获,亦即是通过农业劳动,土地才变成某个人的私有财产。

印第安人并非完全没有财产权的概念,但是他们对财产权的界定同白人的定义有着极大的差异。白人一旦使一片土地成为其私有财产,他们理所当然地拥有这片土地上的一切,土地和其上的所有物种,以及对它们完全的所有权与使用权,可以继承、买卖。然而,在印第安人眼中,财产权既非永久的,也非独享的。每个印第安部落都会由于季节的变换、物种的迁移而迁徙。他们获取生存资料的途径颇为多样,并不仅仅依赖农业生产,而是根据当地生态系统可能提供的条件来决定某一时期的食物与其他资源。即使开辟一块土地,在收获季节过后,也即离开,第二年可能便是其他的部落对之加以使用。进而言之,在很大程度上,他们对土地没有所有权的概念,只有使用权的概念。在某一部落暂时居住的领地上,其他部落也往往拥有使用收益权(usufruct rights)。②对此,环境史家威廉·克罗农做了极为精准的概括:印第安人的财产权伴随生态的使

---

① 这是当前中文《圣经》的最权威译本,《和合本圣经》,然而其中有几处并未妥当。原文为"Be fruitful, and multiply, and replenish the earth, and subdue it: and have dominion over the fish of the sea, and over the fowl of the air, and over every living thing that moveth upon the earth.""Subdue"在此处改为征服;"dominion"改为统治,更接近《圣经》的原意。英译本根据King James版。
② 罗马律,指使用他人财产并享收益而不损害该财产的权利。在印第安部落之间,一块土地被某一个部落用于耕种,可以同时被另一个部落用于采集,另一个用于狩猎等等。

用而变换。①

这种有别于白人的财产观念，也决定了印第安人在土地上的生存态度。今日，将印第安人看作生态圣徒的观念已被证实太过理想化，甚而天真。②他们不仅在殖民时代开始之前，便在某一特定的时期或者状况下，对自然采取一种浪费的态度；在殖民时代开始不久后，更被卷入土地商品化的浪潮中间，特别是成为皮毛贸易的积极参与者。但是，片面强调印第安人与土地之间的某些极端例子，并不能说明印第安人对待自然的态度与后来的白人无异。他们之间最为关键的差异在于，白人将土地以及土地上的一切视为可以带来不断上升的利益的资本；而印第安人即使在参与皮毛贸易的过程中间，他们的猎取与交换也主要是为了获取基本的生存需要。当然，对酒的消耗超出了生存需要，然而以猎物换酒，对印第安人而言并不存在个人财富的升值；但是，当皮毛来到白人手中，却成为在市场中间继续流通的商品，可以为皮毛商带来更多的利润。

因此，伴随白人的到来，北美大陆开始经历一场历时长久的资本主义革命，为这场革命所影响的不仅仅是白人、印第安人，或者某个国家的政权更替，某种制度的建立消亡，还有这个大陆上的土地、森林、动植物等一切非人类的有机物与无机物。在资本主义革命的迫使下，这个自然的经济体系也出现了被环境史家卡洛琳·麦茜特称作生态革命（Ecological Revolutions）的长期变化，而这一变化也随之改变、重塑了人与其环境之间的关系，男人与女人之间的

---

① William Cronon, *Changes in the Land: Indians*.
② 在《生态印第安人：神话与历史》一书中，谢泼德·克罗齐对消解生态印第安人的神话有很大贡献。Shepard Krech, *The Ecological Indian: Myth and History*. New York: W. W. Norton & Co. 1999

关系，以及各种不同形式的思想，如神话、科学与宗教。[①]

二、平山填海

波士顿及其周边地区正是最早开始经历这一革命的区域。作为连接新旧大陆市场的重要商埠，北美大陆的各种原材料从四面八方运往此间，由此装船，开往旧大陆的市场，特别是英国和中国；而从旧大陆舶来的各种生活用品、奢侈品也在波士顿卸货，如丝绸和茶叶，运往新英格兰和南部诸州。北美大陆风行一时的皮毛贸易的开始早于清教徒到达新英格兰。这场皮毛贸易的始作俑者是法国人，由于欧洲服装时尚的变化，导致了对北美河狸的追逐与猎杀。当温思洛普等人来到波士顿时，这一地区的河狸已接近灭绝的边缘。与此同时，由于在皮毛贸易中与欧洲人的频繁接触，欧洲人生物旅行箱中的最强有力的物种——天花、霍乱等病菌在印第安人中广泛传播，波士顿附近的印第安部落也处于败亡之中。[②]但是，皮毛贸易的地区并未止步于新英格兰，而是向北向西的腹地深入，波士顿的皮毛商人则在河狸生存线的不断败退中蓬勃发展。

河狸的消失带来的生态变化远远超出一个单一物种的范围。作为生物圈中的工程师，河狸往往在它的栖息地构建一个小型的生态系统，其中各种生命与无机物相互联系、依存。然而，当这个生态系统的构建者灭绝之后，这个小型的生态系统也便随之崩溃，所有

[①] Carolyn Merchant, *Ecological Revolutions: Nature, Gender, and Science in New England*. Chapel Hill: University of North Carolina Press, 1989.
[②] 艾尔弗雷德·克罗斯比著，张谡过译：《生态帝国主义：欧洲的生物扩张，900—1900》，北京：商务印书馆，2017年。

赖此为生的物种都将受到影响。然而在对之进行买卖的商人眼中,他们只看到河狸身上丰美的毛皮以及毛皮背后丰厚的利益,却无法看到河狸这个生命体的存在,遑论与其相联系的生态系统。

除了毛皮之外,经波士顿向外输出的原材料在当时主要包括木材、鱼类产品以及冰块,在其中,木材所占比重最大。"美洲的横财"的印象在很大程度上建立在其似乎无穷无尽的森林资源之上,而殖民时代到19世纪新大陆的发展史在很大程度上也是对森林进行征服的历史。在早期拓荒者的眼中,这片土地上的森林既是重要的文明发展的资源,也是文明需要去砍伐、消灭的敌人。伴随早期拓荒者走入森林的,永远是他们的利斧与铁犁,用以消灭自然的混乱无序,铲除容异端邪恶藏身的森林,整理一块供上帝的子民栖息繁荣的良田。但是,新英格兰森林的意义不仅在于此,也不仅在于为"上帝的子民"提供各种建筑材料或者燃料,它还成为一项赢利巨大的海上贸易的核心。在大洋彼岸的母国,发展中的资本主义急需本国已经匮乏的原材料,因此,远隔万里的新大陆上的原始森林成为这一新兴力量得以扩张的资源。波士顿处于自然的经济体系与人类的经济体系的革命中间,实现了它自身由一个半岛向城市的转换。

然而,波士顿在这两场革命中间所扮演的角色并不止于新旧大陆的纽带,它对美国工业资本主义的发展起到重要作用,正是这场在美国本土上的革命,彻底改变了新大陆的景观与生态系统,这其中的一个关键性转变在于水的商品化。同固定的土地相比,对流动的河流的控制与买卖要困难得多。美洲大陆的土地买卖在清教徒到达之后旋即开始。在1785年,美国国会通过《土地法令》(The Land Ordinance of 1785),以一种棋盘式景观丈量划分美国土地,每一乡（township）为6英里见方，再将之划分为规整的36格，每格1平方英里，即640英亩。这一土地方案是在杰弗逊的灵感与推动下实现的，并成为美国此后土地法的基础。用几何图案来规范自然的土地，被视为18世纪以降理性时代的象征，同时，也传递着美国"建国之父"的自耕农民主理想。然而它的一个更为实际的作用在于，它极大地便利了土地的买卖，加快了土地商品化的进程。①

但是水则是一个全然不同的问题。长期以来，殖民地的人们在对河流的控制上奉行英国的习惯法，亦即在沿河一带的土地所有者，顺理成章地拥有对河流的使用权，但是前提是他们对河流的使用不能改变它的自然水流，也不能影响其他沿河居民对之的使用。在土地被量化地购买之时，河流似乎不在这种商品化的掌控之内。早在清教徒初到新英格兰，他们已经在查尔斯河等沿岸修建水力磨坊、锯木厂以及小型运河，但是在之后的近二百年期间，这些工场的运行基本要遵循自然的节律，只有在收获的季节方会运作，同时还要受到季节与年度降雨量多寡的影响。

这种情况在进入19世纪之后发生了根本的变化。工业化的萌芽早已在新英格兰地区出现，无论杰弗逊等人多么希望将美国的工厂留在欧洲，让新大陆成为一片纯洁的自耕农的土地，工业化仍然带来了资本主义无法抗拒的高额利润。同时，一些重要的历史事件加快了北美工业化的步伐，特别是1812年的二次独立战争，迫使波士顿等地的进出口业暂时停顿，北方的很多工业资本主义支持者强调

---

① "An Ordinance for Ascertaining the Mode of Disposing of Lands in the Western Territory," *Journals of the Continental Congress*, Vol.28: pp. 375–81. A Century of Lawmaking for a New Nation: U.S. Congressional Documents and Debates, 1774–1875, Library of Congress, http://memory.loc.gov/cgi-bin/ampage, 2021年4月27日登陆。

发展工业对这个新生国家的独立的重要性。在诸多原因的驱使下,新英格兰诸州成为北美最早进入工业化的区域。

1813年,波士顿制造公司(the Boston Manufacturing Company)通过马萨诸塞州立法得到营业执照,正式在波士顿成立。这是一个标志北美工业化正式开始的事件,它的建立者是一群后来被称作"波士顿联合"(Boston Associates)的成功商业人士。他们在波士顿的进出口贸易中积累了大量资本,于此时看到了新英格兰发展旧英格兰纺织业的无限前景,因此,在距离波士顿市中心短短15英里距离的查尔斯河沿岸小镇——沃尔瑟姆(Waltham),建立了沃尔瑟姆棉麻工厂,运用查尔斯河的水力推动纺织机的运作。很快,查尔斯河畔的成功以及查尔斯河本身的流量造成的限制促使这些资本家转向一条更为宽广狂野的河流,马萨诸塞州的梅里麦克河(the Merrimack River),并在那里建立了一个以波士顿制造公司创始人洛厄尔(Lowell)命名的纺织工业小镇,梅里麦克河的纺织工业也从此诞生。

波士顿制造公司的历史颇受研究劳资关系、工业发展、性别史的学者的关注,它的出现使新英格兰的社会生活随之发生改变,是工业资本主义时代特有的劳资冲突与性别冲突在美国的开端。但是它同时也标志着一种新生的人与自然之间的冲突,即如何冲破河流的自然特性与限制,将其商品化,使之利润最大化的问题,而这个过程则产生了极为复杂的生态与社会后果。[①]

[①] 关于工业资本主义如何使新英格兰的水流变为商品,以及它所产生的生态、社会后果的最佳研究,参见西奥多·斯坦伯格的专著——《合并自然:工业化与新英格兰的水》(Theodore Steinberg, *Nature Incorporated: Industrialization and the Waters of New England*. New York: Cambridge University Press, 1991)。

斯坦伯格在《合并自然》中详细地分析了这一过程。它首先是一个将自然的财富量化并对之进行重新分配的问题，该公司采取的一项最为重要的革新便是"磨机需用功率"（mill power）这一重要概念的出现。一磨机功率所需用水量能够驱动3584纺锭的棉纱，自1830年代始，纺织公司可以只以磨机功率购买水量，而无须购买沿河的任何土地。传统的水权被打破，水本身成为商品。随后的过程则彻底突破自然节律对资本主义发展的限制，令水力在任何年度的任何季节都可以为资本的运转而服务。为了实现这一目标，纺织公司来到梅里麦克河的源头，新罕布什尔州的数个大湖，购买了那里总计103平方英里的湖面，建起了大小水坝，完全控制了梅里麦克河的流量，打破了自然所设的极限，令河流沿岸成千上万的纺锭日夜运转，财富从水中滚滚而来。

这一过程造成了极为复杂的生态及社会后果，在其中受到致命性冲击的是梅里麦克河中的鱼类与其他各种生命体。大小水坝的建立彻底改变了它们的栖息地的自然水流与节律，为它们季节性的迁移造成了无数人为的障碍，打破了它们的生殖周期。水温、水质、水量的微妙变化对人而言，需要积年累月方能有所感知，但是对这些生活在水中的鱼类等生命而言，却无异天塌地陷。一种或数种物种的消失，即使只是极细微的微生物或者浮萍，很可能导致河流生物链的失衡，从而破坏整个生态系统。因此，在一个纺织王国建立之后，一个曾经千姿百态的自然世界却随之倾覆。但是，纺织工业带动了新英格兰其他工业的兴起和沿岸工业城镇的繁荣。在梅里麦克河、查尔斯河等流域密集各式工厂：纺织、造纸、伐木、皮具、家具、马车、钢琴、雪茄、帽子，一应俱全，大量移民随之涌入洛厄尔、沃瑟姆等城镇。这些流淌着的河流供给的将不仅仅是带动所有这些机器运行的水力，还要保证沿岸及终点城镇的生活用水，最终还是各色民用以及工业废物、垃圾的排放地。严重的污染导致整条流域的生态系统遭到破坏，人类作为这个生物链上的一环也同样深受其害。

然则波士顿在这场社会与生态变迁中的位置究竟何在？波士顿同样可以被视为一个自然的大都市，密切控制新英格兰其他地区的自然资源，促成自身的发展。但是，与芝加哥不同的是，波士顿自身并未成为一个工业城市，从始至终，从经济的角度看，波士顿在根本上都是一个商业中心。由于波士顿周边地区的工业基本依赖水力，而当查尔斯等河水流入波士顿城区时，受潮汐影响，水流已经极为缓慢，因此，无法在城区内部发展工业。它对周边地区自然的控制与改变，建立在波士顿的商业人士在进出口贸易与后来工业中积累的雄厚资本之上。波士顿向其周边地区、甚至遥远腹地输出的不是它在其城区内部所制造的工业品，而是一种无形然而却具决定性的力量：资本。但是，作为整个生态系统的一个组成部分，波士顿也无法逃避由它的资本所最终造成的生态问题。城市中被污染的水源是一个最直接、也同城市人口最密切相关的问题。

晋人葛洪的《神仙传》中记载着这样一则故事。仙人王方平与麻姑约，麻姑迟来，敛衽云："接待以来，已见东海三为桑田，向到蓬莱，水又浅于往昔，会时略半也，岂将复还为陵陆乎。"方平笑曰："圣人皆言，海中行复扬尘也。"方平、麻姑云云自是古人杜撰，而所见之沧海桑田之变却非不经之谈。它所记载的是一段悠久的生态历史，其中掺入了人事变迁，由沧海变为陵陆，它的自然迁延，所费何止万年光景，而由陵陆变为桑田，则又当借数代之力。

然而对于波士顿，这一段沧海桑田转换史却是全然人工，浓缩在短短百年的时间当中。

很多关于波士顿的手册或者书籍都会给出如下数据：1803—1863年，填平西海湾（West Cove），80英亩；1804—1835年，填平米尔湖（Mill Pond），70英亩；1806—1843年，填平南海湾（South Cove），86英亩；1823—1874年，填平东海湾（East Cove），112英亩；1836—1988年，填平南波士顿（South Boston）海域，714英亩；1850—1988年，填平南湾（South Bay），138英亩；1857—1894年，填平后湾（Back Bay），580英亩；1860—1896年，填平查尔斯敦（Charlestown）海域，416英亩；1878—1890年，沼泽带（Fenway），322英亩。[①]一场发生在19世纪的平山填海运动催生了一个新的波士顿。这座城市的面积由此增加了三倍，温思洛普等人初至时看到的狭长的瓶颈式的地峡变得同半岛等宽，查尔斯河两岸之间的距离缩小了近三分之二，而山巅之城的山丘已在地图上基本消失，唯余三山最高峰的信号山的些许残破的肢体。在波士顿自身平山的泥土不敷使用时，波士顿人从其周边地区购进另一种自然资源——泥土，填入它的河流与海域，帮助这个城市的扩张。[②]

"平山填海"这一举措具有复杂的社会、环境原因。波士顿原本的地理空间太过狭小，至19世纪初，已全无发展余地，然而城市人口仍然呈上涨趋势，因此，填海成为一种直接有效的扩张版图的

---

① Richard Wilkie & Jack Tager, *Historical Atlas of Massachusetts*. Amherst: University of Massachusetts Press, 1991.
② 关于波士顿的大填埋工程的经典论述，参见 Walter Muir Whitehill, *Boston: A Topographical History*. 2nd edition, enlarged, Cambridge, Mass.: The Belknap Press of Harvard University Press, 1959.

方式。特别是此时的波士顿已经在同纽约的竞争中渐处下风，无论在人口还是商贸吸引力上，美国第一大城市的冠冕都落在了这个昔年由荷兰人建成的殖民城市之上。如何在同纽约的争骋中重现昔日的辉煌，是波士顿政治与商业精英的重要考量，他们希望建立更易于通航的港口。另一方面，波士顿的人口版图在19世纪呈现巨大的调整，大量新移民，特别是信仰天主教的爱尔兰移民蜂拥而至。对未来的西部城市而言，新人口的到来意味着新的劳动力大军；但是对一个如波士顿这般在严峻的清教传统中成长起来的城市，新移民带来的远不止是壮大城市财富的力量，也是侵蚀城市道德的危险，大量中产阶级与中上阶层开始向周边城市迁移。为了阻止后者的离去，同时安置新移民，通过填埋建造新的为不同阶层而用的社区成为波士顿的应对措施。①

从环境的角度看，在现代交通设施尚未出现的19世纪，一个山巅之城从实际生活的角度讲，带来许多不便，平山之后，将极大地方便城市道路、交通、建筑以及下水等基础建设的修筑。但是，更为重要的是，查尔斯河严重的污染状况成为填埋后湾地区的根本原因。②流经波士顿的查尔斯河从这座城市建成后，便成为此间理所当然的天然下水渠。从18世纪开始，生活污水与制糖业、酿酒业的污水便在困扰波士顿周围的水体。在19世纪上半叶，作为美国最

---

① Nancy S. Seasholes, *Gaining Ground: A History of Landmaking in Boston*. Cambridge, Mass.: MIT Press, 2003: p. 4–7. 此书是目前关于波士顿填埋工程的最全面著作，对整个填埋过程，特别是填埋技术做了很好的梳理，不过对填埋带来的环境变化的分析存在较大的不足。

② 参见 William Newman & Wilfred Holton, *Boston's Back Bay: The Story of America's Greatest Nineteenth-Century Landfill Project*.

发达、最具公共精神的城市，波士顿最早建成了实质性的地下下水管道，污水通过管网流入后湾，人们期望通过潮汐的原理，让污水排入海洋。但是，自来水管的使用加大用水量，保证了抽水马桶的使用，而抽水马桶排出的粪便量加大，其中大量粪便没有为潮水冲走，反而通过回潮，返回海岸，留在岸上。到19中叶，波士顿的市政报告直接将后湾形容为"一个巨大的粪池（a great cesspool），泛着腐绿色的渣滓，有数码之宽，大张着口，好像底部腐烂物质爆炸后散发着恶气的大锅"。① 在那一地区已被时人视为粪池，垃圾场后，与其他治理手段相比较，填埋似乎是最为切实有效的方式。

在此多重原因的促使下，波士顿改变了山巅之城的原貌，同时也改变了这里的生态与社会体系。对一个不断扩大、膨胀的城市而言，这场历时弥久的填埋工程并不能简单地以粗暴而盲目的生态破坏加以定义。占据其中相当比例的地区，例如后湾，在更大程度上是一种对工业化和城市化已经造成的破坏所做的修复。与同时代其他美国地区相比，以波士顿为代表的新英格兰地区对自然的审美性功能有着更一致、更清晰的认知，对其城市的应有之貌有着更具超验主义的期许。② 越来越多的波士顿人意识到，自然对文明的价值远非人类社会经济利益的多少所能衡量。自然具有它自身的价值，也具有文明的发展所需的精神与美学价值。当奥姆斯泰德在填埋的过程中受聘为波士顿设计美国最早的城市公园体系之一——翡翠项链，在这个被填埋的粪池之上重新利用自然的水流和本地植物所建

---

① City of Boston, *Documents of the City of Boston for the Year 1849*, no. 36. Boston City Printers, 1850, pp. 3–4.
② 关于超验主义及爱默生思想的讨论见本书第六章。

成的后湾沼泽公园成为项链上最璀璨的一串钻石。

三、一花一世界

1888年，爱德华·贝拉米（Edward Bellamy）出版了小说《回顾》（*Looking Backward: 2000-1887*）。这是一部典型的科幻乌托邦小说。主人公朱利安·韦斯特（Julian West），波士顿人氏，在熟睡中间由1888年来到了2000年。当他梦醒之时，发现21世纪的波士顿已经成为理想中的大同世界：经济繁荣，科技昌明，人人各取所需，富足快乐，没有战争、阶级、垄断，也没有贪婪、嫉恨、私欲。然而在回顾之下，韦斯特清楚地记得19世纪末的波士顿却是政客钻营，寡头争利，贫富悬殊，劳资对抗，城市环境肮脏嘈杂，城市居民焦虑迷惘。

《回顾》一书问世伊始，举国竞读，洛阳纸贵，三年之内售出50余万册，稳居美国畅销书排行榜榜首数载。如果我们将此书的轰动放入其特定的社会环境中考察，不难理解为何一本故事、文字皆非上上之选的乌托邦小说能够获得如此之大的成功。如前文所言，19世纪后期是美国历史上的大变革时代。工业化与城市化的迅猛发展不仅仅带来了前所未有的繁荣与便利，同时也酝酿着不同层次、不同方面的社会问题，韦斯特回顾下的波士顿正是一个焦躁不安的美国城市社会的真实写照。虽然贝拉米式的社会主义政治理想难为美国主流社会认同，他所设想的城市文明却是众人向往的典范。平等之下的秩序、稳定与富足正是内战后美国城市化进程的既定目标；书中所标榜的科学精神，自维多利亚时代一路昂扬走来，至此已被奉为圭臬,受到顶礼膜拜。

然而在这一本长达400页(原著第一版的篇幅)的城市蓝图中,只有寥寥数行文字描绘它的自然环境:"在我面前,是一座庞大的城市。宽阔的街道一眼望不见尽头,两旁绿树成荫,排列着精致玲珑的房屋。它们大都各不相连,而是坐落在大大小小的围墙里,向四面八方伸展出去。每个建筑群都有广场,满栽树木,树丛中的铜象和喷水池在落日余晖中闪闪发光。四周尽是宏伟壮丽的公共建筑物,一层层高楼巍然耸立,凡此都是我那时代的建筑不能相比的。真的,以前我确未见过这个城市,或类似这样的城市。最后,我抬头向西面地平线望去,在夕阳下碧蓝如带、蜿蜒而去的,不就是弯曲的查尔斯河吗?向东眺望,波士顿港展现在两岬的环抱之内,港内的绿色小岛历历在目,一个也不少。"[①]与书中细致丰富的城市人文环境描写相比较,如此文字愈显苍白模糊。21世纪的波士顿在贝拉米的漫想中富裕、洁净、健康、舒适,然而留与人们体验想象自然的空间却所剩无几。查尔斯河与波士顿港的绿色小岛被一笔带过,行道树构成城市文明最为显著的自然,因为前者的整齐划一恰恰体现出后者的整饬与规范。

但是对奥姆斯泰德、萨金特、艾略特和巴克斯特等波士顿城市的实际设计者而言,这种将无视自然或者将城市与自然对立的观点不仅仅是对二者关系的错解,更是对文明沿革本身的误读。他们认为建筑于自然废墟之上的城市是单薄而贫瘠的,唯有在与自然的冲突之中求得融合的城市方有其生机与魅力。一个真正文明的社会

---

① 爱德华·贝拉米著,林天斗等译:《回顾》,北京:商务印书馆,1963年。

应当展现出包罗万象的景观,其中自然的地位举足轻重。在他们看来,19世纪后期的美国文明并非如当时一部分知识精英所批判的那样已经处于过分文明的阶段,因而需要退回到更为简朴、自然的状态。与之相反,他们认为现阶段的文明程度尚且远远不足,因为在城市文明的演化过程中间,自然往往被忽略,或者至少没有得到足够的重视。换言之,文明所包含的不仅仅是工业的发展,物质的繁荣,科学的昌明,民主、艺术、文学、道德等一应由人类的创造发明,它同样包括自然资源的充裕,自然之美的保护——不仅仅是在遥远的山林,也在城市的边界之内,还有一种在自然与人性的共生合作中赢得的秩序与持续性。作为现代文明最为堂皇的象征,城市,应当是一片包含上述所有因素,特别是自然的景观。

这一批改革者清醒地意识到弥漫在城市中产阶级中的"回归自然"的情怀,他们自身也无疑或多或少代表着这样的一种特定的城市情怀,那种简单的生活,纯净的道德,与自然直接、密切的接触,所有与从前乡村生活联系的各个方面都徘徊在他们的记忆之中。①但是,他们不仅仅沉湎在这样的一种情绪之中,而是试图使之扩展到一个更为实际的领域当中。他们中间的大部分人并非如梭罗或者约翰·伯勒斯(John Burroughs)②那样的自然作家,他们更重

---

① 历史学家彼得·施密特认为在19世纪后期的美国兴起一场"回归自然"的运动,其行动包括城市公园的修建、自然教育的勃兴、自然文学的流行等。参见 Peter Schmitt, *Back to Nature: The Arcadian Myth in Urban America*. Baltimore: Johns Hopkins University Press, 1990, reprint.
② 约翰·伯勒斯是19世纪后期美国东海岸的著名自然作家,在当时与西海岸的约翰·缪尔齐名,被称为"两位约翰"(Two Johns)。但是与缪尔极不同的是,伯勒斯热爱的是新英格兰诸州与纽约的田园风光,而缪尔则心仪加利福尼亚、内华达荒凉、粗犷的山峦。伯勒斯站在文明的角度欣赏自然的美景,然而缪尔的自然观更接近梭罗,以一种平等的泛神论的崇拜看待自然间的万物。

要的社会角色是自己领域内的专业人士,积极地直接参与并且领导城市的规划。自然对于他们而言,并非是在依稀旧梦中消逝的农业社会的记忆,而是城市工业时代的现实与未来中可触摸、可运用的实际存在。在他们社会改革的规划中,他们不可避免地引入部分美国传统农业理想中的伦理观念与行为模式,用以定位城市的道德坐标,就如同作为超验主义的信仰者,他们相信自然对道德的净化作用,但是那个远去的农业社会并非他们所力图恢复的模型。

自奥姆斯泰德以降,波士顿的改革者带有明晰的城市气质与精神。在萨金特主编的《园与森林》杂志中,一篇编辑手记写道:"而今,继续将城市的迅速崛起与不断上升的重要性视为一种纯粹的邪恶事物,已是非常狭隘的观点。卫生科学的发展使得现在的城市生活远比20世纪前数十年的情况健康许多,而城市中间的更为完善的设施也数倍地增加了它的舒适。如果说很多乡村社区的社会与政治重要性在明显被削弱,那么城市赢得的则正是乡村所失去的。"他们所要对自然的回归不是恢复一个遗失的乡村天堂,而是在城市化时代建立的文明与自然之间的和谐。他们期冀将自然带回城市人的日常生活、实践与景观当中。在一方面,从景观上重塑波士顿,并期望借此重新定义城市人和自然之间的关系。在另一方面,他们回应的方式是园艺学在波士顿中产阶级中间的兴起,这是"回归自然"运动的重要组成部分。其倡导者认为园艺是后农业时代城市人群同土地进行直接交流的方式,可以改变城市居民与自然的疏离状态。它的最直接的作用在于以最简单的方式美化不同规模下的城市环境,但是它也同样具有鲜明的道德内涵:它不仅可以遏止中上层资产阶级浮夸的物质主义,同时可以平复贫民窟居住者的愤懑与不满，提高整个城市社会的道德修养。

1829年，一批波士顿的知识精英建立起了美国的第一个园艺协会——马萨诸塞园艺协会（Massachusetts Horticultural Society）。园艺，这一自18世纪在欧洲，特别是英国绅士间盛行的休闲方式，也为他们同时期的美国乡绅所钟爱。乔治·华盛顿将自己首先视为一个美国农夫，在他的种植园中保留着一片精心种植的花园；托马斯·杰弗逊的庄园蒙提切娄（Monticello）则几乎可以举办园艺博览会，而杰弗逊最大的嗜好便是培育新的植物品种。两位建国之父对园艺学的热情颇能代表在18世纪后期美国中上阶层对此道的青睐，但是这一时期的美国基本仍处于一个农业社会，生活在弗吉尼亚种植园中的杰弗逊仍然在构建他的农业理想社会。然而，北方的波士顿在19世纪初已经形成了一个内外交通贸易频繁往来，掠取其周边地区自然资源的商业化城市，因此，第一个园艺协会在当时美国最大的商业城市之一的波士顿建立，则具有不同的意义。

波士顿的清教传统对这个城市的精英阶层——波士顿婆罗门（Boston Brahmins）——的塑造具有深刻的影响。一方面，他们视财富积累为上帝赋予他们在新世界的使命；而另一方面，他们又认为这种物质积累与享受不应当成为人生的最高追求，道德的净化与信仰的虔诚方是衡量上帝选民的标准。因此，这个城市的精英阶层始终在寻找一种制衡力量，阻止物质主义的泛滥。在波士顿通过国内以及海外贸易成为美国最为富有的城市之一，当地清教徒的后裔以贸易、投资等各种手段积累大量财富之后，他们对自身的生存方式感到一种道德危机。然则如何消弭这一道德危机？慈善事业与义务工作成为他们以自己的财富回报社会的重要形式。正因为如此，波士顿的教育事业、公共建设均成为美国其他城市的表率。但是这种以财富反哺社会的方式更多地落实于公共领域，对个人的精神世界则并无直接的触动。就在此时，园艺开始兴起，并且发展成为一场运动。

这场运动的兴起具有生理、思想与社会的多层原因。很多当时的城市改革者都相信每个人心中或多或少存在着与土地接触的本能欲望。在土地上，或者至少在一小片土壤上种植一些生命，用一种特定的方式直接触摸自然，令其生产，与纯粹的阅读、欣赏甚至感受自然之间有很大的不同。在19世纪后期，城市的兴起为商业化园艺提供了巨大的市场，当很多人选择购买切花来为他们的居所带来自然时，这些城市自然化的倡导者则提倡自己培育的盆花，因为同切花相比，盆花能够多少传递一些自然的生命力。在一篇发表在《园与森林》的文章中，作者探讨了屋顶花园对城市居民的重要性。在历数其道德教化作用之后，作者总结道："屋顶花园最实际也最直接的作用是它对于那些城镇职业居民的重要性。这些人渴望接触到一些生长的东西，一丁点儿自然，不论是野生的或者被驯服的，一种纯粹私人的接触。"[1]

通过园艺学的实践，还能够同时唤醒对自然的本能的热爱。这种热爱有别于对自然景观的欣赏。后者是当文明发展到某个程度之后，混杂着记忆与想象的一种更为复杂的感情，但是前者，特别在其初级阶段，乃是一种即使"野蛮人"也具有的直觉。对自然景观的热爱往往限于对某种雄壮的、可敬的、陌生的自然之美的膜拜，然而园艺学则能发掘沉睡在人们本能中的对平朴、简单甚而熟

---

[1] E. P. Powell, "Housetop Gardens," *Garden and Forest*, issue 212 (1892): pp. 125–6.

悉的自然本身的依恋。当时的园艺学倡导者几乎都是自然景观的热爱者,但是他们希望人们不要因为太过强调自然中间醒目的部分,从而忽视了自然中间平常然而真实的一面,希望人们能够穿透那些非凡的景观,触摸到自然的本质。在园艺学的倡导者看来,这也正是园艺学的魅力之所在。在日复一日、月复一月地灌溉、施肥、培育中,感知平凡花草中间自然的美丽,从而体验对自然那种本能的热爱。

对于那些执迷于园艺学的波士顿婆罗门们,园艺学所激发还有探知自然的神秘的乐趣,某种程度的科学研究的兴味。在自然博物学勃兴的18、19世纪,很多北大西洋两岸的中上阶层都在以不同的方式叩问自然的规律。对那些无法远行到热带雨林或者魔鬼岛的人们,自己花园中的植物向他们揭示了一些自然的天机。特别是在19世纪的后半叶,在维多利亚时代的科学精神高昂之际,很多接受现代科学训练的人们渴望参与到自然的进程当中,在了解它自身作用的同时,他们期待发现人的力量对进化过程的影响。

美国历史上最负盛名的历史学家之一,弗朗西斯·帕克曼在1875年就职马萨诸塞园艺协会主席时所说的一段话颇具代表性:"园艺学是以科学或者数门科学为基础的艺术。如果想要寻求它的最高境界和最佳结果,它要求对各种不同能力的运用,并且是一项极为高妙的脑力劳动。……一个真正的耕种者要求时刻保持头脑的清晰,从而观察探索各种规律的运行,并将它们用于实践。阅读自然的秘密,协助她有益地运行,是一个人最惬意、最高贵的使命。"[1]

---

[1] Francis Parkman, "The Presidential Address to the Massachusetts Horticultural Society," in 1875, quoted from Charles Haight Farnham, *A Life of Francis Parkman*. Boston: Little, Brown, 1901: 33-34.

帕克曼本人的经历也可以代表当时精英阶层对待园艺学的态度。虽然他是哈佛大学的历史学教授，但是他极为享受园艺学为他带来的乐趣与挑战。特别当他的健康限制他继续走入荒野、感知自然的美与力量时，他将闲余的精力完全投入他的花园，不但在1875年成为美国最古老的园艺协会的主席，随后被聘为哈佛大学伯西学院的第一任园艺学教授。① 虽然如他这般在园艺学取得如此巨大成功的业余人士并不多见，但是与他背景相仿、兴趣皆类者则大有人在。当园艺学运动发展到19世纪后期时，已成为当时方兴未艾的自然学习运动的重要组成部分。环境史学者凯文·阿米蒂奇在他的研究中指出：自然学习，在一方面，信奉通过理性的实验方法得来的关于自然的科学知识；在另一方面，又期望在同自然的亲密接触间保留一种个人的伦理体验。自然教育的提倡者力图在现代化时代调和这两种不同的价值体系。②

然而，究其根本，19世纪园艺学的兴起仍然是波士顿特有的清教与超验主义结合下的传统，试图以自然荡涤社会邪恶的途径，他们认为在培育、期待、观赏一棵植物的生长的过程中，自然的纯净与美丽将关照人性中美好的一面。虽然依靠土地上的劳作获取生活必需品的需要已经在城市当中终结，但是对农业生活在道德上的尊崇并未结束。那么，当很多人放弃自己的农场生活，来到城市谋求生存，当城市的藩篱、工厂的规范不再允许它的居民获得土地上耕

---

① 由于健康原因，帕克曼在伯西学院的位置很快由萨金特接任。帕克曼同时也是北美森林资源保护问题的最早关注者之一，对新罕布什尔州白山（the White Mountain）的森林保护有启发作用。
② Kevin Armitage, *The Nature Study Movement: The Forgotten Popularizer of America's Conservation Ethic*. Lawrence: University of Kansas, 2009.

作的机会，至少园艺学能够让他们有机会以自己的双手与土地取得接触，涤清他们在城市中被物质与享乐主义玷染的心灵。

历史学者塔玛拉·桑顿认为，在内战之前的波士顿，园艺学由绅士们的业余爱好发展为一场涌现出各类组织与杂志的持久的社会运动。但是，在这个时期，由于园艺同乡村生活与道德之间的联系，它主要被视为治愈中上阶层由于贪婪与野心而形成的物质至上与粗鄙无文，这些道德疾病的良药。与此同时，园艺学的吸引力还在于它能够安定美国式的"焦躁不安"，令这个国家更加稳定。而在内战之后，园艺学的倡导者开始将他们关注的对象转向劳动阶级和新移民。由于贫困与新移民的天主教传统，在波士顿的清教后裔看来，他们往往同城市中间的各种罪恶，例如酗酒、赌博、懒惰、私通、剽窃甚至各类严重的刑事案件相联系。桑顿认为，园艺学"成为对抗这些人道德失落的良方"。她认为在这场园艺学运动的背后，是"相信园艺学能够教导人们共和道德：勤奋、节俭以及私有财产的神圣不可侵犯"。[①] 因此，园艺学成为进步主义改革者的社会改良手段。

当单调的工业生活与晦暗的城市环境将自然从城市居民的生活中挤压出去的同时，也将自然封闭在他们的视线之外。因此，如何将自然重新植入城市环境之中，如何融解城市人对自然的冷漠，如何令他们对自然有更为深刻的理解，是这些改革者不断在追寻答案的问题。他们坚定不移地相信所有人对自然的天生渴望，同时也

[①] Tamara Plakins Thornton, "Horticulture and American Character," *Keeping Eden: A History of Gardening in America*, ed. by Walter, T. Punch. Boston: Bulfinch Press, 1992: p. 200 & p. 189.

确信自然具有提高人类生理和道德健康的能力。但是通过他们的观察，他们意识到城市生活造成的对自然的疏离，也导致人们遗忘了他们对自然和自然之美的本能的渴求。他们不仅试图将自然融入城市的景观，同时也努力使自然渗透进城市人群的日常生活与心灵。园艺是他们为城市人群建立的生活与自然之间的联系的重要方式，但是他们的思考与实践不仅仅停留对一人、一家甚至一个社区的环境与生活的改革之上，而是立足于对整个城市景观的重塑。他们所试图改变的是人们对城市的根本定义，通过城市公园体系的修建，他们将自然融入城市文明的演化进程。

四、结合城市与自然[①]

1892年5月，马萨诸塞州州长任命"大都市公园委员会理事会"，责成该机构"考虑在波士顿及其周边城镇设立大量为公众使用的空地（open-space）的合理性"。[②]10个月后，该理事会向州议会呈交了两份分别由其秘书西尔维斯特·巴克斯特和景观设计师查尔斯·艾略特撰写的报告。他们在报告中指出，设立这些城市空地的建议非但有毋庸置疑的合理性，而且有其紧迫性。这两份图文并茂、精辟透彻的报告无疑说服了马萨诸塞州议会的成员。1893年5月，正式的"大都市公园委员会"（the Metropolitan Parks Commission）通过立法，在波士顿成立，美国历史上的第一个大都

[①] 第四节采用旧文《自然与都市的融合：波士顿大都市公园体系的建设与启示》的部分内容，在书中做过调整。（《世界历史》2009年8月第4期，第73—85页）
[②] "An Act: To Establish a Board of Metropolitan Park Commissioners and to Define Its Powers and Duties," *Boston Metropolitan Park Report*. Boston: 1893.

市公园体系——波士顿大都市公园体系（the Boston metropolitan park system）将在环绕波士顿的12个城市和24个镇中间诞生。经过百余年的经营，这一体系以不同的形式保留、发展或者建造了20000英亩左右（大约80平方公里）的城市公共空地，成为其他美国城市，如华盛顿特区的郊区、克利夫兰、芝加哥、明尼阿波利斯等竞相效仿的范例。

在此之前，波士顿已经在建造被奥姆斯泰德命名为"翡翠项链"的城市公园体系（the Boston urban park system）。关于建造该城市公园体系的讨论最早出现在19世纪50年代，但是直至60年代末内战结束，城市化程度加剧之后，它方被真正纳入波士顿市政建设的议程。它的全面开动恰与波士顿大面积填平湿地同时进行，从地理边界的角度看，该公园体系的部分组成也恰恰坐落于被填平的湿地之上，如前文所言的后湾一带的"沼泽公园"（the Back Bay Fens）。"翡翠项链"的物理景观完全是奥姆斯泰德天才头脑的产物，同纽约修建中央公园以及中央公园在建成之后不断受到的挑战与侵吞相比，波士顿的公园体系虽然出现时间较晚，但是它基本赢得了波士顿立法者和舆论界的一致支持，个中缘由追根溯源仍是长期主导波士顿的道德价值与审美观念。

"翡翠项链"是一道"L"型的链状公园体系，自波士顿市中心的"中心绿地"（Boston Common）始，蜿蜒向西直至坐落在波士顿近郊的牙买加平原（Jamaica Plain）、罗克斯布瑞（Roxbury）和多切斯特（Dorchester）的富兰克林公园（Franklin Park），步行约7英里，占地约1100英亩。"项链"由公园路与滨河路串成，链上的"钻石"包括中心绿地、波士顿公共花园（Boston Public

Garden)、联邦大道步行区（Commonwealth Avenue Mall）、后湾沼泽公园（Back Bay Fens）、滨河路（The Riverway）、奥姆斯泰德公园（Olmsted Park）、牙买加湖（Jamaica Pond）、阿诺德植物园（Arnold Arboretum）、富兰克林公园。①

  这个城市公园体系的设计已经涵盖了奥姆斯泰德对文明与自然相融合的追求，但是，当波士顿的城市边界在19世纪末进一步扩张，更多的周边地区被纳入它的都市系统之后，一个城市公园体系已不能满足城市化的进一步发展，正是在这样的背景下，大都市公园体系的构想开始浮出水面。在此时，奥姆斯泰德的健康每况愈下，而他又承接了美国第一个世博会——芝加哥世博会的景观设计，因此，这个新的公园体系由他的天才弟子、波士顿精英家族的嫡系后裔查尔斯·艾略特接手。虽然如此，在艾略特与巴克斯特撰写的报告中，我们仍然能够清晰地看到奥姆斯泰德的身影。在呈交给波士顿"大都市公园委员会"的报告中，巴克斯特指出：建立一个都市公园体系"在很大程度上是一个关乎卫生的问题，但是从更广阔的方面看，它可以提升社区的生理及道德健康。一个再清楚不过的事实就是，对于那些处身城市生活必然产生的营营碌碌、盈耳噪音、混乱骚动之中的人群来说，如想维持健康与美好人性的恒

---

① 在"翡翠项链"建造期间，奥姆斯泰德与萨金特二人多方合作，将阿诺德植物园纳入波士顿城市公园体系。波士顿市政府以1美元的价格将阿诺德植物园所属土地租借给哈佛大学，租期为1000年，可以续约。波士顿市政府将提供阿诺德植物园一切规划、修缮所需费用，植物园员工则是哈佛大学的雇员，有学校提供科研条件与薪水。这场合作令阿诺德植物园成为一个自然园林，而非单纯的植物展馆与研究所。此后，二人又合作设计联邦大道步行区。萨金特是奥姆斯泰德艺术的忠实推崇者，而奥姆斯泰德则需要萨金特在园艺学、树木学、植物学上的专业知识，填补自己知识背景的缺憾。

在，他们必须经常拥有从这种生活状态所强压下的桎梏中解脱出来的机会；而获取这样机会的最佳方式则是逃入那些更为自然惬意的环境之中"①。

怀抱着如此理念，波士顿的这批进步主义改革者启动了美国第一个都市公园体系的建设。这个公园体系的最根本理念仍然是他们清教传统的道德诉求与超验主义的自然审美观。然而他们所处的特殊时代，使得这个公园体系有别于此前的城市公园，拥有自己的独特之处。首先，波士顿在此时已然扩张成为一个以波士顿市为中心，包括数个城镇、郊区以及乡村的大都市，因此，该公园体系在建立之初便以都市为其空间尺度，不以简单的人为行政区划为标尺设定其边界，体现出鲜明的都市特色。其次，大波士顿的多样化地形地貌为设计者的浪漫主义想象力提供了广阔的伸展空间，而浪漫主义的美学理念又使得这一体系以保护、恢复自然山水为旨归；因此，波士顿都市公园是以自然形成的景观为其体系的主体，与美国其他城市公园的自然主义风格（naturalistic）相比，它强调本地地理、植被、动物的自然性（natural）。再次，进步主义的主题之一便是使城市社会专业化，强调专业知识（expertise）在管理社会事物中的权威。因此，波士顿都市公园体系从框定边界到设计修建，再到管理完善，皆完全由专业景观设计师决策；同时，也正因为专业人士主导权的树立，使得这一都市公园体系得以逾越行政区划的束缚，而无管理懈怠之失。因此，该体系的另一特点为专业化。最后，这批进步主义改革者的社会理念，即对美国民主坚定不移的信

---

① Sylvester Baxter, "Secretary Report," *Boston Metropolitan Park Report*: p. 9

仰，在该公园体系的修建中贯彻始终，他们竭力抗拒自然之美为某一社会阶层所垄断的传统，而力图使它成为全社会所有族群所共有的空间。因此，该公园体系渗透着进步主义的民主精神。

1910年，波士顿"大都市公园委员会"主席威廉姆·德拉斯卡萨斯（William B.de las Casas）在文章中写道："波士顿的天然地形并不适合为大量人口所使用。它是那样的一个半岛，几乎是一个孤岛，突兀地矗立在由三个椭圆形冰丘构成的小山中间的海湾上。它的周遭是相似构造的岛屿与半岛，彼此之间相互隔绝，中间是河流与港湾，以及大片绵延的沼泽，曲折延展至周围那些几乎完全是岩石的山岭上的冰河期斜坡。"[①]然而日渐膨胀的人口压力与工商业的繁荣迫使波士顿寻求一切方法突破自然的限制。通过填平湿地与合并土地，19世纪末的波士顿市区人口升至近45万，面积近90平方英里，是美国最大的工业、商业、港务城市之一，同时也是北美的文化中心。

但是波士顿城市扩张的步伐并未就此停滞，它将周边的城镇、乡村纳入其发展网络，在19世纪80年代形成了波士顿都市体系。艾略特在1896年写道："在波士顿周围与波士顿一起形成了一个所谓的都市地区，其中有37个分离独立的行政区划，包括12个'城市'和25个'镇'，它们基本上全部或者部分处于以州政府（the State House）为中心，半径11英里的范围内。这组城镇的人口大约为100万，可征税财产总额为10亿美元。"[②]这些城镇依靠便捷的道

[①] William B. de las Casas, "The Boston Metropolitan Park System," *Annals of the American Academy of Political and Social Science*. Vol. 35 (March 1910): p. 64.
[②] Charles Eliot, "The Boston Metropolitan Reservations," *The New England Magazine*. Vol. 21 (Sept. 1896): p. 117.

路、交通被连为一体,彼此之间的经济关系密不可分,人员往来极为频繁。同样可堪注意的是,它们在城市生活的很多其他方面也有着共同的利益。波士顿都市公园体系委员会的报告指出:"在一个由大城市及其远近郊区组成的大都市地区——一个如伦敦、巴黎、纽约、芝加哥以及类似而规模较小的波士顿这类地区——除了有对政策、排水、供水、交通方式的共同需要和利益外,还应加上空地保留区(open-space reservations)。"[1]因此,正如巴克斯特所言,波士顿作为一个都市"虽然被政治的线条分割成许多城镇,但是就其社会层面的意向及目的而言,这一地区在本质上是一个共同体"[2]。

与都市社会这个共同体相比较,一个更加无法以简单的行政区划所分裂的共同体则是处于都市中的土地本身。在大波士顿行政区划地图僵硬笔直的线条之下,是横亘的山峦、嵯峨的岩群、蜿蜒的河流、曲折的海岸线。它们的存在并不受人为边界的约束,往往跨越数个城镇。如最先纳入波士顿都市体系的蓝山自然保护区(the Blue Hills Reservation),占地7000英亩,穿越昆西(Quincy)、戴德海姆(Dedham)、米尔顿(Milton)、伦道夫(Randolph)4个行政区域,但是由其间的植物、动物、土壤、水流等所构成的系统却是一个完整的自然经济体系,与近在咫尺的人类生活息息相关,却又独立于人类社会的政治、经济秩序。再如米德尔赛克斯岩山(Middlesex Fells),总面积约3000英亩,其岩山、草地、湿地、橡树与胡桃木森林、湖泊、池塘等等散入梅德福(Medford)、温切斯

---

[1] "The Report of the Board of Boston Metropolitan Park Commissioners," *Boston Metropolitan Park Report*: p. xxi.

[2] Sylvester Baxter, "Secretary Report," p. 3.

特（Winchester）、斯托纳姆（Stoneham）、梅尔罗斯（Melrose）以及莫尔顿（Malden）5个城镇，与蓝山保护区一般，它的自然边界与人为边界全不相干。

因此，如何保护、管理这些处于数个行政区域之间或者边缘的自然地带，是艾略特、巴克斯特等人所要解决的问题。巴克斯特在他的报告中指出，大波士顿的公共空地（public open-space）分布极不均衡，南边遍布公园、植物园，然而在北边，却全不见这类空地的踪影。造成这一状况的原因简单然而耐人寻味。南边集中了他们的财富与权力，形成一个单一行政区域，因此可以自行支付建造城市公园的费用；然而北边的人口虽则占到总数的一半，并且成更迅猛的上升趋势，但是被政治而非自然的边界分割成多个小型社区，因此不能实现这类公共空地的设立。巴克斯特同时看到存在于城镇与城镇之间的经济利益冲突与各个城镇的地方保护主义，令他们无意或者无力承担跨越本市边界的公共事务；而马萨诸塞州县（county）一级行政单位的权力衰微，也无资金与人力在本县的数个城镇之间建立各类公共空地。

在此情况下，艾略特于1891年组织成立了公共保留地托管委员会（the Trustees of Public Reservations），全美第一个州一级自然保护机构。它的性质是半私人的，它通过捐赠、购买等方式保护马萨诸塞州，特别是以波士顿沿海地区的历史景点和自然景区，抵制私人与公司的开发，使它们为公众使用。[①]但是，艾略特很快意识到

[①] 这是世界上第一个同类性质的组织，英国的土地托管委员会直接受到该委员会的启发，四年后在伦敦成立。详情可参见Gordon Abbott, Jr., *Saving Special Places: A Centennial History of the Trustees of Reservations: Pioneer of the Land Trust Movement*, Ipswich, Mass, 1993.

该类机构虽然在小型公共空地的设立上甚具效率，但是对于上千英亩或者数千英亩自然景区的保护、管理上仍然力有不逮。因此，在他于1892年写给临时都市公园委员会主席查尔斯·亚当斯的信中，艾略特指出这类大型公共空地的设立"强烈呼吁整个都市共同体的努力"。[1]

　　社会的、自然的、政治的、经济的数重原因使得以都市为尺度的公园体系的设立成为必然，而城市化、工业化生成的新技术则使如此体系的出现成为可能。在此中间，最为显著的是交通技术在19世纪后期的大发展。位于美国经济最发达的东北地区，火车在19世纪后期已成为连接大波士顿各个城镇并被广泛适用的交通工具。电车的出现是快捷、廉价交通的另一标志，其线路在进步主义时期已经伸入城市的各个角落。对大波士顿的城镇居民而言，蓝山、米德尔赛克斯岩山，林恩森林（Lynn Forests）等位于波士顿周边的充满野性的地带，不再遥不可及。

　　虽然各类便利的交通设施大大缩短了城市居民与位于城市边缘地带的自然风景区之间的距离，但是同时也加快了都市这个庞然大物侵蚀自然空间的速度，其中房地产开发业对自然的鲸吞蚕食最为显著。这个城市化过程的标志性产业不仅使许多原本处于公共土地上的自然风景变为私有产业，而且在所谓的发展中彻底毁灭了无数佳山好水。巴克斯特在他的报告中警告道：波士顿"很有可能变为一片由房屋、工厂、商店构成的广阔沙漠，覆盖淹没这块土地上的自然风貌，如同自海岸前行的沙丘线，倾覆毁抹着树林与田地。这

---

[1] Charles W. Eliot, *Charles Eliot: Landscape Architect*. Boston; New York, Houghton, Mifflin, 1912: p. 381.

个很难为一块绿洲所拯救的人类沙漠,正在更大范围地威胁这片自然的美丽地方。"①

建楼在时人看来是衡量城市进步的基本标志,巴克斯特的声音恰恰代表了他的同行者对风行的城市进步观念的质疑。波士顿都市公园体系终极目的仍然是改良城市环境,但是它的改良是对大波士顿之中各具风格的空地的保留与恢复。在1897年,巴克斯特撰文《波士顿如何使它的公园形成体系,给美国所有城市的经验》,发表于《世纪》(The Century)杂志。他在文中写道:"明智的发展,而非从前的肆意扩张,应当是当今时代市政活动的目标。现代科学已将实现如此发展的必要手段,与环境所需要的本地知识一道放入我们的手中。市政发展的所有计划都应适应地形的要求,在决定这片景观环境的永久风格时,应当聪明地考虑运用这一地点的自然特点,这是至关重要的。"巴克斯特接着指出,与其他东海岸大城市不同,波士顿水绕山环,城市不易扩张,因此虽经300年的开发,仍然在距离城市触手可及的位置保存大片尚属自然的风景:"(它)是一个位于岛屿棋布的海湾之上的城市,数条河流的入海口伸入异常多样化的地形;与纽约不同,这个区域并非以面积广大著称,然而在它那点缀着山丘峡谷、树林沼泽的迷人风景中有着宏阔而自由的魅力,它还拥有许多湖泊与各样清澈的溪流,在它的边缘便是大海,曲折的海岸线上有闪亮的沙滩,间杂着峭壁岩岬——一片被人类近300年的栖息协调柔和的区域。"②

---

① Sylvester Baxter, "Secretary Report," p. 3.
② Sylvester Baxter, "How Boston Has Systematized Its Parks, A Lesson for All American Cities," *The Century*. Vol. 54 (Oct. 1897): p. 952.

如此地理环境使得波士顿大都市公园体系具有区别于以往城市公园的特点。它虽然也有更为人工化的景观，如波士顿中心绿地和联邦大道，但是它所涵盖的内容远不止于此。当时美国的城市公园大多是在城市钢筋水泥的夹缝中重建的仿自然的空间，如纽约中央公园，无论是其原本的土壤结构还是植被状况，均是在无可奈何下退而求其次的结果，并不适宜城市公园的建立。然而，波士顿大都市公园体系主体的基础是由当地的空气、土壤、地形、动植物等自然元素构成的生态体系。虽然艾略特、巴克斯特等人清楚地知道如斯景致同人类活动之间已然不可分割，是被"协调柔和"的风光，但是自然仍然是塑造这些风景的根本动力，而波士顿大都市公园体系正是要以人力来协助自然保留这些美景。

因此，在艾略特呈交给临时委员会的报告中，他指出基于波士顿的地理环境，这个大都市公园体系中应当包含五个基本部分。第一，沿海地带的空地；第二，海湾上的岛屿与沙滩；第三，数条河流入海口的潮滩沿线；第四，在人居的边缘地带的两到三个宽广的野生森林；第五，在人口密集处的无数小型广场。

1893年，艾略特与巴克斯特的报告促使马萨诸塞州通过设立波士顿大都市公园体系的立法，州政府为之提供资金支持，由都市公园委员会负责该工程的实施。一方面，如前文所分析，一个大都市公园体系超越了市、镇一级的单一行政区划的范畴，而作为一个都市区域，大波士顿并非是一个真正的行政概念，因此无法由一个城市政府或者数个地方政府管理这一公园体系。另一方面，在倡导这一体系的进步主义改革者看来，一个公园体系的成熟是个漫长的过程，需要数十年，甚至上百年的时间使之趋于完善，然而政治却充满着变数与暂时性，无法保障该体系所需要的长期稳定。因此，一个游离于地方政治之外，不受政治不确定性因素左右，然而又得到立法支持的都市委员会正式出现。正如巴克斯特在文章中指出："我们所需要做的是将这些散乱各处的各类公共土地连接起来，让它们便于使用，……将它们置于统一的管理下。而最佳方式便是所提议的都市公园管理机构。"①

这个委员会与传统的委员会有极大的不同。首先，它逾越地方政治的边界；其次，也是根本的差异，这个新的都市公园委员会强调专家，即景观设计师的权威。传统委员会的构成往往是地方的政治、商业与知识精英，他们对其所管理的事物经常一无所知，专家反而为他们所制约。以1897年任命的纽约市公园管理委员会为例，四个委员中间，两个是地方政客，同时投资房地产，一个是建筑商，还有一个是银行家。他们非但对公园管理毫无专业知识，而且在很多情况下，会因为商业或者政治利益而罔顾公园的完整性。

然而波士顿都市公园委员会从设立之初便力图避免这一误区，年轻的景观设计师艾略特与对城市设计深有造诣的巴克斯特被分别任命为总设计师与委员会秘书，在资金预算、地理勘察、边界设定、道路修建甚至于植物的选择、种植、修整等各个方面都被赋予最大的自由。正如当时环境保护运动的权威刊物《园与森林》杂志所言："一个单个的公园应当是一件有序的艺术作品。而一个拥有各类户外活动设施的公园体系，如果它合理地满足所有阶层所有年龄的不同需要，则需要更多的研究。在这里波士顿为所有的城市树立

---

① Sylvester Baxter, "The Boston Metropolitan Park Movement," *Garden and Forest*, issue 207 (1892): p. 62.

了一个典范。在购买哪怕一英亩土地之前，专业人士已被任命。他们不仅仅在公园选址等宽泛问题上被征询意见，而且在对整个问题做出完整研究后，他们选择了这些地点并且框定了它们的边界。"①在此后发表的数篇文章中，《园与森林》一再指出，波士顿都市公园体系在很多方面都可成为后世城市公园之蓝本，然而它最值得称道的地方在于对专业园林景观设计知识毫无保留的信任与运用。

这一特点所体现的正是19世纪后期这个专业化时代的气质。伴随学科分类的日趋细化，大量新兴专业开始树立风纪，寻求社会认可，而进步主义改革的一大主题便是承认这些专业，如工程师、医生、律师等职业在政府及社会中的权威，进而建立城市化时代的社会秩序，一个强调效率与理性的严密体系。景观设计（landscape architecture）便是众多新兴的专业之一。在19世纪后期，美国景观设计师开始廓清他们专业的范畴与原则。在艾略特于1897年写给朋友的信中，他定义道："景观设计包括涵盖了景观工程（engineering）、景观园艺（gardening）与景观林业（forestry）"，它意味着"对地表上所有为人类的实用与所需要或者渴望的事物的设计与安排"。②

作为忠诚的进步主义改革者，艾略特等人在设计波士顿都市公园体系的过程中，对实现公共利益的热忱是他们在专业化之外的另一层坚持。他们期望在其公园中，人们将呼吸同样的气息，享受同样的美景，阶层、宗教与教育程度之间的界限将暂时消失。如此的民主平等理念也成为日后艾略特等人设计波士顿都市公园体系的动

---

① Editorial, "Park Lands and Their Boundaries," *Garden and Forest*, issue 452 (1896): p. 421.
② Eliot to Mary C. Robbins, Dec. 2, 1896, Charles Eliot Collection, Frances Loeb Library, Harvard Graduate School of Design.

力，他们认为如此体系的出现正是为了防止那些应为社会共享的自然山水被少数人占有，它的服务对象应当是社会的各个阶层，特别是工人阶级与城市贫民。艾略特指出，波士顿都市公园委员会的建立"证明了一个伟大而复杂的美国民主对于实现美的有效性与公共空地的价值而言，是生机勃勃的；同样，这一民主也有合作的能力与远见卓识，为了它所信仰追寻的目的而尽心竭力……"①。正如巴克斯特所言："在一个民主的共同体中，没有什么太好以致普通人无法拥有的事物。"②波士顿都市公园体系将自然之美与民主理念结合起来，将前者引入一个公共的领域，在物质上，它完全免费向公众开放，在理念上，它打破欣赏自然之美是社会精英的专利的偏见。在塑造大波士顿都市环境的同时，它也在重新塑造社会各个阶层对自然、美的认识与感悟。

　　它的设计者与倡导者并不希望他们的公园是一块或者数块孤独的空间，与它所身处的都市文明格格不入，甚而尖锐对立。与之相反，他们虽然认为都市公园的存在将给予都市人群在他们习以为常的环境之中无处寻见的自然以及蕴含其中的静谧、单纯与自由，但是他们仍然将公园视为都市文明不可或缺的组成部分，认为它体现了一个开放的、包容的、文明的真谛。正如《园与森林》中的一篇文章所言："公共公园对城市健康、舒适与道德的意义同纯净的水源与良好的排污系统一般重要……没有它们，就如同没有医院、图书馆、博物馆、大学以及教堂一样，一个文明的社区将不再繁盛。"③

---

① Charles Eliot, "The Boston Metropolitan Reservations," p. 122.
② Sylvester Baxter, "A City's Small Pleasure Grounds," *The Century*, Vol. 55(Dec. 1897): p. 315.
③ Editorial, "Small Parks for New York," *Garden and Forest*, issue 380(1895): p. 222.

艾略特等人力图将自然从公园的边界中解放出来,将它的范围与对它的想象延伸入整个都市文明。

为了实现这样的理想,他们奔走呼吁保留与发展城市中间与城市之外具有自然风光的公共空间。这样的空间不仅有可能被经济开发的洪流吞噬,沦为工厂、店铺、停车场;也有可能变为社会中上阶层的私有财产,风光如旧,但已然竖起"闲人免入"的标牌。在19世纪的后半叶,这些城市自然化改革者不懈地同来自两方面的威胁抗争,游说政府,联合其他媒体,鼓舞公共舆论。与此同时,他们一再强调这些空间的开放性与公众性,它们必须完全免费,周边必须设有各类廉价便捷的交通设施。唯有这样,"所有人,不分贫贱,都将呼吸同样的自然与艺术的气息,享受同样的风光,没有嫉恨,没有冲突"。

天真?或者如此。但是所有的社会改革者在不同的程度上都是天真的。而正是这种天真的追求推动了城市中间上千个公园的修建和数万英亩自然风景的保护。很多社会活动者仍然在批判这些城市自然化改革者心心以求的自然之美是中产阶级自己的美学想象;一些荒野的热情拥抱者认为他们在城市中所包纳的自然,是文化的产物,虚妄的假象。但是即使是这些批评者也无法否认,这些具有早期环保意识的城市改革者的所思所为并非抽象的理论或者文艺的幻想,而与城市中间每个人的日常生活体验息息相关。从街道两旁的亭亭绿树到草茵松盖的城市公园中,我们可以看到他们细心构建的生态逻辑;而从成千上万来自不同种族不同阶层的城市公园的访问者身上,我们可以看到他们力图实现的社会公正。

第三部分

扩张的城市

第四章
没有边界的城市

楔子：万岁，拉斯维加斯！

《万岁，拉斯维加斯》(*Viva, Las Vegas*)无疑是美国电影史上最性感的歌舞片。炫动的骰子、飞转的车轮、五光十色的霓虹灯、高耸入云的大酒店，还有弹着吉他的猫王、轻扭髋部的安·玛格丽特，爱情、欢乐、歌声、舞蹈，在这个年轻而绚丽的城市中，一切梦想都有可能实现，一切冒险都会得到回报。这是拉斯维加斯，是一个将夜晚过成永恒的城市。但是夜晚终究无法留驻，在一夜狂欢之后醒来的清晨，当熹微的晨光染亮远方褐色的地平线，这个在夜晚流光溢彩的城市突然间变得色调晦暗、苍凉静穆。天空如水晶般澄澈，连绵不断的内华达山脉如同拉斯维加斯的幕布，城市的剪影映衬着坚硬的红褐色岩石，其上没有一棵树、一茎草，用粗粝的质地告诉这个城市的来访者，他们身处沙漠。

电影中，安和猫王驾驶直升机飞跃胡佛大坝，安兴奋而骄傲地告诉猫王这个痴迷于赛车的中部小镇青年："看，胡佛大坝，这是新的世界奇迹！"这位窈窕的红衣女郎出生在这座城市,她的父亲,为联邦垦务局所征召,来到西南部沙漠,与一队数量以每周五千人增加的劳动大军一道,将340万立方码的水泥灌入奔腾不羁的科罗拉多河中,令一座巨大的拱形大坝嵌入安山岩峡谷的石墙,造就了现代的工程奇迹,也开启了拉斯维加斯这个现代的城市奇迹。①

所谓奇迹,便是在不可能之处创造不可能之事,拉斯维加斯便是这样的一个奇迹。这个城市正式建制于1905年。虽然所有的美国城市与旧大陆城市相比,大多是年轻的,但是拉斯维加斯尤为如此,它诞生于20世纪初,而真正的发展始于20世纪下半叶。它的传记作者哈尔·罗斯曼视此城为后工业时代的怪诞典范:"它没有肥沃的土地,也没有丰富的矿脉;铁路不在那里汇集,高速公路原本也没有贯穿此处。银行不会找上拉斯维加斯,发展商也没有将此塑造成下一个天堂,企业集团没有来到沙漠建立新的总部,普通人当然也不会来到这里找寻一片小小的绿洲安身立命。"②它甚至不像南加州,虽然干旱,但是由于太平洋的调节,有着宜人的地中海式气候,可以顺其自然地向有钱有闲的中产阶级贩售其休闲度假方式。③这个城市原本更可能的归宿是一个挖矿热退烧后被遗弃的中转小镇。它身处莫哈维沙漠,全世界最热最干的地方之一,如果说整个

---

① 唐纳德·沃斯特著,侯深译:《帝国之河:水、干旱与美国西部的成长》,南京:译林出版社,2018年,第242—244页。
② Hal Rothman, *Neon Metropolis: How Las Vegas Started the Twenty-first Century*. New York: Routledge, 2002: Preface and p. 3.
③ 关于南加州都市区如何利用其天然资源,打破干旱的魔咒,形塑现代美国生活方式,重新定义城市功能的研究,参见 Lawrence Culver, *The Frontier of Leisure: Southern California and the Shaping of Modern America*. New York: Oxford University Press, 2012.

美洲是提供无尽丰饶的第二地球，莫哈维沙漠则可以燃尽所有关于不竭神话的热情，令之彻底幻灭。因此，拉斯维加斯人有值得自豪的充分理由，毕竟他们头脑敏锐、行动迅速，认识到二战之后的美国在消费方式和文化心理上的巨大变革，他们把对西部的怀旧，对技术的狂热，对枯燥现实生活的逃避，对结束漫长无聊婚姻的渴望与对中产阶级向往并且可以承受的奢华完美地结合起来，充分利用空调和汽车，将这个已经被遗忘的沙漠旧镇打造成度假胜地。这个在罗斯曼看来能够"开启21世纪"的城市，似乎向整个世界宣告城市——人类最伟大的发明之一——的胜利。

在整部影片中，安和猫王尽情地享受着这座奇迹城市带来的所有兴奋，释放着青春的多巴胺，而最终，安告诉猫王，她想要一棵真正的树。当浪子醒悟，抱得美人之时，他们回归了美国人对家庭的渴望，一个安定的社区，一座属于自己的房子，前后院铺满茵茵的草坪，几棵大树如盖成荫。人们想象中的拉斯维加斯，大多是拉斯维加斯大道南部绮丽而魔幻的赌场、歌舞、喷泉、模仿秀，结婚（与离婚）的便捷通道，一个类似于二次元的超现实世界。在其霓虹灯闪烁的表面，它似乎是一个与其他为工业秩序所规训的城市截然不同的所在，但是穿透炫目的光环，拉斯维加斯同任何其他城市一般，是一个切切实实的现实世界，甚至于同其他美国大城市相比，它是一个需要在最严酷的自然环境中争取生存之可能的世界。那些从世界各地慕名而来的游客，大啖赌城的海鲜大餐，在老虎机与轮盘赌前雀跃沮丧，可能鲜有人希望看到或者关心这样的现实。而同时，在那个大都市区生活着220万人，其中大部分人如同每一个中规中矩的城市居民，吃饭穿衣，朝九晚五，经营着电影中安所渴望的居所与生活。在这片沙漠当中，如此生活来自何处，如何维系，则是他们不得不直面的问题。

或者，对这个问题的最直接答案是以赌场为核心的娱乐业。的确，与大部分城市不同的是，拉斯维加斯是一个不事生产的城市，它的崛起与迅速发展并非贸易，也不是制造业，更不是如芝加哥、堪萨斯城那般成为农产品的集散地。这是一个最鲜明地体现"娱乐至死"精神的城市，它刺激的是人类原始的感官冲动，性欲与贪婪；反讽的是，在它无比忠实于肉体现实的同时，又是对肉体所依存的现实世界的拒绝与回避。当然，城市的经济史家不会满足于这样的答案，他们会力图揭示此处资本运转的实质，它同洛杉矶都市区、美国乃至世界资本之间错综复杂的关系。社会史家则会看到令这个城市的骰子旋转的劳动力，他们的族裔构成、遭遇、制度，这个城市光鲜外表下的社会不公与歧视。然而，作为一个环境史学者，他可能首先会思考的是其他历史学者视而不见却是这个城市得以生存的关键性元素——水。无论这个城市是极乐之地还是罪恶之都，无论一个人是匆匆过客还是永久居民，无论他是一掷千金的阿拉伯大亨还是身无分文、深陷毒瘾的流浪汉，水都是最基本的需要，然而对于拉斯维加斯而言，它从来不是理所当然的存在。在赌场的自助餐吧与游泳池边，它制造了充裕的假象，但是对于切实生活在那里的人而言，匮乏是冷峻的，是他们每日都必须与之对抗又同时适应的现实。[1]换言之，拉斯维加斯从未摆脱沙漠对它的诅咒。

---

[1] 缺水的问题在美国西南部长期存在，但是在20世纪90年代之前，除了少数有远见者，公众与政府普遍的共识是技术可以克服自然的匮乏，为西南部的城市与乡村带来足够的水源。90年代之后，技术的迷思慢慢退却，水问题愈趋严峻，建立于1991年的南内华达水资源管理局（Southern Nevada Water Authority）

最初的拉斯维加斯是一个为沙漠的生存者与旅行者提供水的所在。"拉斯维加斯"在西班牙语中意为"草地",这是莫哈维沙漠中的一小片绿洲,生活着盘羊、郊狼、狐狸、蝙蝠、秃鹫、蝮蛇及各种昆虫。派尤特人(Paiutes)在过去的2000年间,无数次饱饮它的沙漠泉水,在它低矮、多刺的野草与灌木中追逐大蜥蜴,采摘野洋葱。如同大部分西部小镇,在天主教的西班牙人之后,最先到达的是虔诚的摩门教徒,此处成为连接其大本营——盐湖城,与洛杉矶的休憩点,吸引他们留驻的是这里的泉水。① 而后,摩门教徒离开,前往洛杉矶的行旅仍然会在此处休憩,因为此处有着可靠的水源供给。在盐湖城与洛杉矶的铁路开通之后,它仍然因为其沙漠绿洲的地理位置而成为一个小小的中转站。

　　令拉斯维加斯从一个水供给者变成水攫取者的转折点发生在1935年胡佛水坝的竣工,事实上,应该更早。从西部开始大规模

便是对此问题的回应。但是,对于谁是此处最浪费的水消费者一直存在争议,SNWA认为本地的居民耗水量,特别是草坪灌溉的耗水量远大于酒店和赌场支撑的旅游业,然而民间很多声音认为这是SNWA为了追求经济增长,规避责任的托词。参见: Alex Prud' homme, *The Ripple Effect: The Fate of Fresh Water in the Twenty-first Century*. New York: Simon & Schuster, 2011. 亦可参见: "Fear and Water Us in Las Vegas," https://blogs. lt. vt. edu/adameen1/tag/las-vegas/, 2020年8月21日登陆。本章不拟就此争论展开讨论,而是希望通过回溯拉斯维加斯的历史,思考城市与广阔的生态系统之间的联系。

① 摩门教徒在其创始人约瑟夫·史密斯被杀后,开始西迁,在摩门小径(the Mormon Trail)向西推进的过程中建立了一系列西部小镇。他们是最早在西南部实施灌溉农业的白人,但是由于资本和技术的原因,最终无力控制科罗拉多河。摩门教徒对美国西部的自然世界产生了巨大的影响,但是关于他们的环境史研究一直相对散乱。在2019年出版了一部摩门教环境史的论文集,是目前对摩门教从其信仰、实践、经历等各个角度研究其环境经历的最全面著作。Jedediah S. Rogers and Matthew C. Godfrey, *The Earth Will Appear As the Garden of Eden: Essays on Mormon Environmental History*. Salt Lake City: University of Utah Press, 2019. 关于摩门教徒的灌溉农业,见沃斯特:《帝国之河》第三章中《上帝的河狸》一节。

开发灌溉农业，让沙漠如玫瑰花般绽放开始，拉斯维加斯，或者另一个类似地方的命运就将被改写。罗斯曼说拉斯维加斯没有腹地，而事实上，拉斯维加斯令整个西部的农田、牧场与果园成为它的腹地，也令科罗拉多河成为它的水源。它的霓虹灯、老虎机、喷泉秀完全仰赖胡佛大坝的水力发电；它琳琅满目的糕点、水果、牛排同样依靠在干旱地区修建的一条条引水渠而成就的灌溉农业；最为重要的是，日常生活在彼处的220万人，还有每年千万计的游客（2019年的游客总计4200万人），他们需要水，大量的水，饮用、洗漱、灌溉草坪、饲养宠物、注满游泳池。在1970年之前，拉斯维加斯本地的水源尚且能够满足日常与旅游的需要；然而，伴随这个城市的爆发期的到来，90%的日常供水来自胡佛大坝身后的人工蓄水湖米德湖，它使得科罗拉多河成为其水腹地。反讽的是，当这个城市的生态与经济影响力愈行愈远之时，它的生态独立性也逐渐消失。

现有的所有研究都表明，科罗拉多河在不断地萎缩，其河流体系"正在面对该盆地有历史记录以来最恶劣的干旱。在2000年1月，该河最重要的蓄水库之一——米德湖水位下降了大约130英尺【约40米】"①。这条北美大陆上最狂野、最自由的河流在与20世纪的资本、技术与开发的决心的同盟的角力中，节节败退，似乎美国终于在此河上完成了自身的"天定命运"，实现了对自然的征服，然而，这条河以匮乏的状态警醒陶醉于胜利的人类。而后，拉斯维加

---

① 所有关于拉斯维加斯用水与科罗拉多河的干旱的数据来源均来自南内华达水资源管理局网站。https://www.snwa.com/importance-of-conservation/responding-to-drought/index.html，登陆时间2020年8月23日。

斯将何以为继？

德国生态学家沃夫冈·哈勃认为人类在文明与技术的进步中将自身引入数种"生态陷阱"（ecological traps）而不自知，设置、挖掘这些陷阱的是人类对其他生物与非生物的优越感，其基础建立于五个方面："对需要使用燃料的火的掌握；对食物以及其他生物物质的掌控性生产；因建筑或电器的目的而对金属与其他非生命材料的使用；技术决定的、城市导向的生活标准；经济与文化调控的社会组织。"① 在这里，哈勃点明了关于现代城市的一个重要意涵，即城市不止于一个在其行政边界内运行的实体，也是一种生活方式、消费理念，而由此构成了一种不同于农业社会的生态关系。在坚定不移的增长理念的驱使下，通过技术的加持，新的生态关系打破了自然的节律与极限，将不可能之物转化为资源，在不可能之地建造了城市，然而拉斯维加斯的存在在宣告技术与资本主义意识的胜利的同时，也不断提醒着人们一个根本性的事实，即使在最发达的国家中最超现实的城市，也需要水、食物与能源，它们有着远比支撑一个村庄或者一个传统城市多得多的物质性需求。这也令城市陷入更深的"生态陷阱"，处于一种更加脆弱的状态。

如果说在北美大陆上，自然曾经以健康的、多元的、丰饶的"第二地球"展示其壮伟的存在；那么在一轮轮同新至的人类及其意识形态的对抗之后，看似已被驯良的自然用洪水、飓风、地震、山火等巨灾大难，或者是病毒的蔓延、土壤的退化、物种多样性的

---

① Wolfgang Haber, "Energy, Food, and Land-The Ecological Traps of Humankind," *Environmental Science and Pollution Research-International*, Vol. 14 (2007): pp. 359-365.

消失、资源的衰竭等虽然缓慢但是更为普通的危机告诉人类，它始终拥有自发的、不羁的力量。本章的重点不在于重复人们已经熟悉的城市对于自然的劫掠破坏，而在于捕捉在这片土地上由于城市的扩张而发生的生态悖论，思考资源不竭的神话所激发的美国人对于城市应有之义的追求，考察匮乏与灾难的现实所促生的努力与转型。与城市对于自然的物质性需要同样重要的是，所有的城市对于自然都有着某种情感需求，虽然在不同的时代与地区，满足此种需求的方式可能大相径庭；在美国，它有了某种特殊的表达——荒野，这也正是生态悖论的回路中最饶富兴味的一环。

一、移民纷纷而至

衡量一个城市的兴衰有很多方式与标准，在现代国民生产总值的概念诞生后，GDP以及与之相伴随的一系列精准数字成为惯用的主要指标。但是，越来越多的城市学者、社会学者，毋庸提历史学者，文化分析者发现数字的干枯无力，认为它们看似客观，实则遮蔽了个体生命的历程，甚至在某种程度上扭曲或者至少窄化了对历史和现实的认识。当学者们将城市作为一个单位来进行考察时，他们中的很多人呼吁，判断一个城市是否拥有活力，需要走出数字的牵制，去观察普通人的生活，医院、图书馆、博物馆、公园等公共设施的使用，各类文化活动的普及程度，不同层级教育对于城市中各个群体的可获取程度。不过，无论是以数字核算城市的状态，还是以文字描述城市的起落，人都占据了城市研究的核心，他们的数量、族裔与阶层，他们的生息、活动与渴望。城市无法离开人而存在，它需要人，很多人，生产的人，服务的人，消费的人，离不开吃喝拉撒、纠缠于爱欲繁殖的人，远望星空大海、思考诗与远方的人。只有人达到一定的数量与密度，城市方能存续、繁荣，创造财富；虽然城市环境史的意义在于强调人无法独力创造城市，更无法脱离自然而维持城市的有效运转，它同样需要去考察这些人，他们的环境过往，以及将他们同城市连接在一起的生态纽带。

美国是移民的国家，美国的城市是移民的城市。有些移民先至，有些后来；有些永久定居，有些只是匆匆过客；有些漂洋过海，有些在内部迁移；有些是盎格鲁-撒克逊人，有些是爱尔兰人、东南欧人或者犹太人；有些是白人，有些是非白人。移民史学家往往更关怀他们抵达美国（或者北美殖民地）之后在一片新的土地上为了生存并壮大而付出的努力与挣扎，进行的杀戮与破坏，遭受的奴役与歧视。导致他们迁徙的原因则被笼统归入短短数行文字，不外乎长期战乱、政治压迫、经济萧条、灾难饥荒；当然，在微观尺度上的移民研究不乏对个体原因的细致分析，例如宗教、自由、财富、爱情、潜逃。

生态原因夹杂于形形色色的时代与个人动因中，即使在环境史学者笔下也经常仅被一带而过，而如果重新检索自殖民时代以来的每次大型自主的移民潮，则会发现其背后往往存在深刻的生态驱动力，迁徙是这些最终决定背井离乡的移民们对故乡紧张的生态关系所做的回应，也是他们对将至之地自然财富之渴望的反映。他们的起点往往是农村，在离开故土时，因为其自我认知与生存技能，他们期待能够在新的大陆上找到新的土地，以农民的原有身份在陌生的大地上继续自己熟悉的生活，然而，他们的归宿大多是城市。迁徙的人群构成一条巨大的生态环路：移民在故土生态压力的迫使下迁移来到城市，当他们充满城市，其需求超越了城市近郊的生产能力，他们开始向更空旷处寻求新的契机；新的农场、牧场、种植园与果园，为了满足持续增长的城市市场需求，对土地进行更为严苛的开发，而后，新的环境问题出现，人们再次转向城市谋求生计。自1800年以来，如此生态循环成为美国社会与文化转型的基本动力之一。人口压力导致生态危机，生态危机促发移民潮，移民潮加剧城市化，城市化带来新的生态危机与人口压力。不过值得注意的是，这是一个开放的循环，纾解压力与转化危机的途径伴随环境、文化、技术与权力的变迁而发生转变。

城市深刻地嵌入这个生态环路当中，始终扮演着多向性的角色。它既是蜂拥而至的移民的接收器——或者如芒福德所言的容器，以工作机会与批量生产缓解乡村所承受的巨大人口压力；又是酝酿环境问题的渊薮。这表现在两个方面：一方面，为了维持城市的运转，供给日益增多的人口的生存和不断扩张的消费欲望，需要从其腹地攫取大量资源，包括食物、水、燃料和其他原材料，从根本上改变了那些地区原有的生态系统；另一方面，为了迎合城市的消费需求和生活质量，其腹地必须承受大量城市的排泄物，加剧了城市之外的区域——乡村、森林、沙漠、海洋、大气的环境压力。因此，唯有明晓这个生态循环的运行，方能明晓由移民所牵动的各层关节，明晓美国城市的运转与演化。

在19世纪中叶由爱尔兰移民掀起的移民大潮，清晰地呈现出这场生态循环的回路及其对美国社会与文化的改变。这些衣衫褴褛的移民身后是人们所熟识的爱尔兰"马铃薯饥荒"（Irish Potato

Famine，1845—1849年），或者在英文中所称的大饥荒（the Great Famine）。①在这场饥荒中，100万人饿死或死于饥荒之后的瘟疫，超过100万人选择了移民，后续移民源源不断，从根本上改变了爱尔兰的人口构成。与中国历史上的饥荒如发生在1877—1878年的"丁戊奇荒"相比，绝对死亡人数并不算高，但是当时爱尔兰的总人口不过840万人，这场饥荒成为欧洲现代历史上在和平时期发生的最大劫难。

爱尔兰在历史上从来都不是一个富裕的国家，普通人生活的日常止于"吃得上与吃不上"。事实上，在整个启蒙运动之前的欧洲，饥饿也是一种常态，对于童话与仙境的想象总是围绕满溢着厚厚油脂的烤鹅大餐而展开，匮乏是"第二地球"的发现与充分使用前旧大陆的基本生态现实。②然而，"爱尔兰马铃薯饥荒"并非是单纯的古老匮乏梦魇的重复，虽然它有着古往今来，世界各处灾难的熟悉主题——无情的自然、无能的政府、贪婪的地主、苦难的农民，但是，它在很大程度上是丰裕的现代世界的产物，甚至可以说它开启了麦克·戴维斯所言的"维多利亚晚期浩劫"（the late

---

① 相关历史研究汗牛充栋，学者们穷尽爱尔兰土地饥荒的不同维度，一部分学者专注于分析其发生的经济、制度、政治、生态原因及其对爱尔兰的影响。另一部分学者则将重点置于爱尔兰移民研究，他们如何抵达，个人的经历，爱尔兰劳工在美国的生存状况，他们对美国政治文化与社会、宗教的改变。对于爱尔兰移民和城市环境之间的关系尚鲜有研究。总体而言，海外移民环境史的研究一直重点关注他们对美国农、渔业生态的改变，移民的城市环境史研究则由于该方面环境史学者自身的背景和兴趣，侧重于意大利裔与拉丁裔，研究的重点在于社会公平与环境正义之间的关系。
② 达恩顿在《屠猫狂欢》中以法国和德国的童话为例对欧洲的饥饿状态有精彩的分析。罗伯特·达恩顿著，吕建忠译：《屠猫狂欢：法国文化史钩沉》，北京：商务印书馆，2014年，第一章。

Victorian Holocaust）。① 当然，被戴维斯称为"19世纪的秘密历史"的饥荒所指的是从1870—1914年期间在中国、印度、埃及、巴西等世界范围内数次出现的巨灾大难。造成这些饥荒的自然原因是由这数十年间厄尔尼诺现象诱发的大旱，而"马铃薯饥荒"的自然推手则是一种引发马铃薯晚疫病的致病疫霉（Phytophthora infestans）。但是，在表层的自然诱发因素之下，它们共享着更深层次的生态与经济逻辑。

戴维斯写道："百万计的人死去，他们并非身处'现代世界体系'之外，而是恰恰死于他们被裹挟进入其政治与经济结构的过程之中。他们死于自由资本主义的黄金时代；事实上，……他们中的很多人是被斯密、边沁、穆勒的神圣法则的理论应用所谋杀的。"② 在他看来，自由资本主义的扩张将现代世界体系的边缘地带纳入其商品经济当中，使之变成前者的殖民地，打破了它们自身的农业经济秩序，最终造成了辉煌的维多利亚时代阴影下的呻吟与苦难。③ 如此将散布于东西半球不同地域，却几乎同步发生的饥荒纳入全球经济与生态维度的讨论无疑具有强大的穿透力，也同当代思想对资本主义与殖民主义的严厉批判严丝合缝。此处并无意于为资本主义辩护，也完全赞同戴维斯对之的思考；但是，必须指出的是，戴维斯虽然看到了厄尔尼诺，承认它的狂野力量，却无心探讨更深刻的

---

① Mike Davis, *Late Victoria Holocausts: El Nino Famines and the Making of the Third World*. London, New York: Verso: 2001.
② Davis: *Late Victorian Holocausts*, p. 9.
③ 中国学者如郝平、夏明方在讨论"丁戊奇荒"时，也关注到华北农业的商品经济化和大饥荒之间的关系。参见郝平：《丁戊奇荒：光绪初年山西灾荒与救济研究》，北京：北京大学出版社，2012年。

生态因素，而将视线仅聚焦于远近靡遗的资本主义经济逻辑之上。他回避了从"爱尔兰马铃薯饥荒"到"维多利亚晚期"饥荒的另一面，人类自身的生物性本能——繁衍的渴求与能力，回避了在这些地区人口激增对土地造成的巨大压力，但是，正是在这个层面上，人类同自然的其余部分之间建立着最深刻的、无论处于任何一个时代都无法割裂的联系。

不过，即使这种联系亘古有之，并不意味着它是一成不变的；事实上，一切联系都会伴随着连接两端的主体的变化而变化，人类数量的增长与自然的其余部分所承受的压力也是如此。隐现于19世纪的"马尔萨斯幽灵"同盘旋在罗马帝国或者大明王朝的古老幽灵相比，已有了新的面目。"第二地球"发现的不仅是远隔重洋的土地与其上的资源，也是可以被运往旧大陆的矿产与物种。新物种为旧大陆世界带来的粮食丰收，支撑了人类繁衍本能的实现可能，从而维持了人口的持续增长。当这些物种，如马铃薯、玉米、红薯、南瓜在旧大陆被广泛种植之后，改变的不只是人口的数量，也从根本上改变了旧大陆原有的生态。曾经由于不宜种植而得以保留的多样性生态系统，因为新作物强大的适应性而被开垦、驯化，造成那些地区生态系统的进一步简化，进而改变了人和其他物种及其栖息地之间的关系。

与生态系统发生的巨大变化同步进行的是世界经济体系的变革，也就是被无数学者观察、思考、批判，或者赞美的资本将自然进行商品化的过程。驯化土地的主体不再是为求温饱的普通农民，也不仅仅是期冀通过开垦土地令一个地区归化，转移人口压力，获取更多税收的国家，位于遥远城市的无形资本加入了对土地的规训,甚至在很大程度上超越农民、国家,成为土地应当产出什么、以何种方式产出、产出多少的决定性力量。在过去数十年环境史家的书写中,这成为一个业已为人们所熟悉的过程,然而,既有的历史书写往往忽略的一点是,无论是生活在土地上,饱受重重剥削的农民,还是被劫掠、榨取的自然,都不是被动的受害者,他们有自身的反抗方式。詹姆斯·斯科特在《弱者的武器》中讲述了一种日常的、低姿态的农民反抗艺术,通过偷懒、开小差、装糊涂等卑微但是能够蚕食新的经济和法律秩序,挑战加诸其身的不公正。[①]但是,斯科特没有指出的是,繁衍本身是一种最为有效的弱者武器,在有意识的传宗接代与无意识的生殖本能的推动下,他们确保了自身免遭吞噬,得以存续绵延。但是问题在于,如此反抗方式同远方的资本,直接或间接的政治权力一起,共同增大了土地所承受的压力,最终身受其害。同样,自然也拥有自身的武器,以之反抗资本和国家机器的倾轧。换言之,资本的逻辑并不能畅通无阻地令自然予取予求,干旱、洪水、飓风、地震、土壤肥力的消失、作用于包括人体、庄稼、牲口在内的各种生物体的病毒都是自然对新秩序、新权威的对抗,经常地,它们迫使建立秩序的机构与制度做出调整,在极端情况下,它们与其他弱者一起,成为秩序的颠覆者。

爱尔兰马铃薯危机是一场具有典型意义的现代灾难。马铃薯是物种大交换之后,在旧大陆获取最大成功的物种。但是,驯化作物的繁衍不同于被蔑称为杂草的物种,后者在适宜的自然环境中可以迅速蔓延,甚至取代本地生物,成为入侵物种。作为人工选择的

[①] 詹姆斯·斯科特著,郑广怀等译:《弱者的武器》,南京:译林出版社,2011年。

结果，即使最坚韧的驯化作物仍然需要人力的呵护与推广，马铃薯从最初的小范围花园作物变成在爱尔兰被广泛单一种植的基础农作物，是人口增长、城市化与殖民化共谋的结果。爱尔兰的人口在饥荒爆发之前的一个世纪中增长了三倍，虽然人口的涨速在饥荒全面爆发前的半个世纪中开始放慢，但是如此迅疾的人口增长与土地骤然承受的压力之间的矛盾也在进入19世纪之后便已凸显。[①]不过此时，爱尔兰的危机已不再是爱尔兰的本地危机，如果说人口增长源自新大陆植物繁衍与本地凯尔特人繁殖的共同努力，危机的爆发则同伦敦、资本与帝国之间息息相关。在很大程度上，这场危机同时是大英帝国城市化与工业化的产物，是戴维斯所言的"维多利亚浩劫"。换言之，人口增长与马铃薯晚疫病或任何一种单一因素都不必然导致规模如此巨大的死亡与移民，爱尔兰的被殖民地位同这场大饥荒的爆发密不可分。

自《1800年联合法案》颁布之后，爱尔兰在政治、经济和生态上彻底变成英格兰的腹地。为了供应后者日益扩大的城市消费，爱尔兰的大片土地转为牧场，但是其上的产出却被运往伦敦、利物浦、伯明翰等英国城市；能够在边缘土地上生长的高产而耐寒的马铃薯既是解决国内食物压力的灵丹，又成为供给英国城市扩张、强盛的能源。如果说人们在成功驯化、种植马铃薯，甚至用这样的外来物种征服了曾经在同一片土地上演化了百万年的其他物种的问题上，看似取得了自然的合作，这种合作并非是确定的、牢固的。单一种植本就违反生态系统多样性的基本法则，因此当自然的反噬到

---

① Cormac O Grada, *The Great Irish Famine*. Cambridge: Cambridge University Press, 1989, pp. 5–7.

来之际，也充满席卷一切的摧毁力。整个欧洲都处于马铃薯晚疫病的动荡之中，它在很大程度上更成为1848年欧洲革命的生态因素，当时徘徊在欧洲上空的幽灵并不独共产主义一位。这场饥荒印证了马尔萨斯的理论，但是与马尔萨斯所提出的"积极抑制"途径中的饥荒、瘟疫、战乱相比，对身处马尔萨斯陷阱的欧洲人来说，一种自16世纪以来更为行之有效的抑制方式是向"第二地球"的移民，美洲尚处于未开发状态的自然成为这个漫长的生态链条的终点和一条新组链条的起点。

这场大饥荒迅速发酵了移民的骚动，从1846—1851年短短五年间，大约有100万爱尔兰移民来到美国，在整个1840年代，一半以上的移民是爱尔兰人，此后，从1850—1920年，爱尔兰移民源源不绝，总计有330万到370万人来到美国。这些移民并非最为贫困的爱尔兰人，最底层的人根本无力支付船费，或者已在荒年中饿病而死，但是大部分爱尔兰人在登陆纽约之后，已经没有经济能力继续迁移，因而大多选择城市定居。与此同时，美国东海岸的城市如纽约、波士顿、费城正处于飞速发展期，它们需要大量的劳动力和消费者，任何一个城市的鼓吹者都清晰地知道，资本的运转需要资源和劳动力，这才是城市存在的最基本物质现实。

爱尔兰马铃薯危机仅是整个19世纪新旧大陆的城乡生态循环中最极端的范例，事实上，去往新世界并非这场饥荒启动的梦想。18世纪初，北美大陆上已经有爱尔兰人的身影。但是，真正大规模的移民开始于拿破仑战争之后，伴随欧洲人口的飞速增长，北美大陆的土地与资源顺理成章地扮演了欧洲安全阀的角色。在饥荒爆发之前的30年间，已经有100万以上的爱尔兰移民来到美国。与他们同步大规模抵达美国的还有数以百万计的德意志人,除了19世纪40年代大饥荒爆发的年景中,德国移民的数量在19世纪的大部分时段中,均为数最多。早在希特勒以争夺"Lebensraum"(生存空间)发动第二次世界大战之前,普通的德国人已经以个人的形式走向海外寻找新的生存空间。同爱尔兰移民不同的是,除去少部分1848年的政治难民,这些德国移民的目标明确,为土地而来,以在土地上耕作的方式定居。在爱尔兰移民充满美国城市的同时,他们走向五大湖、大平原,填充了美国的面包篮。从一开始,他们的农业行动便已处于资本主义机器当中,其生产不是为了满足家庭或者邻近城镇的需求,而是在支撑位于数百英里,数千英里,甚至进入20世纪之后远隔重洋的城市的运转,城市因之而得以繁荣。[①]

同德国人一道,或者稍晚于他们陆续到来的是来自南欧、东欧、沙皇俄国统御下的广大地区、东亚、南亚的移民,驱使他们离开的政治与经济原因或许千差万别,但是在他们的身后都留下一个过度拥挤、土壤侵蚀、物种凋零的故乡。他们同样来到这个"第二地球",寻找他们的"生存空间"。就此,旧大陆为饥荒所驱动的移民与新大陆充裕的自然资源在资本的润滑下快乐地结合,开启了美国的城市时代。

二、不断膨胀的气泡

这些源源不断地在海陆之间迁移的人启动了一波又一波迄今

[①] 关于移民数量的数据,均来自美国国会图书馆,https://www.loc.gov/classroom-materials/immigration/,最后登陆时间,2020年9月21日。

未衰的全球生态大流转，也将城乡之间的生态交换与循环变成一种全球性的运动。美国的城市理论学者尼尔·博任纳在亨利·列斐伏尔所提出的"星球城市化"（planetary urbanization）的基础上，重新诠释当代城市的构建与解构，试图给予"城市"和"非城市"以新的定义。其核心在于彻底打破当代城市的边界，不仅是文化与地理意义上的边界，也是生态意义的边界，模糊城市、腹地，甚至荒野之间的差异，将"城市化"视为一个在星球范围内弥散的、动态的、不均衡的力量和现象。与列斐伏尔相比，博任纳对于"星球城市化"的生态影响有更强的忧思，也正是在此层面上，他不断强调"星球"尺度思考和规划城市的必要性。他写道："资本主义主导的城市化始终立足于对远离主要城市中心区的化石能源的普遍开采、生产和消费，这种模式也直接牵涉到可能永久改变地球气候的全球生态掠夺，同时可能造成规模空前的污染物和有毒废弃物渗透到地球的土壤、海洋、河流和大气中。"①

博任纳对于当代城市的观察无疑深具洞察力，但是作为历史学者，我们则需要询问腹地是如何由原有的围绕城市之地变成而今暧昧不明的流动空间，世界究竟如何走入"星球城市化"之中，美国在其中究竟扮演何样的角色？从广义上讲，"第二地球"本身就是作为欧洲的广阔腹地——殖民地而被开拓的，无论是波士顿这样带有浓厚宗教传统的城市，还是新阿姆斯特丹这样自始便以商业为其

---

① 尼尔·博任纳著，李志刚等译：《城市、地域、星球：批判城市理论》，北京：商务印书馆，2019年，第215页。关于列斐伏尔的"星球城市化"讨论，参见Henri Lefebvre, "Dissolving City, Planetary Metamorphosis," *Environment and Planning D: Society and Space*, Vol. 32 (April, 2014). 另可参见Neil Brenner ed., *Implosions/Explosions: Towards a Study of Planetary Urbanization*. Berlin: Jovis, 2014.

宗旨的城市，它们都与大西洋彼岸的城市与贸易网络密切相关。作为欧洲的腹地，大量北美的原材料：皮毛、木材，后来的棉花、小麦，被源源不断地运往欧洲；更重要的是，它持续接受欧洲络绎不绝的过剩人口。而波士顿和纽约这些城市的高速增长，同样仰赖其对海洋腹地——鳕鱼、鲸鱼的掠夺，和对海外市场的开拓。就某种程度而言，从"第二地球"发现伊始，在移民与贸易的推动下，整个地球已经处于一种"星球城市化"的进程，城市与其腹地的关系从这个时候开始便已具有了星球尺度。当然问题不止于此，将城市放回历史当中，势必重新思考博任纳所定义的"星球城市化"。是否关于腹地、荒野，以及关于其他虽然深受城市影响，但是仍然在很大程度上保留自身运行机制的地方的讨论，真的已经变得不具意义？或者它们仍然在或隐或显地制约着城市的蔓延，挑战着它的自信和乐观？

在很大程度上，我们的确可以将美国历史理解为大洲腹地的创造史，但是它所创造的不只是一个单数的腹地，就如同我们也不能假设芝加哥是唯一的内陆中心。与之相反，环境变化的进程创造了成百上千个腹地，它们与城市连接在一起，形成了大大小小的经济体，如同一个个活跃闪亮的气泡（bubbles）。每个城市，甚至每个小镇，都有自己的气泡，它们尺寸不一，形态互异，往往短暂、脆弱，兴衰起落，应时而变。如此众多的气泡在资本的大潮中游移，并没有某种统一的法则将它们规范成一个和谐的整体，反而彼此碰撞、冲突，争夺更大的气泡空间。它们也可以同其他的气泡合并，溶成更大的气泡，当它们的体积越大，便更容易破碎，它们也在破碎与重组中不断生成新的气泡。这些气泡的形状从来不是完美的圆球体，很多时候，它们并不规则，可以向内陆延展，甚至扩张至海外。城市的鼓吹者们（urban boasters）正是最早吹出气泡的人，如同克罗农所言，这些人都是资本主义的忠实拥趸者或者实践者。但是想要维持气泡，并且令它不断增大，则需要劳动力，大量不断迁移的人群。正是在一个人口高速增长并且极具流动性的世界中，美国的大小气泡们得以迅猛扩张，并且业已持续一两个世纪，甚至更长的时间。克罗农笔下的芝加哥和大西部便是如此，伴随芝加哥的成长，它的气泡也不断延展，但是值得注意的是，芝加哥的气泡从来不是封闭的，为其所独有的。19世纪阿巴拉契亚山以西的众多城镇都在创造它们的气泡，明尼阿波利斯、圣路易斯、丹佛、堪萨斯城。所有这些城市生成的腹地往往在很大程度上彼此重叠，没有任何一个城市拥有绝对的控制权决定这些气泡的延展方向。

这些气泡不断膨胀的过程是一部由城市和腹地共同构成的历史。在美国西部史和城市史的讨论中，有一个持久的议题：究竟是特纳的边疆学说解释了美国西部的发展，还是"城市边疆"的理论具有更强大的解释力？特纳在1893年那篇振聋发聩的论文中为美国人的发展历史描绘了一个虽然迅速但仍然渐进的演化过程，在某种程度上，是人类历史的浓缩版本。他写道："美国是社会历史中的巨大一页。从西向东，在我们逐行阅读这幅大洲之页时，我们发现了社会演化的记录。它开始于印第安人和狩猎者；随后讲到因文明的引路者——贸易商——的进入而带来野蛮人的分崩离析；我们读到在牧场生活中田园牧歌阶段的年鉴，在稀疏的农业定居点种植无须轮种的作物如玉米与小麦时对土壤的开发；在更为稠密的农业定居地的集约化农业;最终,读到制造业组织以及城市与工厂体系。"①自20世纪30年代起,对特纳的批评便不绝于耳,如同所有19世纪的历史学者,特纳对文明与野蛮的界定,对田园牧歌的西进的假想,对征服荒野的赞美,对天定命运的合法性的支持,都受到来自不同领域的历史学者,特别是新西部史家的批评。本书无意评判特纳在种族、阶级、性别议题上的重大缺陷,而仅聚焦于特纳对西部发展次序的讨论,因为它直接涉及城市与腹地之间的关系。

于此问题上,特纳的批评者不仅来自美国,还有众多加拿大学者。前者以理查德·韦德的经典之作《城市边疆》为代表,后者则指出加拿大的西部历史与美国历史的差异。在韦德看来,美国西部的开发以城市为先导:"城镇是美国边疆的先头部队",商业和制造业打开了韦德眼中的西部——俄亥俄流域——的门户,而后,方有了农业的拓殖。不过,如同克罗农所言,韦德及其后继者的思考基本集中于城市的行政边界内部,对城乡关系,城市同自然之间的关系鲜少涉及。②克罗农的灵感更多来自于加拿大学者对城市与乡

---

① Frederick Jackson Turner, "The Significance of the Frontier in American History," 原宣讲于1893年美国历史学会芝加哥年会,发表于 *Annual Report of the American Historical Association,* 1893, pp. 197–227. 现资料来源为美国历史学会档案: https://www.historians.org/about-aha-and-membership/aha-history-and-archives/historical-archives/the-significance-of-the-frontier-in-american-history, 最后登录于2020年9月22日。

② Richard Wade, "Urban Life in Western America, 1790–1830," *American Historical Review,* Vol. 64(Oct. 1958): p. 14. 关于韦德对此问题更细节的讨论,参见 Richard Wade, *The Urban Frontier: The Rise of Western Cities, 1790–1830.* Cambridge: Harvard University Press, 1959. 城市史学者王旭对韦德的研究做了精彩的讨论,认为其所论的城市先导作用在俄亥俄流域仅为个案,而在西海岸与山区城市更为普遍。参见王旭:《美国城市发展模式》,第三章。关于克罗农对此问题的讨论,参见《自然的大都市》,第70—72页,包括注释。

村关系的讨论,但是,他对后者的接受是审慎的。他并没有明言美国同加拿大在城市和西部问题上的一个重大区别在于国家于其中扮演的角色,但是他不认为城市与乡村是一种简单的控制与被控制的关系。在克罗农看来,特纳的边疆学说并不仅是19世纪末的一篇胜利宣言,与之相反,他始终认为这套学说时至今日仍有其存在的价值和启发意义。他写道:"……大都市帝国的中心,或者说特纳所言的边疆的中心,是现代资本主义制度的大市场。当特纳把边疆称作'资本浪潮的外部边缘'时,他无意之中所作的描述并不带有某种隐含的种族主义观点,或所谓的'文明与野蛮的交点',而是显示了市场关系正在扩展,与大西部地区人们使用土地的方式融为一体,也可以说同时显示了市场关系与土地使用方式之间的相互影响。"所以在克罗农看来,如果说有一种主导力量,这种力量既非特纳笔下独立无畏的普通拓荒者,也非韦德或者加拿大学者所认为的西部城市,而是资本无处不在的力量和它所建立的在边疆土地上蔓延的市场关系。在此章的结尾处,克罗农写道:"随着村落发展为大都市,边疆也成了腹地。大西部的历史,就是我们称之为城市与乡村的两个地方之间长久的对话。……从芝加哥河的两岸放眼开来,大西部既是一个城市帝国,也是一个被改造过的农村。"[①]换言之,城市创造了腹地,但边疆上的乡村世界并不一定是城市的产物。

无论是乡村,还是与乡村与牧场这种"驯化生态"相比,更处于非人力掌控状态的生态系统——被称为荒野的存在,都不必然成

[①] 克罗农:《自然的大都市》,第72、75页。

为腹地。①对采集、狩猎的北美土著而言，土地是他们所直接获取食物与生存资料的地方，虽然有少量的物品进入交换，但是并没有构成一片土地为一个市场和城市生产或者供给能源的关系。在自给自足的农业经济中，虽然乡村以纳税的形式和城市形成了一种腹地关系，但是他们的生产逻辑并非资本的或者商品经济的逻辑，而是满足自身需求和适应本地生态的逻辑。

如果我们将视线暂时从19世纪的芝加哥河两岸抽离，将时间尺度放长，回到殖民时期的东海岸历史上，可以发现另一种不同于一般想象的北美城市与乡村的关系。广为人们所接受的城乡关系认知源自克罗农的首部著作——《土地的变迁》，从某种角度而言，《自然的大都市》对于城乡关系的解读是克罗农在《土地的变迁》中对新英格兰土地商品化思考的延续。虽然城市在《土地的变迁》的讨论中仅是一个边缘化的存在，商品经济仍然是新英格兰土地变迁——或者更直接地说——土地退化的主角。②在这部书中，无论是皮毛猎人、木材商，还是农场主，都直接参与了打破土地的完整性和神性，将之商品化的过程，新英格兰的乡村形象由此被固化下来，形成了资本－商品化－农业－环境退化的基本诠释模式。

不过，在2004年，布莱恩·多纳休出版《大草地》一书，以

---

① 荒野是美国环境思想中最复杂、最富有争议的词汇，关于它的讨论汗牛充栋，本书不拟介入关于该词的讨论。有兴趣者可参见罗德里克·纳什著，侯文蕙等译：《荒野与美国思想》，北京：中国环境科学出版社，2015年；William Cronon ed., *Uncommon Ground*, 特别是其中他本人的文章 "The Trouble with Wilderness; or, Getting Back to the Wrong Nature"；从非文化分析的角度重审荒野的思考，参见 Donald Worster, "The Higher Altruism." *Environmental History* Vol. 19 (Nov. 2014): pp. 716–720.
② 关于此书的讨论见前一章《翡翠之城》。

殖民时代马萨诸塞州康科德的农业为研究对象，打破了如此一种刻板印象，提供了曾经存在于北美大陆上城市与乡村关系的另一种范例。多纳休认为，梭罗所哀叹、逃避的康科德是独立战争之后，由于外部商品经济的扩张和内部不断增长的人口压力而形成的，在整个殖民时代，生活在康科德的农人建立起一种基本自给自足、可持续的、农牧结合的农业生态。这个形态更类似于他们所离开的现代早期英格兰的乡村，遵循自然的节律，精心呵护土地，进行多样化种植，就社会与经济组织而言，是一种集体的、互助的、基本独立于城市之外的体系。[1]值得注意的是，多纳休本人在历史学家、教授的身份之外，是一位有机农业的坚定不移的奉行者，他对传统的小农耕作方式存有一种特别的亲近感，从而无法以克罗农或者沃斯特那种更具批判性的眼光审视这种农业形式对于自然的驯化，甚至剥削。他拒绝看到，即使回到康科德农夫们所仿效的英国，在其风景如画的乡村景观的遮盖之下，是环境退化和农民困顿的现实。雷蒙·威廉斯在《乡村与城市》中所做的尝试正是对"美好昔日"的乡村幻景的解构。[2]不过，威廉斯并没有真正从生态角度去思考传统农业对自然的影响，农民对荒野及其上所生存的野生物种的天然仇视，特别是不断增长的人口将土地的承载力推至极限的生态现实。即使在多纳休的康科德，不到200年的拓殖已经令这里的自然经济解体，所谓的可持续性不过是以何样的时间尺度进行观察而得出的结论。

---

[1] Brian Donahue, *The Great Meadow: Farmers and the Land in Colonial Concord*. New Haven: Yale University Press, 2004.

[2] Raymond Williams, *The Country and the City*. London: Chatto and Windus, 1973.

多纳休对殖民时代康科德的自然经济或许并不公允，但是在他的分析中，我们的确可以发现一种不同于芝加哥同大西部之间的城市-腹地模式，一种较为松散的、近距离的，在生态上更为密切的模式，如此模式更符合农业社会中的城市与腹地关系。在这种模式中，城市的发展规模在很大程度上由其周边腹地的生态承载力所决定，很多新英格兰城市和其腹地在增长的过程中，多少遵循这样一条基本原则。波士顿始终没有发展成为如纽约、芝加哥或者洛杉矶那样超级规模的大城市，在那个城市中，虽然商人同样占据主导地位，但是检索其历史，它的城市精英阶层在深厚的清教传统制约下，对过度膨胀持有一种较为审慎的态度。与其他美国大城市相比，这个城市和新英格兰的其他城市从建立之初，便对共同体利益和公共道德有着真诚的信仰，自由资本主义的恣意妄为在那里总会受到主流舆论的批评，甚至法律上的限制。① 换言之，波士顿气泡的膨胀有两个方向，两种主导模式。它的很大一部分财富来自海洋和海外贸易，朝着那个方向，它如同任何一地的自由资本主义那样贪婪，追求利润的最大化，对自然进行毫无节制地榨取，直至鳕鱼遁迹（一个有趣的事实则是波士顿的商业精英往往很早退休，回家种花②）；但是在它同供给其食物、水、能源这些最基本的但却最重要的资源的腹地之间，则建立了一种相对温和的、有节制的关系，当然这并不意味它的资本没有向更西部延伸。

纽约则代表了这两种气泡的融合，或者更确切地说，前一个巨

---

① 关于波士顿自创建以来便形成的独特的公共精神，参见 Sam Bass Warner, *Streetcar Suburbs: The Process of Growth in Boston, 1870–1900*. Cambridge: Harvard University Press, 1962, 以及本书第三章。
② 见本部分第二章中对波士顿园艺的讨论。

大的气泡不断膨胀,吞并了后一个较小的气泡。在膨胀的道路上,纽约将自由资本主义的精神贯彻到底,它从来没有停歇过对海洋和海外资源的掠夺,而当它周边的腹地无法继续满足它的膨胀时,它开始向更远方寻找更广阔的腹地——五大湖。芝加哥如此迅速地崛起与发展同纽约的膨胀之间密不可分,在前者发展历史的初期,它从根本上是作为纽约的腹地而存在,为纽约所需要的资源进行加工,通过伊利运河运往纽约的市场。纽约的膨胀成就了芝加哥,但是当芝加哥逐渐壮大、成熟,它从纽约的气泡中分离出来,形成了自己的气泡,甚至在很大程度上同纽约的气泡之间构成了竞争关系。

此时,美国的自由资本已经翻越了阿巴拉契亚山,从国家到社会道德层面,似乎不再存在对其驰骋纵横的羁縻,能够限制气泡膨胀的只有自然自身。从纽约到匹兹堡、圣路易斯、芝加哥、堪萨斯城等等,所有这些在19世纪上半叶出现的主要城市依然依据古老的选址原则,尽量发挥当地的地理——水路优势。然而,如同克罗农所示,真正将芝加哥从自然的限制中解放出来,获得大增长的原因不是水路,而是铁路。美国的版图、政治、经济,以及生态都因铁路章鱼般地延展而发生了根本性的变迁。[1] 伴随寒暑节气对运输所设限制的消失,一个城市的腹地可以位于距离它数千英里之外的地方。事实上,也必须如此,因为此时城市对于资源的需求已不再

---

[1] 理查德·怀特的大作 Railroaded 是目前为止对铁路和美国政治、经济、社会之间的关系所做的最全面、深入的描述,但是有意思的是,怀特对铁路的环境议题基本没有讨论,虽然在20世纪八九十年代,怀特一直积极参与环境史的研究。怀特是最早提出"环境史的文化转向"的学者,不过他的转向非常彻底,直至完全离弃。Richard White, *Railroaded: The Transcontinentals and the Making of Modern America*. New York: W. W. Norton, 2011.

不只是食物、水、建筑材料和燃料，化石燃料的使用和它所带来的工业革命彻底改变了城市对于资源的需求，迫使所有的城市在某种程度都在依赖某个遥远甚至异域的腹地，也迫使这些遥远的地方因为远方城市的需求而发生根本性的生态和社会变迁。河流的存在不止是为了提供饮用的水、灌溉的水，更要提供发电的水。在纽约、波士顿、芝加哥、堪萨斯城气泡的早期膨胀中，人们可以不用太费周折便能辨析出其边缘何在，它们的腹地有明确的指向性和确定性。但是在化石燃料带来的交通革命后，这个清晰的腹地消失了，气泡破碎了，腹地变得游移不定。当人们来到拉斯维加斯时，人们看到的不是一个单一的巨大气泡，而是无数个大大小小漂浮、移动的气泡。吊诡的是，正是在那里，对自由资本主义扩张的新约束出现了，这种约束来自于一种关键性资源的匮乏，迫使资本主义与国家媾和，在接受其技术与资本的支持的同时，被迫让渡自身的发展自由，接受后者的管制。

洛基山脉以西的城市化进程与大平原基本同步，推动它们增长的动力源也是一致的——自由资本主义的无极限扩张，但是，扩张的前提是物质性的，是源源不断为其补充能量的资源。在文明发展的道路上，人类一直在开发新资源。当一种资源耗尽时，人们有信心可以找到替代性资源。例如北美大陆的森林在数百年间都是最可以轻而易举获取的资源，一直到19世纪80年代之前，除了极少数有识之士，人们仍然认为北美的森林是无穷尽的。在这个时期，虽然蒸汽机、铁路已经纷纷出现，煤开始得到大量使用，在美国的大部分城市中，直接来自森林的材料仍是基本的建筑材料和燃料。但是，很快"林荒"的恐惧出现了，在东海岸人们开始急切地讨论如何遏制林荒的扩大。从乔治·帕金斯·马什到查尔斯·萨金特到吉尔福德·平肖，他们呼吁的是展开一场资源保护运动，让这些森林资源得到"明智地利用，有效地管理"。然而，在经济学家、工程师、城市鼓吹者看来，一种更行之有效的方法是找到替代资源，煤、石油、天然气取代木头成为燃料，钢筋混凝土、水泥则成为城市中最重要的建筑材料。虽然在燃烧中令这个地球变越暖，虽然在建筑中为地球表面添加了千亿吨不可降解之物，但至少它们带领美国人超越了森林减少带来的危机，跨入了文明的城市与工业时代。

但是，如果说作为资源的森林可以为新的化石能源与建筑材料所取代——森林当然有其超越资源的价值，作为地球上重要的生态系统的价值——有一些资源则无法以他物替代，例如水。与湿润的东部相比，美国西部恰恰匮乏的就是这一关键性的基本资源。没有水，便没有农业，没有农业，便无法出现供给城市需求的乡村，没有乡村，则通过采矿业吸引的人口形成的城镇无法壮大。即使通过铁路，可以将更远方的资源调配彼处，然而如此，西部则永远无法突破发展的瓶颈，终结受制于东部资本的局面。但是，西部最终形成了不止一个大城市，而是城市史学者王旭所论的由若干个大城市构成的"大都市区化"，其根本在于对水的征服。①

沃斯特在《帝国之河》中将西部称为"资本主义文化的生态变体"，它的母体是美国东部湿润气候的滋养之下生成的一整套文化，它在自身的自然环境中形成了对自然产出的期待，对社会价值的框定，对制度与秩序的解释。但是当它被移植到干旱的西部，一

---

① 王旭：《美国城市发展模式》。

方面试图在新的自然环境中实践母体既有的理念与行为；一方面又在水这一关键性自然元素的匮乏下，违背了母体文化在这个新地区建立一个平等、自由、民主社会的期许。新的权力结构在勉力制造丰裕资源，却又不断遭遇自然制约的过程中浮现，最终缔造了一个同其母体不论在财富还是在观念上都可以一较长短的新帝国。在这个匮乏–丰裕–匮乏的循环中，新的水帝国的缔造者感受到在美国历史上前所未有的，对强大的组织性力量的需要。如沃斯特所言："让曾经的匮乏成为富饶，将从前不可获取、神出鬼没的悭吝自然置于私人力所能及的范围之内，这就是资本主义国家最为重要、最为根本的生态角色，而在西部，这一角色发挥作用的程度，是美国任何其他地方都不能同日而语的。"国家一方面拥有着最强大的资本，另一方面又掌握着最先进的技术，二者的结合，形成了对西部自然和水的"技术统御"（technocracy）。西部的城市并不诞生于技术统御之中，但是它们的膨胀与壮大却必须仰赖技术统御的维系。[1]

三、国家的在场

美国的城市和腹地确乎主要是新经济体的创造，深受现代资本主义的影响，在这一点上克罗农无疑是正确的。从早期的皮毛贸易商到西进道路上的供给站，到次序建立的商会（chamber of commerce），到跨州甚至跨国的垄断集团，源源不断的私人资本流入西部。克罗农同样注意到技术与资本的合谋，正是那些拥有资

---

[1] 沃斯特：《帝国之河》：第334页。

本、掌握技术的人创造了市场，控制着气泡的生产过程。无论是联邦政府还是州政府，在城市的草创过程中都贡献甚微。除了华盛顿特区，美国其他城市在资本的泡沫中诞生。摩门教在西进的过程中建立若干小镇，不过它们中的大多数在还未形成气泡之前，便已被其他的气泡吞噬。盐湖城可以膨胀成一个庞大的气泡，正因为其领袖们自己变身为资本与技术的所有者。但是克罗农以及许多撰写美国城市创建史的学者都忽略了一个重要事实：国家一直在场。诚然，同欧洲、亚洲，甚至加拿大相比，国家在美国城市的早期历史中都面目模糊，甚至无从察觉。但是当我们将美国的城市历史串联成为一个整体，而非一个个单独城市的传记去考察时，国家从资本的障蔽中浮现出来。在19世纪，或许它尚不是一个庞大的、无所不能的机器，却仍然是城市发展历程中不可或缺的组织性力量。

美国从建国伊始，便是一个以资本主义为其基本经济与文化信仰的国度，国家的职能不仅在于维护安全，更在于通过法律和制度的建立鼓励个人追求财富的最大化。但是，如何实现财富的最大化，仅仅依靠信念与野心或者资本与技术殊为不足，它需要真正意义的物质基础：土壤、水、能源、矿产、植物、动物。因此，从建国到19世纪末，占据美国国家职能核心位置的举措便是以掠夺、购买、战争、兼并的方式为美国获取更多的土地以及土地上的资源。与此同时，国家还是交通和通讯的赞助者。从伊利运河的修建，到从东向西的驿站的设立，到代表文明进入荒野的电报线的延展，到铁路公司所接受的大面积赠地，国家于城市得以在曾经土著纵横的土地上崛起的进程中从未缺席。

整个获取土地的过程是一个耳熟能详的过程。1803年，托马斯·杰弗逊在获得国会的批准之前，迫不及待地签署了同法国之间的条约，史称"路易斯安纳购买"。这是一场世界历史上最大的土地交易，密西西比河以西214万平方公里的广阔土地划归美利坚合众国版图，令其面积翻倍。从1818年到1853年，美国的版图继续西扩，无论是以购买、条约，抑或通过战争、兼并，所有的获取过程都是鲜明的国家行为。至此，美国由最早的东部13州变成跨越北美洲，毗邻两个大洋的大陆国家。在1867年，美国从面对内忧外患的沙俄手中购买阿拉斯加，为其面积再添近60万平方公里；1898年，合并夏威夷，二者在1959年分别成为美国的第49、50个州，美国的地图终成今日的形态。

面对如此广阔的国土，这个年轻的国家秉承《1785年土地法令》的精神，将之进行网格化的切割，进而分配。只是这一次，国家之手更为清晰，它不再仅以土地贩子的身份出现在土地分配的过程中，而更多是公共利益的代言人和捍卫者。在1862年内战陷入胶着状态之时，对美国西部命运，以及成千上万男男女女的生活起到决定性作用的法案《宅地法》颁布，伴随此后一系列相关法案的签署，最终，近美国国土1/10的土地被免费发放给近160万宅地农，保障他们对自由和财富的追寻。大量土地被赠予铁路公司，以鼓励私人企业加入国家的阵营，共同实现这个国家所谓的"天定命运"，一个对自然进行全面开发的大陆帝国。"属于你和我"的土地上被插上了"private property, no trespassing"（私有财产，严禁非法入内）的标识。

此标志象征着这个过程中出现的巨大吊诡：从建国到19世纪后期，美国的自由放任政策得以贯彻的基础是对土地上的他者的驱逐、杀戮、圈禁与奴役。这些被他者化的群体既包括人类物种中的其他族裔——美洲土著与黑奴,也包括非人类物种——本土的植物与动物,此去除他者的过程是在国家的积极指导甚至直接参与中完成的。如果黑人和奴隶制始终是美国朝野上下争论不休的议题,对美洲土著的驱逐一议他们则是有志一同。无论是对其文化的破坏,还是对其生存资料的灭绝,美国联邦政府展现出国家的强大力量,而非自由放任的风格,它所书写的远不止是一部社会、文化史,更是一部生态的历史。早在1831年,托克维尔漫游于美洲大陆之际,便已对美洲土著和其自然环境的变迁之间的密切关系有着敏锐的观察:"赶走他们的猎物,其后果等于我们农民的耕地变得贫瘠不毛一样。不久以后,他们的生活手段几乎完全丧失。"[1]该年是《印第安迁移法令》(Indian Removal Act)实施后的第二年,托克维尔直接见证了"血泪之路"上的迁徙,并且认识到联邦政府在其中所扮演的角色。他写道:"今天,对印第安人的剥夺,经常以一种正规的或者可以说是合法的形式进行。……因此,这些州全是靠暴力把印第安人撵走的;而联邦政府则利用它的许诺和财力,帮助了这些州驱逐野蛮人。这些措施虽有不同,但它们所追求的目的是一致的。"[2]

当然,托克维尔其生也早,没有看到此后在大平原上完全由联邦政府推动的集体环境暴力,出动联邦军队对野牛进行的屠杀。带领北方向海边进军,最终战胜南部邦联,令内战成为一场生态意义上的"全面战争"的舍尔曼将军,在内战结束后成为清除野牛障碍

---

[1] 托克维尔著,董果良译:《论美国的民主》,北京:商务印书馆,1996年,第377页。
[2] 同上书,第378、392页。

的急先锋。[1]在此过程中,最具代表性的言论由中将约翰·斯科菲尔德所发。当他在自传中回忆其在1870年前后指挥大军对野牛发起的猎杀时,他写道:"在我的生命中,我最渴望的职业便是击败那些野蛮人,杀光他们的食物,直至在我们美丽的国家中不复存在印第安边疆。"[2]美洲土著、野牛与国家在此宣言式的字句中清晰地呈现,虽然有学者认为美国联邦政府从来没有直接颁布猎杀野牛的政策,因此,野牛的消失不应当完全由联邦军队背锅,但是军队的出动是一种国家行为。[3]他们加入对野牛的市场猎杀,使零散的个体行为成为国家的合法化的暴力,使之成为同内战一般的爱国行为,最终导致一个曾经占据整个大平原的优势物种近乎灭绝。

在整个获取、分配土地的过程中,官方与民间的话语基本达成一致。国家获取土地,是为了实现最大程度的个体自由,以缔造一个有别于旧大陆的民主而道德的国家。在此缔造过程中,国家应当,也只应当提供对其公民个体寻求财富与自由的保护,除此之外,不应有其他干涉。自由放任政策的背后最强有力的支持正是"美洲的横财",这片看似有着不竭资源的土地,换言之,北美洲的自然允许美国向其民众许诺自由,国家在对其公民行为的自由放任政策中演绎的思想内核是对自然的征服。

至20世纪初期,如前文所言,当腹地的开拓遭遇自然最坚定的

---

[1] 就此意义而言,国家以全面战争的形式对资源进行重新整合,并对土地景观进行改造,体现了环治国家的另一面向。Lisa Brady, *War Upon the Land: Military Strategy and Southern Landscapes during the American Civil War*. Athens: University of Georgia Press, 2012.

[2] John Schofield, *Forty-Six Years in the Army*. New York: Century Publisher, 1897.

[3] Andrew Isenberg, *The Destruction of the Bison: An Environmental History, 1750-1920*. Cambridge, U. K.: University of Cambridge Press, 2000.

阻碍时，自由资本主义终于需要同国家合作，将最终的权力让渡给后者，以获取征服严苛自然的资本和技术。国家从此时开始宣告自身在决定城市事务中毋庸置疑的角色，从幕后正式转入前台。这一角色只会因气泡的膨胀而变得膨胀，因为城市对于腹地的需求变得更加复杂，已不再是国境线内的资源可以满足。当二战结束，美国以及它所领导的工业世界以前所未有的速度增长时，腹地的开拓便远不再是一项城市事务，而是国际政治中的重要议题。从化石能源到木材到其他工业文明所需的矿物质，都敦促国家在国际腹地的构建中更积极、更强大，而这背后的驱动力恰恰在于不断增长的城市需求与不断萎缩的腹地资源之间形成的生态悖论。

但是，也正在国家开始披挂上阵，直接为新的城市的更大发展谋求更广阔、更丰饶的腹地之时，它也开始扮演阻止城市在自由资本主义的驱使下无限制膨胀自身气泡的角色。城市与自然之间的纽带不仅仅是它们之间的物质与能量交换，当遥远地带的自然资源源源不断地流入东部各大城市；支撑着它们的成长与扩张，一股逆向的潮流以波士顿、纽约等城市为中心，缓缓地散入美国，乃至整个北美大陆的各个角落。这是一股思想的潮流，虽然它的流淌对地貌的改变较之城市流出的资本潮流远为缓慢，但是它仍然在这块新大陆的自然体系中遗留下它的印记，或者更为持久，更为深刻。在这条思想潮流中，它的主流可被称为自然保护（nature conservation），一种不单纯强调功利主义的资源保护，也强调审美意义和生态意义的环境保护意识与改革。这场改革是另一场国家与城市的共同努力，居住在城市的人群呼吁国家以立法的形式保留那些在城市恣意扩张的过程中遗失的自然，国家则开始强调自身管理自然的另一重角色,作为保护者而非开发者的角色。在博任纳看来,建设国家公园,设置荒野保留地,也是"星球城市化"的重要组成部分,这些地区同样被城市化了,唯一的不同是它们的功能是城市休闲与娱乐的腹地。然而,如果我们深入这段历史,从其建设的初衷到当下的反思,我们所看到的都将是一种更复杂的生态思考。最终,当这些地区在城市人渴望弥合其"情感断裂"的驱动力之下被建立之后,这些地区的存在将超越人类的自我观照,有着自身的运行方式和存在价值。

四、荒凉山岛的价值[①]

在美国东北角缅因州的海岸线上有一个小岛,在很长的一段时间里,对于生活在200余英里以南的新英格兰、纽约的城市人而言,它不过是一个地图上的名词,一个丝毫不具吸引力的名词——"Mount Desert Island"。此处的desert所指并非干旱无雨的沙漠,而是荒凉无用的土地,因此,如果标识为汉语,这个小岛被称作"荒凉山岛"。它的名称得自一位17世纪早期的法国探险家,萨米埃尔·德尚普兰(Samuel de Champlain)。在1604年,当尚普兰来到这个小岛时,他看到七八座嵯峨的高峰,屹立在曲折的海岸线上。山坡上满布由桦木、杉木、松木构成的原始森林,一直延伸到无树线以上那些裸露的山石——冰川作用下的巨型花岗岩。这个小岛

[①] 本章第四、五节采用旧文《远离城市的地方》的部分内容,收入本书后有调整。侯深:《远离城市的地方》,夏明方主编:《新史学》第六卷,北京:中华书局,2012年。

的最高峰,卡地亚克山(Cadillac Mountain)海拔虽然仅有470米,却被普遍认为是美国最早可以看到日出的地方。海岸线上是参差嶙峋的礁石,乱石穿空,惊涛裂岸,卷起千堆雪。然而,在尚普兰对荒野尚存欧洲中世纪余悸的眼中,这个小岛是如此的幽暗、荒僻,岛上的原始居民印第安人的阿坝耐克族(Abnaki)又是如此野蛮可怖,因此,"荒凉山岛"成为这个小岛的名称,即使那里生长着繁茂苍郁的森林,滋养着无数的野生动物,孕育着蓬勃的自然生机。

从17世纪到19世纪50年代,荒凉山岛几经人事的沉浮,从最早过往的法国渔船,到皮毛猎人的不倦脚步,到法国耶稣会的失败传教,到英、法殖民者之间的数次战争,到法国人与土著居民之间不歇的争斗,到独立战争与1812年的二次独立战争,最终,这个小岛被纳入美国缅因州的版图,阿坝耐克族彻底地消失,岛上零星地居住着渔民与农夫,前者捕鱼贩鱼,后者则主要以砍伐、贩卖当地原始森林的木材为生,虽然也被纳入资本主义的市场体系,但是由于地处东北一隅,海陆交通不便,加之连年战争,岛上居民的生活仍然颇为简朴。

但是,在19世纪60年代,同缅因州海岸线的很多小岛一样,荒凉山岛原有的平静景观与生活被来自纽约、波士顿等地的城市人打破。城市的扩张与压力,促使它的居民开始寻求自然的慰藉与夏季避暑的圣地。很快,荒凉山岛上建起了大大小小的被称为村舍(cottage)的私人别墅。房地产商与旅游业随之看到了这里潜藏的"商机",形形色色的旅馆在其上建成,而土地投机商也如影随形地潜入缅因海岸线的每一处角落。为了便于土地的买卖,房地产投机商们遵循美国自建国以来的传统,将沿海的土地分为网状的四方小块,全然枉顾它的自然线条与地貌,将之出售给私人。而这些新建的房舍,穷者粗鄙简陋,富者浮夸虚饰,暂时铺就的道路、小径往往笔直横穿森林,污秽不堪。城市人根据他们对城市住宅的习惯,伐去前后的森林,从他处运来泥土,植上大片的整齐修剪的草坪,在悬崖峭壁、苍松峡岸间点缀玫瑰花床,构建了一片与周遭粗犷、野性的山海木石格格不入的景观。

当1890年,未来的波士顿大都市公园体系的设计师,年轻的查尔斯·艾略特接受其精神导师弗里德里克·劳·奥姆斯泰德的建议,考察新英格兰的自然景观,寻求创作灵感与来源时,他所看到的正是这样一幅景象。这里的巉岩巨浪、古树奇石完全符合他在超验主义思潮中浸淫的审美想象,这里多样化的物种,复杂多变的地貌地形则对他作为一个景观设计师的专业头脑有无数的启发,甚至这里跌宕起伏的人事历史也颇为耐人寻味,毕竟艾略特是提出对美国著名的历史景点进行保护的第一人。[①]然而,这里的新生事物却令他愤怒,甚而恐惧。在发表于《园与森林》杂志上的一篇题为《缅因的海岸》的文章中,艾略特写道:"造成这种可悲的状况的原因在于,这个海岸夏季别墅的建筑者与居住者基本上没有对这些建筑是否适宜、美观予以任何考虑。同样的冷漠在其他地方也导致了恶劣的后果,但是没有他处,这种品味的缺失比缅因海岸更为明显。在这个问题上,集体与个人都必须承担罪责。"他进而指出:"当前情况的真正危险在于每年滚滚涌来的人潮与随之而来的永久性的建筑,很有可能将彻底地淹没、占领这个有限的海岸线,它

---

① 即第三章中提及的马萨诸塞州公共保留地托管委员会(The Trustees of Reservations, 1891)。

们将侵害、剥蚀尚且逡巡在此处的野拙遥远的风味，而正是如此的风味使得这里具有令人神清气爽的魅力。"艾略特同时观察到，已经有一小部分人意识到这种美的存在，因此买进大片的土地，用围墙将它们圈起，变为自己的私有财产。他警告说，如果这样的情况再不加以遏止，其结果便是，如果普通人想要进入这里的自然之美时，这里所遗留的公众空间将所剩无几。①

但是艾略特并未沉湎在这样的叹惋中，他急切地要求具有"公共精神"（public spirit）公民采取行动，改变现有的状况。他认为在人们中间已经形成了一种共识，"绮丽的自然风景为城市生活提供的清凉解药对人们的幸福非常重要，而人们对艺术、对美的热爱的根源在自然当中，如果将之破坏或者庸俗化，那么这种热爱也必将死亡"。他询问道："难道我们不能做些什么，至少保存一部分缅因海边的美好荒野，让它为普通人所使用和享受？"因此，艾略特建议当地居民与政府，甚至联邦政府需要通过立法、购买、捐赠等方式保留这样的荒野之美，也保留普通人欣赏享受这样的美的权利。②

艾略特在荒凉山岛上所发出的声音是他在波士顿大都市公园体系中的热情呼吁的遥远回应，究其根本，它们之间是完全一致的。在艾略特以及他同时代的早期环境改革者看来，文明与自然之间是必定互补的，自然的消逝意味着艺术的死亡，自然的隐没将使城市变得荒芜，而一旦自然覆灭，人也将不再完整。但是，此时，艾略特的目光与想象彻底穿透了城市甚至都市的边界，来到了似乎距离文明最为遥远的地带——荒野，而在那里他却发现了如亨利·大

---

① Charles Eliot, "The Coast of Maine," *Garden and Forest*, issue 104 (1890): p. 87.
② 同上。

卫·梭罗所言的文明的滋补良药（tonics and barks）。

今天，翻开美国的地图，我们可以看到大小不一的斑斓绿色，遍布太平洋与大西洋之间的这片大陆，它们代表着不同规模的国家公园、国家森林与州立公园。这些绿色大多存在于远离波士顿、纽约、芝加哥等大城市的地方，它们所构成的是一片与城市风景截然相反的景观，所表达的文化意义也与城市文明大相径庭。然而，这些看似遥远、荒野的地区，与城市保有不可分割的联系。它们的出现不仅仅反映了城市居民在工业化时代的心理需求，和城市文明得以继续发展的物质需求，在很大程度上它们也正是由那些生活在城市、构建城市景观的城市人所奔走呼吁而得以创立的。① 而最终，它们也将超越城市人以自身的审美旨趣和需要为之所定义的价值，成为在城市蔓延下逐渐失落的自然世界的最后保留地。

五、超越城市

1864年，奥姆斯泰德接受了一份马里普萨矿区（Mariposa Estate）主管的工作，这一工作将他带往北美大陆的西部——加利福尼亚。在那里，他发现自己与一些世界上最为壮美的自然景观近在咫尺，

---

① 关于国家公园在环保运动史中的地位与意义的研究，参见Stephen Fox, *The American Conservation Movement: John Muir and His Legacy*. Madison: University Wisconsin Press, 1985；关于国家公园的管理历史，代表作有Richard Sellars, *Preserving Nature in the National Parks: A History*. New Haven: Yale University Press, 1997. 人物传记方面的代表作有Donald Worster, *A Passion for Nature:The Life of John Muir*. New York: Oxford University Press, 2009. 对国家公园建立过程中的精英意识以及边缘化人群所付出的代价进行反思的代表作有Karl Jacoby, *Crimes against Nature: Squatters, Poachers, thieves, and the Hidden History of American Conservation*. Berkeley, California: University of California Press, 2001.

但是同时他也真正处身于真实的边疆生活中。同"皮袜子故事集"中的浪漫想象相比,真实的世界远为残酷与阴郁。这里不是一个拓荒的基督教徒在土地上实现他们自由、民主的梦想的边疆,而是一个由不同肤色、种族、国度、阶层的人群构成的多元而又单一的矿工社会。在那里,奥姆斯泰德看到了被驱逐的印第安人,逃亡或者刚刚解放的黑人,淘金潮下涌入金山的中国人,无处不在的墨西哥人,甫入新大陆的意大利与德国人,以及像他一般来自东海岸的"绅士"。这个社会在人种与语言上远较奥姆斯泰德离开的那个东海岸的城市世界多元,然而它在文化上却又几乎是荒芜的、原始的。人们每日重复着全然相同的单调工作,为获取最基本的生存资料而挣扎、倾轧。它迥异于新英格兰的那个整饬而健全的社会,在这个社会中,充满了边疆特有的制度上的无序与道德上的沦丧。

在这种粗糙的边疆生活中,奥姆斯泰德越发肯定了他数年前在奴隶制种植园的南部的观察所得,那便是,"文明"的反义词绝非"自然",而是"野蛮",充斥着暴力与堕落的野蛮。他眼前的自然可以激发人类所有美好的想象,然而他身边的社会却往往令他陷入痛苦而充满挫折感的思索之中。因此,奥姆斯泰德在加利福尼亚生活的三年,投身于两项主要的工作。第一,他试图结束马里普萨矿区的原始生活状态;第二,他呼吁保护约赛米蒂山谷与红杉林的原始自然美丽。对奥姆斯泰德而言,对自然的冷酷无情与人类对其同类的残忍剥削一般的野蛮,因此,这两样看似矛盾的工作在本质上是一致的,甚至是同一样工作,其根本目的都是为了令这个社会更加文明。在他为保护约赛米蒂所写的报告中,奥姆斯泰德指出:"自然景观对人的影响,在很大程度上,与人所培养的品味成正比。同一千个从文明社会中而来的人相比,在一千个野蛮人中,很少人会显现出哪怕丁点儿受到这种影响的迹象。这是观察文明与野蛮人之间区别的渠道之一。"①

较之他所做的第一项工作,奥姆斯泰德的第二项工作似乎更为成功。至少,在1864年,林肯总统将约赛米蒂山谷与红杉林的土地授予加利福尼亚州政府,设立为公众使用的州立公园,这是美国也是世界上第一个由政府授权建立的纯为保护自然之美的公园。②奥姆斯泰德被指定为管理这项授权的委员之一,在1865年,他为该委员会撰写一份报告。该报告首次系统地论述了为何政府负有保护野生自然之美的责任的原因,也是第一份关于如何管理这种天然风景的报告。在报告中,奥姆斯泰德指出,之所以要求政府承担保护这一地区的责任,原因有二。第一个原因是通过发展旅游业,"州政府将得到直接且显而易见的财政利益"。但是第二个原因方是奥姆斯泰德认为"更为重要"的原因。他写道:"一项政府最为重要的职责,如果不是它唯一的职责,便是为其所有的公民提供他们在追求幸福中所需的保护,保护他们排除那些他们自己无法克服的障碍,那些由个人或者个人的集合出于私利而阻挡这种追求的障碍。"欣赏自然之美正是这种对幸福的追求的组成部分。③

---

① Frederick Law Olmsted, "Typed Transcription of Draft of Preliminary Report upon the Yosemite and Big Tree Grove," The Evolution of American Conservation Movement, 1850–1920, the digital archive of American Memory, Library of Congress.
② 加利福尼亚州政府对约赛米特的管理极为不善,从19世纪60年代到80年代,约赛米特长期处于过度放牧的状态,部分矿业主、农场主也进入这一地区牟取利益。因此,在约翰·缪尔、《世纪》杂志的主编罗伯特·U·约翰逊、奥姆斯泰德、萨金特等人的呼吁下,约赛米蒂在19世纪90年代成为国家公园。
③ Olmsted, "Typed Transcription of Draft of Preliminary Report upon the Yosemite and Big Tree Grove".

而在究竟应当如何管理天然风景的问题上，奥姆斯泰德对自己观点的阐述非常清晰，这也成为今后百余年间美国国家公园风景管理的根本信条，那就是尽量保持它的荒野状态与天然风格。在这些远离城市的地方，奥姆斯泰德的景观设计思想因地制宜。城市中的公园由于太过贴近人们的生活，是以在自然风格之下，它仍然要求一种驯服、一种秩序。它要求将自然从其本身的混乱状态中间解救出来，剔除其中的不安定因素，将之在某些方面理性化、人为化，以满足城市居民的日常生理与审美需要。但是，在国家公园中，它所保留的是自然的体系、野性与不羁。因此，奥姆斯泰德建议，除了极为必需的基本设施，如极少的食宿之处与道路，人们应当尽可能地不在约赛米蒂的原始景观上进行任何所谓的修整与改良。在其报告中，他写道："我们所需记住的第一点便是我们所要保护与维持的乃是尽可能的自然景观；也即是说，除了极为必需的食宿之外，我们要尽量禁止任何人工建筑，阻止任何与景观非常不协调的或者那些将会不必要地掩盖、扭曲、损毁这一壮丽的景观的建筑。"所有人工的建筑，特别是国家公园内的道路，必须由专业的园林景观设计师设计，因为只有他的专业眼光和审美品位方能知晓如何令人工融入造化之中。①

约赛米蒂州立公园的建立令美国人与自然的关系走入了一个审美的新时代。1872年，在美国西北部黄石河源头的巨岩奇泉、黑松灰熊间，美国联邦政府建立了世界上第一个国家公园——黄石国家公园。美国国会的通过法案中对建立这一国家公园的目的做了如下

---

① Olmsted, "Typed Transcription of Draft of Preliminary Report upon the Yosemite and Big Tree Grove".

描述:"根据美国法律,【这些土地】将被保留,不再用于居住、使用和出售;它们将被隔离开来,划作公园或成为人民获益和享受的娱乐场所。……其管理法规将为该公园中所有树木、矿藏、自然的瑰丽景色提供保护,使之免受破坏或掠夺,保持其自然状态。……他【内政部长】还将保护该公园内的飞禽走兽游鱼,使之不遭肆意的伤害,免于为商业利益所驱的猎捕与破坏。"[1]虽然在此时,国家公园的社会职能以及它更为深刻的生态价值仍然有待此后百余年间的诠释与发展,但是该法案已对两方面的内容做了明确界定:第一,国家公园向全体人民开放,服务于人民;第二,国家公园将保护其中的山川水土、植被动物,使之免受商业利益的侵蚀。第一点表达了鲜明的民主特质,而第二点则强调其非功利取向。

奥姆斯泰德在加利福尼亚的两项工作都未能结束,很快,他接受了东部的呼唤,回到了他生长熟识的世界,但是当他到达那里之后,他发现在东部那个早已结束边疆时代的社会,同样需要他在加利福尼亚的矿区中所进行的努力。在他的目光时刻关注约赛米蒂与红杉林的命运的同时,他看到东海岸那些同样惊心动魄的自然之美也在工业化与城市化的冲击下呻吟、消失。在回到东海岸后不久,他便开始与一批来自波士顿与纽约的知识精英呼吁保护纽约州最北边的尼亚加拉大瀑布。

当今天人们乘坐"薄雾女士号"穿越尼亚加拉大瀑布飞溅的浪花,纵一苇之所如,凌万顷之茫然,振衣濯足、遗世独立之际,似

---

[1] "An Act to Set Apart a Certain Tract of Land Lying near the Head-waters of the Yellowstone River as a Public Park, Mar. 1, 1872, The Evolution of American Conservation Movement, 1850–1920, the digital archive of American Memory, Library of Congress.

乎这里只是造物之无尽藏也,其景观自亘古而未变。它不是纽约的中央公园,在城市的网格中建成的一片绿色;也不是波士顿的沼泽公园,是城市平山填河后的产物。除了极少对之历史有深刻了解的人外,鲜有人将飞泻千尺的大瀑布与奥姆斯泰德这样的景观设计师相联系。然而事实却是,正是奥姆斯泰德为代表的一批城市自然化改革者数年的奔波呼叫,方使得这片自然的壮美得以保存,为公众所见。而也正是奥姆斯泰德等人的设计,使人力恰到好处地融入景观当中,令人们忘却了他的存在。

尼亚加拉大瀑布是东部新英格兰各州与纽约州最早成为旅游胜地的所在之一,早在18世纪,便已有欧洲人远道来此膜拜。然而相对其旅游发展而言,从大瀑布间生成的另一项利润对实业家而言显然更具吸引力。自18世纪中期,如同美国东部所有的河流一般,大瀑布及它的源头尼亚加拉河便成为沿河锯木厂、磨坊、皮革厂的所需能源的主要供给者。到19世纪中期,它已基本为大型私人水利电力公司垄断,成为工业革命最大福音之一——电力的来源,大瀑布及其周边的土地几乎完全为这些电力公司所有,这片自然的奇迹在此时已被彻底纳入资本主义的市场体系。在19世纪70年代,旅游者来到这里只能匆匆一瞥,赞叹之后,旋即被迫离开。然而也正是在此时,大瀑布开始吸引那些不仅仅在自然中寻求文学、艺术灵感的知识精英,还有大量的来自城市中产阶级的普通人。

为了保留这样的自然之美,也为了使更多的人欣赏到这样的美,一场被称为"自由尼亚加拉"(Free Niagara)的运动在奥姆斯泰德等人的倡导下展开。这场运动的中坚人物除去奥姆斯泰德之外,还有来自纽约的哈德逊河画派的代表人物弗里德里克·丘奇

（Frederick Church）、奥姆斯泰德的长期合作者、美国最著名的建筑师之一亨利·霍布森·理查德森（Henry Hobson Richardson）①和著名的文学批判家、进步主义改革者、哈佛大学教授查尔斯·艾略特·诺顿（Charles Eliot Norton）。②

事实上，这场运动在此后的发展中，几乎囊括了波士顿与纽约两个城市的主要知识精英。在1880年，奥姆斯泰德协同纽约地质测量局局长詹姆斯·加德纳（James T.Gardiner）等人共同撰写了一份上呈纽约州长的关于尼亚加拉瀑布的调查报告，其中包括一封由来自纽约、波士顿、华盛顿以及英国、加拿大等地100余位各界精英签名的请愿书。这些签名者包括当时的美国副总统、大法官、参、众议员、州长、大主教、哈佛、耶鲁等大学校长，以及如拉尔夫·沃尔多·爱默生、浪漫主义诗人詹姆斯·洛厄尔（James R. Lowell）、纽约著名报人查尔斯·达纳（Charles Dana）、哈佛大学植物学家艾萨·格雷（Asa Gray）、哈佛大学历史学家弗朗西斯·帕克曼（Francis Parkman）等知识精英。与此同时，在请愿书上签名的还有加拿大方面的有关人士以及数位著名的英国学者，如浪漫主义美学批评家约翰·罗斯金（John Ruskin）、苏格兰作家托马斯·卡莱尔（Thomas Carlyle）。在这份来自大西洋两岸声势浩大的请愿书

---

① 理查德森来自南部，但是在哈佛大学接受教育，随后赴巴黎学习建筑，回到美国后，在波士顿的布鲁克莱恩定居，创建了建筑史上的"理查德森罗马式"风格，其代表作包括波士顿的三一教堂（Trinity Church）等建筑。他与奥姆斯泰德长期合作，在奥姆斯泰德园林设计中往往融入他的建筑，两相适宜。在理查德森于1887年逝世之后，奥姆斯泰德深感寂寞，大有郢人逝矣，谁与尽言之感。
② 诺顿是著名的文学批评家，欧洲浪漫主义文学与美学在美国的重要传播者，很多人将之视为美国最为高雅的绅士。他是哈佛大学校长查尔斯·W.艾略特的表亲，也是景观设计师艾略特的表叔。诺顿对美国文明的发展方向有着极为激烈的批判，试图通过教育进行进步主义的改革。

中,他们写道:"美丽而宏大的自然万物是上苍赐予我们种族的最为珍贵的礼物之一。对它们的思索能够提升、充实人类的理解力。它们是教育的手段。它们有利于社会的秩序。它们强调一种普遍的情怀。它们将各种族的人们吸引在一起,因而为国家之间联合与和平做出贡献。"①

因此,奥姆斯泰德等将保护这一自然的奇迹称为"人类的神圣使命"。②就其根本而言,这份为东部纽约大瀑布所撰的报告同数年前奥姆斯泰德为西部边疆的约赛米特所写的报告并无二致,它仍然强调由政府采取措施,承担保护大瀑布的责任,使之为公众欣赏。但是在这份报告中,奥姆斯泰德更多地强调城市化压力下产生的对自然、野性的渴望与需要,以及因此而对之进行保护的必要性。

这场"自由尼亚加拉"运动融入了鲜明的城市特质,这一特质不仅仅表现在它是城市化、工业化过程中催逼而成的保护运动,也表现在这场运动的运作形式中间。它积极地借用了在城市的大众媒体作用,通过媒体传播,吸引公众注意力,形成公众舆论,促使当政者通过立法,进行改革。1881年与1882年,在这场运动遭到纽约州长阿朗索·康奈尔的激烈反对之后,奥姆斯泰德、诺顿等人开始支持在纽约、波士顿两城的主要报纸上发表关于大瀑布的系列文章,使得这场运动从知识精英中间走出,进入公共舆论空间,最终迫使纽约州在1885年通过立法,设立尼亚加拉保护区,州政府开始

---

① Olmsted, "Special Report of New York State Survey on the Preservation of the Scenery of Niagara Falls," *Documents of the Assembly of the State of New York*, Vol. 6. The Evolution of American Conservation Movement, 1850–1920, the digital archive of American Memory, Library of Congress.

② 同上。

从私人企业手中逐步买回土地，形成纽约的第一个州立公园。

在1887年，尼亚加拉州立公园设立两年之后，奥姆斯泰德与其昔日中央公园的合作设计者沃克斯（Vaux）再次被请回大瀑布，设计那里的道路以及位处一隅的山羊岛。奥姆斯泰德再一次陷入他在国家公园中所面临的困境，这是将来每一位景观设计师与国家公园管理者都将面临的困境——如何协调容纳不断上涨的游客数量与保护自然的原始与野性之美之间的冲突。它的出现代表这些绿色改革者唤醒人们对自然的热爱的努力取得了巨大的成功，同样也是他们希望实现的民主的重要体现。然而该现象的出现必然带来对自然本身的破坏，这又与他们保留荒野的渴望相悖。奥姆斯泰德并未能真正解决这个困境，或者他唯一能做的，也正是他一以贯之地坚持去做的，"我们来到这里是为了恢复和保护尼亚加拉瀑布的自然环境，而不是为了往那里添加任何的东西"。[①]

自19世纪90年代，奥姆斯泰德本人从改革的事业中慢慢淡出，但是城市自然化改革者并未因此而停顿。当艾略特来到荒凉山岛时，他发现了奥姆斯泰德、诺顿等人所心心以求的荒野价值。然而，艾略特本人的英年早逝使他在有生之年未能看到缅因海岸的自然景观得以保护。在1914年，当大洋彼岸的欧洲燃起战火，硝烟弥漫之际，艾略特的老父，查尔斯·W.艾略特（Charles W. Eliot），这位哈佛大学史上最为重要的校长，真正使哈佛由前近代的神学人文学院变为现代意义上的综合大学的著名教育家，为《国家地理》

---

① Olmsted, "Special Report of New York State Survey on the Preservation of the Scenery of Niagara Falls," *Documents of the Assembly of the State of New York*, Vol. 6. The Evolution of American Conservation Movement, 1850–1920, the digital archive of American Memory, Library of Congress.

杂志撰写了一篇题为《在现代生活中保留自然的美与自由的需要》的文章。老艾略特一生经营是将哈佛大学变为现代科学的圣地，他将极为有限的闲余时间用于研究劳资关系的问题，一个在他的时代为更多人所关心的问题。他并非对其子作为中坚人物的城市自然化改革漠不关心，与之相反，他对之尽力支持。但是直至爱子在1897年逝世，在伤痛之极后，他开始真正投入其子所促成的改革之中。在1900年，在他的支持下，哈佛大学成立了美国第一个景观设计学院，奥姆斯泰德之子小弗里德里克·劳·奥姆斯泰德（Frederick Law Olmsted Jr.）在那里第一次开设了美国景观设计的课程。在老艾略特发表于1914年的文章中，我们再一次读到了美国进步主义城市自然化改革者对待自然与文明的观念。

老艾略特在这篇文章中，敏锐地捕捉到了自19世纪80年代兴起的进步主义改革力量的特点。他写道："过去的一百年已向文明人彻底证明，种种与现代城市与工厂体系的成长相随的邪恶已经发展太过，超出人们的承受范围；然而，这些邪恶却是19世纪文明，特别是在19世纪上半叶出现的一种自由的形式——个人主义的后果。在过去的40年间，另一种形式的自由，一种联合与群体行动的自由，开始抑制部分由个人主义所滋生的邪恶，从而改善人类环境。"[①] 他以极长的篇幅论述了有害的城市生活与工厂体系对人们的负面影响，虽然他并没有清晰地指出城市生活究竟如何有害。他似乎假定所有人都非常清楚他所言的城市邪恶究竟为何，因此无须一一陈述。通篇读下之后，很显然，老艾略特所言的邪恶是道德的

---

① Charles W. Eliot, "The Need of Conserving the Beauty and Freedom of Nature in Modern Life," *The National Geographic Magazine*. Vol. 26 (July 1914): pp. 67–74.

堕落，虽然他也同样悲惋城市人在人工光线下的生活如何远离新鲜的空气与美丽的景色。但是最为重要之处在于，他认为城市化过程中美国的道德出现了问题。他抱怨道"有害的兴奋与恶质的快乐"将"有益健康的智力兴趣"排挤开去。因此，他希望在城市人群当中看到更多"完全健康的精神乐趣与高尚的享受"，而这样的享受在自然之中。

在文章的结尾处，老艾略特得出了通过建立新的国家公园来治愈现有的道德疾病的结论，便在此处，他建议将"荒凉山岛"变为一个国家公园。他写道：联邦政府在保护自然的过程中间所实施的权力在遥远的西部远为活跃，而那里的人口却并不稠密，因此"城市生活的罪恶与工厂体系并不发达"。因此，他最后问道，既然东部受到"城市生活的有害影响"最为显著，难道现在还不是合适的时机在这里建立一个国家公园？

由此，在1919年，在缅因州的荒凉山岛，新成立三年的美国国家公园管理署（National Park Service）设立了新英格兰的第一个国家公园，最初它被命名为"拉斐特国家公园"（the Lafayette National Park）以纪念这位开国元勋之一。在1929年，它被更名为"阿卡狄亚国家公园"（the Acadia National Park），那个希腊传说中自然与人和谐共处的所在。小奥姆斯泰德与比阿特丽克斯·法兰德，一位奥姆斯泰德影响下成长起来的美国最为著名的女性景观设计师，为这个新生的国家公园设计了它的道路。沿着卡地亚克山间的道路一路驱车，一侧是巨浪掀天的沧海，一侧是秋日如火的森林，断岸千尺，风起浪涌，在那里，人们发现了荒凉山岛的价值。

阿卡狄亚国家公园建立20多年后，奥尔多·利奥波德在威斯康星的沙乡中重新思考荒野与文明的关系,他写下了这样一段话:"在人类历史上,前所未有的两种变化正在逼近。一个是在地球上,更多适于居住的地区的荒野正在消失。另一个是由现代交通和工业化而产生的世界性的文化上的混杂。这两种变化中的任何一种都不可能被防止,而且大概也是不应当被防止的。但是,出现了一个问题,即对所濒临的变化通过某种轻微的改善,是否可以使将要丧失的一些价值观保留下来。"在接下来的一段话中,利奥波德给出了自己的答案,他希望文明能够尽其所能地保留在绝灭边缘上挣扎的荒野,从而保留某种同样面临绝境的价值观。他写道:"这是一个恳求,是为了使那些有一天愿意去看看、去感受或者去研究他们的文化属性的根源的人受到教育,为了保留某些残存的荒野,就像保存博物馆的珍品一样而提的恳求。"①

利奥波德心目中的荒野及其价值与奥姆斯泰德等19世纪后期的城市绿色改革者所言的荒野不尽相同。利奥波德的荒野中没有道路,不设旅馆,摒绝哪怕是最基本的人工设施,同时也排斥依赖现代技术的娱乐方式。在对荒野的认识上,利奥波德比奥姆斯泰德等人走得更远,他所看到的是一幅生态全景以及其中每一处最细微的变化与律动,而非一片单纯的壮丽景观。而他所呼吁保留的价值观,蕴含着对自然以及个中有机与无机的存在的尊重甚至谦卑。

与利奥波德的那片尽可能保留其原始状态的荒野相比,奥姆斯泰德等人的荒野仍然掺杂了人工的痕迹与理性的制约,他们的价值观究其根本也落脚于人类的生理与精神需要,而非利奥波德所心心

---

① 奥尔多·利奥波德著,侯文蕙译:《沙乡年鉴》,北京:商务印书馆,2016年,第187—188页。

以求的生态中心的土地伦理。然而，我们无法否认在他们呼吁建立的国家公园中，占据主导力量的是自然的经济体系，而非人类的经济体系，这是国家公园与城市公园或者纯粹的人工建筑之间值得重视的差别。他们在自然中间寻找到的价值观也挣脱了长期主导美国文明的功利主义，使审美层面的思想图景落实在美国的山水之间，也使得萦绕精英阶层的浪漫主义余响化为城市时代的大众声音。他们为这片大陆留下了丰厚的遗产，不仅仅是形诸国家公园这样的生态遗产，也包括激荡着荒野美学想象的文化遗产，这些都成为塑就利奥波德超越时代的荒野生态思想以及其后崛起的生态学时代的重要理论渊源与生态基础。他们没有追随19世纪后半叶工业化的狂飙，而以审慎的思考与行动质疑文明发展的方向，认识到一个真正文明的社会将为荒野的存在保留它应有的位置，否则文明将变为真正荒凉的孤岛。

第五章
草海之城:堪萨斯城

楔子:一个大平原孩子的堪萨斯城见闻

对一个在20世纪50年代大平原农场上长大的孩子,密苏里州的堪萨斯城是一个充满原罪、腐败、邪恶、贫穷,但又优雅、精致、世故而练达的所在。在他的想象中,这个城市的霓虹灯闪烁着颓废而温暖的光晕,危险而魅惑,那是一个猫王式的城市,提供所有感官上的自由和精神上的实验,虽然比之纽约或者芝加哥,它多少有着几分乡土气,但是对一个大平原的孩子,这反而让他心生亲近。他在这个城市中的第一次冒险可能是随父亲参观一场车展,每个20世纪50年代的大平原男人都梦想着有一辆新车,换去他满是尘土的老道奇,就像每个昔日的牛仔都在找寻一匹好马,在驰骋中释放多余的荷尔蒙。就在1951年,福特公司在堪萨斯城的郊区克莱克莫(Claycomo)建成福特堪萨斯城装配线,这个城市的流水线上输送出一辆辆闪亮的福特·菲尔兰(Ford Fairlane)。大平原上的车多略显粗笨,却结实耐用,不过当它们布满一个个现代大厅,光可鉴人的表面上倒映着衣着单薄的车模女郎的倩影时，这一切都足以令这个乡里孩子炫惑而兴奋。在夜幕下，他每个周日都会去教堂的爸爸和朋友悄悄溜去穆尔巴赫酒店（the Muhlbach Hotel）的大堂，不是为了参观这所古老的地标建筑，更不是去向每届在那里住宿过的总统致敬，吸引他们的是大堂酒吧有实实在在酒精的波本威士忌。不远处夜总会的灯光照亮了整个城市的夜空，萨克斯风的声音在远方呜咽，对这个来自西堪萨斯乡间的孩子来说，这是怎样的一日！清晨坐着火车离开时，他的身后是熟悉的一切，简朴的教堂和老实巴交的农场主；突然之间，不只是一个，而是无数个千姿百态的新世界在他的眼前展开，每一个都带来一种精神上的新解放。

未来很多年，这一日的经历都会在他的头脑中回荡，他会将那些已然模糊的片段在头脑中串联，让那里的车展大厅格外亮堂，车模女郎格外袅娜，酒吧的威士忌格外浓烈，夜总会的灯光格外暧昧，爵士乐的声音格外呜咽。但是在那个十岁孩子头脑中真正清晰留驻的可能仍然是那里的食物，每一块肥厚的、纹理清晰、在红亮的秘制酱汁下颤巍巍的牛排，多么堕落的食物，却可以点燃舌尖上的每一颗味蕾，简直是原罪者的天堂。这是一座以牛排和堪萨斯城风格烤肉（Kansas City BBQ）而闻名遐迩的城市。这些烤肉店有些是黑人经营，如著名的亚瑟·布莱恩特（Arthur Bryant），有些则是美食之民意大利移民的所有。他们从故乡带来了自己的不传秘方，但是一旦来到堪萨斯城——这个牛排的故乡，KC的味道进入他们的烧烤汁，奇异的香料与番茄独特的风味相糅合，全美最好的烤肉就此诞生。直至今日，虽然牲畜围栏早已在1991年正式关闭，这个城市仍然供应着来自仅数百英里外的汁水最丰厚、味道最浓郁的"堪萨斯城牛排"（KC strip steak）。一个大平原上经历过大萧条和沙尘暴这些艰难岁月的主妇从来不会在餐桌上摆上如此奢华的食物。虽然20世纪50年代已是斯坦福大学的历史学者大卫·波特撰写《充裕之民》的时代，一位精英私立大学的教授显然无法想象大平原普通农场家庭的节俭与素朴。①"另外一半"不仅生活在进步主义时期纽约的贫民窟中，在繁华富足的50年代的大平原上，也生活着纽约、旧金山，甚至堪萨斯城的中产阶级所不能理解的"另外一半"。②

比黑人和意大利人更早来到这里的是大批的爱尔兰移民，他们也是最早的大批量移民。此外，则是东欧人，特别是波兰人，伴随他们而来的除了更多的天主教教堂，还有异域的食物，令一个出生在淳朴的苏格兰移民家庭的少年惊叹不已。彼时，大量的拉丁裔移民涌入堪萨斯城，他们则在铁路沿线开张了数量庞大的墨西哥餐馆，招待那些深色皮肤、黑眼睛、穿过南部国境线来到这里的铁路工人。裹着红彤彤的辣牛肉的玉米饼，拌上些许米饭，加入绵软的豆子，涂上牛油果酱，一个整日早餐燕麦粥，中餐、晚饭肉糜糕的孩子如何能想象世上还有这样的食物。乡村俱乐部广

---

① David Potter, *People of Plenty: Economic Abundance and the American Character*. Chicago: University of Chicago Press, 1954. 在《萎缩的星球》一书中，沃斯特对此书做了精彩的讨论。参见 Worster, *Shrinking the Earth*, p. 206.

② Jacob, Riis, *How the Other Half Lives: Studies among the Tenements of New York*. New York: Charles Scribner's Sons, 1890. 这部纪实图册记录了1880年代纽约贫民区的现状，开启了进步主义时期美国新闻界的"扒粪者"运动和一系列改善贫民区的城市改革。相比较人们对内城贫民窟的广泛同情，美国主流舆论对大平原上的"红脖子"关注寥寥。在他们的描述中，这只是一批愚昧保守的福音派原教旨主义者。然而，不尝试理解这些人的所思所想，仅仅思考城市中的断裂，则无法理解2020年美国在政治与社会中的巨大分歧。

场（the Country Club Plaza）则是又一番光景。这是全世界第一处郊区购物中心，自建立伊始便设置大型停车场，在1922年开业后大获成功，为后来的城市发展者纷纷仿效。一切来自J. C. 尼克尔斯（J. C. Nichols）的手笔，建筑风格荡漾着西班牙风情。那里是富裕的中上阶层方有能力消费的所在，但是男孩至少能在经过时，匆匆一瞥那里有着红色绒椅子，摆设着闪亮的高脚杯的法国餐厅、意大利饭店、英国和爱尔兰酒吧，甚至还有中餐馆，而所有这些在西部大平原上尚闻所未闻。每家饭店的菜单上都贩售酒水，这是西堪萨斯生长的孩子所不能相信的。虽然全国性的禁酒令在20年前已经结束，州界西面的堪萨斯仍然是一个最"干"的、虔诚的禁酒州。没有人会在用餐时饮酒，很少人知道红酒、鸡尾酒、伏特加或者金酒的滋味。而在这座城市，它们这么自由地、大方地、公开地出现在人们的餐桌之上。德国移民于此自然功不可没，他们另在这异国的美食地图上添加了生啤酒和烤香肠。

在美国的知识精英中，长期存在一种认知，便是美国人特别是西部人有着鲜明的反城市倾向，然而，如此断言忽略了一个最基本的事实，美国人在不断地建立新的城市，无休止地重新创造这些城市。如同堪萨斯城，这个城市的土生子热爱它，虽然外来客经常对之不屑一顾。在它初建的近一个世纪的岁月中，它总是在无政府的边缘徘徊。无论是市政府还是州政府大多软弱无力，很少见到有凝聚力的社区，当然更没有强大的本地贵族阶级来坚持城市的秩序、规划。一波又一波的新移民从四面八方涌来，他们往往来自乡村，贫穷，受教育程度很低，对城市生活所奉行的各种准则一无所知。然而，在他们眼前坦现的新生活多少会在每个人心中激起如那位大平原孩子所感受到的奇异的兴奋，一种冒险的原始动力。他们站在密苏里河与堪萨斯河的交汇处，向西遥望，展望它的永恒，这或许便是这个城市最初在大平原的天际线上浮现的原因。

一、"西港"[①]

从波士顿出发，穿越新英格兰、纽约，进入宾夕法尼亚，继续西行，走过俄亥俄、印第安纳、伊利诺伊和密苏里，总计2,200公里，最终抵达堪萨斯城——美国中西部的核心。如果一个旅行者的目的地是太平洋沿岸的旧金山，那么当他来到堪萨斯城后，他还需要继续往西，跋涉近3,000公里，方能呼吸到带着海洋咸味的空气。无论他采取何种交通方式，马匹、篷车、火车、飞机、汽车，第二程的旅行都意味着他需要横跨内布拉斯加、怀俄明、犹他、内华达，直至加利福尼亚，他将穿过美国西部的中间维度，穿过无垠的草原、高大的山峦，旱谷纵横、灌木点缀的沙漠，如果这是一位现代旅行者，他还将穿过无数大大小小的城镇、农田与牧场。[②]

波士顿与旧金山均是向世界开放的港口城市，前者面向大西洋，后者拥抱太平洋。然而无论从东海岸出发，抑或从西海岸前往，堪萨斯城都是距离海洋最遥远的美国大城市，但它同样是一个

---

① 本章中的部分内容发表在《史学集刊》2021年第2期，收入时内容有较大调整、扩展。侯深：《自然与城市历史的缠绕——草海之城堪萨斯城的变迁》，《史学集刊》2021年第2期。
② 在1869年，洲际铁路开通之前，约有一半人会选择从东海岸港口乘船，南下加勒比海，抵达巴拿马。而后步行穿越巴拿马地峡，在太平洋沿岸再次乘船，北上抵达旧金山，从而避免穿越大陆之苦。

港口，河流的港口，它的起点便称作"西港"（Westport），清晰地点明了这个城市的自我定位。不过，这个港口憧憬的不是汪洋大海，或者遥远的异域文明，而是北美大陆的内陆，它的沃土、森林、草原、矿产、动物，它将成为一个全然不同于波士顿与旧金山的城市，一个将为这个蓬勃兴起的国家提供无尽食物的城市。凭其地理位置，这个城市的鼓吹者一遍遍地用"美国之心"（the heart of America），"西部之都"（the capital of the west）这样的字眼来呼唤东西海岸的注意，提醒他们在大陆的内地有着一座同这个国家的命脉共同悸动的城市。①

1950年，距离堪萨斯镇正式建制100年，该城最大的报纸之一《堪萨斯城星报》出版了一期百年特辑，题目为《今日之城崛起于昨日之滨河小镇》。这份特刊的封面是两幅嵌套的彩绘图片。下方较小的一幅中，矗立着一位手拄来复枪的拓荒者，身畔是头戴羽毛的土著和一架双牛拉着的篷车。画面中只有他坚毅而笔直的背影，两相对比，身侧的土著如此矮小卑微。他眺望着流向远方的密苏里河，近处是一架小小的平底驳船，稍远处一艘冒着滚滚浓烟的汽船向西驶去，驶向开放的、自由的未定之土。河岸芳草萋萋，在较平坦处排列着七八座二至三层的小楼，已见人烟。屋宇之后是一片山丘，绿意盎然。这幅较小的图片嵌入占据整版的大图之中。在大

---

① 堪萨斯城大都市区同时属于密苏里州与堪萨斯州，以堪萨斯河为界，东部为密苏里州堪萨斯城，西部为堪萨斯州堪萨斯城。密苏里部分的堪萨斯城发展早，人口多，是市中心所在。堪萨斯部分的堪萨斯城建城较晚，早年间主要是工人阶级住宅区，后来发展为富庶的中产阶级社区。本章中谈到堪萨斯城，大部分时候所指都市区，特殊情况下会注明。当论及堪萨斯，而无"城"时，则指的是堪萨斯州。

图中，依然屹立着男子的背影，依然流淌着迢迢的河水，依然摇曳着堤岸的长草，但是一桥飞架南北，在宽广的大河北面，是一个巨大的、高耸的城市，曾经满是山胡桃木与橡树的山丘已无踪影，取而代之的是一座座连天入云的大厦。对于现代的美国城市而言，只有当这些大厦勾勒出城市的天际线时，它方可被骄傲地称为一个大都市。男子的身侧不再需要土著的陪衬，他自信而从容，手插西装裤的口袋之中，望向的也不再是荒蛮而充满希望的西部，而是因汉尼拔大桥而将天堑变通途的城市。河上的汽船已经消失，篷车早已是历史的陈迹，昔日的河港伴随汉尼拔大桥的修建，变成美国中部密集铁路网的中心，更何况在此图上空一架飞机向城市飞来，标志着一个新的交通时代的到来，似乎也宣告着一个河港与牛镇（cow town）的时代的落幕。①

在1950年大加速时代到来之际，百年的堪萨斯城野心勃勃、充满生机。这个城市的土生子渴望讲述自己城市的历史，如同所有热切地赞美家乡的人们，他们兴致盎然地回忆着过去的苦难与辉煌，如何筚路蓝缕、百折不挠，如何以普通人的聪明智慧创造出今日的富强。在他们的讲述中，一个胜利的故事逐渐成形，它的基调是进步的，节奏是迅疾的，气质是民主的，信仰是自由的，它将是一个典型的西部故事，也会是一个典型的美国故事。在那些对一个城市深具认同感的人笔下、口中，个体的城市传记类似于一个个体人的传记，而人们愿意去记录并且传扬的是成功者的故事。历史学家如是，普通人更如此。的确，在很大程度上，这是一个关乎成功的故

---

① "The City of Today Rises from the River Town of Yesterday," Centennial, *The Kansas City Star*, June 4, 1950: p. I.

事,一个昔日只有数十人的皮毛贸易小镇成长为横跨两州、人口近300万的大都市,在过去的一个半世纪中,不但为无数前仆后继来到此间的人们提供机遇、希望和财富,也为美国的增长提供最不可或缺的能源——食物。

但是,胜利的故事并非总是历史的全部,苦难历程的终点并非必然导向最后的辉煌。取代胜利或者进步叙事的,也不只有衰败一途,更有可能的是,我们看到的将是一个复杂的非线性故事。已经有很多人在讲述这个新的故事,看到一部分人如何为了另一部分人的成功付出不应由他们承受的代价,讲述前一部分个人与群体所罹受的不公、挫折、失败。这些历史学者的努力令城市的历史成为马赛克式的镶嵌图,远观与近读会呈现全然不同的图景,结构完整,细节丰富,五彩斑斓。① 但是,就像历史不仅是关于某一个或者某一类人的成功故事,它同样也不只是关于"人"的成功或者失败的往事。为了成功而付出的代价经常是由非人类的生物及其赖以生存的环境而承担,而它们的变迁反过来会影响同样赖之以生存的人类

---

① 关于堪萨斯城的相关著作集中于对黑人以及牲口围栏和肉食加工厂的工人状况。关于堪萨斯城种族史的著作包括:Sherry Lamb Schirmer, *A City Divided: The Racial Landscape of Kansas City, 1900–1960*. Columbia: University of Missouri Press, 2002; Kevin Fox Gotham, Race, Real Estate, and Uneven Development: The Kansas City Experience, 1900–2010. Albany: Sunny Press, 2014; G. S. Griffin, *Racism in Kansas City:A Short History*. Traverse City, MI: Chandler Lake Books, an imprint of Mission Point Press, 2015. 关于牲畜围栏和肉食加工厂的黑人工人状况的文章较多,比较有代表性的包括:Darryn Snell, "Meat-Packing, Race, and Unionization in Kansas City, 1880–1904," in *Global Humanization: Studies in the Manufacture of Labour*, ed. by Michael Neary (London: Mansell Publishing, 1999), 127–63; John Herron, "Making Meat: Race, Labor, and the Kansas City Stockyards," in *Wide-Open Town: Kansas City in the Pendergast Era*, eds. by Diane Mutti Burke, Jason Roe, and John Herron, Lawrence: University of Kansas Press, 2018.《敞开城镇:彭德格斯特时代的堪萨斯城》

和他们的创造物如城市的生存方式、历史轨迹与权力关系。

　　堪萨斯城的成长历程在很大程度上是芝加哥在大平原上的翻版，它距离芝加哥800公里，同它的老大哥芝加哥一样，讲述它的故事，同样需要回到大西部，回到高草与短茎草草原、玉米与小麦农场，回到牲畜围栏与肉类加工厂之中。本章所要讲述的正是一个发生在距离芝加哥800公里的城市的故事，它们几乎拥有共同的腹地，也分享着某些相似的经历。但是在堪萨斯城的故事中，我们将看到的不是一个壮伟的大都市一往无前地以资本为利器碾压、征服其腹地生态的故事，或者说不只是这样的一个故事；在堪萨斯城的过往生态经历中，自然的力量从未被消灭，它的变迁始终影响着城市权力与经济形态的改变。

　　堪萨斯城诞生、成长于这个广袤大陆的中部，坐落于堪萨斯河与密苏里河的交汇之处。后者是北美最长的河流，诨号"大泥流"（the Big Muddy），它自白雪皑皑的洛基山峰顶起源，蜿蜒东南，挟沙带泥，最终汇入密西西比河黑褐色的洪流之中。与密苏里河相

一书中对其他边缘群体，如女性、拉美裔移民等问题亦有讨论。值得注意的是，在1939年，堪萨斯城市联盟（Urban League of Kansas City）整理了一份关于黑人工人的报告，对当时的劳工工作环境提供了重要的记录。堪萨斯城市联盟作为美国黑人城市联盟的分支，成立于1919年，致力于非裔美国人的民权状况与教育、生存和经济状况的发展。Urban League of Kansas City, *The Negro Worker of Kansas City: A Study of Trade Union and Organized Labor Relations*. Kansas City: Urban League of Kansas City, 1939. 此外，关于堪萨斯城的性别历史研究，参见：Amber R. Clifford-Napoleone, *Queering Kansa City Jazz: Gender, Performance, and the History of a Scene*. Lincoln: University of Nebraska Press, 2018. Amahia Mallea的著作《喷泉之城的河流》是关于堪萨斯城的环境史著作，主要关注城市水污染及其治理的问题，但是在此书中，Amahia对环境正义的问题予以特别讨论。Amahia Mallea, *A River in the City of Fountains: An Environmental History of Kansas City and the Missouri River*. Lawrence: University of Kansas Press, 2018.

比，堪萨斯河短而浅，不过185公里，整个流域位于今日的堪萨斯州，然而即使如此，它也可能在某个持续暴雨的季节，浊浪滚滚，洪水成灾，因此，当地人在闲谈间，也以"大"名之，称之为"the Big Kaw"。"Kansas""Kaw"与"Missouri"一样，均得名自曾经在河畔生息繁衍、激流泛舟的中西部土著部落，与其赖以生存的河流及成千上万的河狸和满山遍野的橡树一起，他们共同塑造了白人未至之前的生态。这两条河流对当地土著来说，既能够提供丰富的食物，各种贝类、鱼、蟹等水生物种，同样成为他们迁徙、旅行、交易的通道，以及灌溉其玉米地的水源。

　　对当地土著和未来的白人移民而言，可能更为重要的是这个地区高度的生物多样性。形成这一生态特性的原因同河流有密切的联系，但是一个认真的观察者会发现这里同时也是两种生态系统的交汇之处。正是在堪萨斯河的入河口处，由高大的橡木和山核桃树构成的东部林地生态遭遇了中西部的高草草原生态，如此混合生态带来了本地资源的富足，吸引了众多土著部落移民来到此处。人类在这里的居住史颇为短暂，考古目前发现到的显著人类遗迹仅能追溯至公元前100年，此后的数百年间，新的移民不断到来，包括从俄亥俄河谷迁移而来的堪萨人（Kansa）与奥色治人（Osage），后者在一次次的征战后成为大平原众部落的霸主。①遥想彼时的代际更迭，大约也有过无数血雨腥风、长歌悲鸣。后至的堪萨与奥色治人同样进行采集、渔猎的活动，但是他们建立起了村落，从事刀耕火种的农业，只不过并没有像东边密西西比河流域的卡霍基亚人那样

---

① 关于堪萨人与奥色治人的历史与文化的概览，参见其网站：http://kawnation.com/；https://www.osagenation-nsn.gov/。2020年8月14日登陆。

造就一座城市。当法国与西班牙来到这里之前,这片土地当然不是欧洲人曾经所言的处女地,但是也绝非一片被开发与管理的土地,这些土著部落对此地生态的影响力并不比数量稠密的河狸高出多少。也正是这些河狸,开启了此后的故事——现在大家已经耳熟能详的皮毛贸易,北美大陆的"软黄金"。①

当刘易斯与克拉克探险团在1804年6月26日来到卡奥点(Kaw Point)——堪萨斯河与密苏里河交汇之处时,这里的河山已经数度易手。最早留下记录的是18世纪初的传奇人物,法国浪子布尔芒(Etienne Veniard de Bourgmont)。在1763年的《巴黎和约》之后,西班牙人在名义上控制了这个地区,但是法国人仍然在皮毛贸易上占据主要角色。1803年,路易斯安那购买完成,密西西比河以西214万平方公里的广阔土地划归美利坚合众国版图,但是远在华盛顿特区的政治精英对那片土地一无所知。布尔芒所绘制、撰写的是关于密西西比下游的描述和地图,一些耗尽东海岸皮毛猎物的猎手与商人在深入五大湖地区后也留下了零散的记录,但是对密苏里河及其流域的自然财富、风土人情一无所知。刘易斯与克拉克探险团是一场国家组织的环境知识生产,他们记录河流及其流域的基本地理状况、水流速度、可通航性、支流、植被、动物,以及土著部落的习俗、特征。不过,探险队中并无一人具备文人骚客的潜质,因此他们的记录简洁、准确,但是略显枯燥。在乘坐他们的龙骨船

---

① 关于皮毛贸易的历史,在美国学者的研究基础之上,已有优秀、全面的中国学者的研究。一部通俗但是深入的皮毛贸易史是《动物改变世界》。付成双:《动物改变世界:海狸、皮毛贸易与美洲开发》,北京:北京大学出版社,2016年。跟这一地区直接相关的研究,参见Stan Hoig, *The Chouteaus: First Family of the Fur Trade*. Albuquerque: University of New Mexico Press, 2008.

沿密苏里河一路向西抵达卡奥点时，这里已经入夏。他们决定在此处的林地中修整三四日，再行沿河北上。天气颇为炎热，他们发现了三头下河游泳的鹿，被随行的土著猎人随手猎杀，另一队猎人回来时，又带来了八头鹿，还有一死一活两匹狼。在他们到达的第一天，克拉克看到了一大群现在已经灭绝的长尾小鹦鹉。他还记录了"好战"的堪萨人的状况，彼时他们正在大平原上猎取野牛，而考察团在猎鹿的同时也看到了野牛。无论是密苏里河还是堪萨斯河的两岸都耸立着山峦、悬崖，日记没有描述其上的植被情况，克拉克仅指出这是建立要塞、卸载货物的好所在。①

在刘易斯与克拉克的旅行日志中，并没有线索激发人们对此处土地未来的想象。他们修整三日过后，便逆流北上，继续他们对于密苏里河流域的探险。在密苏里河从起源流向密西西比的漫长行程中，有无数大大小小的支流汇入奔腾的河水，但是卡奥点的特殊意义究竟何在？探险团并没有询问，也没有回答这个问题。在1804年，年轻的合众国刚刚拉开西部舞台的序幕，他们中间没有人知晓在其面前展开的平坦大地究竟蕴含着怎样的潜力，将为这个国家带来何样的可能。对实现路易斯安那购买的托马斯·杰弗逊总统及其同代人，甚至之后的两代人而言，无论南北，他们的世界是湿润、苍翠、森林覆盖的东部北美；而密西西比河以西，特别是西经98°以西的未定

---

① *Journal of Lewis and Clark Expedition*, June 26–28, 1804. https://lewisandclarkjournals.unl.edu/item/lc.jrn. 1804-06-28，登陆时间2020年8月16日。卡奥点现在已经变成卡奥点公园，位于刘易斯与克拉克国家历史小径（Lewis and Clark National Trail），克拉克所建议的军事要塞并没有在此处付诸实践，而是于1808年，在距此处大约50公里处建成了奥色治要塞，借此控制当地的土著部落。不过在19世纪20年代，这个要塞伴随奥色治人的撤退而逐渐被废弃。

地带却是荒凉的、干旱的、无树的、不适宜农耕的。一个"美国大沙漠"（the Great American Desert）的幽灵开始在美国公共想象的上空浮现，并且固化为人们对于这个地区的基本认识。实现"美国大沙漠"到"美国花园"（American Garden）的转化需要数十年时间的探索与认识，因此，紧随路易斯安那的购买开启的并非托马斯·杰弗逊总统所向往的属于自耕农的农业帝国，而是一股巨大的商业浪潮。①

  堪萨斯城在这股资本与自然相碰撞的浪潮中首当其冲。正是在此处，密苏里河不再流向东南，而是拐了一个大弯，平行向东，奔赴密西西比河。这样的一个弯道意味着在此后的半个多世纪中，那些立志前往西南部的男男女女将发现此处是弃船转车的最便利地点。最初的它意味着一个天然的前往新墨西哥圣塔菲（Santa Fe）的补给站。那些希望通过与土著和墨西哥人进行贸易往来的东部冒险家乘船来到卡奥点，在此间购买篷车与牲口，越过大平原，向西南而行，最终抵达圣塔菲。著名的圣塔菲小径在大篷车和来复枪的加持下成型。很快，新的愿景产生了，通向太平洋的俄勒冈小径成为更多人向西扩张的路径，但是它们拥有共同的起点，堪萨斯城和与之毗邻的堪萨斯州的独立城（Independence City）。特别是1849年淘金热开始，更多人的篷车从此处出发，带着对未来、财富、自由的渴望西去，去实现这个国家也是他们个人的"天定命运"。这股浪潮将一波又一波的移民带向他们的梦想之地，直至1869年洲际铁路的贯通，篷车的队伍方慢慢从大平原上消失。而在此之前，至少有

---

① 关于"美国大沙漠"神话的构建与解构一直是西部史的重要话题，但是迄今为止，最精彩的讨论仍然是韦布的经典之作：《大平原》。Walter Prescott Webb, *The Great Plains*. Boston: Ginn, 1931.

40万人通过俄勒冈小径西去，演绎了无数的悲喜剧，被各色人等讲述、颂扬、分析，而这个在1855年人口也不过500的小镇——堪萨斯城，在其中扮演的生态角色究竟是什么？

它不只是一个地理上的最佳换乘点，同样重要的是它的草原生态。无论是这些移民将选择圣塔菲还是俄勒冈小径去开拓西部的荒野，他们的篷车都需要奴役成千上万头牛、马、骡子，这些牲口则需要食物，而围绕堪萨斯城周边的草原正是它们整顿、休憩、过冬的天然牧场。堪萨斯城最重要的传记作者詹姆斯·R.肖特里奇认为这是堪萨斯城之所以能成为一个大都市的最重要的三大地理特征之一，也是最为人们所忽略的特征。[①] 但是，肖特里奇以及其他研究堪萨斯城的历史或者地理学者同样忽略的是，堪萨斯城的草原属于向西伸展的广袤平原，而这片南至德克萨斯，西抵科罗拉多，包括堪萨斯、内布拉斯加、俄克拉荷马、怀俄明的辽阔"草海"（the "sea of grass"），方是这个城市最重要的生态特征。

二、瞭望充满希望的西部

刘易斯与克拉克探险过去半个世纪后，"美国大沙漠"的形象开始慢慢淡化，虽然在时人眼中，这里仍然是野牛遍布、土著横行的荒蛮之地，但是它已具有变成"花园"的潜质，现在所需要做的是如何发掘它的潜质，让"沙漠如玫瑰花般绽放"。1854年，《堪萨

[①] James R. Shortridge, *Kansas City and How It Grew, 1822–2011*. Lawrence: University of Kansas Press, 2012: pp. 6-7. 肖特里奇认为另外两个特征分别是堪萨斯城位于两河交汇之处的地理位置及其石灰岩层的地质特征。

斯-内布拉斯加法案》签订，其政治目的明确，希望借此废止《密苏里妥协案》，将新加入的西部各州变成蓄奴州，最终引发了在堪萨斯与密苏里边界蓄奴州与自由州支持者之间的一系列流血冲突。① 但是，无论在"流血堪萨斯"中各怀心机的对峙双方政治立场与道德诉求如何，他们拥有着一个共同的信念，未来的林肯总统在其1854年发表的皮奥里亚演讲中，将此信念表达无余。在批驳《堪萨斯-内布拉斯加法案》逻辑上的漏洞和道德上的荒谬性的同时，他说道："整个国家都认为要充分利用这些领地。我们希望它们成为自由白人的家园……"②至于如何充分利用，使之成为自由白人的家园——事实上，在内战结束后，它也成为部分自由黑人的家园，则是林肯总统在1862年颁布的《宅地法》中所回答的问题。③

在这里，商业仍然是制造财富的基本手段，但是此时，商业

---

① 1820年，美国就新加入联邦各州蓄奴与否的问题进行争论，最终通过《密苏里妥协》，规定除密苏里州之外，不允许奴隶制进入北纬36.30°以北的区域；但在1848年战争结束之后，加利福尼亚于1849年申请加入联邦，引发了新一轮的自由州与蓄奴州的争论。最终，在1850年国会通过了五个相关法案，统称《1850年妥协案》。这些法案规定加利福尼亚作为自由州加入联邦，但美国开始实施更为严厉的逃奴追缉法案。1850年妥协案并没有安抚南部各州的不满，他们希望继续向西部扩张奴隶制，并于1854年，促使国会通过《堪萨斯-内布拉斯加法案》，规定北纬36.30°的分界线不再适用，新加入各州可以按照自愿原则决定成为蓄奴州或者自由州。这一法案引发了北部自由州支持者与废奴主义者的愤怒，在当时堪萨斯领地和密苏里州交界处，爆发了多场武装冲突，史称"流血堪萨斯"。埃里克·方纳著，于留振译：《烈火中的考验：亚伯拉罕·林肯与美国奴隶制》，北京：商务印书馆，2017年。
② 转引自方纳：《烈火中的考验》，第81页。
③ 在1862年内战陷入胶着状态之时，对美国西部命运，以及成千上万男男女女的生活起到决定性作用的法案《宅地法》颁布，伴随此后一系列相关法案的签署，最终，近美国国土1/10的土地被免费发放给近160万宅地农，保障他们对自由和财富的追寻。大量土地被赠予铁路公司，以鼓励私人企业加入国家的阵营，共同实现这个国家所谓的"天定命运"，一个对自然进行全面开发的大陆帝国。

所仰仗的基础不再是自然孕育的毛茸茸的生物,在人性的贪婪、资本的支撑、金钱的诱惑、威士忌的刺激和土著的娴熟猎捕技艺中,那些因其美丽、温暖的皮毛而受到猎人青睐的动物,如河狸,却将被捕杀殆尽。这个野心勃勃、决意扩张的国家需要更坚实的物质基础,它的商业不能继续依赖于自然漫不经心、毫无效率的产出。人类之手必须介入,应当由他们来决定自然应当产出什么,以什么样的方式、速度和周期产出,这是农业与牧业的基本逻辑。在传统的农耕社会,农民在缴纳税收之后,其产出供给自身、家庭与社区的需要;但是大平原将要出现的农业与牧业将是世界上第一个自始便以商业和市场为导向的农牧业,在农民的劳动与国家的意志,人类的需求与土地的供给之间将嵌入资本的链条,它将改变大平原的农业生态与城市景观,而堪萨斯城身在其中。

  与其他美国城市相比,堪萨斯城站在美国西部开发的前哨,是最鲜明地为大平原生态与经济角色的转变所定义的城市。芝加哥和圣路易斯的形成与发展,特别在其起飞阶段,与东部,甚至海外的资本与市场之间的关系更加密切。伊利运河的修建与东部率先出现的密集铁路网将芝加哥与纽约紧密地结合在一起,奠定了芝加哥成为中部第一大都市的根基。诚如克罗农所言,作为一个世界性的大都市,芝加哥最终必须仰赖对广大西部自然财富的盘剥,但是大平原的开发出现在芝加哥形成之后,彼时,芝加哥已然是一个壮大的城市,其前景清晰而唾手可得。在这场中西部最大城市的角逐赛中,圣路易斯是芝加哥最强有力的竞争者。它坐落于密西西比河与密苏里河的交汇处,在交通仍然以水路为其根本方式的时代,没有任何一个内陆城市就地理优势而言,能与之相比拟。无须太多的睿智或远见，任何拥有生活常识的人群都会据此为栖息地。当日的卡霍基亚人如此，后来的欧洲人也不例外。当皮毛贸易开始向北美内地转移，圣路易斯旋即变成内陆贸易的中心，成为法国舒托（Chouteau）家族建立的皮毛王朝的大本营，大平原开发前的堪萨斯城正是舒托家族的边缘人物凭借其商业网络而建立的。但是在人们开始热切地发掘大平原的新财富之际，圣路易斯向东没有芝加哥借伊利运河的修建同纽约建立的错综关系，向西距离大平原过远，铁路的出现令其水路的优势消退，东部的同盟费城已渐趋式微，从而无法再与芝加哥一争高下。①

堪萨斯城偶尔想过同芝加哥一较高下，但是在大多时候，它心甘情愿地追随芝加哥，以之为典范，学习之、模仿之，享受后者的庇护、扶植，时常艳羡，偶有嫉恨。与芝加哥首先依赖东部市场而迅速崛起的情况不同的是，对堪萨斯城而言，西部的农业开发是其能从一个贸易中转站，圣路易皮毛贸易王朝的小喽啰，摇身一变，成为密苏里州最大城市（包括其在堪萨斯州的部分）的关键。在19世纪50年代，西部开发的鼓吹者们已经清晰地意识到这一点，1857年出版的《堪萨斯与内布拉斯加历史》旗帜鲜明地为新西部的开发可能摇旗呐喊。此书有一个当时流行的冗长副标题：《描绘土壤、气候、河流、草原、山丘、森林、矿物、道路、城市、村落、居民，以及其他与之相关的主题》，扉页上则是号召人们移民堪萨斯的宣传。在此书中，作者沃尔特·斯隆（Walter Sloan）费心竭力地以当地土壤、河流、气候、动植物的丰饶，全方位地解构堪萨斯和

---

① 克罗农：《自然的大都市》，第六章第四节《门户城市之争：芝加哥与圣路易斯》，第415—436页。

大平原地区"大沙漠"的形象,从而吸引来自东部的拓荒者。他写道:"堪萨斯的气候同密苏里、肯塔基、弗吉尼亚相似,不过略干一些。这里的土壤可以进行完美的产出,所有的谷物、牧草、蔬菜,还有中部各州的所有水果。……从堪萨斯河口以西,沿河100余英里的两岸,优良的木材非常充裕。……很多橡树的直径有五至六英寸,杨树往往更加高大。"在此书为堪萨斯城专辟的章节中,作者写道:"这个野心勃勃的小城市,现在全力以赴服务于移民、圣塔菲与加利福尼亚贸易。……"①该书的作者预见到堪萨斯、内布拉斯加以及更西部的大平原的广阔农牧前景,但是显然,他对这个野心勃勃的小城市的野心仍然没有清晰的认知。

  该城早年的领袖人物之一——罗伯特·T.范霍恩(Robert Van Horn)则展望着远为宏大的前景。范霍恩在1855年从俄亥俄来到堪萨斯城,适当而立,雄姿英发;堪萨斯城则刚从1850年的霍乱之灾中恢复元气,重振旗鼓。彼时,它的人口不过寥寥478人,但是,发展西部的鼓吹者已经用各种方式为这个作为拓荒起点的小镇背书。在新英格兰移民协助会(New England Emigrant Aid Society)的鼓励下,画家F.巴克里奇(F.Buckeridge)创作了一幅堪萨斯城全景图,被后人认为是该城在当时的真实写照,也应当是范霍恩来到此间看到的景象。②占据画面一半面积的是宽广的密苏里河,河上

---

① Walter B. Sloan, *History of Kansas and Nebraska: Describing Soil, Climate, Rivers, Prairies, Mounds, Forests, Minerals, Roads, Cities, Villages, Inhabitants, and Other Subjects Relating to that Region, with a Correct Map*. Galesburg, ILL: Boishel, Kuhn, & Co., 1857: pp. 10, 12-3, 17.

② 《堪萨斯星报》在1950年出版的百年回顾封页中的套图也是在此图的基础上设计的,并在第二版上刊出此图。

最显著的事物自然是汽船——密苏里河上主要的交通工具,繁荣与进步的象征;但是即使时人也很清楚,它们同样带来瘟疫与死亡。商业愈发达,人口愈稠密,瘟疫传播的速度越快,河港城市尤为如此,堪萨斯城也不例外。① 范霍恩本人暂时帮助其姻亲料理汽船运营,因此,同当时大部分希望通过俄勒冈、圣塔菲或者加利福尼亚小道进入西部的东部移民一样,他乘坐汽船,沿密苏里河向西,来到堪萨斯城。不同于大多数人的是,他自一开始便希望在此处经营自己的事业,因此,他成功买进刚刚成立的报业公司,发行了这个小镇的第一份报纸:《堪萨斯企业报》。② 从汽船上向南望去便是堪萨斯城,沿岸的建筑大都是仓库,昭示着该城的港口位置。港口背后延绵数百英尺高的崖岸,其上森林繁密,但是这时已有几幢住宅。③ 在未来的数十年间,堪萨斯城在不断向西拓展其腹地的同时,也将砍伐这里的森林,夷平大部分山崖,建造一个城市。《大堪萨斯城早期史》的作者查尔斯·迪赛里奇(Charles Deatherage)本人

---

① Charles P. Deatherage, *Early History of Greater Kansas City, Missouri and Kansas, the Prophetic City at the Mouth of the Kaw*, Vol. 1. Kansas City: Interstate Pub. Co., 1927, pp. 371-5. 迪赛里奇此书原拟撰写三卷,但是最终只有第一卷出版,另外两卷尚存残稿。

② 此报初建时,名为 *Kansas City Enterprise*,1857年,范霍恩执掌该报后更名为《西部商报》(*The Western Journal of Commerce*),1858 年变成《堪萨斯城西部商业日报》(*The Kansas City Daily Western Journal of Commerce*),此后数度更名,在1938年,此报再度更名为《堪萨斯城日报》(*The Kansas City Journal*)。在《堪萨斯星报》于1881年建立之后,这两份报纸长期竞争,《日报》最终败北,在1942年停刊。此报的不断更名在某种意义上暗示着堪萨斯城的定位转换,从最初完全由贸易为主导的商业小镇变为一个综合性的大城市。在内战中,由于范霍恩自身的共和党背景,此报坚定不移地支持联邦。范霍恩本人在19世纪60年代三次当选堪萨斯城市长,对这个城市的早期发展有着举足轻重的影响。

③ 关于对此图的描述与对1855年堪萨斯城的情形,见《大堪萨斯城早期史》。Deatherage, *Early History of Greater Kansas City, Missouri and Kansas*, pp. 384-5.

就是一位当地的木材商，因此，在他的著作中对此处的森林状况有大量描述。

迪赛里奇可能生于1852年，是这个城市的土生子；他从1878建立自己的木材公司后，一直是这个城市经济发展的受益者、资源的开发者，更是一位坚定不移的堪萨斯城鼓吹者。① 他见证了这个城市的崛起，因此，当他在1919年退休，执笔撰写该城的历史时，他是以一个亲历者的身份，而非研究者的态度记录此城的历史。这是英国乡绅撰写地方史传统的延续，待事业有成，衣食无忧之后便退而著史。在新英格兰地区此种情形颇为普遍，中西部地区或多或少有所继承，这类著作在很大程度上扮演了地方志的角色。

在《大堪萨斯城早期史》中，迪赛里奇用数页篇幅转引了范霍恩于1857年圣诞晚宴上所做题为《时代的精神》的演讲，这是对晚宴祝酒词：《铁路与出版：美国进步与发展的双胞兄弟》的回应。演讲中范霍恩激情澎湃、用词考究，他传递的信息是那个时代人们熟悉的声音：铁路将吹响进步的号角，贯彻民主的制度。"铁路蕴含着一种世界进步的哲学……"，他告诉其听众：在那些大量使用人力与畜力进行运输的古老国家，"朝廷修建城市，专制统治者的法令强迫整个帝国为其奢靡的都城进贡。……在这里，人民建立起自己的商业城市，……纽约、辛辛那提、芝加哥、圣路易斯、新奥尔良是我们人民的大都市"。上帝之手以山形河流决定了商业的中心，"正是通过研究全能之主手指划过的痕迹，贸易的先驱与文明的前锋选择了这些地方建立共和国的宏伟城市；在通向密西西

---

① 人物信息来自堪萨斯城公共图书馆Charles P. Deatherage Book Manuscripts馆藏介绍。

比与太平洋山峦盆地的商贸西进的路途中,最后一个伟大的财富、贸易与人口的中心稳固地坐落在密苏里与堪萨斯岩石环绕的河湾之中",那就是堪萨斯城。他铿锵有力地言道:"从哥伦布时代开始,商业与企业便一直在追寻西部。西部、西部,这是跨越大西洋,溯流波多马克河,翻越阿勒格尼山,顺流俄亥俄河,穿越密西西比河,北上密苏里河的口令。终于它被找到了。堪萨斯城屹立在西进航程的极点——它是商业的西部:在我们堪萨斯城以西的地区必须横越大陆走向我们。我再重复一遍:西部终于被找到了。"在这段话结束后,满场响起了热情而持续的掌声。①

事实上,类似的字句几乎在每一个密西西比河以西的城市的鼓吹者(city boosters)那里都会反复出现,圣路易斯如是,芝加哥如是,奥马哈如是,丹佛也如是。但是范霍恩并非只是旧调重弹,反之,他敏锐地看到堪萨斯城在铁路时代将至的时刻所据的独特位置——它位于美国的地理中心。基于此,他告诉人们,当铁路从四面八方修入堪萨斯城后,它们将为堪萨斯城,"这个世界上没有任何一个城市能够超越的财富之矿,在70个小时内带来德克萨斯的棉花、蔗糖与牲畜,大平原与山区的皮毛,东部的工业制品,密西西比河流域与苏必利尔湖的铜与木材"。最后,他列举芝加哥所创造的奇迹,并且自信地宣告:"让世界像知晓芝加哥那样了解我们,让他们知道,在这里有一个商业中心,为自然自身的法则所确立……让我们努力西进——此词【westward】为堪萨斯城而存在……"再一次,他得到了人们持久的欢呼。②在1857年的圣诞之夜,这个城

---

① Deatherage, *Early History of Greater Kansas City, Missouri and Kansas*, p. 573.
② Deatherage, *Early History of Greater Kansas City, Missouri and Kansas*, p. 574.

市的商业精英欢宴一堂，虽然自由州与蓄奴州的撕裂正在加深，堪萨斯城深陷此缝隙当中，已在一次次的流血冲突中感受到内战的阴影；但是，当他们目光向西，看到的仍然是充满希望的土地，丰硕富饶。他们坚信上帝的规划与自然的法则将带来一个都市的崛起，这是他们的"天定命运"。

三、当东部的资本（capital）遭遇西部的牲口（cattle）

那么从堪萨斯城向西瞭望，人们究竟能够看到什么？无论当日还是现在，人们看到的都是一片广袤的大平原，它是如此之平以至于后来有人做过比较，发现大平原的地貌比玉米松饼在显微镜下的表面还要平坦。没有巍峨的山峦、奇崛的峡谷，没有葱郁的森林、奔腾的瀑布，但是它有着毫无阻碍的整片辽阔天空，在夕阳西下的一刻，漫天的霞光蕴染出从红色到紫罗兰色光谱中所有奇异的色调；在夏季雷雨的夜晚，狭长的银色闪电从墨蓝的天际劈入黝黯的原野，地平线上的光芒闪耀着惊心动魄的美。在今天，站在堪萨斯与密苏里河的交汇处西望，可以看到纵横的铁路网，贯通北美大陆的70号州际高速，其上川流不息地奔驰着巨大的十六轮卡车；可以看到堪萨斯城蔓延到堪萨斯州之后形成的街车郊区——约翰逊县（Johnson County），平整的草坪，独栋的豪宅，这里长期名列全美最富县榜；再往西去，还可以看到大片整齐划一的玉米地，在烈日下，玉米叶微微黄枯，小型飞机在上空盘旋，喷洒着农药，在希区柯克的名片《西北偏北》中，加里·格兰特便是在如此景观中险遭机枪扫射。更向西，有着更多的灌溉农场与牧场，它们在微风中荡漾着同样的绿色,壮硕而大小相仿的牛群几乎处于静止的状态,在那里,庄稼与牲口营造出统一、重复而单调的工业景观。当然还可以看到更多大大小小的城市郊区,宽宽窄窄的各级公路。这是今日的美国中西部,也是在内战前夕的堪萨斯城精英和无数鼓吹西进的东部人所期待成就的"天定命运"。

然而如此西部,在19世纪50年代仅仅浮现于少数政治与商业精英的模糊想象中,甚至他们也全然无法预知那里将会变成怎样的光景。当范霍恩他们西望时,今日被称为约翰逊县的中上阶层居住区仍然是从密西西比河流域退却的沙尼人(Shawnee)保留地,不过很快,他们也将永久地离开那里,去往更荒凉的俄克拉荷马。没有任何铁路线抵达这里,遑论横贯东西的70号高速,不过圣塔菲、俄勒冈小径在此时依然繁忙,点亮堪萨斯城商人们眼中闪耀的商机。最为重要的是,他们在大平原上看到如此之辽阔,如此之肥沃的草原。诚然,各个族群的土著人在那里漫游生活了数千年,他们却从来没有成为大平原上生态系统的决定性物种。在这里或者那里,他们焚烧过森林与草原,开垦出小片的玉米地,搭起了几个圆锥帐篷,但是他们的劳作生息并未改变这里的自然节律和多样性的物种构成。① 大平原看似单调的草原生长着数百种不同的草种,野牛草(*buffalo grass*)、瞌睡草(*sleepy grass*)、不弯草(*rough bent grass*)、蓝茎草(*blue stem*)、紫三芒(*purple three-awn*)、毛绒野

---

① 大平原上的土著部落是否是生态的乃一个伪问题,此处不拟讨论。本书所强调的仅是他们在接触之前只是当地生态系统的参与者之一,而非决定性物种。至于是否出现过如地质学家Paul Martin所言的"更新世灭绝",则至今学界未有定论。关于"生态印第安人"的讨论,参见Shepard Krech III, *The Ecological Indian: Myth and History*.

黑麦（downy wild rye）、平原乱子草（plain muhly），高矮参差、形态各异、色彩斑斓，诚如大平原的历史学家沃斯特所言："复杂性、适应性和美丽，是所有的自然有机体迎接平原挑战的方式。"① 虽然皮毛商人已经在圣路易斯、堪萨斯城建立了盈利丰厚的公司，皮毛猎人的身影在大平原的草叶间穿梭，在19世纪50年代，这里仍然生活着数以百万计的野牛。在它们毛皮丰美的伙伴们纷纷丧身来复枪与捕猎夹的时候，这些庞大的动物仍然在咀嚼着鲜嫩多汁的蓝茎草，他们毛粗皮糙，无法匹配城市贵妇型男的娇嫩肌肤，只有东部工厂机器的皮带方需要它们厚实粗糙的皮革，曾经作为尖顶帐篷为平原土著挡风遮雨的皮革。

当然这些大平原的霸主终将消失，不是因为它们身上利润微薄的毛皮与骨肉，而是因为它们必须为自己来自遥远大陆的远亲让位。大平原虽然辽阔，却容不下野牛和家牛的同时存在，bison或者American buffalo，如何及得上cattle听来那么悦耳，后者与资本（capital）的读音如此相似，而它也将证明自身不会令资本的持有者失望。更何况，这里不仅将变成一个个辽阔的牧场，还将变成世界的面包篮，犁开大平原的土地，翻起这里的土生草种，令它变成小麦与玉米的家园。坐落于如此位置，如其鼓吹者所言，堪萨斯城"注定"成为一个农业中心（agricultural capital）。在1882年出版的题为《堪萨斯城的主要工业》一书的导论中，作者用最为热情洋溢的语言重复着在19世纪该城的出版物中对此处随处可见的称颂："在一片辉煌领土的入口，一片拥有无与伦比的肥力和生产力的领

---

① 唐纳德·沃斯特：《尘暴：20世纪30年代美国南部大平原》，第85—88页。

土,一片有着绝佳的有益健康的气候的辽阔区域,一片面积接近旧世界若干个国家的总和的领土,屹立着我们伟大共和国的中心都市(centropolis)——堪萨斯城,它坐落于连绵的山丘之上,俯瞰这片壮丽的区域,邀请世界上最好的民族(nations)与人民(peoples)。它几乎坐落于美国的地理中心,无论从任何一个方向进行精密的计算,得出的中心距离也不过数英里的差距。而且,一个强有力的事实还在于它恰巧位于这个大洲的农业带,同它接壤的区域涵盖世界上最好的畜牧业领土,此外还有密苏里与堪萨斯著名的铅矿、锌矿、煤矿,科罗拉多河新墨西哥的铅、煤、铁、银、金矿。"① 在堪萨斯城同业公会(the board of trade)从1878年开始无间断地整理的年度报告中,同样的信息以相对朴实的语言出现在每年的报告当中:"在过去的一年中【1878年】,四季风调雨顺,农民有了大丰收。他们的家禽和牲口不断增加;我们开垦肥沃土地的面积也在不断延伸;移民,估计有数十万健壮而精力充沛的勤劳人民开始在丰产的草原上寻求机遇,为既有共同体的生产力添加他们的财富、力量与努力;这一年我们也完全分享到美国铁路修建的红利……虽然我们的市场的价格压得偏低,但是商品在自由地流通,金钱也颇为充足。在这个城市【堪萨斯城】中,也有着同样令人满意的情形,因为堪萨斯城与新西部之间的关系如此亲密,同声共气,不论什么对一方产生影响,另外一方便会迅速地受到同样的影响。"②

---

① The Leading Industries of Kansas City: A Review of the Manufacturing, Mercantile and General Business Interests of the "Gate City of the West." To Which Is Added a Historical Sketch of Its Rise and Progress, Kansas City: Reed & Co., 1882: p. 3.
② William H. Miller, Second Annual Report of the Trade and Commerce, Completed for the Board of Trade, Kansas City KC, MO.: Peter H. Tiernan, Printer and Binder, 1879: p. 9.

坐拥这片巨大的腹地，堪萨斯城的鼓吹者有了十足的底气向东部掌握资本的大亨们游说，吸引他们的财富。芝加哥早已给出如何发展的模板，因此堪萨斯城十分清楚铁路之于现代城市的意义。绝佳的水路位置仍然是可供吹嘘的资本，但是它的实际作用已经在铁路时代大幅度降低，尤其是在堪萨斯河并非一条适于汽船航行的河流的状况下，堪萨斯城的水路优势有限。而如果沿密苏里河北上，如同昔日的刘易斯、克拉克，则那片流着牛奶和麦汁的中部大平原便于此城关系甚微，所以只有铁路，才是任何一个中西部小镇得以崛起的根本。范霍恩在1855年的展望被堪萨斯城内部长期的流血冲突和此后全国性内战的爆发所中断。但是内战甫一结束，他们便开始游走奔告，鼓吹堪萨斯城无与伦比的地理位置和此城商业精英们果决的智慧和合作的精神。在打败所有位于堪萨斯、密苏里的竞争者之后，堪萨斯城联手新英格兰资本将在密苏里河上修建第一座永久性桥梁——汉尼拔大桥（the Hannibal Bridge，至少当时的期望与设计都认为这座桥梁将永远矗立，但是1886年的一场龙卷风摧毁了它的中段，后来为在距其60米处上游修建的汉尼拔桥取而代之），正式启动了堪萨斯城日后成为大平原铁路网中心的进程。①

　　铁路的修建直接带动的是同芝加哥曾经有过的相似历程，这个城市将成为牲畜与粮食的中转、加工集散地。不同于芝加哥的是，木材在这个城市的商业中无足轻重，虽然在堪萨斯城初立之时，沿密苏里河流域，甚至沿堪萨斯河向西仍然有不少森林，但是大平原

---

① 关于堪萨斯城铁路的修建及其同城市发展的关系，参见 Charles N. Glaab, *Kansas City and the Railroads: Community Policy in the Growth of a Regional Metropolis*. Lawrence, KS: University Press of Kansas, 1993.

的本质是草原,高大乔木在这里并非优势物种。不过,对这个城市来说,牲畜与粮食的庞大利润足以令它的商业精英志得意满。再一次的,推动力来自资本。1869年,就在汉尼拔大桥竣工的同一年,查尔斯·弗朗西斯·亚当斯二世(Charles Francis Adams Jr.)在他位于波士顿的豪宅中开始思考,他的钱袋字阁中,应当嫁往何方的问题,堪萨斯城雀屏中选。在1871年,他建立了该城的牲畜围栏(stockyard),当时的面积不过13英亩,位于堪萨斯河的西岸洼地(the West Bottoms),在州界的西边。自此,不仅这个城市的政治、经济和社会景观都会发生根本性的变化,同样,与它息息相关的新西部生态也将为之改变。

很少有人会将亚当斯同那些臭烘烘、毛茸茸、性情温和、身躯庞大的家伙联系起来。他的曾祖父是开国元勋约翰·亚当斯,美国第二任总统,《独立宣言》的撰写人之一;祖父是昆西·亚当斯,第六任总统,满门政治、经济、文化精英,真正的波士顿婆罗门,世家出身。虽然美国没有贵族,但是亚当斯家族无疑是最近似于贵族的存在。查尔斯自哈佛大学毕业之后不久,内战爆发。战争结束之后,他有过短暂的彷徨,但是很快便清楚地知道自己应当做什么,什么又是"这个时代最发达的力量、最广阔的领域",答案是铁路。这成为他的终身事业,他不仅担任过若干铁路企业的理事,也以历史学者的身份撰写过多篇跟铁路、运河相关的文章。他看到西部的无限商机,深知他眼中"最发达的力量"将在西部大有用武之地,不过这并不妨碍他对西部文化和经济现状的鄙夷。1860年,在他第一次去往"尼亚加拉以西"的旅途中,他一路上抱怨着交通的落后,设施的简陋,服务的粗糙,除了在密西西比河上游看到夜晚沿岸被火把照亮的景观让他颇为感怀外,他写道:"堪萨斯是我们旅行的地区中最有趣的地方。"①但是究竟是什么令他感到有趣,他并没有明言。很难想象他会为彼时仍然在风中摆动有致的狗尾巴草而心动,但是或许他看到了大平原上惊心动魄的落日,或许是接天漫野的绿色中绽放的金色向日葵令他有瞬间的恍惚。亚当斯并非不具备欣赏自然之美的能力,恰恰相反,他对波士顿周边的山石林木一往情深,在波士顿都市公园体系的建立中举足轻重,曾经担任马萨诸塞州公园委员会的主席。②在这部55年后撰写的自传中,他却对西部的景观未置一词。不过,在论及堪萨斯时,他将堪萨斯在成为准州之后所陷入的自由与废奴州之流血冲突和此处刚刚经历的一场大旱相提并论,写道:"堪萨斯,不是流血便是饥饿。……在1860年,此处人口稀少,其不幸的居民正在经历一场漫长而破坏性严重的干旱。在那里,不幸似乎是无尽头的。"③或许这段话他不过是抄录了当年所写的日记,然而,当他在1915年重新读到这段话时,回望这片被他和他的资本一手建成的牲畜围栏所改变的土地和人民时,他究竟做何感想?

对自己的堪萨斯城所立的功业,亚当斯毫不掩饰他的得意。他写道:

> 我确实取得了一项伟大的商业成功,这是唯一一项在商业上让我颇感自豪的功绩。我自1869年堪萨斯城牲畜围栏公

---

① Charles F. Adams, *An Autobiography, 1835–1915*. Boston & New York: Houghton Mifflin Company, 1916, p. 63.
② 即本书第三章所讨论的波士顿大都市公园体系。
③ Charles F. Adams, *An Autobiography*, p. 63.

司伊始,便参与了它的建设。四十年间,我一直担任它的领导人,指导它的策略与发展。在我最初成为它的主席时,它不过是个资本10万美金的公司,每年净盈利大约两万美金。从这里开始,作为它的主席,我一步步地令它发展壮大,直至今日【1915】,它的资产已经超过千万,每年净盈利大约120万美金。在过去的这些年中,它一直在行业内稳居第二,只有一次一年分四次发放红利,而导致这一情形的原因是一场巨大的灾难——1903年堪萨斯河流域的洪水。三天内它卷走了这个公司价值60万美金的财产,这是我所创始的公司,我也从中获利最丰。对我而言,在财务上,就好像走在熟悉的大路上,一块砖头从天而降,正击头顶。这场损失一直无法弥补。我一直以一种开放的、自由的精神管理着堪萨斯城围栏,它既是一项巨大的公共福利,也是一项可观的商业功绩。……①

如同众多和他一般的企业家,特别是波士顿的企业家,亚当斯真诚地相信他所投资的公司是一项伟大的善业,为这个踌躇满志的城市创造了如此之丰厚的利润,也为成千上万来到这个城市寻求生计的穷苦移民提供了工作和面包,可能还有肉糜糕。他从未记录自己是否曾经亲临这个在潮湿的洼地,隆隆作响的铁路旁建成的围栏,每一个小小的牛棚中挤满待宰的牛、猪、羊。在机动车还没有完全取代畜力的时代,这里还收入大量的马和骡子。当然他也没有造访过受恩于他的慈善的工人日夜作息的地方,围栏周围的空气永

---

① Charles F. Adams, An Autobiography, pp. 187–8.

远散发着粪便、汗水、牲口身上特有的臭味。与他对这个企业的公益性所怀的信心相比,更盲目的却是他一再强调一己之力在这个美国第二大牲畜围栏的建设中所起到的决定性作用。虽然亚当斯更认同的身份是历史学家与公共事务的领导者,他在如何看待一个由他担任主席的企业崛起的问题上同所有的企业家一样,显然有着一致的思维:伟大个人的头脑力量导引资本的聪明流动是成功的关键。但是,在牲畜围栏的经营上,西部的土壤、水、草、牛,还有数以千计的移民劳动力至少扮演着同等重要的角色。

　　无论如何,确如亚当斯所言,这是一场巨大的成功。1891年,在牲畜围栏公司成立20周年后,堪萨斯城的商贸年度报告回顾了该城牲畜业的发展。由于这是堪萨斯城商业俱乐部(the Commercial Club of Kansas City)在年度报告停刊三年后,第一次接替同业公会撰写的报告,报告内容格外详尽。报告写道:"堪萨斯城的牲畜业开始于23年前,在1868年,它统共接收1.3万口猪,4200头牛。"①……与其他任何行业相比,牲畜业对堪萨斯城无与伦比的发展的贡献最大;这门生意不只是与其他产业保持同步,而且总是处于领头羊的地位。现在,堪萨斯城在牲畜业上排名全国第二,仅次于占据世界牲畜市场领先地位的芝加哥。"浩浩荡荡的牲口大队延绵不绝地乘坐火车抵达堪萨斯城,队伍如此之庞大,报告继续道:"如果将所有被带入堪萨斯城的牲口装入一列连续的列车,这个集合将从肯塔基的路易维尔一直延伸至旧金山,再回转路易维尔;如果这列火车以每小时50英里的速度运行,需要14天才能通过同一个地点。如

---

① 牲口取道堪萨斯城为转折点先于牲畜围栏公司的建立,但是在1868—1871年间,牲口接收量很低。

果将这些牲口全部放入一个纵列,这条活生生的线有39,376英里之长,或者可以绕地球一圈半。如果让这个纵列以每小时四英里的统一速度昼夜不停地前进,则需要一年零45天才能完全通过同一个地点。"此时,这里的牲畜围栏已经占地100英亩。① 在20世纪20年代,牲畜围栏接收的牲口达到了一个新高度。在好年景如1923年,有2,631,808头牛,2,736,174口猪,377,038只牛犊,1,165,606只羊,42,987匹马和骡子来到这个城市。② 到1945年,这个"牲畜旅馆"占地238英亩,共有4200间牛"房"(围栏),700间猪圈,450间羊栏。③

并不是所有的牲口都是这个旅馆的过客,吃饱喝足后踏上下一程火车,奔赴其他城市的市场。事实上,对它们中的一大部分而言,堪萨斯城的牲畜围栏不是"旅馆",而是"屠场"的号房。同堪萨斯城牲畜围栏一同崛起的是这里的肉类加工业。同样以1923年为例,1,194,527头牛留在本地,直接进入肉身分解线(disassemble line),占总量的45%,留下的猪有1,857,143口,牛犊约48%留下,羊的比例更大,近62%。马和骡子的绝大部分都留在堪萨斯城,不过它们的命运不是待宰,而是被贩卖给大平原的农场主继续它们受驱使、奴役的命运。④ 在这些加工厂与围栏旁边,则是一栋九层高的牲畜交易大厅,人们在这里对将要离开堪萨斯城的牲口进

---

① *Twelfth Annual Report of the Trade and Commerce of Kansas City*, being the first under the auspices of The Commercial Club of Kansas City, for the commercial year ending June 30, 1891. Kansas City: Press of Hudson-Kimberly Publishing Co, 1892, pp. 47-8.
② *Forty Fourth Annual Report of the Trade and Commerce of Kansas City*, 1924.
③ "Your Kansas City at War: The Story of the Stockyard," Mar. 11, 1945. 堪萨斯城公共图书馆档案,零散文档,无注明出处。
④ 同上。

行交易，出价最高的买家将满载而归。这些自出生便已命运注定的动物有过在西部广阔的天空下咀嚼多汁美味的青草的好时光，但是当它们被驱入火车的那一刻起，在买卖和中间商的眼中，它们只是移动的商品，而不是在生长、呼吸、吃喝拉撒的生命。

肉类加工、牲畜围栏与牲畜交易大厅精诚合作，奠定了堪萨斯城"牛镇"的赫赫威名。当然，堪萨斯城从不只是一个牛镇，它还是一个"谷仓"，从联合谷仓（the Union Elevator）开始，一座座巨大的谷仓以比牲畜围栏较为单调、沉闷，但是更为整饬、高度机械化的方式定义了西部洼地铁路沿线的风景。小麦、玉米、燕麦、大麦、干草、苜蓿同牲口一样络绎不绝地进入堪萨斯城，在1945年城市规划委员会展望堪萨斯城战后的发展报告中，他们写道："在正常年份中，堪萨斯城在磨坊饲料的生产上一直排名第一，在面粉的生产上，也多年来常居第二。此外，堪萨斯城在很多年中，一直是全国——假若不是全世界——排名第一的冬小麦市场。"与牲畜围栏与肉类加工厂之间建立的关系一样，谷仓与磨坊以及其他各种食品生产厂如面包、意大利面、糖果并肩出现；当然，这里少不了谷物交易大厅的存在。从这些谷物被倾入谷仓的那一刻起，它们同其产出之地的联系便被彻底割裂。人们无法再分辨出它是来自堪萨斯的野火鸡农场，还是曾经生长在内布拉斯加的约翰逊家庭农场，它们只是被简单地划分等级，等候下一位买家的到来。①

在资本的运行逻辑中，大平原变成了商品经济掌控下的腹地，堪萨斯城则成为真正的"门户城市"。同芝加哥一样，它既面向西

---

① City Plan Commission, *Agriculture, Greater Kansas City*, 1945: p. 14.

部,汇集彼处丰饶的产出,又通往东部,为那里的市场生产食物。如同城市规划委员会为它所做的定位:"堪萨斯城在全国经济中做出了几项特别的、很有价值的服务。来自丰饶的农业地带的牲畜与谷物、牛奶与奶制品、家禽、鸡蛋、蔬菜和水果倾入它的铁路与卡车中转站。在那里它们被移入包装车间、仓库、批发市场、加工车间、零售店和交易大厅。其中一些在生鲜状态便已被消费,还有些是加工之后在堪萨斯城得以使用。再有一些穿过这个城市,甚至没有离开过车厢或者卡车,在其他遥远的中心被食用"。①一切看来都很美好,一方生产,一方买卖,还有一方消费。买卖一方的加入,隐藏了消费者与生产者之间的联系,城市与其腹地的联系,消费的那一方关心的只是杂货店或者超市中的食品架上食物是否充足,有否涨价,至于这些食品的生产之地是怎样的情形,生产者是怎样的状态,他们既不关心,也没有得知讯息的渠道。②

但是,联系被隐匿,并不意味着联系被切断,买卖的一方——城市农业经济的运行者们其实从一开始便清楚地知道自己同其腹地的联系,在经济的规划中,不断强调这一联系。在同一份报告中,委员会再次明确这个城市和它的腹地之间的关系不可分割,要求人们认识到"大堪萨斯城是一个经济整体",认识到"这个地区对其农业腹地的依赖"。"正因为它将自己与一个非常丰产的农业腹地

---

① City Plan Commission, *Agriculture, Greater Kansas City*, 1945: p. 3.
② 在美国、欧洲,包括中国的大城市,这种情形有所改变。伴随对食物安全和快餐文化的抵制,越来越多的城市消费者要求食品溯源。在加利福尼亚、纽约等处,随着有机农业的扩大,出现了"从农场到刀叉"("farm to fork")的运动,期望以此重建城市同其周边腹地之间的有机联系。但是,这种城市文化的转变,就整体而言,仍是小众的、中上阶层的需求,大部分人仍然从沃尔玛或者大润发购买着不知所源的食物。

以蜘蛛网般的铁路和卡车线路联系起来，堪萨斯城的都市区方得以存在。"①

1870年，乌克兰移民带来了强壮、耐旱的俄罗斯冬小麦，似乎突然之间，人们可以看到堪萨斯居民的"不幸"尽头的曙光，虽然实际上，在这里拓殖的人仍然数起数落，有丰年，有饥年。不过就整体而言，新的移民不断涌入，新的土地不断得到开垦，新的机器不断得到使用，新的制度不断出台鼓励人们继续将草原转化为资本的努力。在一战结束，世界小麦需求达到巅峰时，大平原的农业也迎来了自身的巅峰。②与之相呼应，堪萨斯城同样在起落中不断巩固自身增长的信念，在1891年的报告中有这样一段颇为发人深省的话："在过去一年中，堪萨斯城的内部发展与贸易情况受到1890年粮食歉收的影响，这一状况极大地恶化了西部城市的地区和整体萧条。在上文中提到的所有产业【牲畜业与农业贸易】，以及贸易、银行和各种类型的工业，都深受这个原因的限制和压抑。1889年冬天的严酷状况对冬小麦的破坏以及1890年的大旱对玉米的影响，将平均产量减至这个地区有史以来的最低点，这足以成为农业和商业圈广泛蔓延的萧条的理由。"不过，这些勇敢而乐观的人们没有理由因之而一蹶不振，在其后的数页中，他们写道："在未来的岁月中，仍然会有歉收的年景，仍然会有整体的财政与商业的萧条，堪萨斯城不可能置身其外。其他处于同我们相似地位的城市已经向

---

① City Plan Commission, *Agriculture, Greater Kansas City*, 1945: p. 1 & 3.
② 关于大平原农业拓殖的研究是美国西部史研究的重镇，第一本真正思考资本主义与农业扩张和尘暴关系的著作是沃斯特的《尘暴》，自问世以来，革命化地挑战了人们对平原农业的既有印象，成为环境史与西部史研究的经典之作。对大平原的农业开发的讨论，见该书第二部分。

我们展示出,在朝着某些特别的方向发展时,一定会有痉挛式的发作,要看到在一时的巨大进步之后,尾随着一个时期的不良反应,直到情况渐渐均衡。不过这样的状况一定很快就会让位于向前的、向上的稳步运动,以一种不倦的、持续增加的力量行进。"①

四、威士忌、爵士乐、干旱与洪水

有意思的是,在1945年的城市规划委员会报告中,有一个在19世纪高频出现的词汇自始至终没有现身:自然(nature)。无论是堪萨斯城最早的鼓吹者,还是同业公会报告早期的撰写者,都会反复地使用这个词,提醒人们大平原的沃土和物产是自然的慷慨馈赠,位于两河交汇处的堪萨斯城是自然选择的绝佳地点。但是,在1945年,委员会的精英们看到了腹地,也明智地提醒着城市的规划者,堪萨斯城不能脱离于它的腹地而独立存在,却没有看到腹地背后仍然保有的不按资本逻辑运行的自然。克罗农也没有,虽然他讲述的是"自然的大都市"的建立,但是最终,自然同样变成了腹地,变成"第二自然",为资本所左右的人工化景观。腹地是人为规划的产物,是温顺的、有序的、可预知的,虽然偶然发生"痉挛",却总会回到既定的规划道路上前行。但是自然,则是一种不驯服的、自发的、独立的力量,当人类带着力图与它相适应的姿态进入它时,双方或有相对稳定的合作;但是在纯粹的征服、榨取之下,双方则处于对抗的状态,有时,技术和资本会占据上风,令

---

① *Twelfth Annual Report of the Trade and Commerce of Kansas City*, pp. 4-5 & 13.

"沙漠如玫瑰花般绽放";但是当这样的榨取达到一定的极限时,自然的对抗性力量便会爆发,即使并非总会带来翻天覆地的变化,仍将破坏既有的规划,带来巨大的对人类而言的灾难,迫使征服它的资本、技术与城市力量进行调整。堪萨斯城、芝加哥,还有成千上万的其他城市都不例外。

20世纪30年代的堪萨斯城与其他深陷资本主义经济大萧条的城市一道,进入了艰难时代。在这个城市的政治与社会史上,它有一个特别的标签——彭德格斯特时代(the Pendergast Age)。同许多美国城市一样,堪萨斯城同样处于城市大佬政治之中。吉姆与汤姆·彭德格斯特,兄弟二人执掌堪萨斯城风云近40年之久,从政府选举到黑帮斗殴,从警察局到小酒吧,从此城的市长到将要赴华盛顿特区担任罗斯福总统的副手的杜鲁门,他们的喜恶深刻地渗透在这个城市文化的脊髓之中;但是,从另一个角度,这个城市的文化塑造了他们的喜恶。汤姆是个教父式的人物,恩怨分明、残忍嗜血,却怜贫济弱、仗义疏财的黑帮老大,是堪萨斯城边疆往事渐渐谢幕之间那抹怀旧的斜照。①

今天,很难想象这个循规蹈矩、一半位于宗教带之上的城市在禁酒令时期,是如同它的老大哥芝加哥,以及遥不可及却又密不可分的纽约一样恶名昭著的"完全敞开城市"(wide-open town)。从20世纪20年代开始,美国在全国范围内颁行禁酒令,堪萨斯州严格执行,直至50年代仍然罕见酒精饮品。但是在堪萨斯城下城,不论是昔日城市美化运动中乔治·凯斯勒(George Kessler)所设计

---

① Jason Roe, "Thomas Joseph Pendergast," Biography from *The Pendergast Years: Kansas City in the Jazz Age & Great Depression*. Kansas City Public Library, 2018.

的经典公园大道——"漫步走廊"（the Paseo Corridor）两侧的黑人聚居区，①还是该城的白人精英在白色石灰岩的悬崖之上所建的优质山（the Quality Hill）区域，排列着大大小小或昂贵或廉价的酒吧，当然还有赌场和妓院。前者在早年间是堪萨斯城的市中心，大道井然，小巷整饬，两旁房舍精美，此时成为后来迁入堪萨斯城的黑人的主要定居点。在1900年时，这里的黑人人口不过1,331人，占这个社区人口的29%，到1920年，白人纷纷迁出，黑人人口已到75%。②后者是建在200英尺高的山崖之上的高档社区，能够俯瞰堪萨斯河和密苏里河双河交汇，滚滚东去。汤姆在此处建成他的豪宅，操纵此城的运行。在城市的周遭，有着大量的私酒作坊，这个城市即使在经济萧条的困顿时刻中，仍然有丰足的玉米供他们酿造波本威士忌，它的优质大麦和德国移民传统也保证了一桶桶口感丰富的堪萨斯城风味啤酒的酿造。这大约是一个粮食之都得天独厚之优势，在禁酒令下达之后，无数城市只能运营地下酒吧，想方设法获取购买私酒的渠道；堪萨斯城则成为私酒的生产方。

一个"完全敞开城市"的有趣之处在于，在它能够容忍帮会、赌博、妓院、酗酒这些为一个正常社会所排斥、唾弃的事物时，它往往也对多元文化有更强的包容力。这样的城市角色，令它吸引了

---

① 为了摆脱"牛镇"的标签，堪萨斯城从19世纪90年代初便开始重新规划自身，开启"城市美化运动"（the City Beautiful Movement）的先河。其总设计师是德裔设计师乔治·凯斯勒（George Kessler）。他深受奥姆斯泰德的影响，因此与后来的城市美化运动的中坚人物相比，他更注重自然在城市中的保留。他的设计是一整套包括城市公园、广场和大道的公园体系，奠定了堪萨斯城景观的基本格局。后来的乡村俱乐部购物中心延续了城市美化运动的精神。相关研究参见城市美国运动史奠基人物William Wilson的相关著作。William Wilson, *The City Beautiful Movement in Kansas City*. Columbia: University of Missouri Press, 1964.

② James R. Shortridge, *Kansas City and How It Grew*, p. 87.

形形色色的不同人群再次来到这里。毫无疑问，堪萨斯城自建立之初，便已建立起一个由资产和教育程度所决定的等级社会，伴随它的增长和新移民的不断涌入，等级区分愈趋森严。但是，在20世纪20—30年代中，萧条的经济与黯淡的天际令每个人都怀有某种末日之感，一度令罪恶与正义、贫穷与富裕，甚至黑人与白人的界线开始显得不那么分明。私酒贩子旁边住着在高尔夫球场挥棍谈生意的企业管理人；黑人社区迅速扩大，地下酒吧与爵士乐舞厅混杂在众多的小教堂与贫民窟中间。这个城市此时已经有大量从爱尔兰、南欧和南部边境到来的天主教移民，在20世纪早期又迁入了大量波兰人，他们成为西部洼地牲畜围栏和加工厂的主要劳力。就在每日醉生梦死的赌场酒吧附近，形成了每周虔诚去做弥撒的劳动人民的社区，而就在不远处，那些从牲口和粮食中赚得盆满钵满的大亨们建造了铸铁栅栏守护的花园豪宅。

在某个层面上，堪萨斯城对这种敞开并不陌生。当它还只是"西港"时，它就是美国躁动不安的边疆上的一个完全敞开小镇。讲着法语、西班牙语、英语的皮毛商人从北美各地赶来，紧随其后的是左手圣经、右手锄头的农夫，找寻土地喂养他们的后代。士兵们在这个镇中穿梭，在酒吧中消磨大量的时光。摇摇欲坠的某栋小楼可能火光突起，想来又是某个醉汉的杰作。没落的土著部族被剥夺了生计，游逛在街头，有时可能会讨要半杯威士忌或者一根烟卷。教堂的神父们孜孜不倦地抵抗这些邪恶，努力让他们虔诚的信仰者双眼纯净不见罪行，双耳闭塞不闻秽语。在这样的一座城市中，市政秩序从来不是轻而易举便可建立的。这里没有城墙，没有圣地，街道不时地更名，永远处于建设与拆迁当中。

与那些继续往西在大平原上建立起的乡镇社区相比，堪萨斯城在人口构成上有一个巨大的差异，这里聚集着大量黑人。其中一部分人在内战之前便已到达，有的是自由黑人，有的则是奴隶，在整个19世纪50年代，这个城市都在自由州和蓄奴州的对峙下左右摇摆。有些人则是内战后陆续到来，在一个非种植园的环境中开始自由的新生活。他们中还有一部分人更往西去，成为宅地农，期冀昔日的自由州能够以更包容的心态接受他们。留在堪萨斯城的这部分人，逐渐形成黑人聚居区，忍受着隔离的歧视，但是也建造着属于他们自己的社区、教堂、商区，包括簇集在毗邻"漫步大道"的18街和瓦因街（the Vine Street）的酒吧和夜总会。正是在这里，他们为堪萨斯城"牛镇""谷仓""完全敞开城市"的名片添上了新称号——"爵士乐摇篮"（当然只是摇篮之一，其他的摇篮包括新奥尔良——爵士乐的诞生之地、芝加哥、纽约、费城、匹兹堡和圣路易斯）。这个"完全敞开城市"以完全敞开的风格纵容爵士乐的恣意演奏，在18街上烟雾缭绕的糜废酒吧中，伴着骰子与砝码的声响，一种全新的爵士乐风格从萨克斯风管中流淌出来，人们将之称为"bebop"，一个没有任何意义的声响词，恰如以之命名的爵士乐风格，无主题、无意义、无固定的曲调、无鲜明的情感，它是即兴的产物，在演奏者随心所欲的诠释中，几乎会跳脱出演奏者的掌控，拥有自己的节奏。查理·帕克（Charlie Parker）这个堪萨斯城的土生子正是bebop的天才创始人。①

---

① 泰德·乔亚对堪萨斯城的爵士乐风格的转化和主要人物做了精彩的描述。泰德·乔亚著，李剑敏译、李皖校译：《爵士乐史》，北京：商务印书馆，2020年，第五章《摇滚乐时代》第三节《堪萨斯城爵士乐》。

而这一切同土地、河流的关系何在？这个"完全敞开城市"建立在多种族移民之上，其中最特别的群体是黑人。从1900年到20世纪20年代末，此处的黑人人口增长了119%，共有38,574人。如同很多和他们同期而至或者先于他们的其他种族移民，他们的身后有着独特的社会、政治、经济原因，但是共享着同样的生态原因——环境压力。为了满足内战之后北方城市迅速的工业化和城市化需求，南部种植园以前所未有的努力投入棉花的生产。原来的奴隶变成佃农，依旧一贫如洗；原来的土地在日复一日无轮耕、无看护的情况下肥力日渐减退；而原来未曾在种植园中出现的访客铺天盖地地飞越南部边境线，进入德克萨斯，开始它们的"反向舍尔曼向大海进军"。boll weevil，棉铃象鼻虫。有人将它们称作美国历史上最昂贵的昆虫，是南部棉花种植园主的梦魇，南部赖以生存的棉花经济的瘟疫。据统计，到20世纪末，棉铃象鼻虫摧毁了数百亿磅棉花，造成损失达一万亿美金。它们不是压倒骆驼的最后一根稻草，而是一连串爆炸力超群的炸弹，所到之处，在原本已经脆弱不堪的种植园生态系统中摧枯拉朽，与其他的驱赶力结合，将近200万黑人送出了他们生活了数个世纪，血泪交织，但是已成家园的土地。①他们中的一些人来到了堪萨斯城，对他们而言无比陌生的城市，在那里，他们并没有找到一个城市天堂，但是至少找到了一个可以包

---

① 从环境史角度讨论大移民的著作，参见 Brian McCammack, *Landscapes of Hope: Nature and the Great Migration in Chicago*。关于棉铃象鼻虫和南方种植园文化、生态的纠缠关系，参见 James C. Giesen, *Boll Weevil Blues: Cotton, Myth, and Power in the American South*. Chicago: University of Chicago Press, 2011. 关于美国南部环境史的全面考察，参见 Paul Sutter & Christopher Manganiello eds., *Environmental History and the American South: A Reader*. Athens, GA: University of Georgia Press, 2009. 如果对南部环境史感兴趣，可关注该出版社的"环境史与美国南部"书系。

容他们,在大多时候让他们沉浸在自己的"蓝调"世界中的城市。

在许多黑人移民到来之际,恰逢整个世界处于萧条之中,这个城市的基调同爵士乐的呜咽声一样忧郁,它的节奏也同bebop一般无序。与东西部同处于大萧条的城市相比,堪萨斯城遭受的是双重打击。他们引以为傲的腹地,在过去的80年光景中推动这个城市的增长,在经济萧条、投机失败时,给予它"更强有力的发展"的腹地终于不再以城市资本期望的方式继续产出,而是用笼罩一切的黑风暴扫荡了一切的希望。干旱,极度的干旱,在整个20世纪30年代困扰这个国家的大部分地区。对于大平原来说,干旱却是一种常态。翻开从1877年到1939年的堪萨斯城的年度商业报告,干旱不断地出现,导致庄稼歉收,使得堪萨斯城该年农业产业的某个部分利润下降。然而,人们似乎总是乐观的,总是期待着"来年"。问题在于,干旱并不必然导致沙尘暴,后者是另外一种灾害,是当人们将多年生的野草连根拔起,换上单年生的庄稼时导致的灾难。这些为人类产出食物,由农夫年年耕种的草,在地面的部分,看似同本土的野草一般茁壮、青翠,掩埋在地下的部分则彻底不同。它们的根太短,当干旱开始,狂风刮过,没有深植于土壤下一两米之深、盘结的多年生根系固定泥土,在下一刻,这些泥土,孕育无数生命和人类食物来源的泥土(soil)变成了尘土(dust),尘暴开始了。

沃斯特在他的经典之作《尘暴:20世纪30年代的美国南部大平原》中讲述的就是尘暴如何形成的故事,这本在1979年出版的著作构成了环境史研究的经典叙事:资本主义并非仅是一种生产方式和经济关系,也是一种政治与社会文化,这种文化在生态层面上将自然视为资本,对之进行极度压榨,以求得最大的产出,而尘暴便是此种文化所制造的巨大灾难。沃斯特所关怀的大平原中的草、水、土壤，还有在尘暴中制造苦难与罹受苦难的人，但是他并没有试图将大平原同它服务的那些城市联系起来，思考自然和都市之间的相互作用。克罗农找到了另外一个方向，从大平原的反方向——城市出发。他同样讲述的是资本主义文化对自然的掠夺，但是最终，成就的是芝加哥这个自然的大都市。不过，克罗农虽然心系荒野，厌恶城市，他仍然不会将芝加哥的崛起称作一场彻底的生态灾难。更何况，他所在意的仅是自然如何被商品化的过程，而无论干旱、蝗灾、洪水，或者此后的尘暴都没有出现在他的城市建造故事中。现在已是时候将这两本经典著作所思考的问题结合在一起，重新反思自然之于城市的意义，而非仅是腹地之于城市的意义。

  20世纪30年代的尘暴一时间摧毁了南部大平原蒸蒸日上的农牧业，土壤流失、庄稼旱死、牲口渴饿而亡。沃斯特言道："30年代南部大平原的故事根本上就是关于尘暴的历史，那时候，连泥土也在发狂。在这十年的大部分时间里，并非是一次或两次，而是一而再，再而三地重复着：日复一日，年复一年，沙子打得窗子嘎嘎响，粉尘粘住人们的嘴唇，美好的青春变成绝望，贫困吞噬着人们的自信心。"① 而这片被尘土吞噬的地区正是堪萨斯城最重要的腹地。在城市的年度报告上，我们可以清晰地看到粮食收入的变化。在1900年，堪萨斯城总计收入粮食46,638,250蒲式耳，其中小麦34,775,450蒲式耳，玉米8,334,250蒲式耳。此后的二十年，虽然不同粮食的数量有所变化，但是总体持续上升。1921年，一

---

① 沃斯特：《尘暴》，第7页。

战之后的小麦大丰收也为堪萨斯城带来了新的繁荣。这一年，总共收入粮食139,629,550蒲式耳，小麦110,204,550，玉米15,495,000。之后的十年虽然偶有起落，但是基本保持稳定。到1931年，东部的城市仍然深陷经济危机之中，但是堪萨斯城的粮食业依旧繁荣。这一年，它收入粮食总计152,949,350蒲式耳，小麦125,032,000，玉米22,044,000。1932年，干旱开始影响大平原，这一年的粮食总量降为91,699,559，小麦80,294,400，玉米7,630,500；1933年，尘暴降临，总量72,751,650，小麦49,115,200，玉米18,831,000；1934年，总量73,136,000，小麦44,057,000，玉米25,236,000；1935年，73,351,400，小麦49,700,800，玉米18,054,000；1936年，略有回升，粮食总计为87,105,400，小麦63,744,000，玉米17,481,000。①这样的情形延续至1939年才渐渐恢复正常。在城市规划委员会的报告中，撰写人说道："直接围绕堪萨斯城的领土（堪萨斯、密苏里、内布拉斯加、爱荷华、阿肯色和俄克拉荷马）在1939年为堪萨斯城的农业市场提供近2/3的农业原材料。……在堪萨斯城这样一个在根本上依赖于它的周围腹地的城市，所有职业的'存在理由'都直接或间接地与农业相联系。"这个城市规划委员会并非没有看到尘暴对堪萨斯城经济的影响，指出1939年，堪萨斯城的牲畜业在每一项中排名都在前七位，而回到1932年、1933年，"在那些极端干、热的年份之前，堪萨斯城的排名总是比1939年的排名要好"。②

在大萧条与尘暴的双重压力下，堪萨斯城同他在大平原的同胞们一样，转向华盛顿，吁请帮助。当联邦政府入驻，特别是二战期

---

① Board of Trade, Kansas City, MO, *Annual Report*, 1937: p. 9.
② City Plan Commission, *Agriculture, Greater Kansas City*, pp. 4, 14, & 19.

间,借用战时之利,包括军用飞机制造在内的大量军工产业转入内陆,堪萨斯城再次得到救赎,这一次不是依赖其尘土漫野的腹地,而是华盛顿那位永远有着迷人微笑的天使——富兰克林·罗斯福,和他身旁那位沉稳坚韧的堪萨斯城土生子——哈利·杜鲁门。

1950年,堪萨斯城已有百年历史,虽然在纽约这样的东海岸大都市眼中,它还是一个位于中西部可直接飞越地区(fly-over region)的乡下地方,这个城市的鼓吹者们已有足够的自信对这样的无知一笑了之。他们成立了一个堪萨斯城百年委员会,回顾这个城市的辉煌历史,展望它的光明未来。他们写道:"商业工业的进步,与市政建设和文化业的增长,令堪萨斯城置身于进步主义城市的队伍中,共同构建了一个伟大的国家。堪萨斯城,在100年间的增长中,从一个稚嫩的拓荒者小镇变为一个展现其商业、工业、市政、文化肌肉的强大城市,现在正阔步向前,成就工业的力量……工业生产力和工业领导力。"文章的撰写者期待这个城市成为一个产业更多元的城市,但是毫不讳言农业是一切的基础,农业自身也直接促生了各种工业。经过了尘暴、二战,大平原又恢复了昔日的繁荣,堪萨斯城再次成为牲畜业和粮食业的中心,"冬小麦市场全国第一;谷物中心排名第二;……"①在韧性上,自然与城市拥有着某种共性。堪萨斯城的商业精英在1950年摩拳擦掌准备开始新一轮的增长。

然而,一场新的意外爆发了,1951年,经过多天的暴雨之后,堪萨斯河水和密苏里河河水暴涨,堪萨斯河无法汇入密苏里河,洪

---

① "Midwestern Titans: Kansas City Industries Work for the World," *The Kansas City Centennial Association*, The Kansas City Centennial. 1950, p. 72.

水爆发了,从西部洼地冲破堤岸,轰然登岸,引发爆炸,摧毁了早已成为这个城市身份象征的牲畜围栏。此后,它不断地衰落,最终在1991年彻底从城市的版图上消失,昔日的交易大厅变为古董和手工制品的市场,千奇百怪的小东西在那里贩售。来到堪萨斯城的游人带着访古的心理,去往那里,买一份用堪萨斯面粉制成的面包中夹着著名的堪萨斯牛肉饼的汉堡包,要一杯本地的冰啤酒,想象这个地方曾经独有的气味和繁华。

事实上,洪水之于堪萨斯城,就如同干旱之于大平原,原本应当是这个城市始终审慎应对的常态。在1845年,当这个城市还不存在,一场洪水摧毁刚刚出现的商贸定居点。到1903年,堪萨斯河、密苏里河流域再次爆发大洪水。相比较1845年的那场洪水,人们对于1903年洪水的记忆清晰得多。大多数年轻的亲历者仍然生活在曾经被洪水席卷过的地方。在浊浪仍然拍打着两岸石灰岩的悬崖时,就有人决定记录这场洪水,撰写了一部小册子。作者W.R.希尔(W.R.Hill)在该书前言第一句话中写道:"笔者相信1903年的大洪水应当在这个地区的历史上有一席之位,所以他决定写下对这场洪水的画面描述。"他鼓励人们去想象"两条狂野的河流冲入一个有着25万居民的城市和它的郊区,想象12英尺高的洪流如特快列车般穿过联合仓库和周围的区域……"显然,当时的人们亲历过,恐惧过,悲痛过,但最终遗忘了。①

不仅洪水被遗忘,甚至在很大程度上,这两条堪萨斯城因之

---

① W. R. Hill, *The Great Flood of 1903: Being a Graphic Story of How Two Mad Rivers, the Missouri and the Kaw, Deluged Kansas City and Its Suburb*. Kansas City: Enterprise Publishing Company, 1903.

而生的河流也在铁路、汽车和将要到来的航空时代中，成为人们视而不见的存在。密苏里河上曾经川流不息的汽船早已消失，这两条河流对于这个城市的功用看似消失了，至少在普通人的认识中消失了。对于城市规划者来说，它们仍然是流动的上、下水道，提供饮水，也在很长的一段时间，如同大部分城市那样，城市废水与垃圾直接排入河流当中。① 它们是这个城市的另一种腹地，在铁路时代之后，只有在抚今追昔的时刻，方为人们忆起的存在。然而，1951年洪水的降临，再次提醒着人们，它们是自然的河流，无论建有多少水坝与堤岸，当足够的雨水倾入它们的河道，古老的狂野力量就将再次被唤醒，冲破一切人类的羁縻，宣告它们的存在。

五、自然的力量

这些美国腹地远比它们的创造者所期望的易变不定。它们有着不同的土壤和植被类型，不同的野生动物物种，不同的进化历史，不同的河流形态与水文环境，不同的能源资源（如石油、天然气、煤），毋庸提不同的气候类型和物资循环。所有的这些不同也从来不是一成不变的。很多时候，它们的变化源自漫长的演化历史中发生的变异；然而，在农牧文明开始之后，很多的变化则是人类与他们栖息的环境互动的结果。如果西部的开发者，堪萨斯城的鼓吹者，成千上万来到这个城市寻找安逸、稳定生活的人们曾经希冀的是永恒的福地，那么，显然，他们注定会一次次失望。每一个气

---

① Amahia Mallea, *A River in the City of Fountains: An Environmental History of Kansas City and the Missouri River*.

泡都是不确定的,也都会对城市构建者或宏伟或细微的设计有所抗拒。人们不应当期待,腹地一旦建成,便将始终处于稳定、驯良和永续的状态,它们可能会被干扰,可能会四分五裂。有时,气泡甚至会破碎,20世纪30年代的尘暴之于堪萨斯城而言,就是一个巨大气泡的碎裂,不过它毕竟只是一个最极端的灾难性事件。有时,气泡会消失,当一个地方原有的资源被彻底消耗之后,例如油田、煤矿、金矿、森林,它从前的腹地功能便不复存在。更多时候,它的变化是渐进、微妙的,时刻提醒着它的创造者和承继者调整自己的计划,有时,这甚至意味着彻底地改变计划的初衷或者放弃整个计划。纵观我们的过往,很多时候,历史特别是环境史是关于失败的故事,关于某个人群、某个城市,甚至某个国家的经济发展宏图在面对被误解、低估、不稳定的自然环境时,幻灭的故事。[1]不过,幸运的是,历史同时也在讲述关于气泡对其生态现实的适应。

没有人会否认,城市是不断变化的,但是城市的变化并非只意味着增长或者衰退。对大多数现代美国城市而言,它们的变化更多在于重新调适自己同腹地之间的关系,学会去适应,而非一味地掠夺;学会去约束,而非无止境地膨胀。这意味着一个城市文化的变

---

[1] 如是例子在历史上比比皆是,从戴蒙德在《崩溃》中所枚举的比较久远的范例到詹姆斯·斯科特在《国家的视角》中所探讨的高度现代的集权国家统御自然的失败,农业时代同环境的关系也并非如想象般和谐、美好,无论是伊懋可在《大象的退却》中对中国陷入"高水平均衡陷阱"原因的反思,还是理查德·霍夫曼对中世纪英国水生生态系统退化的探究,都迫使历史学者思考历史中的"失败"。贾雷德·戴蒙德著,江滢等译:《崩溃:社会如何选择成败兴亡》,上海:上海译文出版社,2008年;詹姆斯·斯科特:《国家的视角:那些试图改善人类状况的项目是如何失败的》,北京:社会科学文献出版社,2019;伊懋可著,梅雪芹等译:《大象的退却:一部中国环境史》,南京:江苏人民出版社,2014年; Richard Hoffmann, *An Environmental History of Medieval Europe*. New York: Cambridge University Press, 2014.

化，意味着它的居民和政策制定者反思对于这个城市和生活在其中的居民、其他物种，以及它们所依赖的生态系统，真正重要的是什么。更意味着他们意识到自然允许它们的气泡膨胀的极限，一旦超越了这个极限，这个城市将面临新的失败。或许它仍然会复苏，如同堪萨斯城从尘暴与洪水中的重生，但是这必然要求一代人，甚至数代人付出高昂的代价，而那些人往往是生活在堪萨斯内城和大平原的农场中的普通人。同样不能幸免的是一个曾经生机勃勃、丰富多元的生态系统，它们正是灾难中最无辜的受害者。如果美国城市在过去两百年中，总是依靠灾难或者枯竭来提醒必要的变化，或者现在已是时候，在新的灾难到来之前，去收敛自己的野心，直面自身的脆弱，学习与同样无常而脆弱的自然相互依存。

六十多年后，当那个大平原的孩子在他乡漂泊多年，双足踏遍世界，见识无数的城市、腹地和荒野，重新回到这个昔日令他如此兴奋而迷茫的城市，他是否还能在空气中辨识那一丝夹杂着牲畜围栏腥臭气息的神秘与堕落？可能很难。他将看到的是一个整饬、洁净、文雅而治安良好的宜居城市。它仍然是一个国际化的城市，甚至比此前的任何时候更加国际化，有了更多国家和地区的饮食和饭店，在文化上它变得更加多元而包容。它远不再是那个昔日的边疆小镇，百年前的牛镇，甚至不是六十余年前那个仍然有些混乱，但是野心勃勃，向美国宣告堪萨斯城精神的城市。它已经逐渐演化成为一个更大、更复杂的经济体。但是，它的基本腹地仍然是大平原，农业仍然在它的经济体中占据巨大的位置。

20世纪30年代的尘暴之后，大平原再次振兴，重新向世界源源不断地输出粮食和肉牛。它的农业变得更加机械化、现代化、企业化,奥加拉拉含水层的发现令它暂无缺水之虞。但是,再之后呢?这个含水层并不能保证永续的水源,在未来的几十年,最多一百年的时间内它就会因不断增大的取水量而消失,而取水量的增大在很大程度上源自更多人对汁水丰富的牛排的渴望,和牧场主们对饲养肉牛获取的丰厚利润的渴望。如同沃斯特在《尘暴》出版25周年后回顾大平原的变化,他写道:"像传奇式的美国西部的铜矿和金矿产地一样,支配着大平原的畜牧业今天也是一种矿业经济。它提取的是肉而非矿石。和所有的矿业经济一样,它的结果必然是鬼镇,被抛弃的住所,荒废的农场,以及崩溃的企业。"① 当尘土再度来临时,堪萨斯城又将会如何?或者人们会说,它现在有着庞大的制造业,高科技工业和健康服务业,更何况,它完全可以转向联邦,索取更大的帮助。后者帮助它走出昔日的困境,在联邦如此强大的今日,将会给予它更加慷慨的支持。但是,即使强大如这个国家,仍然需要支持它的机器运转的能源,喂养它的人民的食物和水,华尔街的商业精英和硅谷的技术极客即使拥有比现在精明、强大百倍的头脑,他们仍然需要土地的产出,需要水,也需要无须净化便可自由呼吸的新鲜空气,还有在文明的边缘保留的野性世界。那个世界中非人类生命,草原的郊狼、沙漠的蜥蜴,亚马孙雨林中在亿万年遵循着自身的轨迹演化的鸟类、昆虫与植物,它们都有着自身的生存权利。

至于堪萨斯城,有些东西失落了,在变化中远去,不可复归。没有逝去的是夏日闷热而潮湿的日夜,这是密西西比河流域和它的

---

① 沃斯特:《尘暴》,第330页。

支流所共有的气候类型。男孩曾经是在一个燠热的季节第一次来到这个城市，重来之际，燠热依旧，他可能会有些怅惘，有些怀旧，但是他深知没有什么是永恒不变的。这个城市一次次的复兴是否讲述一个新的胜利故事？是否已经学会如何与自己的极限，它的生态现实相处？它是大平原的一部分，如同沃斯特所言："美国人对大平原仅仅一个或两个世纪的统治，并不能成为预言任何社会或机制可以长期生存的概率的根据。在如此短暂阶段的基础上，没有历史学家、环境史家或其他人，能够挑选出一个未来的赢家。"[①]

---

① 沃斯特：《尘暴》，第330页。

第四部分

城市的思想景观

第六章
城市、荒野与中间景观

楔子：城市思想的诞生

在奠定其20世纪城市研究大师地位的《褐色数十载》（*Brown Decades*，1931）一书中，刘易斯·芒福德称弗里德里克·劳·奥姆斯泰德为美国"第一位城市主义者（urbanist）"。[①]在奥姆斯泰德之前，美国人对于城市的思考是有限的、含混的。在他们离开英伦三岛，跨越大西洋来到北美大陆的时候，带来的不仅有小麦、车前草、牲口、病菌，还有英国社会从现代早期形成的反城市心态。[②]他们关注国家、民主、自由、法律，但是鲜少将城市作为一个独立的单位进行探讨，它应当是何样貌，同生活在其中的人群应有何种关系，它同自然和乡村之间应当如何相处，如何令城市生活更加美好。即使偶有这样的讨论，也是将之作为污染、瘟疫和道德腐坏

[①] Lewis Mumford, *The Brown Decades: A Study of the Arts in America, 1865–1895*. New York: Harcourt, Brace and company, 1931.
[②] Morton and Lucia White, *The Intellectual versus the City: From Thomas Jefferson to Frank Lloyd Wright*. Cambridge: Harvard University Press, 1962.

的渊薮而加以贬斥。令如此思想图景发生彻底改观的人是奥姆斯泰德,正是他,明确地宣告,城市时代已然到来,每一个人、每一处地方都无从逃避。

在对美国景观的改造上,可能没有其他任何人的影响能够超越奥姆斯泰德,他的手泽遍及整个北美大陆25个州和加拿大数省,无数城市公园、国家公园、大小学校、私人宅第。更为重要的是,他的设计思想主导着整个19世纪后半叶和20世纪早期,而彼时也正是美国城市化方兴未艾之际。直至今日,虽然奥姆斯泰德的权威在不断地经历各式各样的挑战,但是他的思想已经渗透美国的土地,没有任何挑战者能够将之从中抽离出来。在美国的任何一个城市、小镇、州立公园与国家公园中,人们都可能遭遇奥姆斯泰德,或是大师亲筑,或是其思想之遗惠。奥姆斯特德已然成为美国景观的一部分。

成长于19世纪浸淫着超验主义思想的新英格兰土壤之上,奥姆斯泰德的审美趣味是纯然浪漫主义的,他在设计中所追求的理想则表达了对民主的信仰与追求。在他看来,正是在新世界的自然中诞生的新城市,能够成为既实现其社会理想,又传递其美学诉求的地方。他坚定地相信在这个新世界中,没有任何东西:舒适、健康、教育、艺术,特别是自然之美,过于美好,以至于普通人无法拥有。如本书此前数章所论,这一思想在他从西部的荒野回到东部的纽约,全面展开他作为景观设计师的生涯时,得以真正贯彻。在与他同时代的大多数知识人依然沉浸在田园主义的旧梦,悲悯它的破灭时,奥姆斯泰德已经开始积极地探讨并且重构城市与文明之间的关系——定义自然在城市时代的角色和城市在其广阔的生态系统中的位置。

早在1870年,奥姆斯泰德在美国社会科学协会的会议上宣读一篇题为《公园与城镇的扩张》的文章,这是一篇通告城市时代轰然而至的宣言。在文章中,奥姆斯泰德敏锐地察觉到城市化,或者如他所说的"强大的城市趋向",已是文明发展进程中不可阻挡的趋势。他拒绝视城市为"道德恶疾"的愤懑或者回归"简朴乡村"的感伤,与之相反,在他看来,城市化的进程中间充满着"人类进步的因子",城市的崛起同"奴隶制、封建习俗、神职者的谋私与受控于神权的政府的消亡"紧密联系。他赞美"书籍、报刊、学校以及其他形式的普遍教育的盛行,还有先进的通讯方式、交通和各式节省劳力的发明的使用"。他断言"没有任何一个国家会放弃学校或者报纸,铁路或者电报,去恢复封建权力或者高额的邮费。王权或者神权在任何一处地方都岌岌可危"。他铿锵有力地预言:"预备城市化洪流的上涨远比期望它的覆没更为理性。"值得注意的是,虽然奥姆斯泰德坚信城市化代表着进步的潮流,对城市生活的"疾病与苦难","堕落与罪恶",他却并非熟视无睹。他进而写道:"如果不是现代科学探究出很多城市独具的折磨人类的邪恶事物的产生原因,并且将抵抗它们的方法交入我们的手中,那么文明的前景将暗淡无光。"[①]

在奥姆斯泰德所言的邪恶事物中,最为肆虐的无疑是在19世纪仍然威胁城市人群生命的瘟疫。而在他宣读此文时,细菌理论已

[①] Frederick Law Olmsted, "Public Parks and the Enlargement of Towns," *Civilizing American Cities: Writing on City Landscape*, ed. by S. B. Sutton. Cambridge, Mass.: MIT Press, 1971: pp. 56–7, 64–5.

经开始发展,新的上、下水道技术日益成熟,大洋彼岸的城市公共健康建设已经崭露头角,纽约中央公园的轮廓已经渐渐清晰。最重要的是,内战结束,南部重建虽然阻碍重重,但是整个美国从东海岸到大平原,再到奥姆斯泰德于五年前离开的太平洋沿岸,都焕发着新的气象,新的生机。如同不停歇地为这个新世界高歌的惠特曼在1872年为他的诗集《像一只自由飞翔的大鸟》所撰的前言:"当今的时代实在了不起!应该把它的一切都收入、表达在诗里——它的世界——美国——城市和各州——我们十九世纪的年代和事件——迅速的发展——光明与黑暗、希望与恐惧的强烈对照和波澜起伏——由科学引起的诗歌写作方法的全盘革命——这些伟大、新颖的基本事实和到处重装、传播的新鲜思想——实在是了不起的时代!"① 在奥姆斯泰德看来,这的确是一个了不起的时代,自然界一切危险的、肮脏的、恐怖的存在都在现代科学的持续更新中被驱逐、摧毁,人类社会的一切腐朽的、堕落的、不公的事物也会在现代民主的不断完善中被压制、消灭。毫无疑问,乐观而自信的维多利亚时代的气质渗透在奥姆斯泰德、惠特曼这一代人的骨髓当中,其背后是对19世纪浩荡而行的科学与技术带来的进步所怀的近乎崇拜的信仰。就像惠特曼逸兴遄飞的诗篇:"总结我们所有的知识,古代和现代的学问,深刻的直觉/所有的地质学——历史学——所有的天文学——进化论,所有的玄学/结论是我们都在进步,进步,慢慢地加速,肯定越来越好。"②

---

① 沃尔特·惠特曼著,邹仲之译:《像一只自由飞翔的大鸟·前言》,《草叶集》,上海:上海译文出版社,2019年,第1页。
② 惠特曼:《走向某处》,选自《草叶集》,第575页。

奥姆斯泰德当然不是惠特曼。惠特曼渴望彻底地撕去加诸己身的一切旧有羁绊、规训，如新生儿般赤裸裸地屹立在新世界的中心。而对奥姆斯泰德来说，新英格兰传统的道德力量始终约束着他的思想和行为，作为一个职业景观建筑师所必需的知识与理性也令他对社会，对城市的观察与反思不仅富有艺术家的浪漫想象，更加具有社会学家的冷静分析。当惠特曼手舞足蹈地奔跑在北美洲的大陆之上，他眼中的男男女女、工厂、城市、天空、海洋，还有大平原上的每一片想象的与真实的草叶都在一个新世界中互不妨碍地自由舒展、绽放。而在奥姆斯泰德的设计中，他深刻地认识到工业与城市在无节制追求利益的道路上为自然带来的威胁。

然而，二者又何其相似地与其时代精神合拍，又超越了其时代的局限。他们都真诚地信任科学的力量，坚定地实践民主的理想，对奴隶制深恶而痛绝，呼唤一个公正而健康的社会。但是，与他们时代大部分有着同样信仰的人的不同的是，他们清晰地感受到（对惠特曼而言）、认识到（对奥姆斯泰德而言）自然之于这个新世界正在建成的文明的重要性。在惠特曼的诗篇中城市从未与自然相分离，正是从后者的野性与丰饶中，从它的草叶的韧性与生命力中，文明的城市、事业，还有他所热爱的人，每个人，汲取着蓬勃的、原生的、持久的力量。在奥姆斯泰德那里，自然之美是他用心之所在，更是艺术的灵感，城市文明的必须。他的宏大城市构想来自他对人类生态体系进化的理解：城市必然成为这个体系中更为文明的阶段，它将成为文明人的居所，科学将使这个人类新的居所变得更为宜居。但是在他对城市化的乐观预见中，一直保持着审慎的警惕。他忧虑此二重理念相交织后，可能发生的自然与城市之间的分离,以及人类全然处身技术所创造的环境中可能出现的异化威胁。在他看来,无论是杰弗逊的自耕农农业理想,还是南部种植园经济都已成明日黄花,城市化方是文明发展的必然方向。然而,文明的发展并不意味着自然与城市的分隔,更不意味着自然的死亡。城市时代人类对自然的需要并不仅存于对洁净水源、清洁空气、安全食品的生理需求,对自然的认识也不应停留在知识层面。事实上,当文明愈行愈远,对自然的审美认知与需求也便愈发强烈,而当科学对自然的认识愈加深入全面,文明愈应当检验曾有的盲目自信,对自然的规则与节律心怀敬畏。当奥姆斯泰德为美国城市设计公园时,他的思考并未囿于公园的边界,而是在为整个城市以及城市所凝聚的文明筹谋。在美国文明昂扬突进的上升期,他希望通过在城市中融入自然园林,在城市之外保留荒野以使城市自然化,从而令城市更加文明化。

在城市变得愈发巨大、拥挤,污染更加严重,气候天天变暖,生物多样性不断消失,大流行病传染范围、速度、频率日趋增长的今天,奥姆斯泰德、惠特曼的时代对于进步的信心似乎变得有些可笑,甚至荒诞。然而,他们为了自己心心以求的进步努力过,而我们没有。①他们直接回应自然对其思想的触动,又将其思想不仅书写在纸张之上,也书写在无数人将要经历的景观当中。他们生活在一个不耻于谈论自然、艺术与美的时代,那个时代有着自己的天真、偏见、盲目,但是也有着不断内省的批判能力。也正是从奥姆斯泰德开始,一代代城市主义检视其思想渊源中对自然与文明的反

---

① 当E. P. 汤普森说希望将那些不合时宜的边缘人群从他们后代屈尊纡贵的轻视中解救出来时,今日的历史学者可能更屈尊纡贵地俯视的是这些昔日的知识精英。

省，将美国思想中对自然的青睐、对城市的排斥融入对城市文明的反思和改造，在城市的生态悖论中推动城市的演化。

一、攀登浪漫主义的山峦

1836年，拉尔夫·沃尔多·爱默生匿名出版了一本题为《论自然》的小书。篇首，爱默生呼唤道："为何我们不应同样享有同宇宙之间的原生关系？为何我们不应拥有我们所领悟的，而非传统的诗歌与哲学，为我们，而非为他们【先辈】的历史做出启示的宗教？暂时投入自然的怀抱，它的生命洪流环绕着我们，穿透着我们，以它们的力量令我们与自然同生共息，我们为何仍该在过去的朽骨间摸索，或将生者套入自其褪色衣橱中取出的假面装？今日的太阳仍然闪耀。田间有更多的绵羊与亚麻。新的土地，新的人，新的思想。让我们有自己的作品、法律与崇拜。"这是一篇继《独立宣言》发表60年后的新的"独立宣言"，它宣告着美国寻求思想独立的时代的到来。年轻的爱默生敏锐地察觉到，新的思想同新的土地紧密相连，美国将在同新大陆自然力量的碰撞中迸发出新的文化。

较之浪漫主义产生的欧洲大陆，新大陆的自然环境同这一审美想象之间的关系更为契合。虽然爱默生生活的康科德在这时已经大改其天然风貌，但是在这个小镇的周边，仍然有大片维持其野生状态的山峦、河谷，即使在农业、工业、商业的冲击下已经残破，直至19世纪中叶，它仍然在很大程度上保有一定程度的生物多样性以及青翠撩人的自然风光，从而激荡出文明对自然的畅想。同样，我们也无法割裂新英格兰的清教传统与其此后文化发展之间的关系。

虽然清教主义究其根本，往往从功利的角度看待人与自然之间的关系，对之进行不遗余力的剥削，但是当浪漫主义的种子播撒在新英格兰的土地之上，它便无法不受到清教之水的灌溉。作为美国最早也最为活跃的城市之一，19世纪中叶的波士顿已然征兆着一个新的城市时代的来临。爱默生及其后继者需要为自然，以及他们同自然的关系寻求新的定位和道德判定。正是在这样特定的自然、思想与时代环境中，超验主义，这一浪漫主义的美国表述在距离波士顿数英里的小镇康科德（Concord）萌蘖、生长，在19世纪后半叶成为很大一部分人解读自然世界与人类社会之间的重要依据。

从夫子"仁者乐山，智者乐水"的箴言到魏晋人"澄江静如练"，"悠然见南山"，中国人的山水之乐几乎一派天成，顺理成章。然而对于近代欧洲人而言，从"山峦晦暗"（mountain gloom）到"山峦壮丽"（mountain glory）的审美历程，险峻崎岖如同翻越阿尔卑斯山。[1]从古希腊、罗马时代到文艺复兴，高山被视为上帝之作的污点，地球景观上的毒瘤。高耸隐蔽的山峰是邪恶、异端势力的藏身之处，是对基督信仰的亵渎，是文明与理性望而止步却又勉为其难需要征服的所在。它往往与荒凉、野蛮相联系，与知名、不知名的野生动物包括野人相联系。对于他们，高山意味着荒野，一个在近代之前不论从功利角度，还是宗教角度抑或审美角度都处于贬义的词汇。

因此，当承继西方传统的白人来到北美大陆之际，虽然丰厚的资源与广阔的土地令他们感到这是上帝的眷顾，是遗失的伊甸园

---

[1] Marjorie Hope Nicolson, *Mountain Gloom and Mountain Glory: The Development of the Aesthetics of the Infinite*. Ithaca: Cornell University Press, 1959.

的重现；但是他们同样感到这片凄凉、孤寂的荒野是上帝对他们的考验，它的存在本身是可憎的，他们的使命是征服，令荒野变为农田、果园与城市。16世纪到19世纪初，美洲殖民者在荒野上的体现准确地传递了欧洲数千年对待自然的主流态度。在《荒野与美国思想》一书中，历史学家罗德里克·纳什对之有极为精准的概括。他认为，美国早期拓荒者对荒野的敌视包括两个方面。一方面从现实角度而言，"荒野对他的真正生存构成了难以克服的威胁"。为了求得食物、居所，以及必需的舒适、安全，拓荒者感到与荒野进行斗争的迫切需要。他们同时还要抵抗被荒野同化，沉沦为野蛮人的危险。因此，他们对待荒野的态度是全然功利主义的，充满着对抗、征服与被征服。而在另一方面，拓荒者对待北美荒野的态度则表现出他们的欧洲传统。他们"把荒野想象成一种道德上的真空地带，一片可憎的和混乱的荒僻之地。结果，拓荒者们实际上感到他们与荒野斗争，不仅是为了个人的生存，而且还为了国家、种族和上帝。文明化的新大陆意味着光明代替黑暗，秩序代替混乱，并让邪恶变为良善"。因此，对荒野的征服将不仅保障他们的生存，更可以使他们成为道德与信仰上的英雄。[①]

然则究竟何时西方世界扫除了"山峦晦暗"的荫翳，令"山峦壮丽"的光芒照耀进欧洲人的审美心灵？应该说，兴起于18世纪后期的浪漫主义开启了这种崭新的人与自然世界的关系。在后现代的今天看来，"浪漫主义"一词丧失了它曾有的魅力，在某种程度上它似乎成为过分夸张、渲染的感伤主义的代名词，或者是对所谓

[①] 罗德里克·纳什：《荒野与美国思想》，第24—25页。

"真实世界"的盲目甚或虚伪掩饰。一个浪漫主义者可能被看作有些愚蠢、无理性、少毅力、反科学的人。然而这样的理解源自对浪漫主义历史与内涵的无知,以及对我们现实的误解。在对之加以真正批评之前,我们必须首先回答究竟什么是浪漫主义这一问题。

浪漫主义,简而言之,是一场自18世纪晚期到19世纪中叶,在西欧兴起的思想与文化运动。部分历史学者认为这场运动经历浮沉循环,一直持续至今。究其根本,浪漫主义运动坚信个人的感情——主观的感受与情绪是正当而重要的,人们应当信任并且任由其释放,而不应当让它为冰冷的理性逻辑——无论是科学的或者经济学的逻辑——所压抑或者质疑。然而更为重要的是,浪漫主义者将他们情感的对象扩展到非人类世界的存在之上,表达出对自然以及自然界中一切生灵的热爱与尊重。它视自然为一生机勃勃的整体,试图以感情经验欣赏自然,从而在自然中寻求艺术、文学以及思想的灵感。正是在浪漫主义的触动下,欧洲重新发现了山水之美,以及人的心灵、生活对自然的需求。

对于这场运动兴起的渊源,学者众说不一。在20世纪中叶,部分学者认为浪漫主义的兴起同东方主义,特别是中国的山水园林景观设计的传入关系密切。[①] 也有学者认为,虽然浪漫主义对科学的理性逻辑进行尖锐的批判,但是科学对自然的解读,特别是对自然的经济体系的运行方式的揭示对浪漫主义的兴起起到了决定性的作用。正是科学,令人们打破神学的固有思维,看到人与自然界之间

---

① 如英国学者Arthur Lovejoy在1933年发表的论文"The Chinese Origin of A Romanticism",和美国学者B. Sprague Allen在1937年出版的 Tides in English Taste 一书都将浪漫主义的兴起同中国与印度的艺术与思想的传入联系起来。

的紧密联系,甚至亲眷关系,破解了自然万物以人为中心的神话,开始以一种趋于平等的眼光审视人与自然的关系。① 但是更多的学者则认为浪漫主义之所以在18世纪后期的西欧兴起,同当时西欧社会的经济、文化的发展密不可分,它是种种社会、经济、文化变革的合力之下的结果。在很大程度上,浪漫主义源自对资本主义物质文化的批判,以及对宗教、社会习俗的桎梏的反叛。环境史家唐纳德·沃斯特将浪漫主义者称为"近代第一批伟大的颠覆者",它所要颠覆的至少包括:"由科学所形成的既定概念;不断膨胀的资本主义的价值和结构;西方宗教反自然的传统偏见。"② 因此,浪漫主义绝非一种浅薄的感伤主义或者简单的享乐主义,它所做的是对人性、文明以及自然的深沉的批判与思考。

卢梭往往被视为这场解放情感的运动的先驱。他试图告诉其同时代正在经历资本主义变革的人们,他们所炫耀、热衷的文明是如何的腐朽,又是如何地压抑、扭曲人们的情感。同整饬的凡尔赛宫相比,卢梭所向往的是瑞士阿尔卑斯山嵯峨高峻的峰峦,在那里,他方能真正感受到自由、天然、灵感的勃发,甚至道德的净化。自卢梭始,浪漫主义在很大程度上是对一种新鲜的审美观念的追求,亦即对何为文学、艺术、音乐、风景之美的重新定义。他们往往拒绝传统的审美情趣——笔直而僵硬的线条,高度人工化的风景,精准测量的空间,有限的视野与标榜财富和特权的景观。与这种旧有的观念相对立而为浪漫主义者所激赏、追求的则是一种更为自然的形式——有机的流动的形态,不对称少修饰的景观,无穷的空间,

---

① 参见 Marjorie H. Nicholson 所著《山峦晦暗,山峦壮丽》一书。
② 唐纳德·沃斯特:《自然的经济体系——生态思想史》,第81页。

荒野与山麓,以及那些"普通人"甚至"野蛮人"的居所。平坦而规整的景观变得刻板而平庸,人们的审美情感要求一些超越单纯的"美丽"或者"漂亮"的内容,一种更为强烈甚至令人心生畏惧的冲动。也正因为如此,高山由光滑容颜上的疱疹变为造物的杰作,成为"壮美"(sublime)的代表。而"壮美"正是美的最高境界,在壮美的景观面前,人们会感觉到自身的渺小与脆弱,会在战栗与恐惧中感受到死亡的近在咫尺,也就在此时,浪漫主义者参悟了上帝的存在。

因此,浪漫主义在很大程度上还是一场宗教运动,或者说是一场精神运动。在某些情况下,浪漫主义试图唤醒传统的宗教,例如天主教,为它们注入更为强烈的情感体验;在另一些情况,甚至更为普遍的情况下,它则尝试着创造一种新宗教,一种更为直接的以对自然的崇拜为基础的宗教。很多昔日的信男信女已经无法继续他们对传统基督教条的信仰,神学、规范、对其教义无休止的争论令他们感到倦怠,真正的虔诚已经丧失在膨胀的物质文明的迷雾中。而面对粗糙而冰冷的物质主义对西方文明的侵袭,传统宗教的抵抗又显得格外软弱无力。

正是在这样的一种境况下,很多的浪漫主义者转向自然寻求信仰的依归与道德的净土。他们攀登高山,漫步海滨,游荡于密林之间,在那里,他们找寻到了自然的大美。正是这种自然之美滋养丰富了他们的精神世界,这是圣经或者教堂所无法给予的。浪漫主义无疑颠覆了西方宗教传统对自然的漠视,甚而敌视,将自然视为上帝的杰作,以自然而非《圣经》为范本,认知上帝的伟力与启示。然而此处的上帝也成为一个不确定的流动的概念。某些时候,他所指的是传统基督教中的天主,但是在另外一些情况下,上帝成为一种存在于宇宙中间的巨大力量,无以名之,权且称呼为上帝,或者自然。

事实上,浪漫主义所要建立的新宗教在很大程度上是一种最为古老的宗教,一种自然崇拜或者荒野崇拜的宗教,或曰泛神论。从华兹华斯所言的重建"对自然的虔诚"到拜伦热情奔放的"爱你爱我,更爱自然",浪漫主义的自然宗教回荡着古老的自然崇拜的声音。但是,从西方文明发展的进程看,它又是一种真正意义上的新宗教。虽然浪漫主义者从原始宗教中获取了很多灵感,但它并非对蒙昧时代的泛神崇拜的简单重复。它所建立的基础是对西方宗教传统与现代文明的反思与质疑,也是在工业化、城市化时代与人与自然所处的隔离状态下,对自然的眷念与回归。

应该看到,浪漫主义所要颠覆的并非科学,而是将理性视为唯一理解自然的方式,科学是仅有的解释真理的权威的观念。浪漫主义的一个重要主题便是它"对生物学和有机界研究的迷恋。浪漫派们发现,这一科学领域是认识过去异端直观思想的途径。这种直观思想认为,整个自然都是有生命的,并且随着能量与精神的强弱而跳动。而且,正是在浪漫主义自然观的核心之处,以后的人们要提出一种生态学的观点,即一种对整体性或相互关系概念的探求;一种对自然中相互依存和关联的强调;以及一种强烈的要使人类恢复到与组成地球的广阔有机体有着密切联系的位置上去的愿望"[1]。所有这些,都使得浪漫主义的自然宗教提升到一个新的高度,一个远

---

[1] 唐纳德·沃斯特:《自然的经济体系》,第109页。

为复杂、深沉、带有强烈的批判性与前瞻性的高度。

除此之外，浪漫主义所要颠覆的还包括资本主义体系中不断膨胀的物质至上的价值构建，对利益得失的冷静算计，对财富金钱的无尽追逐。他们对资本主义价值观的批判延伸到对资本主义的产物——工业文明的批判。由工业文明与资本积累建筑起来的农场、城市与工厂，令他们心生厌倦。这种厌倦感不仅仅来自他们对这些人工产物背后的思想与力量的蔑视，同时也来自一种直接的感官上的疲惫，对板硬的线条、局促的空间、嘈杂的声音、死寂的环境的抗拒与憎恨。而与之相对的，正是自然的蓬勃生机。

浪漫主义还是一场逃离规范、传统、习俗与惯例的运动，在它传播到美国之后，这一层颠覆尤为激烈。在这一片新的土地上，浪漫主义鼓励人们将社会与教条抛诸脑后，进行毫无保留的自我表达，彻底的个人主义，对自我的追寻。在这样的反叛中间，浪漫主义者热情讴歌青春。他们质问，为何在一个年轻的国度里，年轻的人们却要受到陈旧习俗与规矩的约束？为什么他们不能够进行新的探索，新的实验，尝试新的思想，创造新的艺术，书写新的篇章？正是在这样的质问下，美国化的浪漫主义诞生了，它不是旧大陆思想的翻版，而是新大陆文化与自然土壤中长成的新生命。它将改变美国人从他们欧洲的先祖那里继承的对待自然与文明的态度，它也将在实践中重新改变北美的自然景观，这个新生命被称为超验主义（Transcendentalism）。

二、"我渴望了解一个完整的上苍和一个完整的地球"

在结束了两年零两个月的瓦尔登湖畔的木屋生活后，亨利·大卫·梭罗回到了位于康科德的父母的家中。表面上，他似乎与曾经生活的自然疏远了，而事实上，在他短暂的生命的最后十年，在梭罗漫游在康科德方圆数十英里的岁月中，他与自然的关系变得前所未有地亲近与深刻。1845—1847年间在瓦尔登湖建造自己的木屋的梭罗，是人们熟识的那位抗拒文明、歌唱自然的隐士；他的文辞优美，行为激进，思想尖锐。但却是在他被后人所忽略的最后十年中，梭罗成为一位真正的思考者，他所思考的是自然的演化历程。此时他所看到的自然，已经不是瓦尔登湖畔那个可以以和谐稳定的形态来描摹的范本，而是一个同其不远处的文明一般，经历着动荡、变革的体系，而在很大程度上，这个体系的变革源自外力，亦即是我们称呼为"文明"的力量。梭罗其生也晚，他没有办法去见证这一变化的历程，而只能从残破不全的大自然中搜寻它曾经的斑斓色彩。因此，在对自然历史的追问中，梭罗感受到前所未有的失落与痛苦，他哀鸣道："我在极度的痛苦中去感知那个春天的景象，我以为我拥有了一首完整的诗篇，然而，我却懊恼地听说我所得到赏读的不过是一纸残缺的抄本，我的祖先已经撕掳去其中最早的章节与最美的段落，同时残损了很多其余的地方。我不愿去想，某个神人的后裔已经先我而来，并摘取了某些最好的星星。我渴望了解一个完整的上苍和一个完整的地球。"[1]

---

[1] Henry David Thoreau, *Journal*, in *The Works of Henry Thoreau*. Vol. 8. Concord: 1906: 第220—222页。对梭罗生态思想最为透彻全面的研究，参看沃斯特：《自然的经济体系》第二部分；对梭罗的自然观的研究众多，对梭罗与浪漫主义的关系的经典研究有佩里·米勒：《国际浪漫主义背景下的梭罗》一文。Perry Miller, "Thoreau in the Context of International Romanticism," *The New England Quarterly*. Vol. 34 (June, 1961): pp. 589–617.

这个令梭罗痛心疾首的地方是他的故乡——康科德，一个位于波士顿西北方不过20英里的农业小镇。同波士顿周边的大部分小镇一般，它是清教传统与波士顿文化的产物，也是供给波士顿发展的内陆。在19世纪50年代，这个小镇依然看似一派田园风光，但是沉睡谷的静谧已被火车尖锐的汽笛声打破，花园中突兀地闯入了机器。对于梭罗而言，即使在火车穿越康科德之前，这里的自然已经在清教徒的农业耕作下变得支离破碎，然而工业化的触角则使得残存的自然更为迅速地消失。与之同样重要的是，这个小镇同其他新英格兰城镇一般，为僵化的教条、刻板的习俗、一成不变的生活所制约，令自由与自我丧失在日常规范的狗苟蝇营中间。却正是在这样一块典型的新英格兰土地上，出现了反抗其清教传统与习俗的异端——超验主义。它的奠基者是拉尔夫·沃尔多·爱默生（Ralph Waldo Emerson），而在他的身边形成了一个超验主义的文化圈，其中包括玛格丽特·福勒（Margaret Fuller）、布朗森·艾尔科特（Amos Bronson Alcott）以及梭罗等人。

在此后的数年间，甚至在整个19世纪，超验主义成为美国的主流思想，甚至在很大程度上成为美国文化的代表，但是它无法摒弃其所具的欧洲血统，事实上，它是欧美浪漫主义的一个组成部分，具有前节所言的所有浪漫主义特征。该词最早为康德所使用。在康德看来，最高的真理，亦即人类所知的关于上帝与自然世界的真理，并非来自诸如视觉、嗅觉等生理感官，或者单纯的经验性的知识，而是来自直觉。人类生来具有察觉这些真理的能力。任何知识的积累或者科学的推测都无法建立这样的真理或者证实它们。认识它们的唯一途径是直觉，因此，人类应当相信并且依赖它。对于新英格兰的超验主义者，触摸自身直觉的方式是走入自然，做一番无目的、无计划、纯然感受周遭的美丽的漫游，而后，直觉将会苏醒。你、我、任何一人都将在自然的存在中发现潜藏的真理与美德。

但是，同样无法令人忽略的是超验主义鲜明的美国特征，甚至波士顿特征。虽然对他们生活的小镇有无数的抱怨与批判，但是这些超验主义者并不否定康科德的魅力以及那里的环境对他们思想的启迪。如果梭罗生活在纽约，甚至在波士顿城中，他永远无法写出我们今日看到《瓦尔登湖》或者数千页日记。他和爱默生一样，为这个小镇的自然之美所深深吸引，这样的美虽然已经残破，但是仍然保留很多野性的、天然的特质。而与此同时，康科德与波士顿地理上的接近，也对他们的思想产生极大的影响。同美国大多数的城市相比，波士顿是一个尊崇哲学、诗歌与精神追求的城市。他们需要这样的一个城市，能够为他们提供聆听其思想的市场，拥有活跃的文化氛围，可以接受神学上的自由主义甚至一种新宗教——自然的宗教——的听众，一个对思想者开放的世界。

虽然波士顿清教渊源下的宗教传统是超验主义者主要的批判对象，他们却不能抹杀这一传统对其思想的影响。当清教徒远离自己的家乡来到这片陌生的大陆，他们正是英格兰正统文化的叛逆者，温思洛普等人的思想中充满了他们那个时代的叛逆精神，而这种精神也成为波士顿特有的文化因子，成长为不同形式的对新的正统的叛逆。这些叛逆不仅仅有贵格会对清教教义的叛逆，也有美国独立革命对英国王权的叛逆，更有爱默生、梭罗等人对宗教本身、社会习俗、制度观念的叛逆。

更为重要的是，与欧洲的浪漫主义者相比，以爱默生和梭罗为代表的美国超验主义者带有远为强烈的道德自律感和平等主义的民主意识,而这两点同清教传统之间的传承关系显而易见。但是与清教试图以基督教义涤清社会,强调人为万物之灵的思想不同的是,超验主义力图在亲近自然中寻求道德的旨归;而这种平等的民主意识,则在梭罗那里发展为以平等的眼光看待自然中所有生灵的意识,将民主扩展到人类社会以外的领域——自然之中。①

虽然同属超验主义,爱默生与梭罗之间存在着极大的不同。终其一生,梭罗未曾稍减对爱默生的崇敬,然而他却从思想到人生的实践都始终悖离社会的常轨。他痛恨一切的不公正,从人类社会到自然世界的不平等;他对文明本身的发展充满讥讽与悲观,从未停息同美国社会之间的争执。从其生态观的角度看,梭罗远比他同时代的任何一人都走得更远。他以一种新生的科学,一种整体的、联系的、有机的眼光来观察不断变化的自然,虽然彼时这门科学尚未得到其以后的名称——生态学。这门科学与实验室中的工作有根本的不同,它所研究的对象是有机世界中活生生的个体与其环境之间的关系,它要求其研究者深入自然之中,亲密地接触那里的每一种存在。

今天的环境保护主义者视梭罗为先知,然而至少在19世纪,爱

---

① 关于清教传统(推而广之,新教传统)与超验主义之间的关系可以参见佩里·米勒的论文集:《荒野中的使命》(Perry Miller, *Errand into the Wilderness*. Cambridge: Belknap Press of Harvard University Press, 1956),特别是其中《从爱德华到爱默生》("From Edwards to Emerson")一文; Mark Stoll, *Protestantism, Capitalism, and Nature in America*. Albuquerque: University of New Mexico Press, 1997; Donald Worster, "John Muir and the Roots of American Environmentalism," Worster, *The Wealth of Nature: Environmental History and the Ecological Imagination*. New York: Oxford University Press, 1993.

默生对美国文化的影响,包括美国人同自然之间的关系,要比包括梭罗在内的其他人更为深远。爱默生在1803年出生于波士顿,一个唯一神教牧师的家庭。①但是他的父亲在他8岁便已去世,爱默生由他的母亲及其家庭中其他的女性亲眷抚养成人。他的正式学校教育几乎是完美无缺的,从波士顿拉丁学校到哈佛大学,不论是当时还是今天,都是美国最好的学校。爱默生无疑是波士顿,这个上升中的商业城市的财富与精致的受益者,在那里,教育一直受到人们的尊敬。毕业之后,他子承父业,成为一位唯一神教牧师,但是当他的第一任妻子在绮年玉貌的二十岁便香消玉殒后,爱默生开始质疑他的信仰。生活在这个为他提供教育甚至给予他思想基础的城市,他时刻感受到遵循社会习俗与他人期盼的压力。作为一种反叛的象征,他搬离了这个他生长三十年的城市,来到波士顿以西二十英里处的小镇——康科德,在那里,爱默生将开始独立的思想之旅,他渴望自由。

在很大程度上,爱默生的确从新英格兰社会、宗教的樊笼中解放了出来,赢得了他所期盼的自由,然而有趣的是,当他在世时,他便成为新英格兰的哲人,甚至"美国哲人"。即使生活在康科德,爱默生始终是一个波士顿人,然而他同时挣脱了这个城市对他的思想的约束,找寻到属于他自己的声音。更为重要的是,美国新一代的年轻人倾听并且需要他的声音。他成为思想的领袖而非任何人的追随者。

"自立"("Self Reliance")是爱默生最为著名的文章,即使后

---

① 唯一神教是清教的一个相对自由开放的旁支。

来的批评者往往并不认为这是他最优秀的作品。在这篇美国上下人人传读的文章中,爱默生言道,所有的人都必须坚持自己独立的精神、思想与言论,绝不随波逐流,人云亦云。他认为,美国正是一个不断在谋求独立的国家,革命之际,它脱离英国,赢得了政治上的独立,而今,美国应当摆脱欧洲陈旧的传统,争取思想与文化上的独立。爱默生生活的时代恰恰需要这样的声音,而美国人也使得他成为19世纪的美国最具影响力的思想家。甚至在某种程度上,直至今日,爱默生的思想仍然领导着美国文化,即使对他的著作的阅读似乎不似从前那样广泛。然而,有时,当一个人的声音传播太广时,已经很难判断他的影响究竟延伸到何样的程度。

然则波士顿所给予爱默生的究竟是什么?一种思想基础,一种进行细致、缜密思考时所必备的训练,一种清晰而富激情地表达自己思想的写作与演讲能力。一种从清教徒那里传承下来的挑战权威的悠久传统。一种强调道德热忱与社会公责的伦理观念。同时,也提供了安全与富足。但是在这个通过商业崛起的都市,始终有一种对物质至上主义的制衡力,藐视单纯追求金钱的思想,认为一个人最高尚的追求不是商业上的利润,而是哲学、宗教、美与精神的东西。波士顿的建筑表达了这个城市的传统对美的定义,它往往是素朴的、严肃的、淡定的,不华丽,无虚饰。这也正是爱默生:领略世界繁华,却仍然走入自然去寻求美丽,因为在那里,美是优雅、简朴与实用的混合体。正如那些简朴的白色木头教堂与尖塔,即使它们猛烈地冲击那些教堂中的宗教,但是那样的建筑却是他眼中人工美的典范,因为它们已经融入新英格兰的林间湖畔,显得那样和谐而美丽。

但是，无论如何，爱默生是波士顿的叛逆者，而非皈依者。然而他的反叛声音成为波士顿、新英格兰甚至美国新建起的权威，将帮助重塑这个城市、这个国家的文化与土地。与清教的权威的不同在于，爱默生的一生都在强调一个主题：相信自己。他告诉他的追随者，相信自己最深沉的本能，相信自己的心灵，但是不要盲目，相信自己同样也有批判性思考的能力。寻找个人的独立与自由，检验每一条既定的规范与传统，自己做出接受与否的判断。实现这个主题的最好途径是走入自然，在那里，"自立"的精神与实践无处不在，也在那里，个人可以远离城市与社会的种种束缚。在自然中，一个人可以找到思考和找寻自我的自由。在自然中，一个人可以找到遵循自己道德罗盘的勇气。

三、约束的道德

到19世纪的最后20年，爱默生的声音已经弥散在美国的智识空间中，今天的读者在阅读那个时期的美国著作时，惊叹于他们的道德说教叩问，然而这是当时深受超验主义影响的美国知识精英的群体特征，也是使他们有别于其欧洲浪漫主义先驱的重要方面。不论他们对神学的批判有多么严肃、激烈，他们在很大程度上仍然是新教徒的后裔，强调道德准则对维护文明发展的重要性。不过，他们找到的道德教师并非《圣经》或者神父，而是自然。他们的自然有别于拜伦等英国浪漫主义诗人笔下或者《草叶集》惠特曼眼中的自然，在那里，人们可以放纵自身的一切欲望与本能，摒绝社会的、宗教的、传统的桎梏与禁忌。在当时的美国城市精英那里，自然与人类精神的交流,却会提升人的道德境界,维系社会的和谐。

自然同道德之间的结合并非是19世纪后期的发现,甚至也并非他们所尊崇的先哲——超验主义大师爱默生的创造,而是田园主义(pastoralism)在美洲新大陆上的复兴。对于初到美洲的白人,展现在他们面前的广袤的荒野往往激发起一种复杂的情怀,有畏惧、有失落,有野心勃勃的征服欲,也有重见伊甸园的惊喜感,他们普遍认为遗失在欧洲大陆上的田园主义将在每一英亩荒野转化为农田的过程中开花结果。他们在美洲莽苍的林海与平原上所实践的不仅仅是源自欧洲的农业操作方式与习惯,也是田园理想的整合与重建。在这种田园理想中,自然是和谐而秩序井然的,它是上帝的创造,是神圣的天意向人世所展示的一种高于人类文明的道德模式,需要人们在躬耕田畝的单纯生活中来体悟、学习,从而进行自身道德的荡涤与自省。田园主义的理想在18世纪后期美国数位建国元老,特别是杰弗逊等人那里得到了透彻的阐发,甚至身体力行的实践,在19世纪60年代之前,它占据了美国社会对自然与道德想象的主流位置。①

即使在美国社会已经渐趋步入城市时代的19世纪后期,田园主义对于自然与道德的解读仍然具有持久的影响。在历史学者詹姆斯·马赫尔(James Macher)看来,19世纪后期的城市改革的核心在于以田园主义的理念混合城市与乡村,进入20世纪之后,虽然如

---

① 这其中最著名的著作为法国移民赫克托·圣约翰·克雷夫克尔:《一个美国农民的来信》(Hector St. John de Crevecoeur, *Letters from an American Farmer*)。关于美国的田园主义传统,最经典的著作为 Leo Marx, *The Machine in the Garden: Technology and the Pastoral Ideal in America*. New York: Oxford University Press, 1964.

此理念一再遭受批判，却始终有其回响。① 但是，值得注意的是，在那些城市自然化的改革者那里，无论是自然抑或道德，还是自然与道德之间的联系，都与传统的观念产生了分歧。城市化与工业化倾覆田园主义赖以生存的社会基础，对之最为激烈的理论冲击却来自大洋彼岸达尔文进化论在新大陆的传播与接受。田园主义所信仰的神圣的自然体系在进化论的无情揭示中彻底崩溃，和谐与有序为无休止的生存斗争与混乱所取代，曝露在人们面前的是一个尖牙利齿、充满血腥与杀戮的自生自灭的世界。正如达尔文在他的科学笔记中所言："很难相信，一场可怕然而安静的有机生物的战争，正在静谧的树林里和微笑的原野中进行着。"② 万能仁慈的造物主所设计的温情脉脉的自然世界已然沦陷，人们无法在阴郁、凄凉的丛林中继续寻找自然对文明的道德关照，只能回首求诸人类自身，在那里，他们发现了科学、技术以及在此基础上建立的新秩序。

于是，大批受到严格科学训练的专门人才纷纷走入在城市与乡村之间挣扎求存的山林，兴建道路、铺设铁轨，开凿运河，修葺堤坝，同时也护林植树，整饬河道，分配水源，保持土壤。他们所追求的是双重的理性化，不仅要剔除自然本身的各种无序与可怖的因素，也要修正美国传统上对自然资源的滥用与浪费。田园主义旧梦中的自然资源不竭之说逐渐幻灭，工业时代的新信条——技术宝藏的无穷无尽却正在建立。对于生活在奉科学为圭臬的维多利亚时代

---

① James H. Machor, *Pastoral Cities: Urban Ideals and the Symbolic Landscape of America*. Madison: University of Wisconsin Press, 1987.
② 《达尔文物种进化的笔记》，第4部分，第113页。转引自唐纳德·沃斯特：《自然的经济体系》，第162页。关于达尔文进化论对田园主义理想的冲击，在《自然的经济体系》第3部分，《忧郁的学科：达尔文的生态学》中有精辟的论述。

的美国人而言,沉沦的自然将在科学的曙光中得到救赎,最终被成功地纳入文明的洪流。

然而道德将何以安身?如前文所述,进步主义改革者在田园主义谢幕、城市时代来临的过程中感受到一种前所未有的道德恐慌,既然自然的道德结构已经坍塌,城市时代的道德似乎不可避免地建立在人类文明的自觉与自信之上。经历浪漫主义对知识与理性的冲击之后,维多利亚时代科学理论的大发展,神学教义的式微,技术力量的迅猛增长,医疗条件的急速提高,生活水平的普遍上升,使科学的权威得以重新建立并且空前强大。当时的社会并非没有别样的观念,事实上,在大西洋两岸纷纷进入工业城市时代的知识精英中,对现代文明的走向及其基石——科学的质疑声音此起彼伏,然而这样的观念本身往往充满矛盾,也无法抗拒一个远为强大的科学时代的降临。[1]人们普遍相信通过提高教育水平、改善生存环境、保障公民健康等各种途径,在启迪心智的同时,科学也将提高社会的道德水准。政府与公民积极参与其中,科学将会帮助建立理性的个体与社会,从而维系道德的平衡。

19世纪后期活跃的城市自然化改革者同样也是科学的坚定的信仰者与文明的守护者,在他们保护荒野与建造城市公园的呼声与行动中,远不止是一种热忱的情感,同时贯穿着理性的精神与实际的

---

[1] 19世纪后期,在大西洋两岸都兴起了一股反思文明进步方向的浪潮,有一部分知识精英认为西方社会已经过度文明,因此他们呼吁各种不同意义上的回归。对此问题可参见 T. J. 杰克森·利尔斯的经典之作:《无处优雅:反现代化主义与美国文化的变迁,1880—1920》。T. J. Jackson Lears, *No Place of Grace: Antimodernism and the Transformation of American Culture, 1880–1920*. New York: Pantheon Books, 1981.

考量。从他们留下的文字，很容易读到他们对进化论的熟识，而作为如奥姆斯泰德这样的景观设计师，他们的职业在要求与自然合作的同时，也需要他们应用艺术的眼光与科学的手段祛除自然中间的不确定因素，使之与文明的存在更加契合。即使在他们着力保存的国家公园中，为了适应大部分人的休闲、娱乐需要，他们也不可避免地将机器带入荒野，用规划框定自然，这正是城市时代对待自然的典型特征。

然而，在对待自然，或者更进一步，荒野与道德之间的关系上，他们却与其他的进步主义改革者之间有着微妙的差别。从奥姆斯泰德到他的追随者与支持者，他们仍然在自然与道德之间发现了某种神秘的联系。在奥姆斯泰德为设立约赛米特州立公园所准备的报告中，他指出："毫无疑问，对肮脏利益过分且持久的投入将限制、扭曲欣赏自然之美的能力，并将破坏对自然的热爱。这样的爱是由万能之主赋予诸人的，它与人们的道德感知与直觉密切而又神秘地联系在一起。但是对审美与沉思的能力的实践却不一定必然要求人们免于劳作，拥有很多闲暇、很多教育以及很多财富。"[1]

这种神秘的联系的源泉在当时那些城市绿色改革者看来，首先来自人们对自然之美的需求。无疑，这种对自然之美的欣赏，带有人类身心同自然之间的神秘主义联系，是浪漫主义思想在19世纪后期的余绪。同时，也不能否认，虽然他们生活在城市，并且认为城市是文明更为高尚、美好的阶段，在他们的意识中，仍然保留着强烈的田园主义的诉求，对由简朴生活所带来的严肃道德有着执着的

---

[1] Olmsted, "Typed Transcription of Draft of Preliminary Report upon the Yosemite and Big Tree Grove".

追求。然而,对于这些城市改革者,自然之美与道德之间的联系,更多地强调由于拥塞的城市环境,紧张的现代生活为城市人群身心带来极大压力后所产生的渴求;它将对自然之美的需求视为人类与生俱来的基本生理要求,是善的存在的基本条件,是远离土地的城市时代与自然建立联系的根本纽带。

更进一步,自然与道德之间的联系还源于对一种自由、进取、永不停歇的边疆精神的追索与挽留。城市时代的来临标志着广阔的北美大陆所拥有的自由土地的消失,在1890年,美国政府正式宣告边疆的关闭,从官方意义上结束了持续两个多世纪的边疆年代。在1893年的芝加哥世博会上,特纳发表了《边疆在美国历史上的重要性》著名论文,且不论这篇论文在史学界所引发的持久的辩论,它直接反映出当时美国人对本土文化与道德的理解与自信。特纳在文章结尾处写道:"然而,不论其环境,不论其习俗,每一处边疆事实上都提供了充满机遇的新天地,逃离过去羁绊的大门;与边疆相伴随的,是鲜活的精神,是自信的意志,是对旧社会的蔑视,是对其制约与思想的不满,是对其经验教训的漠视。"[①]虽然在边疆精神中依然回荡着长久以来各种文化共具的对自然与自由之间关系的叩问,但是它已不再是欧洲田园主义在新大陆上的延续,而是在美国荒野的胸怀中孕育的带有鲜明美国特质的文化定位与道德取向。

因此,在边疆隐退的城市时代,野性的保留占据了与自然之美同等重要的地位。一旦野性为铁路、公路、市场、居所等人为的建筑所驱逐,那么这些如阿迪朗达克山脉的地方将变成山川、树

---

① Turner, "The Significance of the Frontier in American History".

林、湖波组合成的一般所在,忙碌生活的平凡状态将永远存在于视线之内,它们仍将具有吸引力,但是却不再是荒野。现代人群在荒野中对野性的呼唤,意味着他们对失落在工业、城市规范与等级中的自由的重拾。当野性消逝,城市人群走入这些山野的根本意义也将不复存在。正如梭罗在城市时代隐隐出现于瓦尔登湖畔之时所呐喊的,生活在19世纪末城市时代的改革者们也力图告诉人们:"在野性中是一个世界的保留。"一个人们可以聆听自己内在道德罗盘的指示,远离权威与羁縻,摆脱日常生活的一成不变与狗苟蝇营的世界。

正是在积极保留荒野的呼吁与行动中,19世纪后期的城市改革者开始诠释自然与道德之间的第三重蕴意,一种"约束的道德"(the virtue of restraint)。城市时代的道德开始反思美国文化中过度的个人主义,试图以一种被老艾略特称作群体的自由对之加以抑制。这是整个进步主义时代的精神,是他们在建构城市公共空间中所发现人们必然遵循的精神。无论情愿与否,约束势必同样成为人们对待自然态度中的必需。在这个新的城市时代,美国人警告说,需要保留的是边疆精神中质朴、刚健、平等的特质,而非它对待自然的肆意妄为,对待荒野的征伐仇视。人们寻找荒野,走入荒野,以文明来保护荒野,因为他们需要自由,但是这样的自由是精神的解放,而非行为的放纵,为了实现它,一个城市乃至一个国家必需认识到文明向荒野扩张的边界,而人们也必须学习"约束的道德"。它强调每个人对他人、对群体的责任,对子孙后代的义务,最终也强调人对自然的尊重与义务。

四、巨型城市中的反思

1895年,奥姆斯泰德正式退休,芒福德出世,在处处布满奥姆斯泰德手泽的纽约市长大。在其出生之年,奥姆斯泰德恐惧的城市化、工业化弊端业已凸显,自然的风貌在城市的鲸吞蚕食中支离破碎,一场自中产阶级而上发动的自然保护运动也作为强有力的现代诉求,在美国的政治与社会舞台上大放异彩,至今尚未谢幕。奥姆斯泰德无疑是这场运动的先行者,但是芒福德并未站在该运动的前台。更多地,他将之内化为对文明、城市、技术、自然关系的深沉思考。

成长于20世纪的芒福德对文明的未来虽然仍然抱有信心,却已袒露更多的焦虑与恐惧。在其思想成熟、高效写作的20世纪30年代,美国已然全面进入城市化社会。20年代的喧嚣繁荣已在全球性经济危机的重击下黯然沉寂,然而芒福德所恐惧的巨型城市却如软体动物般四处蔓延,以技术为统御的社会"技术体系"在异化人类的本性,威胁有机体所处的环境。在他看来,巨型城市的财经、政治、建筑都威胁着每个城市应当具有的、由独特社区文化所共同构建的个性,以及城市和自然之间的有机联系。如果城市继续沿着现有路径前行,那么新世界的大城市将罹受古罗马城市的崩溃命运。

很多芒福德的同时代人与他怀有相似的恐惧。在20世纪30年代,田园主义再次振兴,这一次它是对城市中无所不在的垄断经济及其全球性崩溃的回应。与19世纪后期"回归自然"的运动相比,新一代田园主义者反城市的意向更为鲜明。他们拒绝在城市的繁荣经济与自然的美景慰藉中寻找一条中间道路，而坚持对现代资本主义社会的拒绝必须从"回归土地"（"back to the land"）上的劳作与生计开始。[①]他们否定城市的根本不是对其道德的忧虑，也不是寻求弥合情感断裂的途径，虽然二者都在他们的头脑中徘徊，但是这一次的否定来自对资本主义经济以及与之相伴随的制度自信的幻灭。同样，新的田园主义也不是对古老的杰弗逊自耕农理想的简单复归，虽然杰弗逊的影响始终如影随形、若隐若现。这些回归土地的倡导者也不同于梭罗、缪尔，或者后来的艾德·阿比（Ed Abbey）那样坚信荒野的力量，在野性中寻找文明的救赎，虽然他们中大部分人是梭罗"简单生活"的追寻者，更是爱默生"自立"哲学坚定不移的奉行者。他们的思想渊源杂糅着整个19世纪美国的各种思潮和大西洋彼岸传来的新思，在不同人身上有不同的侧重，但是他们共同的反应是从资本主义经济阴影笼罩下的城市中逃离。

他们中间的代表人物之一是拉尔夫·博索迪（Ralph Borsodi），曼哈顿人氏。他在繁荣喧腾的20世纪20年代已经开始反思美国社会，甚而整个工业化城市文明的问题。在20世纪20年代，他和自己的妻子、两个儿子住在纽约曼哈顿的出租公寓中，朝九晚五地维持着一个低层白领的现代生活。他们居住的城市有着最考究的公寓、最闪亮的大厦、最美味的餐厅、最活跃的文化生活，然而当一个家庭仍然为生计而奔波时，他们将如何来享受这一切人们所言的城市魅力呢？更何况，他深切地感受到他们的生活缺乏"真正的

[①] 在20世纪六七十年代的反主流文化中，"回归土地"成为一场声势浩大的社会运动，大量年轻人以离开工业化的城市，回归土地，建立公社，实践自给自足的农业生活为方式，宣告自身同主流文化的决裂。

美——这样的美只有来自同自然的接触,来自土壤的生生不息,来自鲜花与水果,来自花园与树木,来自鸟儿与动物"。①终于,当他们的房东在他们全未知晓的情况卖出他们所租住的公寓时,他们面对成千上万城市租客所共同面对的问题,开始重新在这个庞大而拥挤的城市中寻找容身之处。这个时候,他同他的妻子做出了重要的决定——逃离城市。在他们原来的想象中,他们仍然希望在离城市不远的地方,找到一个可以既拥有现代电力与上、下水道带来的舒适,又能享受直接接触土地的快乐之地,但是,最终,他们的预算仅仅让他们在距城市一个多小时的车程的地方购买了一个七英亩大小的农场,其上有一座没有任何现代化设施的房子。自此,他们开始了自己在土地上的实践,一种全然自给自足的生活,其根本在于拒绝资本主义通过市场对人的生活与生命的控制。

在1929年,博索迪出版了《这丑陋的文明》一书,1933年,《逃离城市》付梓。②在这两部书中,他反复强调,当下的问题不是一个城市或者一个乡村的问题,也并非资本主义经济暂时性的痉挛,而是"要么已处于崩溃的边缘,要么需要在新的社会基础上重生的"工业文明的痼疾。"那些希望逃离对现有工业体系的依赖,又无意愿为对国家控制体系的依赖所取代的男男女女们,开始实践一种新的生计,既非城市生活,又非农场生活,而是一种结合二者的长处而逃离二者的短处的努力。"③如何结合?又如何逃离呢?博

---

① Ralph Borsodi, *Flight from the City*. New York: Harper & Brothers, 1933: p. 2. 在该书的第一章《逃离城市》中,他们细致地讲述了自己的这段经历。
② Ralph Borsodi, *This Ugly Civilization*. New York: Simon and Schuster, 1929. 此外,Borsodi在1927还出版了*The Distribution Age*一书。
③ Borsodi, *Flight from the City*, p. xiii.

索迪建议,通过拥有土地从而逃离城市和市场,通过使用现代机器从而逃离乡村的种种不便,为自给自足的生活增添现代的舒适。

在博索迪的时代,他的声音并不孤单。大萧条的到来让很多租住在城市中的人无法继续谋生,纷纷回到曾经逃离的乡村。此时的西部已不再是宅地法时代的西部,再也没有大片的无主土地供人们自由选择、开发。更何况,那里的土地完全卷入市场生产,在工业化的开发中,很快就将陷入一场巨大的生态与经济危机——尘暴。但是,东部的大城市附近有很多被遗弃的小型农场,如果人们选择在土地之上生存,而非在土地之上牟利,那些地方仍然可以提供生计、安全、自立,以及博索迪认为的"真正的美"。稍晚于《逃离城市》一书的出版,在1935年,莫里斯·格伦威尔·凯恩斯(Maurice Grenville Kains)则直接为这样的生活提供了生存手册:《五英亩与独立》。[1]对凯恩斯而言,生活在城市中的普通人,特别是那些租住者,始终处于生计上的不安全状态,但是更为重要的是,他们无法在城市的生活中做到真正意义的生产(productive),而乡村在提供安全感的同时,更可以令人感受到生产的快乐和满足,接受真正身心健康的通才教育。不过,与博索迪相比,凯恩斯的回归土地策略更接近美国自建国以来的杰弗逊式农业理想,无论对资本主义经济抑或其文化都缺乏更为深邃的反思,只是大萧条时代寻求生计的权宜之计。

在回归土地的道路上,远比任何一人走得远的是海伦与司各特·尼尔林夫妇(Helen and Scott Nearing)。他们同样是在大萧条中

---

[1] Maurice Grenville Kains, *Five Acres and Independence*. New York: Greenberg, 1935.

逃离纽约，前往佛蒙特的一个农场。与博索迪、凯恩斯，或者在这个时期上百万离开城市前往乡村谋生的人不同的是，尼尔林夫妇对土地的回归并非为生计所迫，而是对生活的自我选择，他们所称的"简单生活"（"simple living"）。① 司各特与海伦都出身东海岸的富裕家庭，从无生计之虞。司各特·尼尔林在获得经济学博士后，在 1910 年前后任教宾大沃顿商学院，但是他对资本主义的激进批判令由大资本家构成的校董会极为恼火，故而于 1915 年通知其合同到期后不予续聘。这一事件引发整个宾大，甚至整个东海岸学术界对学术自由的争论，尼尔林自此奠定了其激进公共知识分子的声望。他本人的政治倾向也不断左转，成为共产主义的信仰者。在 1956 年他同海伦再度来到中国、前苏联，回国后，二人在 1958 年借用著名的反乌托邦小说《美丽新世界》（Brave New World）的标题，加以冠词"the"，撰写了他们的《那美丽新世界》（The Brave New World），记录其苏联、中国之行。在冷战胶着的年代，此书认为上述两个共产主义国家是"和平的社会主义巨人"。②

他们的政治理念直接影响着其生活实践。在 1932 年，海伦与司各特以每英亩 2.5 美金的价格购买了佛蒙特温霍尔镇（Winhall，

---

① 根据博索迪《逃离城市》一书引用的美国人口普查统计数字，美国人始终在城市与乡村两端迁移，但是从 1910 年到 1929 年，迁入城市的人口始终高于从城市迁入乡村的人口，直至 1929 年经济危机爆发，1930 年，迁出城市的人口首次超过迁入人口。当年，有 174 万人迁出城市，172.3 万人迁入，前者多出 1.7 万人。到 1931 年，差距大幅增长，迁出 168.3 万人，迁入 146.9 万人，相差 21.4 万人。在 1932 年达到新高峰，迁出 154.4 万人，迁入 101.1 万人，迁出人口多出 53.3 万人。在博索迪看来，这样大规模的迁入、迁出，说明人们无论对城市生活，还是对乡村生活，都不满意。Borsodi, Flight from the City, p. xii.
② 关于其个人活动和政治信仰，参见其自传：The Making of a Radical: A Political Autobiography. New York:Harper and Row, 1972.

Vermont)一处大约占地750英亩的森林和一个小型农场,并举家从纽约迁至彼处,这无疑标志着他们对资本主义文化的幻灭和他们从实际层面践行其对"简单生活"的信念。在二人最著名的著作,出版于1954年的《过好的生活:如何在纷繁的世界中清醒而简单地生活》,他们鲜明地阐述了离开纽约,前往佛蒙特农场的原因。此书对20世纪六七十年代兴起的反主流文化运动和"回归土地"运动都产生了巨大的影响。他们写道:

> 我们带着三重目标离开城市。其一是经济目标,我们寻求免于萧条的生活。尽可能地独立于商品和市场之外,让我们的生活不受任何一种雇主,无论是商人、政治家,还是教育行政人员的干扰。第二重目标是健康层面,我们想保持并且改善我们的健康。我们深知城市生活的艰辛,我们寻找健康的简单基础,接触土地与自己种植的有机食物是其中的重要部分。我们的第三重目标是社会与伦理层面的。我们渴望尽可能地使自己从各种更粗鄙的剥削形式中解放、分离出来;这些形式包括:对这个行星的劫掠,对人和兽的奴役,在战争中对人和为了食物对动物的屠戮。[①]

正是在第三重目标上,尼尔林夫妇超越了博索迪、凯恩斯等人所代表的"回归土地"思潮,开始在伦理层面上反思人同他们所生活的地球以及其上其他生物的关系。在他们转身离开城市的一刻,

---

[①] Helen and Scott Nearing, *Living the Good Life: How to Live Sanely and Simply in a Trouble World*. New York: Schocken Books, 1954, p. ix.

他们告别的不仅是一种经济制度或者政治结构，更告别了根深蒂固的以人类为中心的道德观。

在1952年，尼尔林夫妇离开了佛蒙特的农场和森林，因为附近将要被开发为滑雪场。他们前往远为荒凉的缅因小镇布鲁克斯维尔（Brooksville），继续他们简单生活的实践。彼时的缅因海岸小镇成为众多厌倦大城市生活，渴望一种更为淳朴、简单、自由的智识生活的东海岸精英所回归的所在。如第四章所言，缅因的荒凉山岛早在19世纪后期便为诸多纽约、波士顿上层人士所青睐，在彼处建造别墅，包括查尔斯·艾略特自己的父亲，哈佛大学校长老艾略特。如此行为也成为艾略特着意保护缅因海岸，最终使之成为东海岸第一个国家公园的原因。至20世纪30年代大萧条爆发之后，有更多的纽约、波士顿知识精英开始前往地广人稀的缅因寻找新的生活方式，然而那时，他们中的很多人不再将之仅仅作为奢华生活的点缀品，而成为他们生活的根本。例如著名作家E.B.怀特同他的妻子，《纽约客》的创始人之一，凯瑟琳·萨金特（Katharine Sergeat）也在1937年离开纽约，来到距离尼尔林夫妇后来迁居的小镇仅有12英里的另一个小镇布鲁克林（Brooklin）。四年前，他们买下了一个农场和一栋建于18世纪末的宅子，最终决定举家搬迁。在那里，怀特写下了《其甘如荠》一书记录他在农场上的生活和劳作，当然，也在那间农场中，他还撰写了脍炙人口的《夏洛特的网》和众多其他著作。①

---

① E. B. White, *One Man's Meat*. New York: Harper & Brothers, 1942. 此书有中译本，译者将题目译为《人各有异》，这是准确的译法。不过怀特的书名得自英文谚语One man's meat is another man's poison，令我想起中文中"谁谓荼苦，其甘如荠"，故而以此译之。

"其甘如荠"或许能精准地表达尼尔林、怀特等人的态度，一种完全意义上的自我选择。如此选择并非为美国20世纪30年代城市精英所独具，"归去来兮，田园将芜胡不归"，在中国、英国、法国等各个文明的时空中回荡。从陶渊明到怀特，他们在自然中感受到的天机，他们回归田园追求的精神自由，并不因为遥远时空的隔阂，而全无相通之处。不过，在30年代，当现代城市文明的触角已经无处不在，当大萧条终结了空前的物质繁荣，当这些美国东海岸的知识精英在等级森严的城市权力分配中对他们信仰并且毕生追求的民主感到失望时，他们的选择在对个人自由的寻求之外，仍然保有强烈的对社会正义和平等的诉求。他们期望告诉美国人，在这个国家，如果你愿意过一种更为简单的生活，你仍然有可能找到一种更好、更健康、更独立、更平等的生活。

有研究者指出，尼尔林夫妇从来都并非如他们自己所言的完全"自立"，因为二人都继承了大量遗产。然而，他们的生存方式从来没有悖离自己的政治理念、生活原则和生命哲学。他们真实地在土地上劳作，并非仰赖童仆、佃农的服务。他们一直奉行素食生活，因为他们并不认为需要屠戮其他的生命以满足自己的口腹。他们从来没有聚敛金钱，当他们准备离开佛蒙特时，彼处地价暴涨，曾经2.5美金一英亩的林地在1952年变为8000美金一英亩，他们可以因此赚得600万美金，但是二人选择将之作为市政森林赠与斯特拉顿镇（Stratton）。比之怀特，他们对自由和平等的理解更进一步。怀特的关怀始终在于人和人类社会，而尼尔林夫妇将对奴役、劫掠、屠戮的道德反思扩展到了其他生命和地球。如果说他们回归土地、简单生活的实践只是20世纪乌托邦的重构，至少两人惊人的长寿佐证了他们对于健康追求的合理性。司各特生于1883年，卒于1983年，终其一生保持旺盛的创造力；海伦在12年后与世长辞，享年91岁。

与这些反城市主义者相比，芒福德仍然站在城市一侧。如同奥姆斯泰德，他并不想沉湎于任何形式的乌托邦旧梦，无论是田园主义的，还是中世纪城市的，或者他同时代"回归土地"的，虽然怀旧的情绪在他的著作中时时流露，但从未淹没其理性的思考。他深知，现代城市已然走得太远，仅仅依靠个体情感、本地知识，或者个人实践都无法应对其复杂问题，解决其生态困境。与奥姆斯泰德时代的城市，甚至20世纪30年代在大萧条的重击下彷徨无措的城市相比，60年代城市的技术化程度已经超过任何一位19世纪科幻小说家的想象。城市成为人类文化的硕果，然而城市及其技术与人群赖以运转的动力，仍然源自一个它试图摆脱的自然世界。自然，并非是远离人类社会的孤立空间，而是为人类技术所改变，但是也不断形塑着人类思想、社会与空间的力量。深受生态学影响的芒福德将城市与支撑其存在的技术放入历史的过程当中，分析它们同自然的历史之间的相互影响。他看到在历史的演化中，城市如何在一个生态体系中萌发，如何在它的滋养下成长，如何在足够强大时，肆意妄为地掠夺生养之的母体，又如何在技术的自欺与被欺中割断城市同该体系之间的心理纽带。芒福德没有更进一步去探讨自然又如何为城市的成长设置限制，但是他所看到的这一漫长的历史，已让他足够清晰地指出城市最终的归宿仍然是它所处的生态体系，城市的区域化规划，辅以新的生物技术，将令城市与自然的生命共同延绵。

从奥姆斯泰德到芒福德，城市在一步步扩大增长，形塑城市的知识也在不断发生裂变，然而，在他们身上始终贯穿着美国知识界富于理想主义色彩的实用主义智慧。这样的实用主义智慧让他们直面世界的复杂性，时刻准备感知变化，调整策略，进行修正，而不是以简单的方式对之进行还原、处理。他们都对现代科学怀有信任，但是这是对阿卡狄亚式生态学，一种有机的、整体的、历史的生态学的信任。对芒福德而言，新的实用主义智慧来自这样的生态学。在他看来，现代科学发展出两条脉络，一条是机械论的科学，一条是有机论的科学。前者与工业时代的技术相伴随，后者与生物时代的技术相对应。芒福德并无意彻底否定前者，事实上，他在批判技术统御的同时，对技术保持着应有的敬意。但是，"在所有的学科中，有机体和生命的概念都在复苏，这就从根本上动摇了纯机械概念的权威性"[①]。新的机器体系将根据生命，不仅仅是人类的生命，更是整个自然生命的目的调整它的运行，从而令城市与自然的关系达到一种动态的平衡，实现由卫生城市向生态城市的转换。

从奥姆斯泰德开始作为景观建筑师设计美国城市的19世纪60年代后期，到芒福德结束作为理论批评家书写美国城市的20世纪60年代，正是美国城市走向现代化的一百年。但是现代化在美国的实践从来不是一种僵化概念的强行转化，也非某一统御思想一往无前的线性过程，而是千回百转，在每一个时期都呈现出带有其时代特征的复杂面相。落实于美国城市之中，现代化便不仅意味着以现代技术开发自然资源，改变城市的物质景观，实现城市的高效运行与

[①] 刘易斯·芒福德著，陈允明等译：《技术与文明》，北京：中国建筑工业出版社，2006年，第327页。

增长，建构城市的总体秩序与规训；同时也意味着以现代科学为其知识结构，以挑战权威的现代精神为其思想底色，对城市，甚而城市所代表的文明时代之发展方向所进行的深刻反思。正是后者，成为阻止现代城市这列狂飙突进的火车不致脱轨的刹车闸。

在人文主义与生态主义双重意义上，奥姆斯泰德与芒福德分别是美国19世纪与20世纪两位最为重要的城市主义者。对其时代而言，他们都带有超越其时代的先知性，然而奠定其城市文明反思基础的仍然是其时代的知识结构。如果说在美国经历中，对权威的挑战带有某种一以贯之的姿态，现代科学知识却绝非铁板一块、刻板不变，它始终处于自我挑战与改变当中。从奥姆斯泰德到芒福德的理想城市主义的变化中，传递着美国环境知识变化的信息。

在芒福德看来，此种变化所体现的便是他所言的城市主义。它首先是一种人文主义精神，是一方面奥姆斯泰德在现代城市中看到的开放、包容气质，打破原有乡村社会等级的民主理念；一方面是芒福德所期待城市拥有的规划遵循人性的原则。而后，城市主义也表达了一种生态主义思想。当奥姆斯泰德活跃于美国城市景观之上时，"生态学"作为一门独立学科刚刚现身于人类知识的版图之上，然而，其背后有着悠久的博物学传统，视自然为一个有机的整体。1859年达尔文《物种起源》出版，为欧美知识界带来思想风暴，到20世纪初，进化论的解释已然进入欧美知识结构的深层次；自此，人们无法再将自然假想为完美的、既定的上帝设计，而看到其漫长的演化历程，以及其中的竞争与动荡。活跃于19世纪60—90年代美国城市的奥姆斯泰德是将对自然的有机整体性思考纳入城市规划的早期实践者，着意于城市文明中自然的不可或缺；在20世纪30—60年代的美国城市中写作的芒福德则是在其基础之上，将自然的历史性融入对城市文明发展方向的反思，在其最后一部关于城市的重要著作《权力的五边形》中，他声称："在今日，一切有价值的思想都应当是生态的。"

然则那些反城市主义者的意义究竟何在呢？任何一个社会都需要某种形式的乌托邦和理想主义，至少它们提供了对于另外一种生活可能性的想象。从梭罗到尼尔林夫妇，他们对简单生活的实践意义首先就在于此。然而，可能更为重要的是，这些逃离城市，对抗城市的人的选择同样是对城市、乡村与自然关系的思考，他们试图尝试另一种文明演化的道路，希望用自己的反思和实践质疑现代文明在拥挤、瘟疫、资本与技术统御的城市中生长的宿命。迫使那些仍然选择在城市中居住、生活的人从根本上反思城市的文明取径，也迫使城市的改革者无法理所当然、不加质疑地将进步、增长作为健康、美丽、良好生活的前提。更进一步，他们的思考超越了人类的自我关照，约束人类行为的肆意妄为，赋予自由、伦理以新的意涵，令人们认识到其他与人类共同生活在这个星球上的生命同样具有生存的权利和自由。

第七章
海湾之城：旧金山

楔子："我把心儿留在了旧金山"

城市景观与自然景观拥有一种共同的魅力，便是它们往往能激发音乐家的灵感。许多大大小小的美国城市都在某一个刹那颤动艺术家敏感的心灵，那一刻，一首新的歌曲出现，或缱绻地吟唱对这个城市的眷念与爱恋，或激昂地歌咏对它的颂扬与自豪。对一个城市环境史学者而言，这些歌儿哼唱着的远不止是它们的迷人曲调，而提供了传递某些文化与环境意涵的特别线索。例如，1977年马丁·斯科塞斯（Martin Scosese）执导的同名歌舞片中的歌曲"纽约、纽约"，两年后在弗兰克·辛纳屈（Frank Sinatra）魔性嗓音的演绎下，风靡一时，几乎成为纽约的代言歌曲，让无数流浪者暂停漂泊的脚步，渴望新的开始，渴望自己的身影融入纽约匆匆的人潮之中。然而，这首属于纽约的歌，没有哈德逊河的水流，没有中央公园的鸟声，没有远方自由女神脚下澎湃的海浪，更没有在城市的扩张中消失的沼泽；甚至也没有这座城市建筑的物质形体，巨型的摩天大厦在狭长的街道两侧延展，一座紧挨一座，如同幽深的甬道，令曼哈顿成为地球表面人口密度最大的地方之一。歌中所描述的纽约是无数人冀望成就一番丰功伟业，俯瞰众生的所在。"我将在不夜城中醒来"歌词写道："发现我是万人之巅上的国王。"如果一个野心勃勃的美国人/移民"在此处成功"，那么他"无处不能成功"。这个城市正是美国的梦想之城，是两百年间不歇呼喊的自立个人主义得以定义的城市，是成就每个人远大抱负的城市，也是成千上万意志坚定、锐意进取之人，渴望逃离昏昏欲睡的小镇、乡村生活和彼处的陈规旧俗、千篇一律而最终选择的城市。"啊，小镇的忧郁风吹云散/老纽约中/我创造全新的开始。"[1] 如同无数美国梦的提供者，歌儿许诺来到这里的人们：在这座城市，只要你目标明确、工作努力，就能让你的才能得到最终的回报。

当然，歌儿的许诺，如同政客的演讲，动人的往往只是他们的声音。无数人告别故乡，寄居纽约，随着人流涌动在不夜城的黝黯甬道，清晨醒来的一刻发现自己仍然两手空空，不名一文，发现自己在这个巨大的城市中被抛弃、被遗忘，发现自己仍然将心儿留在他方。可能在所有源自纽约的城市歌曲中，最著名的并非《纽约、纽约》，而是一首吟唱着遥远的西海岸城市的歌曲——《我把心儿留在了旧金山》。两个已过而立之年，寄居纽约的旧金山人，在二战中离开了故乡，战争结束后，如同成千上万的漂泊者，他们来到了纽约，这座他们期待实现梦想的不夜城。八年过去，乔治·科里

---

[1] John Kander & Fred Ebb, "New York, New York," 1977. 在片中，此曲最早由 Liza Minnelli 演唱，辛纳屈深爱此曲，在1979年首次录制此曲，1993年，在他78岁，再次录制该曲。

（George Cory，作曲）与道格拉斯·克罗斯（Douglas Cross，作词）共同创作了上百首歌曲，但是没有一首为他们带来成功、名望、金钱。或者在某个喧腾但孤寂的冬夜，或者在某个灿烂却落寞的夏日，对旧金山的回忆淹没了他们身处布鲁克林公寓的生活，于是，旧金山的市歌诞生。

当然，这两位落魄的"纽约客"还需要再等九年，这首歌方因为另一位意大利裔歌手托尼·贝内特（Tony Bennett）在旧金山地标性的费尔蒙酒店（Fairmont Hotel）的演唱而走红，又需要再等22年，直至1984年，此曲同另一支歌舞片单曲"San Francisco"正式成为旧金山市歌。在2020年4月25日，加州新冠肺炎疫情加剧之时，旧金山的居民在网络上共唱此曲，94岁的贝内特领唱。这首歌带给科里与克罗斯他们所渴望的成功、名气，当然还有财富，也将他们带回了他们在海湾旁的故乡。此曲也同贝内特彼此成就，在此后的数十年中，他不断地录制这首单曲，他的塑像也因之站立在费尔蒙酒店之外，以庆祝其九十岁生辰。

全然不同于《纽约，纽约》，《我把心儿留在了旧金山》中的忧郁如那个城市清寒的薄雾，挥之不去：

> 动人的巴黎，不知怎的，
> 似乎总是无羁地令人遗憾；
> 罗马的辉煌，也已不是今天。
> 在曼哈顿，我全然被忘，一身孤单。
> 我，就要回家去，去那个城市，它依傍着海湾。
> 我把我心留在了旧金山。

它向我召唤,在那山巅:
到那儿去,
在那小小的缆车攀向星星的半山中间!
纵然晨雾会使空气凄寒,
我的爱却在那里等待,就在旧金山,
在那蓝色和风儿吹拂的海面。
当我回到你那儿,旧金山,
你的金色太阳将为我流光溢灿!①

  它勾勒着旧金山自然的轮廓,低矮的丘陵,小小的山峦,环绕着那个停泊着来自全世界各个角落的船只的咸水湾。这个城市的坐落之处是世界上最理想的天然港口之一,面向广阔的太平洋与遥远的亚洲。周遭的山峦与丘陵为海湾挡住太平洋的风暴,只留下一处一英里半宽窄的出口,便是名噪宇内的金门(the Golden Gate)。海洋气候令这个城市终年凉爽、温和,也令它在每日清晨笼罩在或浓或淡的乳白色雾气之中。在20世纪,旧金山已经深刻地嵌入美国人的浪漫主义想象,无论那些人是彼处的土生子,还是生活在他处的异乡人。伫留在歌者记忆中的是那个城市高低起伏,时而陡峭,时而延绵的地貌,是闪烁在半山间的寒星,早晨弥漫的雾气,是"蓝色和风儿吹过的海面"。在他对故乡的思念中,那个城市是浪漫与爱情的所在,全然不同于曼哈顿的冷漠,它有着小小的缆车,温暖的人情;它依然是一座新鲜、现代的城市,是令罗马的辉煌成为往

---

① George Cory & Douglas Cross, "I Left My Heart in San Francisco," 1953,侯文蕙译。

昔的城市。但是，它不是纽约、波士顿、匹兹堡、堪萨斯城，或者与它同样位于洛基山以西的拉斯维加斯、洛杉矶。这座城市有着一种奇异的激发人们对自然的浪漫想象的魅力。

毫无疑问，每个大城市都是复调的，并无既定的主旋律，也没有不变的伴声，在所有旋律共同演奏时，并不必然构成完美流畅的和谐，总是渲染着某种开放的、未完成的气质。旧金山也是如此。这座在1848年3月15日，淘金热发动之前的一年，全部人口仅为850人的小镇，在短短172年间，增长为一座人口近90万，白人仅占40%，亚裔高达34%，还有15%的拉丁裔和5%的非洲裔的城市，它的演化史中旋律纷杂，或者彼此缠绕，或者相互矛盾，或者各自独立。① 不同的听者带着不同的耳朵倾听，可能听到的是某种全然不同的旋律，即使对那些试图倾听那座城市中自然与文化相碰撞的声律的环境史学者而言，他们听到的曲调也大相径庭。格雷·布里金（Gray Brechin）在其《帝国旧金山》一书中听到的贪得无厌的资本家在城市的广厦中嘈杂的谋划、争执、分赃，听到的是昼夜不歇的机器对从山峦、河流中无休止地榨取矿产与水源。② 理

---

① 关于旧金山1848年人口，参见 Frank Soulé, John H. Gihon, and James Nisbet, *The Annals of San Francisco; Containing a Summary of the History of the First Discovery, Settlement, Progress, and Present Condition of California, and a Complete History of All the Important Events with Its Great City*. Originally published in 1854, with Introduction by Richard Dillon and index by Charles Goehring, Berkeley: Berkeley Hills Books, 1999: p. 200. 此年鉴出版于1854年，对旧金山以及加利福尼亚的早期史有最翔实、全面的记录。关于其他人口及族裔构成，参见 United States Census Bureau, https://www.census.gov/quickfacts/sanfranciscocitycalifornia. 2020年9月20日登陆。
② 《帝国旧金山》是对旧金山城市史研究的重要著作，在此书中，城市地理学者Brechin尝试打破对旧金山的浪漫想象，揭示旧金山扩张过程中，一小部分资本的掌控者如何通过遥控技术从其四处伸展的"帝国"攫取能源和资源。他认为，旧金山以及整个城市化的过程，都是少数人以牺牲腹地及后代福祉的代价

查德·沃克（Richard Walker）在他的《城市中的乡村》中听到则是来自不同种族、阶级的男男女女在一个世纪的时间中，为了营建一座绿色、宜居的、健康的城市而发出的吁请。①乔安娜·戴伊尔在《地震城市》中听到的却是在自然的断层带上因为地球自身的运动带来的巨大灾难，听到人们对技术带来的安全的自信与幻灭，同样她也听到不同的种族、阶层、群体因为各自的利益、诉求和认知而发出的抱怨、指责和抗争。②所有的声音都不是历史学者的幻听，而是曾经震颤在这个城市上空，映现其某种真实面相的存在，它们合奏的复调曲谱充满意想不到的变化，也充满偶然与断裂。它时而是对大洲另一端的东部审美传统的应和，时而是对太平洋彼岸古老

积累大量财富的过程。在此过程中，这些人掌握了城市的声音，通过大众媒体重塑了自我形象，将自身的贪婪隐藏在神话的构建之下。Grey Brechin, *Imperial San Francisco: Urban Power, Early Ruin*. Berkeley: University of California Press, 1999.

① 在《城市中的乡村》一书中，历史学者 Walker 从一个完全不同于《帝国旧金山》的视角观察这座城市的演化，他认为这座城市经过诞生之初半个世纪的疯狂劫掠之后，开始内省自身的发展轨迹，建立了一种新的城市文化。同美国所有的其他大城市相比，Walker 认为，旧金山的城市文化是最绿色、环保的。更为重要的是，这种环境文化并非少数如约翰·缪尔那样的知识精英所独自创造的，而是这座城市中不同阶层、不同种族的人的共同参与的结果。在 Walker 看来，这些人对抗着资本的野心和力量，限制这座城市的无序发展，共同努力将其建成一座乡村完全融入城市的城市和大都市区。Richard A. Walker, *The Country in the City: The Greening of the San Francisco Bay Area*. Foreword by William Cronon, Seattle: University of Washington Press, 2007.

② 与《帝国旧金山》与《城市中的乡村》这两部关于旧金山的著名环境史著作相比，出版于2019年的《地震城市》真正让旧金山的自然重新在环境史的叙事中发声。在 Brechin 的著作中，自然意味在资源与能源，是被劫掠的对象；在 Walker 的著作中，自然意味着景观，是被设计、建构、保护的对象。分析角度虽然不同，但是在两本书中，旧金山的自然都是被动的客体，人的力量占据绝对的主导地位。而在《地震城市》中，戴伊尔指出，由于旧金山处于断层线之上，这个城市从其诞生以来，便需要不断地调整、适应自身在自然中的位置，自然也时刻挑战着这座城市在技术不断发展的过程中产生的自信与盲目。自然的自发力量以地震的形式从始至终参与着这座城市的历史，不仅是其建筑和景观的历史，更是其社会、政治结构的历史。Joanna Dyl, *Seismic City*.

东亚文明的畅想，时而是对此处自然财富的渴望，时而是对这里自然之美的发现。所有对其历史的倾听者捕捉到的都只是其中的一段乐章，或者在某个被分离的时刻，复调横切面上的不同音符。本章希望倾听的是旧金山独特的自然环境与诗性的思考相激荡而生的对城市存在方式的解读，在旧金山自1849年开始的城市历史中，这样的解读不断发生着变化。在太平洋海风带来的新思与加利福尼亚变幻万端的自然世界中，人们对美、对城市、对自然的思考终于走出了美国东海岸城市的圈囿，启发了新的尝试。

一、穿越金门

这个城市的诞生与任何诗性的想象或者道德的诉求无关。它不是温斯洛普希冀创造的"山巅之城"，全世界道德的典范；也不是堪萨斯城的鼓吹者以一种虽是私人的，但是有组织的资本力量对一片他们眼中天然农业福地的开发。它最初的形成是无数人对一种曾经深藏于地球躯体内部的贵金属的渴望。在1849年正式发动的加利福尼亚淘金热是整个19世纪美国西部与西海岸的最重要事件。它令加利福尼亚成为美国的一个州，也开启了一场迄今未歇的人口大迁移。无数未来的矿工、矿主、商人从东、西、南、北，从全世界涌来，他们中的大多数人对于自己将要抵达的世界一无所知，也对贵金属的开采毫无认识。他们中间甚至还包括一些从东部和欧洲而来的知识人与艺术家，在他们身上，这片在大陆彼端的陌生地方激发的不但是对财富的渴望，也有着强烈的好奇心。所有在淘金热中来到这里的人有着共同的动机——贪婪，但是当人们来到这里，他们中的无数人没有找到金子，却发现了一片他们未曾预见的海陆景观。被称作"旧金山湾"的那片宽广铺陈的水面混合着从太平洋一面涌入的潮水和从塞拉内华达山脉（Sierra Nevada）山脉流出的河流，构成了太平洋在美洲一侧最大的海湾。

"金门"，人们如是称呼海湾南北两端的海岬框定的狭窄入口。在人们的理解中，"金门"之得名似乎天然地与淘金热发生着联系，然而，根据著名的西部探险者，后来加利福尼亚共和党推出的总统候选人约翰·弗里蒙特（Col.Fremont）所言，他是在1846年将此处命名为"金门"（Chrysopylae, or Golden Gate），其灵感来自拜占庭海湾的金角（Chrysoceras,or Golden Horn）。出版于1854年，公认的早期加利福尼亚历史的权威著作——《加利福尼亚年鉴》写道："此词【金门】不是用来形容海湾内真正的金矿地区——命名时尚未发现，它所形容的仅是环绕在海湾沿岸的丰饶而肥沃的土地，以及通过这个海峡所建立的太平洋商业将创造的财富，这一切无疑都将成为此处将要出现的伟大之城的财富。"《年鉴》继而写道，伴随黄金的发现，这个名称当然变得更加恰如其分，而命名者在不自知的情况下成为预言家。[①]在1854年的旧金山人眼中，金门变得名副其实在于彼时仍然吸引着人们前仆后继到来的金矿，而弗里蒙特在命名此处时仅是碰巧而已；然而，恰恰是弗里蒙特为之命名的原因方是这个未来的城市得以成为世界闻名的大都市，在洛杉矶后来居上之前，一直稳居西部第一都市宝座之位的根本原因。通过"金门"，源源不断的财富、移民与思想从太平洋方向涌来，这个城市

---

① Frank Soulé, John H. Gihon, and James Nisbet, *The Annals of San Francisco*. p. 149.

与这个国家都将因此而被重新定义。也正是海湾内陆的土壤在黄金矿尽、寻金梦碎之后，令来到这里实现"美国梦"的人们仍然能够通过灌溉建立一个繁茂的农业帝国，将自然的财富转化为"金色丰裕之角"流出的粮食、瓜果，它们流入旧金山，流向整个世界。

穿过金门之时，南北两侧徐徐展开的是围绕周遭的岩岸和群山，未来的旧金山坐落于南边，蜿蜒着起伏的砂质丘陵，大约三四百英尺高矮。在海湾的北面耸立着2,572英尺的塔玛佩斯山（Mount Tamalpais），以美国西部的标准，这只是一座小山，然而它清晰而突兀，茂密的海湾红树林让它的山顶覆盖在浓绿的色彩之中。《年鉴》记录道，这些山峦在"【南北】两侧都是光秃秃的。不断冲击它们的强风与浓雾有力地阻止了任何形式的树木或者植被的生长。然而，在海峡北侧的山巅，孤零零地生长一大片红树林，它们高挺的姿态成为航海者醒目的地标。如果航海者从海峡的南部而来，他将看到可能是平生罕见的荒凉所在。首先映入他眼帘的，是沿岸层层叠叠低矮而荒凉的沙山，时时被水汽浓重的流云所环绕。"[①] 不过，该书的作者继而写道，一旦进入海湾，向西望去，内陆的海岸则变得怡人许多，有着一些美丽的绿色小岛。

更敏锐的观察者在《年鉴》作者眼中荒凉的沙丘上会看到春风中摇曳的野花，夏日阳光下枯黄的野草泛起的金色光谱，也会震撼于向西一侧，在百万计的日月中不断被咆哮的海浪击打、冲刷的岩石所展现的粗粝、坚硬。也可能更多在甲板上热望着这片大陆财富的航行者，将向东眺望远方的塞拉内华达山脉，卡尔·迈尔（Carl

---

① Frank Soulé, John H. Gihon, and James Nisbet, *The Annals of San Francisco*. p. 150-1.

Meyer）是他们中间的一位。他来自瑞士的德语区，显然受过良好的高等教育，在1849年，如同成千上万的淘金者，他远离故土，坐船从新奥尔良出发沿大西洋南下，骑骡子穿越巴拿马地峡，进而再次乘船从太平洋北上，在经过一段淘金经历之后，在1851年抵达旧金山。当穿过金门，他写道："再一次，我看向远方，凝视屹立在无垠之中的白雪覆盖的塞拉内华达山脉，凝视玫瑰色的落日沉入我的采矿之旅的最后一日。"但是，在漫长的旅程过后，此时的迈尔渴望文明远胜于自然："我迅速地扫过黝黑的迪亚波罗山（Mount Diabolo），来到眼前海湾的沿岸……我遗弃了美丽的山峦、壮观的峭壁，越是呼吸从那座港口城市吹来的新鲜的海上空气，我越是渴望文明的舒适。"[①]迈尔欢呼雀跃地踏上旧金山泥泞的土地，丝毫没有为这座初建城市的简陋而气沮。他兴奋地想到，五年前（即1847年）这里仍然处于"它的原始状态"，那些无所事事的"土人"完全想象不到这个地方的伟大之处。而现在，这里已经成为美国的第三大港口，他将它称作"新鲜绽放的'西部王后'"，并写道：

在这里展示着美国人进取心的最伟大、最令人叹为观止的证明之一，他们用仓促合成的材料建造新的州和城市，如同罗慕路斯和雷姆斯修建罗马城。

你可以称之为物质至上主义、贪婪、自私、自我主义，但是每一处的美国计划都成就着富庶与令人艳美的硕果，这是美

[①] Carl Meyer, *Bound for Sacrament: Travel-Pictures of a Returned Wanderer.* Trans. by Ruth Frey Axe. Originally published in German in 1855, republished in English in 1938. Claremont, Calif.: Saunders Studio Press, 1938, p. 114.

国与时代俱进的有力证据,在这个时代中,一个国家必须保障物质自由从而成功地提升人民的精神;当下的黄金时代寻求知识与真理,但是人们与物质世界紧密相连,毫不迟疑地展露其各种物质渴求。时代的气质已然不同,它不再产出复兴,而是产出发展、文化、完满;因此,当下比过去拥有更高的力量。

美国的物质行动令其伟大。在所有国家中,它是最年轻也是最强有力的。商业的野心与贪婪驱使着新的发现与新的利益源泉。为了满足这些欲望,这个国家不但挑战着荒蛮的自然,也挑战着其荒蛮的土人。

最终,他宣告:"旧金山是幸福的所在,是坚不可摧的;命运将其空间分配给它,它必须占据它。"①

不过,与大部分同时来到这座刚刚出现的城市的人相比,迈尔的热情是罕见的。例如来自圣路易斯的詹姆斯·艾尔斯(James Ayers),同样是一位49年淘金潮中的淘金者,在若干年后,他写道:"当一个人回想旧金山的地貌特征,他将诧异于在彼处建造一座伟大城市的选择。除了它了不起的海港之外,这个地方一无是处。在潮汐涨落的新月形海滩的狭窄边缘之内,这里根本没有平地。在那些没有陡峭而凹凸的斜坡环绕的地方,则有难缠的沙丘的阻挡。那里偶尔有几处小小的可以休憩的谷地,但是巨大的沙丘覆盖着这座城市现下最好的地带。"②另一位别妻去子,从纽约辗转而来的铁

---

① Carl Meyer, *Bound for Sacrament: Travel-Pictures of a Returned Wanderer*. p. 115-6.
② James Ayers, *Gold and Sunshine, Reminiscences of Early California*. Boston, R. G. Badger, 1922, p. 30. Ayers在1896年完成此书,1897年去世,此书在其身后出版。

匠，希拉姆·皮尔斯（Hiram Pierce）则哀叹道："旧金山是一个惨不忍睹、尘土飞扬的肮脏小镇，大约有5000人，来自不同民族、文化。"①甚至连坚定不移地相信旧金山未来的《年鉴》作者也承认，旧金山的"位置恰好在该地区最为贫瘠的部分，生长着稀疏的灌木和零散的小块草地"。②

在"金门"打开的宽广太平洋世界展露其可能的壮伟未来之前，或者在中国人后来所称的"金山"被发现之前，的确鲜有人会将这个地方同一座伟大城市相结合。在此处度过漫长岁月的是以渔猎为生的土著欧龙人（the Ohlones），他们没有从土地上寻求财富，而是在海洋中寻找食物：生蚝、贝类、鲸鱼，以及各种形形色色大大小小的海鱼。在1769年到来的西班牙人，如同那些在淘金潮中来到这里的人们，同样发现这片在海岬上的土地荒芜无用，不过彼时他们并不能预知此处将要浮现的新世界，所以他们匆匆到来，匆匆离去，留下了一个小小的据点，也建立一个小村子，以遍地生长的薄荷草名之——耶尔瓦布埃纳（Yerba Buena）。遍及整个北美大陆的皮毛贸易也同样延伸至此处。旧金山最早的白人定居者之一迈克尔·怀特（Michael White）在1877年接受著名历史学家休伯特·豪·班克罗夫特（Hubert Howe Bancroft）的访谈时回忆道，他在1828年（班克罗夫特认为是1829年）初到旧金山，那时彼处还

---

① Hiram Dwight Pierce, *A Forty-Niner Speaks; A Chronological Record of a New Yorker and His Adventures in Various Mining Localities in California, His Return Trip across Nicaragua, Including Several Descriptions of the Changes in San Francisco and Other Mining Centers from March 1849 to January 1851*. Oakland, Calif.: Keystone-Inglett printing Co., 1930, p. 33.

② Frank Soulé, John H. Gihon, and James Nisbet, *The Annals of San Francisco*. p. 157.

没有海港，他"用一桶威士忌换了两张上好的水獭皮"，在一天之内，他至少看到了十个土著醉汉。① 显然，此时这片薄荷草地上的土著和他们赖以生存的生态系统，已经被部分卷入更广大的商业世界中，不过这样的交换在当时仍然是极为有限的。

来到此处的西班牙天主教传教士还为此处起了另外一个更具宗教性的名字，圣弗朗西斯科（San Francisco），以之纪念那位13世纪的著名天主教圣徒——圣方济各（Francis of Assisi）。同后来的金门之名一样，这又是一个带有巧合的预知意味的名称。在天主教征伐自然的呼吁中，圣方济各独树一帜，向上帝所创造的一切生灵布道。他布道的形象后来成为天主教呵护自然的标志，其本人也被视为守护自然的圣徒。而在这个远隔重山万水，以他的名字命名的城市中，也将掀起一波又一波最为彻底而猛烈的自然保护浪潮，只不过当时为之命名的传教士将无从知晓了。在未来的数十年间，人们仍然习惯以更形象、更接地气的耶尔瓦布埃纳称呼这个地方，直至1847年1月30号，此处方正式更名为圣弗朗西斯科。② 这时的加利福尼亚已在前一年易帜，成为美国的领土。不过，真正的改变仍然要等1848年早春金光灿烂的那一刻。而后成千上万的人在次年将以各种交通工具，从世界各个方向前往此处，穿过金门登岸，大部分人再次匆忙离去，沿萨克拉曼多河（Sacramento River）及其支流深入山间的矿区，在那里，黄金顺流而下。

在淘金热之初的几个月，旧金山陷入萧条之中。新来的冒险者

---

① Michael C. White, *California All the way back to 1828*. Dictated by Michael C. White and written by Thos. Savage for the Bancroft Library 1877. Republished in Los Angeles, G. Dawson, 1956, p. 326.

② Frank Soulé, John H. Gihon, and James Nisbet, *The Annals of San Francisco*: p. 178–9.

不愿意留在这个尚未呈现清晰轮廓的小镇，继续此前薪水微薄的单调劳作。人们义无反顾地奔赴山间，使用所有可以使用的工具，从屠夫的刀子到铲子、铁锹进行挖掘，从柳条筐到泥罐子、旧帽子作为容器，当然最重要的搅拌工具则是双手。人们在正常情况下一天可以挣到10—15美金，但是每个人总是相信自己会是下一个一天挖到8000美金的人。与此同时，物价飞涨，一枚鸡蛋卖到一美金、两美金，甚至三美金；一磅茶叶或者糖，四美金。更糟糕的是，矿工到来的时候，正是矿区秋日的"病季"，每日繁重的工作、粗陋的生活环境，加之无法适应的气候，令这里各种疾病肆虐。但是所有的辛劳都不能阻止人们发财的决心。《年鉴》的作者写道："当我们【1849年】五月底离开旧金山时，这里几乎被彻底遗弃。如此情况持续了整个夏天，一直到秋季。"[1] 船只仍然源源不断地驶入旧金山湾，但是甫到岸，水手们便弃船赶赴矿区。商人们眼见价格飞涨，却雇不到人手帮助卸货，只能任之烂在海滩。原本一天一美金便心甘情愿出卖劳动力的工人，现在对10美金一天的工钱也不屑一顾，因为人们的希望在内陆的矿区。

不过如此情况并不会持续太久，更多的人纷纷到来，从东部的纽约、芝加哥，从欧洲的汉堡、里昂，从拉丁美洲的山区，从太平洋彼岸的珠江，数月之间，劳动力供求比例天翻地覆，建造一座新的城市已成必然，虽然人们对此毫无准备。《年鉴》写道："建筑用地需要勘察，道路需要平整、铺设——丘陵需要被夷平——山谷、泻湖、海湾自身都需要打桩、覆盖、填埋或者铺上木板——木材、

---

[1] Frank Soulé, John H. Gihon, and James Nisbet, *The Annals of San Francisco*: chapter VI.

砖石,所有的建筑材料的价格都高到无以复加的程度——房屋被建筑、完成,安装好家具——大型仓库与商店纷纷建成——一个个码头深入大海——无数吨货物从入港的船只中卸下,运送至各处——此外,还有成千上万件事情需要立即着手去做,一刻也不能等。"①在房屋建成之前,沙丘和空地上早已搭起了各种材质的帐篷,居住着真正意义上的各色人等:不同种族、不同文化、不同语言、不同阶层,但是他们有着共同的渴望——发财。将近120年后,在同一处地方将再次搭起大大小小的帐篷,那是一群头上别着花儿的青年男女们,在1967年的"爱之夏"来到旧金山,希望改变物质主义盛行的主流美国文化。不过,在1849年来到这里的人们完全不知道自己将要建成的是一个怎样的城市,也不知道自己和这座城市的命运将发生怎样的变化。

二、建造"金山"

大部分矿工最终都将无金而返,口袋空空,一身病痛。当然,也有人在这场热潮中,赚得金银满溢、盆满钵满,他们投资新的采矿技术,雇佣更多的劳动力,深入山体,寻找母矿,那些在亿万年的地球进化历程中形成的金层。最初成千上万人自发无序的自由采矿时代迅速结束,很快,人们需要更强大的技术迫使深藏于河床之下的金矿袒露它的财富,这要求更有组织的资本活动。只有那些掌

---

① Frank Soulé, John H. Gihon, and James Nisbet, *The Annals of San Francisco*, p. 214 & 215.

握母矿的人，而非淘得几块狗头金的人，才能成为真正的大亨。[1]从自然的山体中挖掘到的财富，被留在当地，但是大部分流到那座兴建中的城市，为矿工购买设备、衣物以及最重要的供给——食物。更重要的是，当金矿的财富流入旧金山时，那座城市成为真正的金山。大亨们如中央太平洋铁路的"四大佬"（the Big Four）并非真正进入矿区，淘金挖矿，而是在淘金热的供给商业中发家致富，瞄准商机，投资铁路，获得修建西部第一条洲际铁路的合约，在1869年用铁路将这个城市、海湾与遥远内布拉斯加的奥马哈、密苏里的堪萨斯城，伊利诺伊的芝加哥联系在一起。[2]这些人成为旧金山的nabobs，曾经此词所指为那些通过东印度公司在印度发家致富的英国人，此时，另一撮人在北美洲的西海岸找到了新的财富，成为新的nabobs，或者nobs。在1873年，旧金山的缆车系统通车后，他们在该城中心的山巅建筑其美轮美奂的豪宅与酒店，该社区自此被称为诺布山（the Nob Hill），雄踞于这座城市的地理与财富中心与巅峰。

比之东海岸的城市如波士顿或者中部与它同时期建立的城市如堪萨斯城，旧金山的崛起速度惊人。在1848年它的人口不过

---

[1] 关于加利福尼亚淘金热的专著不胜枚举，从环境史的角度探讨淘金热的最优秀著作为Andrew Isenberg, *Mining California: An Ecological History*. New York: Hill and Wang, 2005. 关于淘金热的综合历史，参见：Malcolm Rohrbough, *Days of Gold: The California Gold Rush and the American Nation*. Berkeley: University of California Press, 1998.
[2] "四大佬"分别是Leland Stanford，后来斯坦福大学的创始人；Collis Potter Huntington，其侄子捐赠了著名的亨廷顿图书馆；Mark Hopkins与Charles Crocker。四大佬均来自东海岸的普通家庭，是实现白手起家美国梦的典型案例。关于旧金山资本与扩张的环境叙事，参见Gray Brechin, *Imperial San Francisco*.

800人，到1849年激增至25000人。那一年来到这里的法国人埃内斯特·马谢（Ernest de Massey）自称是一位1849年的亚尔古英雄（Argonaut），前赴海外找寻他的金羊毛。他用生动的语言描述道："两年前，这里几乎还是一片荒野。现在，各种类型、形状、性质的木屋、铁皮房簇拥在一起，五颜六色的帐篷撑起了一个圆形露天竞技场。这里居住着冒险家、浪荡子、破产者、逃犯、商人、擅离职守的水手、赌棍，还有无家无国的流浪汉。在他们中间还穿插着来自世界各地的老实人、工人和投机商。这就是距离我们两公里的景象。一个正在建造的伟大城市。"① 到1860年，内战开始前夜，虽然淘金热在五年前便开始退却，但是城市仍然迅速扩张，此时它的人口是56000人，堪萨斯城的13倍。在1859年底来到这座城市的化学家威廉·亨利·布鲁尔留下他的惊叹："一座不过十年历史的城市，它似乎已经有至少半个世纪的历史。宽阔的街道、恢宏的砖楼、甚至还在以最坚实的方式修建着很多花岗岩建筑，所有这些都赋予这个城市远比其实际历史悠久的面貌。"他又加上一句："这里有着天堂般的气候。"②

与这座城市的堂皇建筑成为鲜明对照的是它的"罪恶气质"。彼时的旧金山全然不是那个能令人们将心儿留在彼处的甜蜜城市，虽然小小的缆车攀上半山，浓重的雾气笼罩城市，但是它既不浪

---

① Ernest Massey, *A Frenchman in the Gold Rush: The Journal of Ernest de Massey, Argonaut of 1849*. Trans. by Marguerite Eyer Wilbur. San Francisco: California Historical Society, 1927, p. 24.

② William H. Brewer, *Up and Down California in 1860–1864: The Journal of William H. Brewer*. ed. by Francis P. Farquhar, with a preface by Russell H. Chittenden. New Haven: Yale University Press; London: H. Milford, Oxford University press, 1930, p. 9.

漫，也无温情。这是一个骚动的、残酷的、竞争激烈的城市，决意成为西海岸的纽约。腐败、暴力、堕落，一切大都市与边疆城市的特质都在这个城市中展露无遗。种族歧视与迫害无处不在，私刑、谋杀频频发生。《年鉴》通篇都在重复这个城市的罪恶，在淘金热发生的四年后，它写道："在1853年，旧金山大部分居民的道德、智性与社会特征同此前数年间的评价无异。在这座城市中，仍然活跃着当初那种鲁莽大胆的能量，对享乐的喜爱，千金散去还复来的精神，一切如旧的艰辛劳动与狂野兴奋，假公济私与政府腐败，偷窃、抢劫、暴力攻击、谋杀、决斗、自杀、赌博、酗酒，普遍的挥霍与浪荡。"每一个来到这个早期城市的人都对这个城市随处可见的赌场印象深刻，对人们来说，淘金本身就是一场巨大的赌博，大部分人都是输家，但是每个人都认为自己能够成为下一个赢家。当他们在矿区的运气不佳时，回到这个城市，温暖的沙龙里美女荷官掷下骰子的一刻，或者他们的命运便会改写。"牌在发，轮在转，色子在跳动，都是美女在操作，她们的技艺娴熟，计算精准，诱惑、出卖或者毁掉那些太急于变成受害者的倒霉蛋。"[1] 到1877年从纽约乘坐头等舱，沿着修通不到十年的洲际铁路来到金门的富家太太米里亚姆·斯夸尔女士（Miriam Squier）记录说，当地警官告诉她："一年之前【1876年】，中国城里大约有150个赌场，现在估计最多只有从前的一半，真希望知道它们的确切位置。"[2]

在这座罪恶、堕落，但是又增长迅速，具有某种迷人气质的城

---

[1] Frank Soulé, John H. Gihon, and James Nisbet, *The Annals of San Francisco*: p. 500-2.
[2] Miriam Squier, *California: A Pleasure Trip from Gotham to the Golden Gate, April, May, June, 1877*. Nieuwkoop [Netherlands] B. De Graaf, 1972, p. 167.

市背后，是如赌场的骰子般飞速旋转，丝毫不受约束的私人资本，虽然在这座城市中，暴力与歧视发生在每一个社会阶层与种族之间及其内部。在1858年，年仅19岁的亨利·乔治（Henry George）离开家乡费城，来到旧金山。如同千万初来乍到者，他一度幻想过前往矿区，试试自己的运气；但是各种机缘巧合下，他进入新闻业，在当时已经寸土寸金的旧金山安家立业。他成为一名记者，并且在19世纪70年代创办了自己的报纸，不过举步维艰，几度陷入赤贫，甚至沿街乞讨。这座新兴城市的巨大贫富差距和资本毫无餍足的聚敛令他陷入对整个社会的思考，而当他去往纽约，在那座已有200余年历史的城市中，他惊异地发现贫困并非一座城市初期的问题，而是他所处的文明的痼疾。在1879年，他出版了被誉为加利福尼亚出版史上最重要的著作——《进步与贫穷》，该书在当时便卖出300余万册，在思想层面开启了美国的进步主义时代。此后的很多人都成为乔治主义者或者深受他的影响，特别是20世纪30年代大萧条发生之后的"回归土地"倡导者如拉尔夫·博索迪和司各特·尼尔林。在这本书中，乔治认为其时代最大的谜团在于为何科技如此进步，而如此之多的人生活在贫穷之中。他最终的结论是一切问题的关键在于对土地的垄断，少数人占有了土地，以极高的价格租赁给那些穷人，而解决这些问题的关键是对私人财产征收单一重税，唯其如此，方能重建社会正义。①

如同大部分进步主义者，乔治的关怀仅止于社会正义。虽然

---

① Henry George, *Progress and Poverty; An Inquiry into the Cause of Industrial Depressions, and of Increase of Want with Increase of Wealth—The Remedy*. San Francisco: W. M. Hinton & Co., 1879.

他看到土地以及土地上的一切并非为任何个人所创造,由此任何人也无正当的权利垄断之,但是他并未看到伴随社会贫困而来的,还有深受重创的自然。进步的创造并非人类伟大头脑发明的技术所独享的专利,在旧金山、纽约、波士顿、芝加哥、堪萨斯城,所有这些新兴的大城市中,人类的财富与进步都首先是,也始终是对自然财富的攫取与转化。如果说在初建30年间的旧金山,暴力构成人与人之间关系的基本形态之一,同样的暴力也被各个阶层与种族施以自然之上。波士顿、堪萨斯城、旧金山拥有的唯一共同地形特征在于,其城市不是如纽约曼哈顿那般一马平川。所以三个城市在建立过程中,都采用共同的手段,铲平其中部分山丘。不同于波士顿与堪萨斯城,旧金山的山峦与沙丘连绵不断,几乎没有可能被彻底平整,但是从这个城市初建之时,人们便义无反顾地开始了这项工作。《年鉴》写道:"虽然对航海时代的目的而言,旧金山海湾之滨的位置无疑是最好的选择,但是此处在土地上的扩展方面的确有所欠缺。在充裕的平整空间上建立一座如此伟大、不断增长的城市的需求已经被部分纠正,当然为之付出的代价是巨大的,从水中创造建筑用地,降低环绕这个地方的无数沙丘,甚至在很多情况下彻底清除沙丘的整座山体。为了这些挖掘、填埋、打桩、覆盖、铺木板,一次次地平整道路,以及转移、建造、再建造那些房屋从而适应被改变的路面高度,人们花费了数以百万计的金钱。"① 《年鉴》的作者没有提及的是,在这个过程中,这个在西班牙早期殖民者眼中一片荒凉,但是仍然遍布野薄荷、土壤、动物与植物的地方也被彻

---

① Frank Soulé, John H. Gihon, and James Nisbet, *The Annals of San Francisco*: p. 161.

底地填埋在这座崛起的城市之下。

如果说平整沙丘是建造一座城市所不得不付出的环境代价,那么旧金山湾的填埋则创造了更多环境征服故事中意料之外的结果。在萨克拉曼多河上游的山区采矿的矿工用形形色色的工具与技术制造了大量的碎石,当黄金被分离出来后,碎石顺流而下,同其他的沉积物共同流入旧金山湾,填埋了曾经在那里繁茂生长的各种水生生物。在整个采矿故事中,最狂野的操作是"水力采矿",这是加利福尼亚矿区的伟大技术发明,不但在上游的山区制造了最为严重的环境破坏,也对下游的旧金山湾带来了巨大的生态灾难。在加利福尼亚山体上成百万上千万吨的石块、沙砾、泥土被强有力的水龙冲下,流入河流,最终进入旧金山湾。伴随在旧金山市本身有计划进行的填埋,最终整个湾区的水体面积缩小了1/3。[①]旧金山湾的整个生态系统被这场持续的填埋不断侵扰,但是,受害者并非仅是湾中的候鸟、牡蛎或者螃蟹。无论是在海湾沿岸填埋而成的新土地,还是市内的盐水沼泽被垃圾、沙砾和碎石覆盖的建筑用地上,都修建了大量房屋。在这一点上,作为海湾的旧金山与同样处于河湾,有着大量沼泽的纽约完全一样。[②]但是不一样之处在于,旧金山位于整个北美洲最危险的断层带之上,一旦发生地震,原本看似坚固的地面塌陷,变成一滩污泥,成为地震中损失最重的地区。[③]

[①] Mathew Booker 在《依傍海湾》一书中讲述了旧金山湾的环境变迁,整个过程充满了着意料之外的结果,所有的获取都以某种巨大的牺牲为代价。虽然 Booker 认为自然在地震中展示了自身的力量,但是旧金山湾本身已经变成一种杂糅景观,体现了其后的环境政治与社会冲突。Mathew Booker, *Down by the Bay: San Francisco's History between the Tides*. Berkeley: University of California Press, 2013.

[②] 关于曼哈顿沼泽的填埋及其生态后果,参见 Theodore Steinburg, *Gotham Unbound*.

[③] 具体分析参见 Joanna Dyl, *Seismic City*.

整个建造金山的过程正与毁去自然之山的过程同步。在这个依傍海湾的西部城市中，人们的欲望、行为，对金钱的追逐，对自然的征服似乎获得了前所未有的自由，它似乎正如桑德伯格诗篇所言，是"新的城市，新的人民"，在充满明天的海洋与天空之间呼吸着自由的空气。然而，当真如此吗？

三、无形之墙

1911年，旧金山已经是一个富裕而文雅，有着斯坦福大学、加州大学伯克利分校、旧金山大学等著名学府的成熟大都市。它仍然是西海岸最大的城市，不过在未来十年中，南边的洛杉矶将后来居上，超越它，成为新的西海岸老大。但是此时，经历了五年前那场毁灭性的大地震洗礼后的旧金山，迅速重建，洋溢着第一次世界大战爆发前整个北大西洋两岸世界共有的乐观和自信。进步主义改革也在彻底地改变这个城市的社会风貌，如罪恶粗野的边疆城市这样的标签早已被抛入旧金山湾中。在这一年，哈佛大学哲学教授，著名的实用主义哲学家乔治·桑塔亚纳（George Santayana）应邀来到旧金山对岸的伯克利大学，面对加州大学哲学联盟发表了题为《美国哲学中的老派传统》的演讲。作为一位少年时方移民美国的西班牙裔哲学家，桑塔亚纳对这个国家的观察始终保持着一种冷静的外来者态度。他自身的非盎格鲁-萨克逊背景也令他对新英格兰地区的超验主义传统持有审慎的怀疑。在这篇演讲的开篇，桑塔亚纳言道："美国是一个有着古老思维的年轻国家：它享受着一个被精心培育、彻底灌输先辈信仰的孩子的成长；它一直都是一个聪慧的孩子。但是，一个聪慧的孩子，长在年轻肩膀上的老式脑袋，总是有着它滑稽而前途渺茫的一面。"他继而言道，美国并非简单地传承古老的思维，"它是一个有着两种思维的国家，一种是父辈们的信仰和标准的存续；另一种是青年辈的本能、实践与发现"。① 当桑塔亚纳发表此篇演讲时，他所身处的正是这个年轻国家中最年轻的都市之一，他在思考其哲学时，面对的是一个在两种思维中成长的年轻城市。

同所有美国的现代城市一样，旧金山没有城墙，它宣告着同传统的决裂，明确地表达着开放而包容的多元气质，同样，也昭告自身向往扩张的决心。与东海岸城市和中西部城市相比，这座城市面对着太平洋，在大航海时代席卷太平洋世界后，它地理位置注定它所面对的是一个迥异于波士顿、堪萨斯城所拥抱的世界，而旧金山似乎也确实如此。与之相比，东部与中西部城市的多元文化伴随新移民的不断到来，不断地增长、扩大，而旧金山，自建城之始，便毫无选择地成为多元文化的中心。敏感的法国人马谢在1849年时便已注意到如此气质，他写道："在嘈杂纷乱中，你可以分辨说着很多语言的行话。用英语问一个问题，你的回答可能是德语的；如果你说法语，可能回答你的是西班牙语、意大利语、俄语、波兰语或者汉语。"② 说着每一种语言的人都带着自己独有的文化进入这个城市，但是当他们汇集一处时，一种新的文化随之而诞生。在其第一个50年的演化中，旧金山标榜着所有无墙之城的精神特质，创新的

---

① George Santayana, "The Genteel Tradition in American Philosophy," *Address Delivered before the Philosophical Union of the University of California, August 25, 1911*, p. 2, 3. https://monadnock.net/santayana/genteel.html, 2020年9月10日登陆。
② Ernest Massey, *A Frenchman in the Gold Rush*, p. 15.

技术、坚韧的心智,自由资本主义虽然野蛮但是具有高度生命力的野心,个人主义对自由与自立坚定不移的信仰;但是当我们真正走进旧金山,走进这个实体的城市与其思想的演化当中,会发现它的建造者从来未曾真正推倒他们思维中的无形之墙。波士顿、纽约、匹兹堡、芝加哥、堪萨斯城都没有,所有这些城市都在某种思维的无形之墙中建筑着它们自身,如果说桑塔亚纳生活的波士顿、坎布里奇地区是一个被精心培育的聪慧孩子,旧金山则是一个放养的野孩子,在它成长的经历中,努力地仿效着聪慧的哥哥们,渴望得到那个体面而高贵传统的接纳。

如前文所言,旧金山多山峦、多沙丘,它与曼哈顿在地形上所分享的共同之处是海湾形成的大量沼泽,但是完全不同于那个遥远东部城市的地方在于,曼哈顿平坦而宽阔,旧金山崎岖而狭窄。当曼哈顿规划其城市时,网格化街区既是城市的规划者自欧洲带来的老派传统,也是他们对于土地买卖和管理的便宜选择,虽然这仍然是对当地生态系统的无视,至少可以从中看到某种经济与管理上的合理性。旧金山却在其起伏不平的狭窄空间中做出了同样的选择——网格化街区。《年鉴》作者描述道:"在这个有限的空间之上,耸立着旧金山最有价值的商业区及其最坚固、最堂皇的建筑。但是,在所有的山丘和大部分山丘之外每一方向的土地上,都铺设着笔直的长街,彼此直角交叉。"[①]瑞士人迈尔有着类似的记录:"像所有美国现代城市那样,旧金山也用笔直的角度铺设它的街道。这些纵向的街道与子午线平行,同那些横向的街道相交叉,沿着横向

---

① Frank Soulé, John H. Gihon, and James Nisbet, *The Annals of San Francisco*: p. 159.

的街道将来到一个中间横贯一条大道的360平方英尺的海港。"①整个设计完全罔顾自然的地貌和线条,生硬地将东部继承自欧洲的传统城市美学加诸这个新鲜的地理环境迥异的城市之上,认为如此方能彰显一个现代城市的科学特质,为此,它也势必付出远多于结合自然的设计需要的金钱和环境代价。

《年鉴》的作者无疑对此有着他们的批判。早在1854年,在纽约的中央公园尚未动工,奥姆斯泰德仍然在美国南部种植园中漫游,思考那里土地和奴隶的生存状态时,《年鉴》已经开始为新建五年的旧金山提出自己的警告。②他们写道:"看着那些四四方方的——全是四方的——建筑街区,数英里长的精准笔直街道线条,每一条都与其他的街道直角交叉,伸展在沙丘、谷地、平地之上,对地形自然的起伏和变化完全没有最起码的关照,这让双眼实在感到很累,想象力变得昏沉蒙昧。"在这三位作者看来,这个城市需要曲线,需要圆弧,需要装饰,或者用他们的话说需要"公园——一个大城市真正的'肺'"。③

1854年的声音在美国内战结束之后,产生了巨大的回响。纽约的中央公园已经建成,奥姆斯泰德离开了加利福尼亚的"野蛮矿区",回归东部的"文明世界",正式开启其用自然文明化美国城

---

① Carl Meyer, *Bound for Sacrament: Travel-Pictures of a Returned Wanderer*: p. 121.
② 从1852—1857年,奥姆斯泰德受聘于《纽约每日时报》(《纽约时报》的前身)前往美国南部和德克萨斯考察那里的奴隶制经济,为《时报》撰写专栏。后来这些专栏文章被收入三部著作当中,被视为内战前从北部视角观察南部社会、经济、环境最全面、客观的分析。其于1853—1854年的漫游被收入此书:Frederick Law Olmsted, *A Journey in the Back Country in the Winter of 1853-4*. New York: G. P. Putnam's Sons, 1907.
③ Frank Soulé, John H. Gihon, and James Nisbet, *The Annals of San Francisco*: p. 160-1.

市的生涯。旧金山，如同其他美国西部城市，迫切地渴望新的发展，新的认可。正如同他们用网格化街区设计这座城市的基本形貌，他们发现，若要摆脱边疆城市粗野不文的身份，他们需要用新的城市理念更新自己城市的景观，于是，一场城市公园运动在这个城市展开。

  在表面上看，这场公园运动与在纽约、波士顿等处展开的城市自然化运动严丝合缝，其根本目的都是认识到自然之于城市文明的必要性，试图将自然之美与工业文明相交融，弥合城市人的情感断裂。但是，如果重新阅读旧金山在此时的倡议和他们的公园实践，便会发现，这座城市再一次将自己禁锢于传统所建的无形之墙。在奥姆斯泰德即将离开西部时，他受邀为这座草创的城市提供建造公园的建议。他勘察整座城市及其周边的水源、水质、地形、土质、植被，在1866年提出了一份准设计报告。他毫不讳言地指出："规划必须适应自然环境的特殊条件……【旧金山】不以美丽的绿色草坪取胜，也不以绿树成荫取胜，在这两个方面，旧金山独特的地形、土壤和气候使我们不能希望这个场地哪怕最小程度地接近于那些在纽约和伦敦的休憩场所。"[①] 奥姆斯特德敏感地看到旧金山砂质、流动的土壤、干旱的气候、海风的侵袭令其无法自然生长巨大的、树冠优美的乔木，本地物种在数百万年的演化中，形成了低矮的灌木丛和耗水量少的植被形态。这里不是纽约或者新英格兰，降雨丰富，土质肥沃，虽然中央公园的原址上没有良好的土壤，但是

[①] Frederick Law Olmsted, *Preliminary Report in Regard to a Plan of Public Pleasure Grounds for the City of San Francisco.* New York: W. C. Bryant, 1866. 译文参考 F. L. 奥姆斯特德著：《旧金山，本地吸引力》，《美国城市的文明化》，王思思等译，南京：译林出版社，2013年，第87页。

第七章　海湾之城：旧金山

从新泽西运来的土壤和植物对纽约而言同样是本土物种，可以轻易地生长、繁茂。英格兰和西欧绿意盈盈的草坪也完全适应新英格兰、纽约等地的气候，无须花费大量费用和水便可轻易维护。作为一名景观设计师，奥姆斯泰德始终秉持设计结合自然的基本原则，虽然他本人的审美旨趣同英格兰的田园景观完全契合，但是他深知这样的美学理念并不能生搬硬套于全然不同的自然环境之上。更重要的是，当他战栗于约塞米蒂、尼亚加拉瀑布的壮美与野性，呼吁加利福尼亚和纽约州予之保护时，他清晰地表达了一个根本性的理念：自然之美是多元的、变化的，并非只有风景如画的英伦乡村一种美丽的形式；而自然的色彩远比人类可以想象的光谱更加丰富，绿色仅仅是其中一种。当人们尝试用绿色涂抹一切环境之时，他们陷入了另一种僵化的传统。

1866年的旧金山市精英们有在一座新兴城市中建造一座自然公园的创见，因为那是文明的象征；但是没有打破传统之墙的勇气，更缺乏对多变的自然本身的深刻认识。他们对奥姆斯泰德的建议深感失望，因为在他们原有的想法中，奥姆斯泰德的中央公园正是他们希望模仿并且超越的对象，一如他们对待纽约的心态。这份准设计书被他们尘封进故纸堆，奥姆斯泰德也告别了西部。虽然后来他受聘于在1885年成立的斯坦福大学，为之设计校园，但是再一次，斯坦福拒绝了他提议用本土物种进行设计的规划。这所大学的校董同旧金山精英们本就是同一批人，渴望开阔的绿色草坪和高大舒展的乔木，从东海岸和欧洲故乡移植而来的审美理念。

所以，在1870年，旧金山市聘请工程师威廉·哈蒙德·赫尔（William Hammond Hall）在城市的西部沿海湾的沙丘带上设计金门公园（Golden Gate Park），但是实际上扮演最重要角色的是苏格兰裔移民约翰·麦克拉伦（John McLaren）。① 全然不同于奥姆斯泰德对旧金山设计的理念，不论鸟瞰抑或在其林荫小道行，金门公园都会令人们产生一种错觉，他们来到了中央公园，唯一的不同是它比中央公园占地更大，后者为843英亩，而金门公园为1017英亩。为了在这片流动的干旱沙地上营建盈盈绿荫，麦克拉伦从全世界移植来大量乔木物种，包括各种类型的桉树和松树、柏树等常绿乔木。所有人都深爱这座公园，身处其中，它不仅让人们遗忘工业与城市文明的汲汲营营，也让人们完全无法真正感知这个地方的生态现实——这是一座极其缺水的城市！为了能够让这些树木成活，最终成林，必须使用大量的人工灌溉。然而灌溉用水何来？180英里以外位于约塞米蒂国家公园之内的黑齐黑齐峡谷（the Hetch Hetchy Valley）。金门公园需要水，大量的水，这成为围绕黑齐黑齐峡谷展开的论战中，旧金山一方的重要论证依据。②

1873年冬天，约翰·缪尔（John Muir）从寒冷的塞拉内华达山脉走出，来到了旧金山，选择在这里定居。虽然缪尔始终将荒野称作他的"真正家园"，但是在他的传记作者唐纳德·沃斯特看来，这样的宣告未免有几分自欺欺人的意味。他已经不再拒绝城市，因

---

① 这里的金门公园属于旧金山市，是该城的城市公园，得名于附近的金门海峡；金门大桥修建后，其两岸被辟为国家公园，属于联邦政府公园管理局管理。
② 关于金门公园的研究，参见Terence Young, *Building San Francisco's Parks, 1850-1930*. Baltimore: Johns Hopkins University Press, 2004. Young在2015年，旧金山陷入更大的干旱中，为《洛杉矶时报》撰写了一篇精彩的短文，讲述奥姆斯泰德计划的搁浅和金门公园为了维护其植被对水的大量消耗。Terrence Young, "The Great Park San Francisco Needed;But Rejected," *Los Angeles Times*, Sept. 20, 2015. https://www.latimes.com/opinion/op-ed/la-oe-young-olmsted-drought-golden-gate-park-20150920-story.html，最近登陆2020年12月24日。

为"城市不仅许诺为他的写作找到释放的途径,而且还许诺着一个家的所在,一个朋友圈,以及在约塞米蒂山谷淡季时所缺乏的丰富文化"①。在当时,没有人能预知这个整日游荡于荒野,热情洋溢、酷好争论、胡须满面的中年男子会为这座城市和这个国家带来怎样的改变。对城市,对自然,缪尔有着全然不同于奥姆斯泰德,更不同于大部分和他生活在同时代的人的理解。虽然他的最爱在于加利福尼亚那些峻伟瑰丽的高山之中,他尊重一切生命的形式,天然的色彩,自然的力量。当他定居于这座城市时,他开始了写作生涯,用他的笔向人们描绘一个完全不同于人们日日生活的人工世界或者城市中的公园的所在。那样的所在对缪尔而言毫无疑问是美的,每一处都有自身独到的美,但是美并非是珍视、保留它的唯一原因。在缪尔看来,是它的力量,蓬勃的、野性的、不羁的生命本身的力量方是它最值得敬畏的原因。他希望生活在城市中的人走出去,发现、观察这个世界,重新与这个非文化所创造的世界建立精神上的联系。他的呐喊为越来越多的人所听到,越来越多的城市人从不同方向来到西部的高山,感受缪尔所体验的那个世界。虽然在他的时代,几乎没有人真正感悟缪尔内心深处以自由主义的民主精神重新定义人类在自然中所处位置的渴望,但是人们仍然能在加利福尼亚的山脉中触摸到不同于柔和而明媚的英伦田园风光的另一种美,一种冷峻却更祛除传统审美束缚的美。

在1892年,数位伯克利和斯坦福的教授、政府科学家,以及律师在旧金山成立塞拉俱乐部(Sierra Club),推举缪尔为第一任主

---

① Donald Worster, A Passion for Nature: The Life of John Muir. New York: Oxford University Press, 2008: p. 216.

席。最初这个俱乐部以倡导健步为主，同时呼吁在塞拉山脉中禁止伐木与放牧。但是，美国历史上首场环境论证改变了这个俱乐部的性质，也改变了美国环境保护运动的图景，这便是著名的黑齐黑齐水坝论战。论战的核心在于是否应当在位于约塞米蒂国家公园内的黑齐黑齐峡谷修建水坝，从而为旧金山城市发展供应便宜的淡水。此时，这个城市已为自然的极限所困扰，本地的水源完全无法供应它的进一步扩张，它寻求将周围所有的自然转化为自身的腹地，特别是建立新的水腹地，从而造就一个伟大的都市。[①]论战的焦点不在于旧金山是否应该得到水，而在于是否应该从法律规定不应开发的国家公园中获取水。事实上，当时的旧金山并非没有其他的选择，但是国家公园内的水源远比其他已为私人所有的水源便宜。在利益而非生存的驱使下，旧金山将目标瞄准黑齐黑齐。在其论证中，一个重要的观点便在于金门公园的灌溉需求，因此，这个为了满足传统审美规训而建造的城市公园，成为摧毁经过漫长的演化历程而形成的黑齐黑齐峡谷的合法理由之一。

  这场论战最终以塞拉俱乐部和缪尔的失败告终，在既有对此次论战的诠释中，历史学者将之视为功利主义的发展观与以审美为核心的保护观之间的交锋。如此诠释并无问题，不过如果换一个角度思考，它同样也是两种审美之间的冲突，两种对自然和文明之间关系的解释的矛盾。旧金山一方真诚地认为水坝建成后风景如画的水库远比粗糙的、无序的、乱石嶙峋的、野草蔓生的野性峡谷更为美丽，就如同他们认为一个以中央公园为原型的自然风格公园远

[①] 关于旧金山对水的榨取，参见 Grey Brechin, *Imperial San Francisco*。

比一个运用本土物种,并不隐匿这个城市干涸色彩的自然公园更为怡人。对他们而言,自然的存在与保护仅仅是为了文明之发展的需要。但是恰恰在这场论战中,可以看到一种新的对自然、对城市、对文明的认识正在浮现。人们开始意识到,有数面巨大的传统的无形之墙束缚着这个新城市对自身的认识,限制它通过"本能、实践与发现"去思考这个城市同其所处的自然环境之间的关系。一个更好的城市并不一定是一个更大的城市,而是一个更知道如何适应其环境的城市。

桑塔亚纳对此显然有着深刻的感悟。当他从对美国的老牌传统的回顾中走出时,他发现了惠特曼用诗性的自然主义情感与威廉·詹姆斯(William James)以哲学的实用主义精神在美国思想中掀起的一场革命。面对他的听众,一群身处旧金山海湾与加利福尼亚群山环抱中的哲学家,他说道:

> 我以为,这场革命正能够在你们身上找到回应。你们生活在一个蓬勃的社会,面对着一个新鲜而奇异的世界。当你们将自然转为己用时,或者将自然简化为工业的力量,你们不可能感到自然是你们所创造的,或者为你而创造的,否则你们所做的那些转化应当早已被准备停当【无须你们的努力】。当她在一瞬间的突然发作中,摧毁你们数年的劳动时,你们更不可能有如此感觉。你们一定感到,自身是她的生命的衍生物;是她庞大的力量中一股小小的勇敢力量。当你们逃离,去往你们的森林与山峦之中——我相信这是你们喜爱去做的——我再一次肯定你不会感到自己创造了它们,或者它们是为你所创造

的。它们如同你一样在生长，只不过规模更大，速度更慢。在它们非人类的美与平和中，它们激起了你的精神中非人的深度和超人的可能。它们所教诲的并非超验主义的逻辑；同样，它们也不会提供任何迹象，展现这个世界上固有的精心建构的道德。……一位我最近高兴地认识的加利福尼亚人观察到，如果哲学家曾经在你们的山峦中生活过，他们的体系会与现在不同。当然如此，我应当说，将会同那些从苏格拉底开始，传承而来的欧洲老派传统形成的体系极为不同，因为那些体系都是自我本位的，直接或间接的人类中心主义的，这些体系的灵感来源是一种自负的想法，认为人，或者人类理性，或者人对于善恶的分辨，是宇宙的中心与枢轴。正是山峦与森林终将令你们感到羞于做出如此断言。……它们将允许你，……简单地、谦逊地认识到你自己，允许你向野性的、冷漠的、没有道德苛求的无垠自然致敬。[①]

显然，当桑塔亚纳讲出这番话时，他的头脑中浮现的是一幕幕旧金山在自然之中的演化画卷：加州矿区中被击碎的山体、阻塞的河流、缩小的河湾、筋疲力尽的矿工；旧金山被填平的沼泽、铲除的沙丘、平整的山峦；五年前（1906年）那场地壳的轻轻震荡带来的天塌地陷，半个世纪的辛苦建成的"坚固城市"毁于数秒，引以为傲的技术如电线成为震后大火熊熊燃烧无法扑灭的重要原因，供水系统却又陷入瘫痪。当这些画面一一浮现时，它们迫使桑塔亚纳

---

① George Santayana, "The Genteel Tradition in American Philosophy," p. 30–2.

无法将自然当作这座城市或者人类思想的背景性存在，他认识到，人类的思想并非凭空生成，与之相反，自然对之有着强大的塑造作用。与此同时，还有数卷画面在他的眼前展开：从旧金山向东眺望时，巨大的塞拉内华达山脉和它的森林，那些远在任何人类出现之前便在缓慢地演化的自然形体，它们有着自己的力量，自己的历史，人们逃向它们带来的终极感悟，不是超验主义者的道德真谛，也不是传统主义者的审美规训，而是对人类自身的彻底反思和对一种不为人类所创造的远为庞大力量的敬畏，即使这种力量不是，或者不总是大地母亲式的脉脉温情。桑塔亚纳相信面对如此自然，旧金山人拥有最好的推倒美国哲学中的老牌传统，禁锢他们城市和思想的无形之墙的原动力。

四、生命的栖息地

如果说桑塔亚纳在自然中看到的是无垠、庞大、美与力量，看到自然如何令美国这个年轻国家的思想超越它的老派传统，他没有看到，或者至少没有言说的是，自然对这个年轻的国家、年轻的城市所设的限制。对美国城市而言，最难逾越的无形之墙不是某种固有的、僵化的传统，而是自然本身。自然用它自身的边界与极限告诉这座城市和每座城市，它能够做什么，不能够做什么。在美国两百年的城市演化史中，最不受质疑的努力便是对自然边界的挑战，但是，最终自然也用它的方式，美、生命，回应人类欲望的有限性与不受羁縻的力量，重塑人们对其发出挑战的思维定式，让他们发现了自然无形之墙存在的意义。旧金山正是这场重新发现的诞生之城。

毫无疑问，吸引着百万计的人口从全世界来到旧金山的原因，在很大程度上是人们在其矿业、金融、贸易、渔业和林业中看到的非同寻常的经济机遇。淘金热的退却并没有冷却人们金山之梦的热度，金门原有的意涵变得愈发鲜明，这里成为美国西海岸最大的港口，通向太平洋与亚洲的门户。在这座崛起中的大都市，人们可以找到全世界各地的饮食，听到各种语言的乡音杂谈，穿梭在各种服饰、肤色的人群之中，时刻感受到这座新鲜城市中翻涌的商机与财富。

但是，旧金山吸引人们来此的原因并不止于对财富的追求，还有自然，在如此之多的层面上，这座城市的独特魅力是自然力量的杰作。它的坐落之处是世界上最为壮美的环境之一，全年气候温和怡人，早上的浓雾为它蒙上神秘的面纱，当午后明媚的阳光穿透雾气时，整座城市和它所依傍的海湾熠熠生辉。在它的沙丘上生长着如此丰富的植物，或许并不高大青翠，但是色彩斑斓，生机勃勃；内湾中则呼吸着各种水生生命，它们或者是永久的栖居者，或者是一年一度的拜访者，每一种都在这个海湾中找到自身的合适位置。在金门海峡守护中的海湾从来不是一成不变的单调蓝色，它的每一次翻腾，每一次波动，每一缕阳光映照下的光影，每一片浮云投射下的变化，都是新的色彩，新的形块。海峡两岸的岩石崔巍嶙峋，向南延绵着大瑟尔（the Big Sur），向北是醒目的红树林。向东则是无数旧金山人和美国人的精神家园，缪尔口中的加利福尼亚的山。

当人们的审美终于翻越了新英格兰湿润的田园风光所构建的无形之墙后，旧金山的自然壮美成为吸引源源不断的艺术家、诗人、作家前来的根源，也成为更多向往物质丰裕之外的精神世界的普通人在这里建造家园的原因。在19世纪晚期到20世纪上半叶的数十年中,人们在旧金山可以找到作家马克·吐温(Mark Twain)、杰克·伦敦(Jack London)、玛丽·奥斯汀(Mary Austin)、约翰·缪尔(John Muir)、达希尔·哈米特(Dashiell Hammet)、诗人伊娜·库布里斯(Ina Coolblith)、画家威廉·基思(William Keith)、摄影家埃德沃德·迈布里奇(Eadweard Muybridge)。他们每一位都用不同于传统的眼光审视这里的自然与文明,体察它们的每一种悸动,也用不同质地和形式的记录传递他们生成的全新诠释。在摄影成为20世纪的新艺术后,再一次,旧金山吸引了美国最优秀的摄影师的镜头。安塞尔·亚当斯(Ansel Adams),20世纪最伟大的景观摄影师之一,1902年出生在旧金山,他用锐利的、对比鲜明的黑白光影捕捉加利福尼亚自然,特别是他所挚爱的约塞米蒂的每一种风景。然而,亚当斯不只是约塞米蒂自然的记录者,他也同样揣摩、思考着他所出生、成长的城市。与所有对美异常敏感的旧金山艺术家一样,亚当斯的双眼并未遗漏金门海峡的变化。他在金门大桥建成前后拍摄了两帧照片,一样风云变化下波动的海湾,不一样的在于一座成为未来旧金山标志的大桥出现在第二帧照片之上,在云山与海湾之间,它默然而立,并不突兀,在那里,亚当斯看到了文明与自然所共同构建的美。亚当斯对自然的热爱令他成为一位真正的环保主义者,一度成为塞拉俱乐部的领导人之一,和许多其他人一起,成功地令他们的思想为更多人所见、所听、所理解、所接受,也令旧金山成为美国最为环保的城市。

所有这些20世纪的艺术家几乎都带有一种拒绝与主流文化相妥协的姿态,一种异于理所当然的正常社会价值的波西米亚气质,他们将之解读为自由,跳出美国老派传统的自由,脱离工业文明规训的自由，超越人类自我中心主义的哲学中诞生的道德与价值观的自由，而允许如此自由恣意表达的正是西部丰美而野性的自然。耐人寻味的是，他们中的绝大多数人仍然同缪尔走出冬季白雪覆盖的约塞米蒂一样，渴望文明的火光和智性灵魂的碰撞。但是对他们来说，这样的文明应当是一种新的文明，更少传统傲慢，更多谦卑自省的文明。东海岸的美国文化太过书院、主流，即使格林尼治村中流浪的诗人与艺术家也完全为人类自我的小世界所捕获，满腹牢骚然而又心甘情愿地将自身放逐在高度技术性的城市文明当中。所以当这些"波西米亚"人目光逡巡，在北美大陆上寻找建立新文明的地方时，他们发现了旧金山。美国现代主义诗人罗宾逊·杰弗斯（Robinson Jeffers）正是其中的先驱。他出生于宾夕法尼亚，却移民西部，吸引他的不是那里获取财富的机遇，而是在他眼中美丽非凡的岩石与海岸，最终他在旧金山文化圈中的重镇——卡梅尔（Carmel-by-the-Sea）小镇定居。在那里，云集着找寻都市与自然中间地带的诗人、作家、音乐家、画家，杰弗斯恰如其分地成为其中一位，在彼处海风的碰撞中，他成为美国战后环境保护主义的偶像诗人。

与同时代的东海岸主流艺术相比，此时来到旧金山的艺术家对自然都有着某种特殊的感悟力。在他们看来东部的诗坛、艺术界已经丧失了新鲜、原发的创造力，在辞章的排列中志得意满。所以他们离弃了那里的主流世界，来到旧金山，在20世纪40年代开始了美国诗坛的"旧金山文艺复兴"（San Francisco Renaissance），其创始者肯尼思·雷克斯罗特（Kenneth Rexroth）同其他主要人物一样，再次来到自然当中寻找新的灵感。但是与此前不同的是，他们在旧金山这个多元文化自始便在形塑其根本气质的城市中，重新发现了东亚文化。此前的美国思想者并非没有阅读过古老的中国或者日本文化，无论是爱默生、梭罗，还是19世纪晚期的实用主义思想家或者反现代性学者，都曾经读过孔子、老子，听说过庄子、孙子，但是东亚文化对他们来说只是他们完整的西方思想训练中一点代表博学的异域点缀，从没有在真正意义上定义过他们的思想，无论是其对社会的反思，还是对自然的审美。桑塔亚纳虽然深知老派思想的僵化，但是他本人仍然停留在西方思想的脉络中，因此他找到了自然的力量去冲击、震撼，甚至粉碎这个脉络，19世纪与20世纪之交的缪尔、奥斯汀、基思都进行过类似的尝试，他们也确然开启了一种对自然与文明的新认识。正是如此新认识促生了一种对他者文化的新理解：既然人们可以在非人类的自然中找到其自身的价值，在超越西方既有的审美训诫中发现美的多样性，既然平等的伦理应当延伸至所有的物种，对非我们所创造的力量应当怀有一种敬畏，那么对于不同于自身的文化难道不应持有同样的态度？

当这些渴望走出老派传统禁锢的诗人、艺术家为西部的自然之美和反传统的自由来到旧金山时，他们看到了一个全然不同的世界，他们发现在单纯的个人于荒野中体悟的精神自由之外，还应允许各种文化共生的自由，这样的自由正茁壮地生长在这个城市混合的国际社会当中。在那里，有意大利建立并定居的北滩（North Beach），更有这个城市历史最悠久的社区——中国城。正是后者，启迪了他们的新思。在旧金山这样的城市，他们又怎能无视以中国、日本为代表的东亚文化的存在？当它以金门开启其历史时，它便注定是一座面向太平洋的城市。事实上，在此时，在二战之后的新社会文化中，很多艺术家与文学家来到此间正是因为这里是通向亚洲——中国、日本、印度——特别是他们的哲学与艺术的门户。对西方文明，尤其是对中产阶级生活方式的幻灭，令他们在这座城市中寻找一种新的生存可能，在这股思想与社会浪潮中，诞生了"垮掉的一代"（"the Beat Generation"）。

"垮掉的一代"一词最初出现在大陆的彼端，1948年的纽约。出生在马萨诸塞的杰克·凯鲁亚克（Jack Kerouac），世界文艺青年的圣经——小说《在路上》（*On the Road*）的作者创造了该词。这些垮掉的人中著名者还包括另一位老牌文青偶像——犹太诗人艾伦·金斯伯格（Allen Ginsberg），以及出生在圣路易斯的小说家威廉·伯勒斯（William Burroughs）。最初，他们同样选择寄住在纽约的格林尼治村，这片曾经的波西米亚圣地，但是最终，他们纷纷离去，虽然定居的地点各有不同，但是都在旧金山停留了漫长的时间，并且形成了他们自己的文学团体，从根本上重新定义了这个城市的文化。他们的智性家园便是位于中国城与北滩交界处的"城市之光"书店（the City Lights Bookstore），诗人劳伦斯·费林盖蒂（Lawrence Ferlinghetti）是其创始人与管理者。一群歌咏着自然与野性之光的诗人聚集在城市之光的书店之中，表达着对城市的新的期许与反思。

在20世纪60年代，他们真正形成了"垮掉的一代"，这些"比尼克"们（beatniks）孕育了他们其文化后代，反主流文化中的"嬉皮士"，特别是那些来到旧金山"爱之夏"的"鲜花青年"（flower children）。"垮掉者"所称的"嬉皮士"并非只是长发宽袍，怀抱吉他唱唱歌的流浪者，他们应当具有一种深邃的对人生与自然的感悟力，摆脱传统美国生活物质主义的盲目性，转身进入大地与宇宙。不过这样深层意识的获取需要某种助力，而太多人在酒与大麻中找寻肉体的放纵，以期思想的自由。但是仅仅将他们定义为一群在衣食无忧的中产阶级生活中成长起来，无所事事、耽于放纵的年轻人，并不公平。无论对文明社会中人与人之间的关系，人与自我意识的关系，还是人与自然其余部分的关系，他们都有反叛性的思考，都希望找到将美国从新的物质禁锢中解脱出来的变革方式。或者他们中的大部分人的思考并不深刻，找到的方式太过极端，他们至少在尝试反抗社会与文明加诸己身的各种规训与教条，反思人类对增长的追求，对物质进步的信仰，以及劫掠自然的合理性，这些都是此前的社会运动中所不具备的特质。如此思想在这场运动之前只是闪耀在零星的个人当中，但是，在此时，它真正变成一种普遍的质疑性力量。虽然那些留着长发的年轻人最终成长了，很多人回归了，但是他们掀起的质疑性力量并没有伴随他们的长发消失，而迫使整个处于高度城市文明的美国社会重新思考他们同自然之间的关系。

　　加里·斯奈德（Gary Snyder）正是他们中间的一位思考者，凯鲁亚克笔下的"达摩流浪者"（the Dharma Bums）的原型。在50年代中期，他结束了流浪，在距离旧金山大约15英里的米尔谷（Mill Valley）定居下来。与大部分"垮掉的一代"的城市出生背景不同的是，斯奈德成长在贫困的乡村环境中，是他们中的"自然之子"。当他旧金山求学期间，他接触到中国与日本的诗歌和俳句，深深为其万物自得的空灵禅意所触动。不过当他真正去往日本、中国之后，他开始发现"他对中国感兴趣是出于误解"。在他借用庄子之"大块载我以形，劳我以生，佚我以老，息我以死"之意而名之《大块》的散文集中，他解释了这句话。他写道，之所以说他对中国的兴趣出于误解，是因为"我之前以为自己踏入了一片高度文明之地，那里的人对脚下的土地及居于其上的生灵，存着敬畏之心，怀着谦慎之意。事实证明我错了。这让人纠结，又充满了质疑"。①他意识到东亚诗歌中所吟咏的自然情怀，仅是东亚巨大文明中的一小部分，这个部分是真实存在的思想，但是并不能代表整个东亚文明同自然之间的关系，那其中，同样充满着杀戮、破坏与征服。但是，无论这种新的认知让他产生了怎样的纠结，那一小部分真实的思想对他产生了深刻而持久的影响。他开始将自身西部荒野文化的传统与东亚禅宗冥思的颖悟相结合，觉察万物最为细碎的变化与思想之间不绝如缕的联系。他写道："所有变化/在思想中/也在万物中。"②

在1975年，45岁的斯奈德再一次回到旧金山，在一个名为"作为栖息地的北滩"（"North Beach as Habitat"）的场合发表演讲。这个以其各色饭店、波切球场（bocce ball），还有天主教堂著称的社区，是他在这座城市中最爱的漫游之地。但是他所深爱此处的，并非仅是人情味十足的社区文化或者诱惑味蕾的意大利美食，也是一个"小小的流域"，数条曾经流经此处，最终汇入海湾、大洋的小溪流。但是，当他回来时，那些小溪已被道路与房舍所覆盖。那些小溪中流淌的是从大海——"黝黯而翻滚的大海"中吹来的冬日暴雨，而那大海也是这座城市独特气息的源头之一。在那个流域经过的栖息地中还有更多的东西，食物、缆车、书店、上上下

---

① Gary Snyder, *The Great Clod: Notes and Memoirs on Nature and History in East Asia*. Los Angeles: Counterpoint Books, 2016. 译文参考加里·斯奈德著，吴越、郦菁译：《大块》，北京：人民文学出版社，2018年，第6页。

② Gary Snyder, "Riprap," https://www.poetryfoundation.org/poems/47178/riprap, 2020年11月20日登陆。译文参考加里·斯奈德著，柳向阳译：《砌石与寒山诗》，北京：人民文学出版社，2018年，第51页。

下的陡坡、进出金门的船只灯光。旧金山,在斯奈德看来,是一个栖息地,一个自然与文化融合在一处,为艺术家与革命者,为任何寻求自由的人提供庇护的所在,也是无数人,以及无数为斯奈德所尊重的其他生命的栖息之地。为了回报大海所携来的降雨,这个城市的艺术家给予世界一种关于城市生活的新思。"如同阿留申群岛的风暴,自50年代一波又一波地从北滩涌出,触摸着世界各处的生命。"他回忆道,在这座城市中,"有着承载非凡美丽的富饶土壤,有着在美国孵化别样之物的优秀作品;让我们祈祷它尽早破壳而出。致谢此处的一切生灵;祝愿所有的生命共同绽放"[1]。

如同所有其他城市,旧金山是一座人类创造的城市,是人类在寻求一个新的栖息地时运用自己的想象、知识、技术、传统所构建的所在。但是,每一个城市都是在自身的自然环境中的创造,每一个城市都为自身所处的生态所滋养、形塑、制约。旧金山如此,波士顿、堪萨斯城都不例外。在这座城市中,其海、其水、其从水中浮现的陆地,其在陆地和水中生活的植物、动物、昆虫、细菌,其承载来到此处的矿工与诗人、形形色色的移民与商人的"大块",并非仅是人类建构的思想。此处的自然,如同在任何其他地方的自然,是真实存在的力量,强有力地改变老派的传统,促发新生的思想。在那些来到旧金山寻找这种力量的人不仅能够看到它,听到它,感受到它,也在用这样的思想改变他们所栖居的城市,在它允许所有文化共存交融的同时,也希望它不仅为人类所期待的美而定义,而成为所有生命共同绽放的栖息地。

---

[1] Gary Snyder, "North Beach," *A Place in Space: Ethics, Aesthetics, and Watersheds*. Los Angeles: Counterpoint Books, 2008: p. 3.

尾声：
脆弱的平衡

美国城市成长在其自身所创造的生态悖论之中。在它们的演化过程中，有两种根本性的力量——自然与思想，不间歇地相互作用，形塑着城市的形态、气质，以及其与环境之间的关系。从表面上看，这似乎成为美国环境史叙事中的既定范式：不断衰败的自然与不断进步的环境思想；然而在更深的层面上，它所讲述的是关于环境适应的复杂过程。① 无论衰败抑或进步都是线性的过程，有着固有的行迹，指向既定的终点；但是，美国城市的演化过程并没有遵循这样的线性轨迹。与之相反，如"绪论"中关于美国城市的生态悖论所言，这个过程往复曲折，矛盾丛生，充满偶然性与意料之外的后果，时刻处于开放的、未完成的状态。之所以如此，关键在于自然与思想同样处于城市的生态悖论当中，不断发生着变化。

---

① 保罗·萨特在其回顾环境史发展三十年的文章中认为，美国环境史有两种基本的叙事模式，即环境在人类的破坏下不断发生衰败，而环境理念在不断进步，他认为环境史研究必须打破这样的叙事路径。不过，他的总结仍有过于简化之嫌。Paul Sutter, "The World with Us: The State of Environmental History," *The Journal of American History*. 100 (June 2013): pp. 94–119.

对环境史学者而言,自然是一个令人煞费心思的名词。作为一种具象的存在,无疑,从智人物种以农业的方式改变整个地球开始,已经不存在没有文化参与的"自然",它成为布鲁诺·拉图尔(Bruno Latour)和理查德·怀特(Richard White)口中的"杂糅"之物(hybridity)或者威廉·克罗农所言的"第二自然"。[①]杂糅所指是自然与文化两种力量交互作用的产物,就此层面而言,城市、腹地,甚至看似纯粹的"荒野"都是某种程度的杂糅;然而,这并不意味着自然作为一种独立的、自发的、不为文化所创造的力量不复存在。事实上,纵观城市的演化,自然的力量从未缺席。

它一方面是一种生物性的力量(a biological force),如人类自身的繁殖与生存需求,如无处不在,充斥在空气、水、土壤和包括人类在内的所有有机体中的微生物,如各种植物,无论是被人类所称的野草,还是那些在温室中被精心栽培、修建的名花奇卉,再如人类之外的动物,杀不死的各类小强,海阔天空中游弋的自由生灵,供人类役使、食用的家畜(禽),被关入笼中以满足人类好奇心的珍禽异兽,冬日被穿上厚毛线衫的猫猫狗狗。它们共同构成自然的生物性力量,往往成为城市化过程中被有意或者无意破坏、摧毁的对象。城市是一个简化的生态系统,人们希望仅仅保留满足其自身需要的物种,无论这些需要是经济的、生理的、智性的、审美的,抑或心理的;而祛除那些他们认为是危险的、有害的、不宜健康的,带来混乱的生物。这是一个漫长的对抗过程,生物多样性的减少是当下地球遭遇的最大生态危机,然而,城市从来没有取得彻

[①] Richard White, "From Wilderness to Hybrid Landscapes: The Cultural Turn in Environmental History," *Historian*, 66 (Fall 2004), pp. 557–64.

底的胜利。各种生物，包括人类自身的强大繁殖能力，都往往逃离人类的理性控制，逾越人类为之所分配的生态位，打乱人类在城市中所试图建构的生态秩序；这些生物始终处于演化的过程之中，其中的一些物种，如微生物、昆虫、杂草，其演化的速度令人类文化应接不暇，迫使后者不断做出调整，以适应新的生态系统。

在另一方面，自然是一种物理性的力量（a physical force），比之生物性力量，它更为古老、宏阔。[①]太阳黑子活动，大陆板块漂移，都是构成其物理性力量的根本性因素。水文、地形、气候、土壤、地质对于城市的影响从来不止于城市建立之初，虽然它们往往是一个城市因何而建立，据何而成长的关键性原因。但是，即使在工业文明高度发达的现代城市中，看似自然的节律与限制已经由于化石能源支撑的现代交通与技术被突破，实质上，它们仍然以各种方式规训人类的经济、政治与文化。甚至，就人类对化石能源的依赖而言，自然的物理性力量对现代城市的限制超越了对传统农业文明的影响。城市人往往只有在巨大的地质性灾难，如旧金山大地震、堪萨斯城洪水或者卡特里娜飓风发生之时，方能正视自然力量的存在。然而，自然的丰裕与匮乏、气候的冷暖、潮汐的起落、河水的枯丰，这些最寻常然而也最持久的自然力量无时不在城市生活的日常之中，形塑着城市的形态和个体的思想。

如此自然是全球现代城市所共同面对的力量，并非美国城市所独具的。自现代世界诞生以来，通过物种传播与全球生态腹地的制

---

① 将自然定义为生物性和物理性两种力量的思考来自 Donald Worster, "'Nature' Rules–But Which Nature," a talk given in Trinity College, 2020年12月1日, on zoom。他将"自然"定义为广义的"气候"（climate）与"生物"（biology）两种力量。

造，看似全球生态的地区差异性已经被消弭，然而，同技术帮助我们打造了坚不可摧的城市一样，这在很大程度上是现代性催生的另一种错觉。诚然，生态遥联现象在全球生态腹地的建立中变得更为鲜明，例如，爱尔兰的土豆危机成为美国人口、经济、文化、政治在19世纪中叶后发生裂变的直接原因，大平原尘暴的爆发与20世纪欧洲市场的扩大之间密不可分，亚马孙雨林持续不断的大火同21世纪美国与中国城市人群的牛肉消费遥遥呼应。全球变暖、生物多样性的消失、海洋与大气污染、新冠肺炎的全球大流行更非一国一城所独自面对的危机。但是，地区性的自然系统仍然发生着自身的作用，如同芒福德所言，城市无法脱离其区域生态系统而存在。

美国城市的生态悖论发生在它所处的独特自然环境之中，正是在旧大陆世界中早已消失，而在此处唾手可得的自然丰裕促生了无墙之城的诞生，令定义城市的思想从安全变成自由、开放与增长。这样的城市是美国在一片新大陆上的独特创造，最终向全球城市蔓延。悖论在于，正是在对城市新主题的追寻中，自然的丰裕不断萎缩，从而造成新的生态现实，随之激发各色新思，这些新思想再次开始创造新的生态变化。同其所回应的自然一样，形塑城市的思想力量同样不是统一的、不变的。与之相反，在任何一个时代的上空中，都回响着纷杂的声音，不过，人们仍然能够辨识其中最响亮的一种，将之称为主流。在19世纪美国不断出现的新城市上空，最响彻云霄的声音是对自然的征服，它成为实现自由、民主、增长的应有之义。但是，新的生态现实启发了对曾经被视为理所当然的声音的挑战，让曾经被压抑的低语逐渐强大，让征服自然的合法性依据变得不复固若金汤。越来越多的人渴望的不是更大、更富裕的城市，而是更洁净、更美好的城市，不是仅仅拥有文化多样性的城市，而是包容生物多样性的城市。也有越来越多的人意识到，现代城市并非如他们想象的那般安全，自然从来没有停止过对人类所强加的秩序的对抗。

这种新思是否能够帮助美国城市，或者在今日而言，普遍意义上的现代城市走出其生态悖论？恐怕历史行至今日，前方尚没有浮现出一个清晰的答案。如果说美国城市历史中的前两重生态悖论已在自然与思想双重力量的冲击下，逐渐被消解，其第三重悖论却在这个萎缩的地球中愈发凸显。今日美国城市的扩张并非人口与面积意义上的扩张，而在根本上是城市化消费的扩张。在波士顿风光依旧，匹兹堡重现蓝天，堪萨斯城再次崛起，旧金山努力成为各种生命的栖息地的同时，它们，同世界上其他大城市一样，都在消费这个星球上其他地方的能源、土壤、空气、水与生物。不过，既然在美国城市的环境过往中，因为北美大陆丰裕的终结，城市内部的环境污染，城市外部的荒野景观能够催生一波又一波的思想变革，带领美国城市走出前两重生态悖论；或者我们生活在同一个星球上的认知最终可以孵化新的思想，再次唤醒城市与其所处的生态系统分享的坚韧生命力，从而帮助现代世界在萎缩的星球与扩张的城市建立一种新的平衡，即使比之从前任何一刻，它都是一种更加脆弱的平衡。

参考文献

原始文献

The Library of Congress:

Frederick Law Olmsted Papers, Correspondences, 1838–1928

Digital Collections:

California as I Saw It: First-Person Narratives of California's Early Years, 1849 to 1900

Chronichling America (Historic American Newspapers)

Cities and Towns (Images, maps, and photos)

The Evolution of the Conservation Movement

The Nineteenth Century in Print: Periodicals:

The Atlantic Monthly,

The Century,

Garden and Forest,

Harper's New Monthly Magazine

On Boston:

Boston Public Library:

City Documents Archives

Massachusetts Historical Society:

Commonwealth of Massachusetts Senate Reports

Map Collection

Francis Loeb Library, Graduate School of Design, Harvard University

Charles Eliot Papers, 1859–1897, Special Collection

On Kansas City:

Kansas City Public Library:

Archives of *Kansas City Star*

Missouri Valley Special Collections:

Charles P. Deatherage Book Manuscripts

George Kessler Collection

Kansas City Stockyards Collections

Map Collection

Missouri Historical Society:

Reports of the Trade and Commerce of Kansas City, 1878–1939

Kenneth Spencer Research Library, University of Kansas:

Rare Books on Kansas City's Early History

On San Francisco:

Bancroft Library, University of California, Berkeley:

Western Americana Collection

The Gold Rush,

Westward Migration,

Urban Communities: Emergence and Growth

East Asian Library, University of Californian, Berkeley:

The Him Mark Lai（麦礼谦）Collection

San Francisco Public Library:

SF Historical Photos

Books:

Adams, Charles F. *An Autobiography, 1835-1915*. Boston & New York: Houghton Mifflin Company, 1916.

Addams, Jane. *Twenty Years at Hull House*, with Autobiographic Notes. New York: The Macmillan company, 1937.

Ayers, James. *Gold and Sunshine, Reminiscences of Early California*. Boston, R. G. Badger, 1922

Bailey, Liberty Hyde. *The Country Life Movement in the United States*. New York: Macmillan Co. , 1911.

Bailey, Liberty Hyde. *The Holy Earth*. New York: Charles Scribner's Sons, 1915.

Bellamy, Edward. *Looking Backward: From 2000 to 1897*. Boston: William Ticknor, 1888.

Borsodi, Ralph. *Flight from the City*. New York: Harper & Brothers, 1933.

Borsodi, Ralph. *This Ugly Civilization*. New York: Simon and Schuster, 1929.

Brewer, William H. *Up and Down California in 1860-1864: The Journal of William H. Brewer*. ed. by Francis P. Farquhar, with a preface by Russell H. Chittenden. New Haven: Yale University Press; London: H. Milford, Oxford University press, 1930.

Deatherage, Charles P. *Early History of Greater Kansas City, Missouri and Kansas, the Prophetic City at the Mouth of the Kaw*, Vol. 1. Kansas City: Interstate Pub. Co. , 1927.

Eliot, Charles W. *Charles Eliot, Landscape Architect; A Lover of Nature and of His Kind, Who Trained Himself for a New Profession, Practised It Happily and through It Wrought Much Good*. Boston and New York: Houghton, Mifflin and Co., 1902.

Farnham, Charles Haight. *A Life of Francis Parkman*. Boston: Little, Brown and Company, 1900.

George, Henry. *Progress and Poverty; An Inquiry into the Cause of Industrial

Depressions, and of Increase of Want with Increase of Wealth—The Remedy. San Francisco: W. M. Hinton & Co., 1879.

Hamilton, Alice. *Industrial Poisons in the United States*. New York: McMillian, 1925.

George, Henry. *Industrial Toxicology*. 2nd ed. New York: Scribner, 1934.

Hill, W. R. *The Great Flood of 1903: Being a Graphic Story of How Two Mad Rivers, the Missouri and the Kaw, Deluged Kansas City and Its Suburb*. Kansas City: Enterprise Publishing Company, 1903.

Howard, Ebenezer. *Garden Cities of Tomorrow*. London: S. Sonnenschein & Co., Ltd. 1902.

Kains, Maurice Grenville. *Five Acres and Independence*. New York: Greenberg, 1935.

Massey, Ernest. *A Frenchman in the Gold Rush: The Journal of Ernest de Massey, Argonaut of 1849*. Trans. by Marguerite Eyer Wilbur. San Francisco: California Historical Society, 1927.

Meyer, Carl. *Bound for Sacramento: Travel-Pictures of a Returned Wanderer*. Trans. by Ruth Frey Axe. Originally published in German in 1855, republished in English in 1938. Claremont, Calif.: Saunders Studio Press, 1938.

Muir, John. *The Mountains of California*. New York: Century Co., 1894.

Nearing, Helen and Scott. *Living the Good Life: How to Live Sanely and Simply in a Trouble World*. New York: Schocken Books, 1954

Nearing, Scott, *The Making of a Radical: A Political Autobiography*. New York: Harper and Row, 1972.

Olmsted, Frederick L. *Civilizing American Cities: Writing on City Landscapes*. Edited by S. B. Sutton. New York: Da Capo Press, 1997.

Olmsted, Frederick L. *Journeys and Explorations in the Cotton Kingdom of America: A Traveller's Observations on Cotton and Slavery in the American Slave States, based upon three former volumes of journeys and investigations by the same author*. 2 vols. London: Sampson Low, Son and Co., 1861.

Olmsted, Frederick L. *The Papers of Frederick Law Olmsted*. 6 vols. & supplementary vol. 1. Edited by Charles Capen McLaughlin, Charles E. Beveridge, David Schuyler, Jane Turner Censer, and Victoria Post Ranney. Baltimore: Johns Hopkins University Press, 1977–1997.

Olmsted, Frederick L. *Walks and Talks of an American Farmer in England*. 2 vols. New York: G. P. Putnam and Co. , 1852.

Pierce, Hiram Dwight. *A Forty-Niner Speaks; A Chronological Record of a New Yorker and His Adventures in Various Mining Localities in California, His Return Trip across Nicaragua, Including Several Descriptions of the Changes in San Francisco and Other Mining Centers from March 1849 to January 1851*. Oakland, Calif., Keystone-Inglett printing Co., 1930.

Pinchot, Gifford. *Breaking New Ground*. New York: Harcourt, Brace, and Co., 1947.

Richards, Ellen and Alpheus Woodman, *Air, Water, and Food: From a Sanitary Standpoint*. 1st edition, New York: John Wiley and Sons, 1900.

Richards, Ellen. *Euthenics, the Science of Controllable Environment; A Plea for Better Living Condition As the First Step toward Higher Human Efficiency*. Boston: Whitcomb and Barrow, 1910.

Riis, Jacob, *How the Other Half Lives: Studies among the Tenements of New York*. New York: Charles Scribner's Sons, 1890.

Schofield, John. *Forty-Six Years in the Army*. New York: Century Publisher, 1897.

Sloan, Walter B. *History of Kansas and Nebraska: Describing Soil, Climate, Rivers, Prairies, Mounds, Forests, Minerals, Roads, Cities, Villages, Inhabitants, and Other Subjects Relating to that Region, with a Correct Map*. Galesburg, ILL: Boishel, Kuhn, & Co., 1857.

Snyder, Gary. *The Great Clod: Notes and Memoirs on Nature and History in East Asia*. Los Angeles: Counterpoint Books, 2016.

Snyder, Gary. *A Place in Space: Ethics, Aesthetics, and Watersheds*. Los Angeles:

Counterpoint Books, 2008.

Soulé, Frank, John H. Gihon, and James Nisbet, *The Annals of San Francisco: Containing a Summary of the History of the First Discovery, Settlement, Progress, and Present Condition of California, and a Complete History of All the Important Events with Its Great City.* Originally published in 1854, with Introduction by Richard Dillon and index by Charles Goehring, Berkeley: Berkeley Hills Books, 1999.

Squier, Miriam. *California: A Pleasure Trip from Gotham to the Golden Gate*, April, May, June, 1877. Nieuwkoop [Netherlands] B. De Graaf, 1972.

Urban League of Kansas City, *The Negro Worker of Kansas City: A Study of Trade Union and Organized Labor Relations*. Kansas City: Urban League of Kansas City, 1939.

White, E. B. *One Man's Meat*. New York: Harper & Brothers, 1942.

Whitehill, Walter Muir. *A Life of Francis Parkman*. Boston: Little, Brown, and Company, 1901.

Whitman, Walt, *Leaves of Grass*. Philadelphia: D. McKay, 1884.

Winthrop, John. *A Model of Christian Charity*, Collections of the Massachusetts Historical Society. Boston: 1838.

Wood, William. *New England Prospect: A True, Lively, and Experimental Description of That Part of America Commonly Called New England…*. London: Printed by Tho. Cotes for John Bellamie and are to be sold at his shop…, 1634.

研究文献

著作（英文）：

Abbott, Gordon Jr. *Saving Special Places: A Centennial History of the Trustees of Reservations: Pioneer of the Land Trust Movement*, Ipswich, Mass, 1993.

Albert, Fein. *Frederick Law Olmsted and the American Environmental*

Tradition. New York: G. Braziller, 1972.

Allerfeldt, Kristofer ed. *The Progressive Era in the USA, 1890–1921*. Aldershot, England; Burlington, VT: Ashgate, 2007.

Armitage, Kevin. *The Nature Study Movement: The Forgotten Popularizer of America's Conservation Ethic*. Lawrence: University of Kansas, 2009.

Barns, David. *The Great Stink of Paris and the Nineteenth-Century Struggle against Filth and Germs*. Baltimore: Johns Hopkins University Press, 2006.

Bender, Thomas. *Toward an Urban Vision: Ideas and Institutions in Nineteenth-Century America*. Lexington: The University Press of Kentucky, 1975.

Bernhardt, Christoph ed. *Environmental Problems in European Cities of the 19th and 20th Century*. New York/ Muenchen/ Berlin: Waxmann, Muenster, 2001.

Biehler, Dawn Day. *Pests in the City: Flies, Bedbugs, Cockroaches, and Rats*. Seattle: University of Washington Press, 2015

Binfor, Henry C. *The First Suburbs: Residential Communities on the Boston Periphery, 1815–1860*. Chicago: The University of Chicago Press, 1985.

Birnbaum, Charles A. and Robin Karson, eds. *Pioneers of American Landscape Design*. New York: McGraw-Hill, 2000.

Booker, Mathew. *Down by the Bay: San Francisco's History between the Tides*. Berkeley: University of California Press, 2013.

Boyer, Paul. *Urban Masses and Moral Order in America*. Cambridge, Mass.: Harvard University Press, 1978.

Brady, Lisa. *War Upon the Land: Military Strategy and Southern Landscapes during the American Civil War*. Athens: University of Georgia Press, 2012.

Brechin, Grey. *Imperial San Francisco: Urban Power, Early Ruin*. Berkeley: University of California Press, 1999.

Brenner, Neil ed. *Implosions/ Explosions: Towards a Study of Planetary Urbanization*. Berlin: Jovis,

2014.

Brewer, Richard. *Conservancy: The Land Trust Movement in America*. Lebanon, New Hampshire: Dartmouth College Press, 2004.

Brosnan, Kathleen. *Uniting Mountain & Plain: Cities, Law, and Environmental Change along the Front Range*. Albuquerque: University of New Mexico Press, 2002.

Brown, Frederick. *The City Is More Than Human: An Animal History of Seattle*. Seattle: University of Washington Press, 2019.

Buell, Lawrence. *The Environmental Imagination: Thoreau, Nature Writing, and the Formation of American Culture*. Cambridge, Mass.: Belknap Press of Harvard University Press, 1995.

Burke, Diane Mutti, Jason Roe, and John Herron eds. *Wide-Open Town: Kansas City in the Pendergast Era*. by, Lawrence: University of Kansas Press, 2018.

Burnstein, Daniel Eli. *Next to Godliness: Confronting Dirt and Despair in Progressive Era New York City*. Urbana: University of Illinois Press, 2006.

Burrows, Edwin and Mike Wallace. *Gotham: A History of New York City to 1898*. New York: Oxford University Press, 1999.

Carlson, Allan. *The New Agrarian Mind: The Movement toward Decentralist Thought in Twentieth Century America*. New Brunswick, N.J.: Transaction Publishers, 2000.

Carson, Rachel. *Silent Spring*. Boston: Houghton Mifflin, 1962.

Castonguay, Stéphane. *Metropolitan Nature: Environmental Histories of Montreal*. Pittsburgh: University of Pittsburgh Press, 2011.

Chudacoff, Howard. *The Evolution of American Urban Society*. Englewood Cliffs, NJ: Prentice-Hall, 1975.

Castonguay, Stéphane. Judith E. Smith, and Peter C. Baldwin. Castonguay, Stéphane. 7th ed. Upper Saddle River, NJ: Prentice Hall, 2010.

Clifford-Napoleone, Amber R. *Queering Kansa City Jazz: Gender, Performance, and the History of a Scene*. Lincoln: University of

Nebraska Press, 2018.

Contosta, David. *Suburb in the City: Chestnut Hill, Philadelphia, 1850–1990*. Columbus: Ohio State University Press, 1992.

Conzen, Kathleen. *Immigrant Milwaukee, 1836–1860: Accommodation and Community in a Frontier City*. Cambridge: Harvard University Press, 1976.

Cranz, Galen. *The Politics of Park Design: A History of Urban Parks in America*. Cambridge: MIT Press, 1982.

Cronon, William. *Changes in the Land: Indians, Colonists, and the Ecology of New England*. New York: Hill and Wang, 1983.

Cronon, William. *Nature's Metropolis: Chicago and the Great West*. New York: W. W. Norton, 1991.

Cronon, William, ed. *Uncommon Ground: Toward Reinventing Nature*. New York: W. W. Norton, 1995.

Crosby, Alfred. *Ecological Imperialism: The Biological Expansion of Europe, 900–1900*. New York: Cambridge University Press, 1986.

Culver, Lawrence. *The Frontier of Leisure: Southern California and the Shaping of Modern America*. New York: Oxford University Press, 2012.

Davis, Allen F. *Spearheads for Reform; The Social Settlements and the Progressive Movement, 1890–1914*. New York: Oxford University Press, 1967.

Davis, Mike. *City of Quartz: Excavating the Future in Los Angeles*. London: Verso, 1990.

Davis, Mike. *Ecology of Fear: Los Angeles and the Imagination of Disaster*. New York: Metropolitan Books, 1998.

Davis, Mike. *Late Victoria Holocausts: El Nino Famines and the Making of the Third World*. London, New York: Verso: 2001.

Dawley, Alan. *Class and Community: The Industrial Revolution in Lynn*. Cambridge: Harvard University Press, 1976.

Detwyler, Thomas R. and Melvin G. Marcus, eds. *Urbanization and Environment: The Physical Geography of the City*. Belmont, California: Dexbury Press, 1972.

Doell, M. Christine Klim, *Gardens of*

the Gilded Age: Nineteenth-Century Gardens and Homegrounds of New York State. Syracuse: Syracuse University Press, 1986.

Domosh, Mona. *Invented Cities: The Creation of Landscape in Nineteenth-Century New York & Boston*. New Haven: Yale University Press, 1996.

Donahue, Brian. *The Great Meadow: Farmers and the Land in Colonial Concord*. New Haven: Yale University Press, 2004.

Dyl, Joanna L. *Seismic City: An Environmental History of San Francisco's 1906 Earthquake*. Seattle: University of Washington Press, 2019.

Elkind, Sarah, *Bay Cities and Water Politics: The Battle for Resources in Boston and Oakland*. Lawrence, KS: University of Kansas Press, 1998.

Falck, Zachary J. S. *Weeds: An Environmental History of Metropolitan America*. Pittsburgh: University of Pittsburgh Press, 2016.

Fisher, Irving D. *Frederick Law Olmsted and the City Planning Movement in the United States*. Ann Arbor, Mich.: UMI Research Press, 1986.

Forman, Richard T. T. and Michel Gordon, *Landscape Ecology*. New York: John Wiley and Sons, 1986.

Foster, John Bellamy. *Marx's Ecology: Materialism and Nature*. New York: Monthly Review, 2000.

Fox, Stephen. *The American Conservation Movement: John Muir and His Legacy*. Madison: University Wisconsin Press, 1985.

Fraser, Derek and Anthony Sutcliffe, eds. *The Pursuit of Urban History*. London: Edward Arnold, 1983.

Gandy, Matthew. *Concrete and Clay: Remaking Nature in New York City*. Cambridge, Mass.: MIT Press, 2002.

Giesen, James C. *Boll Weevil Blues: Cotton, Myth, and Power in the American South*. Chicago: University of Chicago Press, 2011.

Glaab, Charles N. ed. *The American City, a Documentary History*. Homewood, Ill.: Dorsey Press, 1963.

Glaab, Charles N. *A History of Urban America*. New York: Macmillan, 1967.

Glaab, Charles N. *Kansas City and the Railroads: Community Policy in* the Growth of a Regional Metropolis. Lawrence, KS: University Press of Kansas, 1993.

Gotham, Kevin Fox. *Race, Real Estate, and Uneven Development: The Kansas City Experience, 1900–2010*. Albany: Sunny Press, 2014.

Gottlieb, Robert. *Forcing the Spring: The Transformation of the American Environmental Movement*. Washington, D. C.: Island Press, 1993.

Green, James R. *Death in the Haymarket: A Story of Chicago, the First Labor Movement and the Bombing that Divided Gilded Age America*. New York: Pantheon Books, 2006.

Griffin, G. S. *Racism in Kansas City: A Short History*. Traverse City, MI: Chandler Lake Books, an imprint of Mission Point Press, 2015.

Griswold, Mac and Eleanor Weller. *The Golden Age of American Gardens: Proud Owners Private Estates, 1890–1940*. New York: H. N. Abrams, 1991.

Haglund, Karl. *Inventing the Charles River*. Cambridge, Mass.: MIT Press, 2003.

Hall, Lee. *Olmsted's America: An "Unpractical" Man and His Vision of Civilization*. Boston: Little, Brown, 1995.

Hannickel, Erica. *Empire of Vines, Wine Culture in America*. Philadelphia: University of Pennsylvania Press, 2013.

Havlick, Spenser W. *The Urban Organism: The City's Natural Resources from an Environmental Perspective*. New York: Macmillan Co., 1974.

Hays, Samuel P. *Conservation and the Gospel of Efficiency: The Progressive Conservation Movement, 1890–1920*. Cambridge: Harvard University Press, 1959.

Hays, Samuel P. *Beauty, Health, and Permanence: Environmental Politics in the United States, 1955–1985*. New York: Cambridge University Press, 1987.

Hoffmann, Richard. *An Environmental History of Medieval Europe*. New York: Cambridge University Press, 2014.

Horowitz, Andy. *Katrina: A History, 1915–2015*. Cambridge, Mass.:

Harvard University Press, 2020.

Hou, Shen. *The City Natural: Garden and Forest Magazine and the Rise of American Environmentalism*. Pittsburgh: University of Pittsburgh Press, 2013.

Hurley, Andrew ed. *Common Fields: An Environmental History of St. Louis*. St. Louis: Missouri Historical Society Press, 1997.

Hurley, Andrew ed. *Environmental Inequalities: Class, Race, and Industrial Pollution in Gary, Indiana, 1945-1980*. Chapel Hill: University of North Carolina Press, 1995.

Irland, Lloyd. *The Northeast Changing Forests*. Hanover: University of New England Press, 1999.

Isenberg, Andrew ed. *The Nature in Cities: Culture, Landscape and Urban Space*. New York: University of Rochester Press, 2006.

Isenberg, Andrew ed. *The Destruction of the Bison: An Environmental History, 1750-1920*. Cambridge, U. K.: University of Cambridge Press, 2000.

Isenberg, Andrew ed. *Mining California: An Ecological History*. New York: Hill and Wang, 2005.

Jacoby, Karl. *Crimes against Nature: Squatters, Poachers, thieves, and the Hidden History of American Conservation*. Berkeley, California: University of California Press, 2001.

Jackson, Kenneth. *Crabgrass Frontier: The Suburbanization of the United States*. New York: Oxford University Press, 1985.

Kalfus, Melvin. *Frederick Law Olmsted: The Passion of a Public Artist*. New York: New York University Press, 1990.

Kazin, Michael. *The Populist Persuasion: An American History*, Ithaca and London: Cornell Univ. Press, 1998.

Kelman, Ari. *A River and Its City: The Nature of Landscape in New Orleans*. Berkeley Cal.: University of California Press, 2nd ed. , 2006.

Kennedy, Lawrence W. *Planning the City upon a Hill: Boston since 1630*. Amherst: The University of Massachusetts Press, 1992.

Kiechle, Melanie. *Smell Detective: An Olfactory History of Nineteenth-Century Urban America*. Seattle:

University of Washington Press, 2019.

Klingle, Matthew. *Emerald City: An Environmental History of Seattle*. New Haven: Yale University Press, 2007.

Kowsky, Francis R. *Country, Park, and City: The Architecture and Life of Calvert Vaux, 1824-1895*. New York: Oxford University Press, 1997.

Krech, Shepard. *The Ecological Indian: Myth and History*. New York: W. W. Norton & Co. 1999.

Langston, Nancy. *Toxic Bodies: Hormone Disruptors and the Legacy of DES*. New Haven: Yale University Press, 2010.

Lasch-Quinn, Elisabeth. *Black Neighbors: Race and the Limits of Reform in the American Settlement House Movement, 1890-1945*. Chapel Hill: University of North Carolina Press, 1993.

Lears, T. J. Jackson. *No Place of Grace: Antimodernism and the Transformation of American Culture, 1880-1920*. New York: Pantheon Books, 1981. Reprint, Chicago: The University of Chicago Press, 1994.

Lees, Andrew. *Cities Perceived: Urban Society in European and American Thought, 1820-1940*. Manchester: Manchester University Press, 1985.

Lemon, James. *Liberal Dreams and Nature's Limits: Great Cities of North America since 1600*, New York: Oxford University Press, 1996.

Leopold, Aldo. *A Sand County Almanac, With Other Essays on Conservation from Round River*. New York: Oxford University Press, 1966.

Levy, John M. *Urban America: Processes and Problems*. Upper Saddle River, NJ: Prentice Hall, 2000.

Liner, Marc and Lawrence S. Zacharias. *Of Cabbages and Kings County: Agriculture and the Formation of Modern Brooklyn*. Iowa City: University of Iowa Press, 1999.

Logan, Michael F. *Desert Cities: The Environmental History of Phoenix and Tucson*. Pittsburgh: University of Pittsburgh Press, 2006.

Lowenthal, David. *George Perkins Marsh: Prophet of Conservation*. With a forward by William Cronon. Seattle:

University of Washington Press, 2000.

Katz, Michael. *The People of Hamilton, Canada West: Family and Class in a Mid-nineteenth-century City*. Cambridge: Harvard University Press, 1975

Machor, James L. *Pastoral Cities: Urban Ideals and the Symbolic Landscape of America*. Madison: University of Wisconsin Press, 1987.

Major, Judith. *To Live in the New World: A. J. Downing and American Landscape Gardening*. Cambridge, Mass: MIT Press, 1997.

Mallea, Amahia. *A River in the City of Fountains: An Environmental History of Kansas City and the Missouri River*. Lawrence: University of Kansas Press, 2018.

Mauch, Christof and Tom Zeller eds. *Rivers in History: Perspectives on Waterways in Europe and America*. Pittsburgh: University of Pittsburgh Press, 2008.

Max, Leo. *The Machine in the Garden: Technology and the Pastoral Ideal in America*. New York: Oxford University Press, 1964.

McBride, Paul. *Culture Clash: Immigrants and Reformers, 1880–1920*. San Francisco: R and E Research Associates, 1975.

McClelland, Linda F. *Building the National Parks: Historic Landscape Design and Construction*. Baltimore: Johns Hopkins University Press, 1998.

McCammack, Brian. *Landscapes of Hope: Nature and the Great Migration in Chicago*. Cambridge: Harvard University Press, 2017.

McNeill, John. *Something New Under the Sun: An Environmental History of the Twentieth Century World*. New York: Norton, 2000.

McNeur, Catherine. *Taming Manhattan: Environmental Battles in the Antebellum City*. Cambridge, Mass.: Harvard University Press, 2014.

McShane, Clay and Joel Tarr, *The Horse in the City: Living Machines in the Nineteenth Century*. Baltimore: Johns Hopkins University Press, 2007.

Melosi, Martin. *Fresh Kills: A History of Consuming and Discarding in New York City*. New York: Columbia University Press, 2020.

Melosi, Martin. *Garbage in the Cities: Refuse, Reform, and the Environment: 1880–1980*. College Station, TX: Texas A & M University Press, 1981.

Melosi, Martin. *The Sanitary City: Urban Infrastructure in America from Colonial Times to the Present*. Baltimore: Johns Hopkins University Press, 2000.

Merchant, Carolyn. *The Death of Nature: Women, Ecology and the Scientific Revolution*. San Francisco: Harper & Row, 1980.

Merchant, Carolyn. *Ecological Revolutions: Nature, Gender, and Science in New England*. Chapel Hill: University of North Carolina Press, 1989.

Meyers, Amy R. ed. *Art and Science in America: Issues of Representation*. San Marino, Calif: Huntington Library Press, 1998.

Miller, Char and Hal Rothman, eds. *Out of the Woods: Essays in Environmental History*. Pittsburgh: University of Pittsburgh Press, 1997.

Miller, Perry. *Errand into the Wilderness*. Cambridge: Belknap Press of Harvard University Press, 1956.

Minteer, Ben. *The Landscape of Reform: Civic Pragmatism and Environmental Thought in America*. Cambridge, Mass: MIT Press, 2006.

Miller, Zane and Patricia M. Melvin. *The Urbanization of Modern America: A Brief History*, 2nd ed. San Diego: Harcourt Brace Jovanovich, Publishers, 1987.

Monkkonen, Eric. *The Dangerous Class: Crime and Poverty in Columbus, Ohio, 1860–1885*. Cambridge: Harvard University Press, 1975.

Mumford, Lewis. *The Brown Decades: The Study of the Arts in America, 1865–1895*. New York: Harcourt, Brace, and Co., 1931.

Mumford, Lewis. *The City in History: Its Origins, Its Transformations, and Its Prospects*. New York: Harcourt, Brace, and World, 1961.

Nash, Roderick. *Wilderness and the American Mind*. New Haven: Yale University Press, 1967, and subsequent editions.

Needham, Andrew. *Power Lines: Phoenix and the Making of the Modern Southwest*. Princeton

University Press, 2015.

Newman, William A. and Wilfred E. Holton. *Boston's Back Bay: The Story of America's Greatest Nineteenth-Century Landfill Project*. Boston: Northeastern Univ. Press, 2006.

Nicolson, Marjorie Hope. *Mountain Gloom and Mountain Glory: The Development of the Aesthetics of the Infinite*. Seattle: University of Washington Press, 1997.

O'Connor, Thomas H. *The Hub: Boston Past and Present*. Boston: Northeastern University Press, 2001.

O Grada, Cormac. *The Great Irish Famine*. Cambridge: Cambridge University Press, 1989.

Pauketat, Timothy R. *Cahokia: Ancient America's Great City on the Mississippi*. New York, N. Y.: Viking, 2009.

Penna, Anthony N. and Conrad Edick Wright ed eds. *Remaking Boston: An Environmental History of the City and Its Surroundings*. Pittsburgh: University of Pittsburgh Press, 2009.

Peterson, Jon A. *The Birth of City Planning in the United States, 1840-1917*. Baltimore: Johns Hopkins University Press, 2003.

Philippon, Daniel J. *Conserving Words: How American Nature Writers Shaped the Environmental Movement*. Athens: The University of Georgia Press, 2004.

Piott, Steven L. *American Reformers, 1870-1920: Progressives in Word and Deed*. Lanham, Md.: Rowman & Littlefield Publishers, 2006.

Platt, Harold L. *Building the Urban Environment: Visions of the Organic City in the United States, Europe, and Latin America*. Philadelphia: Temple University Press, 2015.

Postel, Charles. *The Populist Vision*. New York: Oxford University Press, 2007.

Potter, David. *People of Plenty: Economic Abundance and the American Character*. Chicago: University of Chicago Press, 1954.

Pratt, Joseph A. , Martin V. Melosi, and Kathleen A. Brosnan eds. *Energy Capitals: Local Impacts, Global Influence*. Pittsburgh: University of Pittsburgh Press, 2014.

Pregill, Philip and Nancy Volkman. *Landscapes in History: Design and

Planning in the Eastern and Western Traditions, 2nd ed. New York: John Wiley, 1999.

Price, Jennifer. *Flight Maps: Adventures with Nature in Modern America*. New York: Basic Books, 1999.

Prud'homme, Alex. *The Ripple Effect: The Fate of Fresh Water in the twenty-first Century*. New York: Simon & Schuster, 2011.

Punch, Walter T. ed. *Keeping Eden: A History of Gardening in America*. Massachusetts Horticultural Society. Boston: Bulfinch Press, 1992.

Rawson, Michael. *Eden on the Charles: The Making of Boston*. Cambridge: Harvard University Press, 2010.

Richardson, Robert. *Henry Thoreau: A Life of the Mind*. Berkeley: University of California Press, 1986.

Richardson, Robert. *Emerson: The Mind on Fire: A Biography*. Berkeley: University of California Press, 1995.

Risjord, Norman K. *Populists and Progressives*. Lanham: Rowman & Littlefield, 2005.

Robison, Charles Mulford. *The Improvement of Towns and Cities*. New York & London: G. P. Putnam's sons, 1901.

Robison, Charles Mulford. *Modern Civic Art, or, the City Made Beautiful*. New York: G. P. Putman, 1903.

Rodger, Daniel. *Atlantic Crossings: Social Politics in a Progressive Age*. Cambridge, Mass.: Harvard University Press, 1998.

Rogers, Jedediah S. and Matthew C. Godfrey eds. *The Earth Will Appear As the Garden of Eden: Essays on Mormon Environmental History*. Salt Lake City: University of Utah Press, 2019.

Rohrbough, Malcolm. *Days of Gold: The California Gold Rush and the American Nation*. Berkeley: University of California Press, 1998.

Rome, Adam. *The Bulldozer in the Countryside: Suburban Sprawl and the Rise of American Environmentalism*. New York: Cambridge University Press, 2001.

Roper, Laura Wood. *FLO: A Biography of Frederick Law Olmsted*. Baltimore: The Johns Hopkins Univ. Press, 1973.

Rosenzweig, Roy. *Eight Hours for What We Will: Workers and Leisure* in an Industrial City, 1870–1920. New York: Cambridge University Press, 1983.

Rosenzweig, Roy. and Elizabeth Blackmar. *The Park and the People: A History of Central Park*. Ithaca: Cornell University Press, 1992.

Rothman, Hal. *Neon Metropolis: How Las Vegas Started the Twenty–first Century*. New York: Routledge, 2002.

Runte, Alfred. *National Parks: The American Experience*, 3rd ed. Lincoln: University of Nebraska Press, 1997.

Rybczynski, Witold. *A Clearing in the Distance: Frederick Law Olmsted and America in the Nineteenth Century*. New York: Scribner, 1999.

Sachs, Aaron. *The Humboldt Current: Nineteenth–century Exploration and the Roots of American Environmentalism*. New York: Viking, 2006.

Scheese, Don. *Nature Writing: The Pastoral Impulse in America*. New York: Twayne, 1996.

Schirmer, Sherry Lamb. *A City Divided: The Racial Landscape of Kansas City, 1900–1960*. Columbia: University of Missouri Press, 2002.

Schmitt, Peter J. *Back to Nature: The Arcadian Myth in Urban America*. With a forward by John R. Stilgoe. New York: Oxford University Press, 1969. Reprint, Baltimore: Johns Hopkins University Press, 1990.

Schultz, *Stanley K. Constructing Urban Culture: American Cities and City Planning, 1800–1920*. Philadelphia: Temple University Press, 1989.

Schuyler, David. *The New Urban Landscape: The Redefinition of City Form in Nineteenth–Century America*. Baltimore: Johns Hopkins University Press, 1986.

Schuyler, David. *Apostle of Taste: Andrew Jackson Downing, 1815–1852*. Baltimore: Johns Hopkins University Press, 1996.

Scott, James C. *Seeing like a State: How Certain Schemes to Improve the Human Condition Have Failed*. New Haven: Yale University Press, 1998.

Seasholes, Nancy S. *Gaining Ground: A History of Landmaking in Boston*. Cambridge: MIT Press, 2003.

Sellars, Richard. *Preserving Nature in the National Parks: A History*. New

Haven: Yale University Press, 1997.

Shortridge, James R. *Kansas City and How It Grew, 1822-2011*. Lawrence: University of Kansas Press, 2012

Simo, Melanie. *Forest and Garden: Traces of Wildness in a Modernizing Land, 1897-1949*. Charlottesville: University of Virginia Press, 2003.

Smith, Carl. *The Plan of Chicago: Daniel Burnham and the Remaking of the American City*. Chicago: University of Chicago Press, 2006.

Smith, Henry Nash. *Virgin Land: The American West as Symbol and Myth*. Cambridge, Mass.: Harvard University Press, 1950.

Smith-Howard, Kendra. *Pure and Modern Milk: An Environmental History Since 1900*. New York: Oxford University Press, 2013.

Soluri, John. *Banana Cultures: Agriculture, Consumption, and Environmental Change in Honduras and the United States*. Austin: University of Texas Press, 2005.

Spain, Daphne. *How Women Saved the City*. Minneapolis: University of Minnesota Press, 2001.

Steinberg, Theodore. *Acts of God: The Unnatural History of Natural Disaster of America*. New York: Oxford University Press, 2006.

Steinberg, Theodore. *American Green: The Obsessive Quest for the Perfect Lawn*. New York: W. W. Norton, 2007.

Steinberg, Theodore. *Down to Earth: Nature's Role in American History*. New York: Oxford Press, 2002.

Steinberg, Theodore. *Gotham Unbound: The Ecological History of Greater New York*, New York: Simon and Schuster, 2014.

Steinberg, Theodore. *Nature Incorporated: Industrialization and the Waters of New England*. New York: Cambridge University Press, 1991.

Stevenson, Elizabeth. *Park Maker: A Life of Frederick Law Olmsted*. New Brunswick, N. J.: Transaction Publishers, 2000.

Stilgoe, John R. *Borderland: Origins of the American Suburb, 1820-1939*. New Haven: Yale University Press, 1988.

Stock, Catherine M. *Rural Radicals: Righteous Rage in the American Grain*, Ithaca and London: Cornell Univ. Press, 1996.

Stoll, Mark. *Protestantism, Capitalism, and Nature in America*. Albuquerque: University of New Mexico Press, 1997.

Stradling, David. *Making Mountains: New York City and the Catskills*. Seattle: University of Washington Press, 2007.

Stradling, David. *Smokestacks and Progressives: Environmentalists, Engineers and Air Quality in America, 1881-1951*. Baltimore: Johns Hopkins University Press, 1999.

Sutter, Paul & Christopher Manganiello eds. *Environmental History and the American South: A Reader*. Athens, GA: University of Georgia Press, 2009.

Sutter, Paul. *Driven Wild: How the Fight against Automobiles Launched the Modern Wilderness Movement*. Seattle: University of Washington Press, 2005.

Tarr, Joel A. ed. *Devastation and Renewal: An Environmental History of Pittsburgh and Its Region*. Pittsburgh: University of Pittsburgh Press, 2005.

Tarr, Joel A. ed. *The Search for the Ultimate Sink: Urban Pollution in Historical Perspective*. Akron: of Akron Press, 1996.

Teaford, Jon C. *The Unheralded Triumph: City Government in America, 1870-1900*. Baltimore: The Johns Hopkins University Press, 1984.

Thernstrom, Stephan. *Poverty and Progress: Social Mobility in a Nineteenth Century City*. Cambridge: Harvard University Press, 1964.

Thernstrom, Stephan. *The Other Bostonians: Poverty and Progress in the American Metropolis, 1880-1970*. Cambridge, Mass.: Harvard University Press, 1973.

Thomas, John, *Alternative America: Henry George, Edward Bellamy, Henry Demarest Lloyd, and the Adversary Tradition*. Cambridge, Mass.: Belknap Press of Harvard University Press, 1983.

Thomas, Keith. *Man and the Natural World: Changing Attitudes in England, 1500-1800*. London: Allen Lane, 1983.

Turner, Frederick. *The Frontier in American History*. New York: Henry Holt and Company, 1920.

Uekoetter, Frank. *The Age of Smoke: Environmental Policy in Germany and the United States, 1880–1970*. Pittsburgh: University of Pittsburgh Press, 2009.

von Hoffman, Alexander. *Local Attachments: The Making of an American Urban Neighborhood, 1850 to 1920*. Baltimore: The Johns Hopkins University Press, 1994.

Walker, Peter and Melanie Simo, *Invisible Gardens: The Search for Modernism in the American Landscape*. Cambridge, Mass: MIT Press, 1994.

Walker, Richard A. *The Country in the City: The Greening of the San Francisco Bay Area*. Foreword by William Cronon, Seattle: University of Washington Press, 2007.

Warner, Sam Bass. *Streetcar Suburbs: The Process of Growth in Boston, 1870–1900*. Cambridge: Harvard University Press, 1962.

Washington, Sylvia. *Packing Them In: An Archaeology of Environmental Racism in Chicago, 1865–1954*. Lanham, Maryland: Lexington Books, 2005.

Webb, Walter Prescott. *The Great Plains*. Boston: Ginn, 1931.

Weber, Michael P. *Social Change in an Industrial Town: Patterns of Progress in Warren, Pennsylvania, from Civil War to World War I*. University Park: Pennsylvania State University Press, 1976.

White, Dana F. and Victor A. Kramer. *Olmsted South: Old South Critic/New South Planner*. Westport: Greenwood Press, 1979.

White, Dana F. *The Urbanists, 1865–1915*. New York: Greenwood Press, 1989.

White, Morton and Lucia. *The Intellectual versus the City: From Thomas Jefferson to Frank Lloyd Wright*. Cambridge, Mass: Harvard University Press/M. I. T. Press, 1962.

White, Richard. *Railroaded: The Transcontinentals and the Making of Modern America*. New York: W. W. Norton, 2011.

Whitehill, Walter Muir. *Boston: A Topographical History*. 2nd edition, enlarged, Cambridge, Mass.: The Belknap Press of Harvard University Press, 1959.

Wiebe, Robert H. *The Search for

Order, 1877–1920. New York: Hill and Wang, 1967.

Wilkie, Richard & Jack Tager, *Historical Atlas of Massachusetts*. Amherst: University of Massachusetts Press, 1991.

Williams, Raymond. *The Country and the City*. London: Chatto & Windus, 1973.

Wilson, William H. *The City Beautiful Movement*. Baltimore: Johns Hopkins University Press, 1989.

Wilson, William H. *The City Beautiful Movement in Kansas City*. Columbia: University of Missouri Press, 1964.

Worster, Donald. *Dust Bowl: The Southern Plains in the 1930s*. New York: Oxford University Press, 1979.

Worster, Donald. ed. *The Ends of Earth: Perspectives of Modern Environmental History*. New York: Oxford University Press, 1988.

Worster, Donald. *Nature's Economy: A History of Ecological Ideas*, 2nd ed. New York: Cambridge University Press, 1994.

Worster, Donald. *A Passion for Nature: The Life of John Muir*. New York: Oxford University Press, 2009.

Worster, Donald. *A River Running West: The Life of John Wesley Powell*. New York: Oxford University Press, 2001.

Worster, Donald. *Shrinking the Earth: The Rise & Decline of American Abundance*. New York: Oxford University Press, 2016.

Worster, Donald. *The Wealth of Nature: Environmental History and the Ecological Imagination*. New York: Oxford University Press, 1993.

Young, Terence. *Building San Francisco's Parks, 1850–1930*. Baltimore: Johns Hopkins University Press, 2004

Zaitzevsky, Cynthia. *Frederick Law Olmsted and the Boston Park System*. Cambridge: Belknap Press, 1982.

著作（中文，包括译著）：

1. 尼尔·博任纳著，李志刚等译：《城市、地域、星球：批判城市理论》，北京：商务印书馆，2019年。

2. 罗伯特·达恩顿著，吕建忠译：《屠猫狂欢：法国文化史钩沉》，北京：商务印书馆，2014年。

3. 克里斯托夫·德费耶著，唐俊译：《君主与承包商：伦敦、纽约、巴黎的供水变迁史》，北京：社科文献出版社，2019年。

4. 狄金森著，江枫译：《狄金森诗选》，北京：外语教学与研究出版社，2012年。

5. 约翰·冯·杜能著，吴衡康译：《孤立国同农业和国民经济的关系》，商务印书馆，1986年首版，2010年重印。

6. 埃里克·方纳著，于留振译：《烈火中的考验：亚伯拉罕·林肯与美国奴隶制》，北京：商务印书馆，2017年。

7. 付成双：《动物改变世界：海狸、皮毛贸易与美洲开发》，北京：北京大学出版社，2016年。

8. 付成双：《美国现代化中的环境问题研究》，北京：高等教育出版社，2017年。

9. 高国荣：《美国环境史学研究》，北京：中国社会科学出版社，2014年。

10. 侯文蕙：《征服的挽歌：美国环境意识的变迁》，北京：东方出版社，1995年。

11. 沃尔特·惠特曼著，邹仲之译：《草叶集》，上海：上海译文出版社，2019年。

12. 威廉·卡弗特著，王庆奖等译：《雾都伦敦：现代早期城市的能源与环境》，北京：社会科学文献出版社，2019年。

13. 威廉·克罗农著，黄焰结等译：《自然的大都市：芝加哥与大西部》，南京：江苏人民出版社，2020年。

14. 艾尔弗雷德·克罗斯比著，张谡过译：《生态帝国主义：欧洲的生物扩张，900—1900》，北京：商务印书馆，2017年。

15. 奥尔多·利奥波德著，侯文蕙译：《沙乡年鉴》，北京：商务印书馆，2016年。

16. 梁茂信：《都市化时代：20世纪美国人口流动与城市社会问题》，长春：东北师范大学出版社，2002年。

17. 罗芙芸著，向磊译：《卫生的现代性：中国通商口岸卫生与疾病的含义》，南京：江苏人民出版社，2007年。

18. 丹尼尔·罗杰斯著，吴万伟译：《大西洋的跨越：进步时代的社会政治》，南京：译林出版社，2011年。

19. 亚当·罗姆著，高国荣等译：

《乡村里的推土机：郊区蔓延与美国环保主义的兴起》，北京：中国社会科学出版社，2011年。

20. 肯尼思·杰克森著，王旭译：《马唐草边疆：美国的郊区化》，北京：商务印书馆，2017年。

21. 约翰·R.麦克尼尔和威廉·H.麦克尼尔著：《人类之网：鸟瞰世界历史》，王晋新、宋保军等译，北京：北京大学出版社，2007。

21. 刘易斯·芒福德著，陈允明等译：《技术与文明》，北京：中国建筑工业出版社，2006年。

22. 刘易斯·芒福德著，宋俊岭等译：《城市文化》，北京：中国建筑工业出版社，2009年。

23. 梅雪芹：《环境史研究叙论》，北京：中国环境科学出版社，2011年。

24. 罗德里克·纳什著，侯文蕙等译：《荒野与美国思想》，北京：中国环境科学出版社，2015年。

25. 泰德·乔亚著，李剑敏译、李皖校译：《爵士乐史》，北京：商务印书馆，2020年。

26. 奥斯瓦尔德·斯宾格勒著，吴琼译：《西方的没落》第二卷《世界历史的透视》，上海：上海三联书店，2006年。

27. 詹姆斯·C.斯科特著，郑广怀等译：《弱者的武器》，南京：译林出版社，2011年。

28. 詹姆斯·C.斯科特著，王晓毅译：《国家的视角：那些试图改善人类状况的项目是如何失败的》，北京：社会科学文献出版社，2019年。

29. 大卫·斯特拉斯林著，裴广强译：《烟囱与进步人士：美国的环境保护主义、工程师和空气污染，1881—1951》，北京：社会科学文献出版社，2019年。

30. 孙群郎：《美国城市化郊区研究》，北京：商务印书馆，2005年。

31. 托克维尔：《论美国的民主》，董果良译，北京：商务印书馆，1996年。

32. 王旭：《美国城市发展模式：从城市化到大都市区化》，北京：清华大学出版社，2006年。

33. 雷蒙·威廉斯著，韩子满等译：《乡村与城市》，北京：商务印书馆，2013年。

34. 唐纳德·沃斯特著，侯文蕙译：《自然的经济体系：生态思想史》，北京：商务印书馆，1999年。

35. 唐纳德·沃斯特著，侯文蕙译：《尘暴：20世纪30年代美国南部大平原》，南京：江苏人民出版，2020年。

36. 唐纳德·沃斯特著，侯深译：《帝国之河：水、干旱与美国西部的成长》，南京：译林出版社，2018年。

37. 夏明方：《文明的"双相"：灾害与历史的缠绕》，桂林：广西师范大学出版社，2020年。

38. 约瑟夫·熊彼得著：《资本主义、社会主义与民主》，吴良建译，北京：商务印书馆，1999年。

39. 伊懋可著，梅雪芹等译：《大象的退却：一部中国环境史》，南京：江苏人民出版社，2014年。

40. 赵毅衡编译：《美国现代诗选（上）》，北京：外语教学与研究出版社，2019年。

中、英文论文、博士论文从略。

后记

2020年五月底,我从青岛回到阔别四个半月的北京家中。彼时,北京已经入夏,家中的空调却出了问题。当空调维修的师傅打开外墙附带的空调外箱格时,赫然发现了一对小雏鹰,睁着滚圆的鹰眼惊恐地盯着那位半身悬在23层楼高空的闯入者。那位空调维修师傅是一个从山东县城来北京打工两年的年轻人,对这样的发现显然和我一样兴奋而不知所措,我们都没有任何野外生活的经验,也对汪星人、喵星人,或者厨房中的小强,卧室里的蚊子之外的动物毫无如何与之共处的知识。在一番电话求助之后,得知那对小雏鹰是红隼,决计不能干扰它们的生活,移动它们或者喂养它们,否则它们的父母就将抛弃这个旧巢和幼鸟。

在接下来的半个月中,我天天在没有现代技术调节的炽热而静止的空气中醒来,时时听到窗外唧唧的鸟啼,或者大鹰出入时双翅扇动的声响。那是一种新鲜而独特的感知,在23层楼高的空中,我平日熟悉的声音是纵横的大道上日夜如潮水般翻涌的车声,还有空调外机单调而无止歇的运转。大约半月之后的某日清晨,醒来的一刻,突然觉得有些异样,窗外只有车声,而没有夹杂在其中雏鸟的啼声。空调外箱隔间的栅栏半开着,在微风中一开一合。我探出身去,雏鹰已经杳无踪迹。空调师傅再次来了又走了,我的窗外响起了熟悉而令人心安的嗡嗡声,室内的空气变得凉爽宜人,我也全然没有因为天热无心写作的借口。然而,每日望向被高楼切割的蓝天,我仍然能够看到红隼双翅划过的痕迹,或者对面高楼上它们昂立的身影。这些高楼于它们大约如一座座深邃的峡谷,在这座巨型城市的演化过程中,它们找到了自身的生态位。这些红隼不是"杂糅",我们的文化力量没有发明它们,也没有塑造它们,是它们自身的生物本能帮助它们成为新环境中生存的适者,也是它们或许能为这座巨大而拥挤的城市找到新的救赎的希望。

我很感谢那对红隼在高楼峡谷之间的游弋,也感谢水泥路的缝隙间生长的不知名的野草,它们的存在令我坚信城市首先也始终是各种生命的栖息之地,而我不过是这个广阔的生态共同体中的一员。同样,我也很庆幸自己始终身处一个生机勃勃的文化共同体。在这个文化共同体中,帮助我找到自身生态位的最重要力量是我的导师唐沃思(Donald Worster)先生。如果说在我昔日求学于美国大平原之上的六年光阴中,Don彻底打破了我曾经的思想之墙,令我看到一个全然不同却又千姿百态的智性与自然世界;在过去的八年中,Don每年五个月来到北京,用他独特的观察视角和敏锐的质疑态度提醒着我,不要停留在自己已然熟悉的知识与思维之中,始终询问那些被视为理所当然的价值、思想与知识的合理性,让想象力突破一切有形的与无形的界墙,触摸新鲜的、野性的思想力量。虽然这部书最终以中文完成,但是,从最初的大纲到每一章节的撰写,都有着同Don思想的碰撞。

这个文化共同体的另一部分是那个我们称之为环境史的学科。我最初知晓这个名词,已是三十余年前的事情。家母邀请美国密苏里大学的Susan Flader教授在1986年来兰州大学讲学,开设了美国环境史的课程，正是在彼时，我这个全然懵懂的孩童识得此词，虽然完全不知其深意，更不能预料自己未来的生涯将与之声息与共。Susan是环境史的创始人之一，她将学问同环境行动主义相结合，毕生为实践利奥波德的土地伦理而奔波。她对此书有着独特的意义，在新冠肺炎席卷全球之际，她代我前往密苏里州历史学会档案馆拍摄了我此前由于时间不够未能拍完的档案。在环境史的共同体中，William Cronon是另一位对我思考城市产生深刻影响的人物。在新疆天山山巅，天际是双道绮丽彩虹，眼前是遍野烂漫黄花，Bill耐心地倾听我讲述此书的结构，最终说服我以旧金山替代洛杉矶作为自己的第三个个案城市，也说服我不要停留在他《自然的大都市》的圈囿之中，而要找寻挑战他的范式的可能。同样，也是在这个共同体中，我幸运地遇到夏明方、梅雪芹、付成双、高国荣、Christof Mauch, Bjorn-Ola Linner, Beth LaDow, Lisa Brady, Mark Hersey、王利华、费晟、曹牧、乔瑜等诸位师长、学友。特别是夏老师、付老师与国荣，不厌其烦地为我不成熟的文稿提出意见，并且通读全书。我钦佩这些环境史同仁的学问，更高兴能与他们远不止于学问上的同道，更是日常中的好友。还有丛书的主编谭徐锋师弟，希望这部书不至愧对他的信任。

这个文化共同体中的另一部分，是我在过去十年中生活工作的中国人民大学历史学院，这是一个没有严苛等级文化的群体，也是一个蓬勃着活跃智性力量的群体。我在青年史学沙龙的同事们，陈昊、伍婷婷、古丽巍、胡恒等虽然与我专业不同，兴趣各异，我们分享着对新知的好奇，在思考与辨析中感受着共同的乐趣。我也很感谢历史学院的前辈老师，他们宽容、开放，允许后学的兴趣自由地生长。我的研究生们则是另外一种全新的思想力量，他们年轻、敏慧、雄心勃勃，却又在思想上渐趋成熟，与他们的交流每每启发一些意想不到的灵感。

此外，在这个文化共同体中，中国美国史学界的前辈、同仁令我受益良多。中国美国史研究会的氛围民主、平等，在王希、王旭、李剑鸣、梁茂信、韩宇、张勇安等老师的努力下，学会创造出大量令年轻一辈的学人同美国同仁保持密切交流的机会。作为一名城市史的研究者，我也深受王旭、韩宇、杨长云、李文硕等师长、学友的启发。

图书馆与档案馆是维系一个学术文化共同体有效运转的最重要机构之一。此书的写作深深地得益于大量美国图书馆与档案馆具有专业素养的图书管理人员的帮助，是他们令查找、翻检档案的过程变成一种享受和学习的经历。这些图书馆与档案馆包括：The Bancroft Library (University of California, Berkeley), Boston Public Library, East Asian Library (UC Berkeley), Francis Loeb Library (School of Design, Harvard University), Kansas City Public Library, Kenneth Spencer Research Library (University of Kansas), the Library of Congress, Massachusetts Historical Society, Missouri Historical Society, and San Francisco Public Library。与十余年前，我为写作博士论文穿梭于波士顿、纽约、华盛顿特区查找资料的时光相比，而今数字化档案的可获取性不知高出凡几。特别在新冠肺炎疫情期间，我无法返回美国继续档案研究，而原有积累的关于旧金山的档案又不足以支撑该章最终的写作，美国国会图书馆与旧金山公共图书馆的数字化档案成为重要的史料来源。如此便捷令人深有感慨,但是我始终相信实体图书馆与档案馆存在的意义,也始终相信作为一位环境史学人,在他/她撰写一个地方之前,前往那个所在,用双眼、味蕾直接感受那个地方,用双手触摸关乎那个地方的文字的载体,对其自身写作所具有的力量。

  同样,在这个文化共同体中,还有很多我的亲人、好友。在职业生涯中,我们各有选择;但是在对美的感知、情感的表达中,我们始终在一个共同体当中。家兄侯沉和他的妻子Sara、儿子心瀚让我知道,在远隔重洋的异域我始终有着一个家。不过,家兄对我的意义并不止于此,他的专业学识令我这个文科生实实在在地读懂了进化论。我的阿姨唐汇兰女士,在我十二年客居京华的日子里,但凡需要,必然如天使般挽救我一团糟的生活。我的少年好友邢延颖和她的母亲,是我的生态腹地,每隔数周,便从千里之外的青岛寄来阿姨亲手制成的包子,疗我馋虫,慰我乡愁。当然还有孟音、王玲、王冀红、冯玉荣、王兆永、戴冲、刘哲、李爱霞、侯大胜……这个名单可以有数行之长。行文至此,我方意识到我之幸运。

  于我而言,无论作为生物体的生命,还是文化体的生命,我生命中最重要的人都是我的父母。是他们,将我带到这个虽然有挫折、伤痛,有问题、危机,但是依然美丽、丰盈、充满深情的世界之中,让我始终在爱与美中成长。是他们教会我认识第一个字,吟诵第一首诗,翻开第一页书,也是他们携手带我走入历史学的天地,从此徜徉其中,安身立命。这本书完成之时,家父已经离开这个他如此热爱的世界两年多了,我将此书献给我的父亲,感谢他用自己的人生告诉我生命的价值和思考的力量,他让我看到思想与学问对我们所珍视的一切的重要性。

图书在版编目（CIP）数据

无墙之城：美国历史上的城市与自然 / 侯深著. --
成都：四川人民出版社，2021.4
ISBN 978-7-220-12260-6

Ⅰ.①无… Ⅱ.①侯… Ⅲ.①城市史—美国 Ⅳ.①K712.9

中国版本图书馆CIP数据核字(2021)第071979号

WUQIANG ZHI CHENG: MEIGUO LISHI SHANG DE CHENGSHI YU ZIRAN

无墙之城：美国历史上的城市与自然

侯深 著

出品人	黄立新
策划统筹	封 龙
责任编辑	赵 静
版式设计	戴雨虹
装帧设计	周伟伟
责任印制	周 奇
出版发行	四川人民出版社（成都槐树街2号）
网　　址	http://www.scpph.com
E-mail	scrmcbs@sina.com
新浪微博	@四川人民出版社
微信公众号	四川人民出版社
发行部业务电话	（028）86259624　86259453
防盗版举报电话	（028）86259624
照　　排	四川胜翔数码印务设计有限公司
印　　刷	成都东江印务有限公司
成品尺寸	145mm×210mm
印　　张	12.5
字　　数	280千
版　　次	2021年4月第1版
印　　次	2022年3月第2次印刷
书　　号	ISBN 978-7-220-12260-6
定　　价	82.00元

■版权所有·侵权必究
本书若出现印装质量问题，请与我社发行部联系调换
电话：（028）86259453

本项研究获国家社会科学基金

"1800年以来的美国城市环境史研究"

(15BSS020)项目资助